十四五

高等学校创新性数智化应用型经济管理规划教材（会计系列）

总主编 / 李雪　主审 / 徐国君

U0958158

商品流通企业会计

（第三版）

陈德英◎主编
马俊云　陈莎◎副主编

立信会计出版社
LIXIN ACCOUNTING PUBLISHING HOUSE

图书在版编目(CIP)数据

商品流通企业会计 / 陈德英主编. —3 版. —上海：立信会计出版社，2023.5

ISBN 978-7-5429-7260-6

Ⅰ. ①商… Ⅱ. ①陈… Ⅲ. ①商业会计 Ⅳ. ①F715.51

中国国家版本馆 CIP 数据核字(2023)第 108934 号

策划编辑　方士华
责任编辑　孙　勇
美术编辑　吴博闻

商品流通企业会计(第三版)

SHANGPIN LIUTONG QIYE KUAIJI

出版发行	立信会计出版社		
地　　址	上海市中山西路 2230 号	邮政编码	200235
电　　话	(021)64411389	传　　真	(021)64411325
网　　址	www.lixinaph.com	电子邮箱	lixinaph2019@126.com
网上书店	http://lixin.jd.com		http://lxkjcbs.tmall.com
经　　销	各地新华书店		

印　　刷	上海华业装璜印刷有限公司	
开　　本	787 毫米×1092 毫米	1/16
印　　张	19.75	
字　　数	518 千字	
版　　次	2023 年 5 月第 3 版	
印　　次	2023 年 5 月第 1 次	
书　　号	ISBN 978-7-5429-7260-6/F	
定　　价	48.00 元	

总　序

教材是高校实现人才培养目标的重要载体，教材及教材建设对高校发展具有举足轻重的作用。与培养模式相对应的教材是培养合格人才的基本保证，是实现培养目标的重要工具。由于历史的原因，在财经类教材的出版方面，相关出版社出版研究型本科或者高职高专、中等职业等层次的教材较多，应用型本科教材较少。虽然近年来一些应用型本科教材也陆续出版，但总体而言，这些教材还是缺乏权威性、普适性、实用性、创新性。造成这种状况的原因主要在于：出版社对财经类应用型本科教材的出版还不够重视，没有进行有效的组织；财经类应用型本科院校多为新建院校，教材建设相对滞后，主观上也较愿意使用研究型本科教材；在教材使用中存在比较严重的混用现象，教材目标读者群不明确，如不少教材既适用于研究型本科院校又适用于应用型本科院校，或者既适用于本科院校又适用于高职高专院校。

由于目前财经类应用型本科教材种类和数量匮乏或质量欠佳，财经类应用型本科院校不得不沿用传统研究型教材。这些教材本身的质量很好、级别很高，但是并不适用于应用型本科院校的教学，教师和学生普遍反映不好用。即使在全国范围看，也还没有相对成套、成熟的适合财经类应用型本科院校的教材。现有教材存在的主要问题包括：①教材的定位和要求过高；②教材的内容偏多、难度偏大；③教材着重于理论解释，相关案例、实训等内容较少，缺乏普适性、实用性。

与此同时，信息技术的快速发展使学生的学习习惯和阅读习惯发生了改变，不断朝个性化、自主学习的方向发展，传统的单一纸质教材已经无法适应这种变化。翻转课堂、慕课、微课等网络课程的兴起，混合式教学的不断推进，也对立体化教材建设提出了新的要求。教材作为一种课堂上的教学工具、一种传播媒介，理应顺势而为，随课堂形式、学生学习方式的改变而改变，朝着数字化、立体化、可视化的方向发展。因此，需要编写适应学生水平、便于学生接受的立体化财经类应用型本科教材。

我们组织具有多年应用型人才培养经验的优秀教师和实务界专家编写了这套教材。本系列教材有《会计基本技能》《出纳实务》《基础会计》《中级财务会计》《成本会计》《管理会计》《会计信息系统》《财务管理》《审计学》《高级财务会计》《商业分析》《税法》《经济法》《金融学》等品种。为了保证教材的质量，本系列教材聘请了知名高校的专家教授进行专门指导和审核。每本教材至少有一名本学科的知名专家或学科带头人提出审核指导意见，至少有一名高等院校教学一线的高级职称教师组织编写，至少有一名行业协会、实务界专家或教学研究机构人员提出编写建议。

本系列教材的特色如下。

1. 应用性

应用型本科的教材建设应坚持培养应用型本科人才的定位，充分吸收和借鉴传统的普通本科教材与高职高专类教材建设的优点和经验，以就业为导向，做到理论上高于高职高专类教材、动手能力的培养上高于传统的本科院校教材。本系列教材体现了应用型本科的定位，体现了素质教育和"以学生发展为本"的教育理念，遵循了高等教育教学基本规律，重视知识、能力和素质的协调发展，根据应用型人才培养模式对学生的创新精神、实践能力和适应能力的要求，在内容选材、教学方法、学习方法、实验和实训配套等方面突出了应用性特征。

2. 针对性

本系列教材的编写符合会计学、财务管理和审计学等专业的培养目标、培养需求、业务规格和教学大纲的基本要求，与各专业的课程结构和课程设置相对应，与课程平台和课程模块相对应。教材在结构纵横的布局、内容重点的选取、示例习题的设计等方面符合教改目标和教学大纲的要求，把教师的备课、试讲、授课、辅导答疑等教学环节有机地结合起来。

3. 立体化

本系列教材为立体化教材，实现了由传统纸质教材向"纸质教材＋数字资源"的转变，通过技术手段将晦涩难懂的理论知识转变为直观的具体知识，以立体化、数字化的方式呈现，包括图文、动画、音频、视频等多种形式，生动、有趣且易懂，不仅可以激发学生的学习兴趣，还有利于教学效果的提升。

4. 趣味性

本系列教材注重趣味性，使用了大量的例题和案例，每章都加入了"思政育人""相关思考""延伸阅读"等内容，使读者能够加深理解，便于掌握相关内容。在案例、例题等的设计选用上重点突出趣味性，易于引发读者的共鸣。

5. 先进性

本系列教材反映了应用型会计人才教育教学改革的内容，能够反映学科领域的新发展。教材的整体规划、每一种教材的内容构建等均体现了创新性。教材还强调了系列配套，包括了教材、学习参考书、教学课件等。立体化教材在内容修订上更具有明显优势，线上资源可以随时根据政策法规、理论知识或工作实务等的变化进行调整，更有利于保持教材内容的先进性。

6. 基础性

本系列教材将打破传统教材自身知识框架的封闭性，尝试多方面知识的融会贯通，注重知识层次的递进，体现每一门科目的基本内容，同时在具体内容上突出实际运用能力，做到"教师易教，学生乐学，技能实用"。

7. 易于自学

自学能力是大学生的一项基本能力。学生只有具备了自主学习的能力，才能最终建立起终身学习的保障体系，这也是应用型本科人才培养的客观要求。应用技术型高校的生源素质与普通高校相比存在一定的差距，除了一部分是高考发挥失误的学生，还有一部分学生在学习习惯、基础知识等方面存在一定的欠缺，这就要求教材能够调动这部分学生的学习积极性，在理论方面尽量通俗易懂，在实践方面尽量采用案例式教学。为了有利于学生课后自主学习，本系列教材配套了学习指导书和教学课件。

因此，本系列教材的定位准确，特色明显，适用于应用型本科院校教学，容易得到学生和市场的认可，便于学生的自学和教师的教学。

“十四五”高等学校创新性数智化应用型经济管理规划教材凝聚了众多领导、教授和专家多年来的经验和心血。当然，由于我们的经验和人力有限，教材中难免存在不足，我们期待着各位同行、专家和读者的批评指正。我们将伴随着经济发展和会计环境的变迁不断修订教材，以便及时反映学科的最新发展和人才培养的最新变化。

本系列教材自 2014 年出版后，得到市场的认可，深受广大高校师生的欢迎。为了更好地回馈读者，本系列教材从 2017 年起启动第二版的修订工作，2019 年启动第三版的修订工作，2021 年启动第四版的修订工作。各种教材的修订版将陆续出版。我们会一如既往地做好教材修订和相关服务工作，希望广大读者对本套系列教材继续给予支持。

李 雪

2022 年 10 月

前　言

本书为“十四五高等学校创新性数智化应用型经济管理规划教材（会计系列）”之一，具有应用性、针对性、先进性、基础性、易于自学性的特点。在充分吸收和借鉴传统的普通本科教材与高职高专类教材的优点和经验的基础上，本书以就业为导向，力争做到在理论介绍和阐述方面高于高职高专类教材，在动手能力的培养上优于传统的普通本科教材。

本书全面介绍了商品流通企业会计核算的内容，详细讲述了商品流通企业商品的购进、销售、储存等经济业务的会计处理，注重通过会计实例对相关经济业务进行具体介绍，从而做到理论联系实际，特别注重讲解与商品流通企业日常业务密切相关的知识，如批发企业、零售企业的会计核算等。在编写风格上，注重循序渐进，由浅入深，注重对会计基础内容的阐述和基本方法的介绍。

部分新修订的企业会计准则给商品流通企业的会计核算带来了一些变化，新的税收法规也给商品流通企业的税务处理带来了变化。本书根据最新企业会计准则体系和税法改革的精神编写，全书共分为13章，主要内容包括总论，货币资金，商品流通核算概述，批发企业会计核算，零售企业会计核算，包装物、低值易耗品和原材料，固定资产、无形资产及其他资产，对外投资，负债，所有者权益，费用与税金，进出口贸易业务的核算，财务会计报告。各章结合相关案例对重点内容进行了讲解，并尝试将会计知识与思政教育相结合。各章都设有“学习目的和要求”“延伸阅读”“相关思考”“本章小结”“本章重要概念”“推荐阅读资料”等辅助模块，实现价值引领与知识传授、能力提升与素质养成的有机融合，与实务工作紧密结合，以培养学生的分析能力和创新能力，增强学生理论与实务相结合的能力。同时，本书借助于T型账户、图、表等方式进行讲解，便于学生理解掌握。本书可作为普通高等教育经济管理类专业教材，也可供相关专业人员参考。

本书的编写特点如下。

(1) 遵循国内外会计惯例和规范。本书以国际会计准则和我国最新的企业会计准则体系为编写依据。

(2) 理论联系实际。本书尽量将理论知识与实务相结合，重视学生能力和素质的协调发展，以培养应用型人才为目的，旨在通过实务案例的讲解提高学生的创新精神、实践能力和适应能力。

(3) 详略得当。本书集中讲述会计的基本方法，对某些枝节性内容尽量少涉及或不涉及，如本教材在介绍利润的构成时，只介绍利润最基本的构成内容，不涉及其他综合收益和综合收益总额。

(4) 图文并茂，通俗易懂。本书借助T型账户、图、表等工具进行讲解，并穿插介绍各种案例,提供相关阅读材料。

(5) 配套资料丰富。本书配有相应的学习指导书,以及多媒体课件等辅助资料。

本书由陈德英主编,李小林、任文艳为副主编,马俊云、陈莎、于群为编者。具体分工如下:第一章总论(陈德英),第二章货币资金(陈德英),第三章商品流通核算概述(陈德英、于群),第四章批发企业会计核算(陈德英、于群),第五章零售企业会计核算(任文艳),第六章包装物、低值易耗品和原材料(马俊云),第七章固定资产、无形资产及其他资产(陈莎),第八章对外投资(李小林),第九章负债(李小林),第十章所有者权益(李小林),第十一章费用与税金(马俊云),第十二章进出口贸易业务的核算(陈德英),第十三章财务会计报告(陈德英)。

在本书编写的过程中,编者参考了大量相关教材和论著,经过各位编者的努力,本书愈加完善,在此,向给予本书编写工作大力支持的李雪教授、徐国君教授和各位同仁致以深深的谢意!

编者为编写本书,开展了多次讨论和研究,力求内容编排合理、避免错误,但难免存在考虑不周、表达不妥当的地方,书中疏漏不足之处,敬请读者批评指正。

编　　者

目 录

第一章　总　论

内容简介

本章主要讲解了商品流通企业会计的含义、特征、任务、内容、核算基础以及工作规范和组织。本章重点为商品流通企业会计的含义、内容、特征、任务及核算基础。

学习目的和要求

通过学习本章，学生应掌握商品流通企业会计的含义、内容、特征、任务及核算基础，了解商品流通企业会计的工作规范和组织。

引例　商品流通企业的认知

商品流通企业是指所有独立从事商品流通活动的企业单位，是通过低价格购进商品、高价格出售商品的方式获取商品进销差价，以此弥补企业的各项费用和支出，获得利润的企业。

商品流通企业通过商品购进、销售、调拨、储存（包括运输）等经营业务实现商品流转，其中购进和销售是完成商品流通的关键业务，调拨、储存、运输等活动都是围绕商品购销展开的。

和工业企业等其他行业企业相比较，商品流通企业有三个特点：一是经营活动的主要内容是商品购销；二是商品资产在企业全部资产中占有较大的比例，是企业资产管理的重点；三是企业营运中资金活动的轨迹为“货币—商品—货币”。

资料来源：https://www.yebaike.com/22/690437.html；https://www.kuaizhang.com/ask/question_4990160.html。本引例系根据以上两个链接的资料整合而成的。

第一节　商品流通企业会计概述

一、商品流通企业会计的含义

商品流通企业会计是企业会计的重要分支，是应用于商品流通领域企业的一种专业会计。商品流通企业会计以货币为主要计量单位，以会计凭证为依据，运用专门的技术方法，对商品流通企业的经济活动进行连续、系统、全面、综合的核算和监督；综合反映企业的经营情况和经营成果，为企业内外部利益关系人提供财务信息；为企业经营决策提供依据，促使企业加强经营管理，提高经济效益。

相关思考 1-1

观察并调查身边的企业，分析确定它们是否为商品流通企业？如果是商品流通企业，请深入分析其具体类型。

相关思考解析 1-1:

身边的企业有商品流通企业,有批发企业,也有零售企业。

二、商品流通企业会计的特征

从商品流通运行规律与会计的结合来看,商品流通企业主要从事商品购销活动,商品流通企业会计主要围绕商品流通进行核算和管理。其特征如下。

1. 商品流通企业会计以商品流通中的资金运动为中心进行核算和管理

商品流通通过商品、货币关系形成"货币—商品—货币"的资金循环运动形式,在购销过程中,企业通过购买商品,支付货款和费用,使货币资金转化为商品资金;在销售过程中,企业通过销售商品,取得收入和盈余,使商品资金又转化为货币资金,并获得增值。商品流通企业会计以商品流通中的资金活动为中心,对商品资金的筹集、运用和资金的循环进行核算和管理,其核算重点和管理方法显然与其他企业会计不同。

2. 商品流通企业会计以市场为导向

商品流通最基本的规律是价值规律。从商品的价值规律及其供求关系中获得有利时机,扩大经济效益,这是商品流通企业会计的又一特征。我国在建立市场经济体制以后,打破了过去的产品按计划分配、按计划定价以及垄断销售的局面,商品流通企业会计必须在企业运行中,按照价值规律控制商品的成本和费用,扩大收益,使企业在竞争中立于不败之地。

3. 在促进企业扩大再生产过程中商品流通企业会计在生产与消费之间起着桥梁和纽带作用

商品流通企业会计通过复杂的结算工作和优质服务,一方面为生产者服务,另一方面又为消费者服务,以促进生产,满足消费,加速资金周转,加强企业与各方面的经济关系。

三、商品流通企业会计的任务

会计的任务反映会计的职能和作用,它取决于会计对象的特点和经济管理的要求。商品流通企业主要在流通领域中从事商品购销活动,其会计的任务主要是对经营资金及其运动进行核算和管理,并促使企业改善经营管理,提高经济效益。改革开放以来,我国商品流通企业进行了机制的转换,以"建设大市场,发展大贸易,搞活大流通"为目标,实现流通市场化、社会化、现代化和国际化。因此商品流通企业会计的任务更为艰巨和复杂,应该在企业经营管理总的要求下,完成以下任务。

1. 根据新的会计核算要求,及时正确地反映经济情况,提供会计信息

会计信息是经济信息的重要方面,会计部门必须利用会计的全面性和综合性特点,按照《会计法》规定,正确贯彻《企业会计准则》,正确、及时、完整地反映企业的经济活动和经营成果,为企业经营决策和投资人等信息使用者提供可靠的会计信息。

2. 严格执行国家的方针政策和财务制度,坚持财会监督,保护国家利益、社会公众利益和投资者权益

保护国家利益、社会公众利益和投资者利益是企业会计的主要任务,商品流通企业会计必须遵守国家的财政政策和商业政策,严格执行财务制度和会计制度,保证企业的财产不受损失,维护国家利益、社会公众利益和投资者的合法权益。为此商品流通企业会计必须

做到：

（1）企业的一切经济活动必须严格遵守国家的政策法令和财务制度；

（2）保障投资人的权益，不得任意增减资本金，不得任意转移资金和盈余，并保证国有资产不受损害；

（3）全面记录企业财物的增减变动情况，定期组织财产的清查和核对，保证企业财物在数量和质量上的安全和完整；

（4）加强会计稽核和检查，进行事先、事中和事后的控制，促使企业合理有效地运行，并制止乱挤成本、乱摊费用和铺张浪费、违法乱纪的行为。

3. 加强计划和预算，合理和节约使用资金，改善经营管理

在市场经济条件下，企业的一切经济活动在很大程度上受市场变化的影响。因此企业对资金的筹集和使用，都必须加强计划和预算，防止突击使用和浪费。财会部门应当在企业内部实现人、财、物的综合利用，节约人力、财力和物力，并对企业货源和销售过程实行有效的控制，对商品物资实行严格的管理，以促进企业改善经营管理。

4. 检查分析企业经营业绩，参与企业的预测和决策，增强企业活力，提高企业经济效益

通过对会计信息的检查分析，预测企业经济前景，控制企业经营过程，参与企业经营计划和经营决策也是商品流通企业会计的任务。收集和利用经济信息对经济活动进行组织、控制、调节和指导是企业提高经济效益的一种管理活动，它要求财会部门在日常核算和监督过程中加强财务管理，促进企业按计划目标和市场要求不断提高经济效益。

第二节 会计的核算基础和内容

一、商品流通企业会计的核算基础

（一）会计基本前提

会计基本前提即会计假设，是指为了保证会计工作的正常进行和会计信息的质量，人们对会计核算的范围、内容、基本程序和方法所做的基本假定。会计所处的社会经济环境具有很大的不确定性。例如，会计给谁记账？会计核算的资金运动能否持续不断地进行下去？会计应该在什么时候记账？会计核算应该采用什么计量手段？这一系列基本问题必须得到解决，即会计人员必须对会计核算所处的经济环境作出判断，会计工作才能进行。结合我国实际情况，企业在组织会计核算时应遵循的会计基本前提包括会计主体假设、持续经营假设、会计分期假设和货币计量假设。

1. 会计主体假设

会计主体是指会计工作服务的特定单位或组织。会计主体假设明确了会计核算的空间范围。在市场经济中，企业本身是无法单独存在的，任何企业的经济活动总是与其他企业、单位或个人的经济活动相联系。但对于会计来说，其只反映本企业的经济业务，记本主体的账，而不反映其他企业以及企业所有者本人的经济活动。

1-1 会计主体假设故事

会计主体与法律主体不是同一概念。一般来说，法律主体必然是会计主体，但会计主体不一定就是法律主体。会计主体可以是一个独立法人，也可以是非法人（如独资企业、合伙企业）；可以是一个企业，也可以是企业内部的某一单位（如企业的生产车间、分公司），还可

以是几家企业通过股权关系组织起来的集团。

2. 持续经营假设

相关思考 1-2

企业的汽车价值应如何确定

华夏批发公司花30万元购买一辆汽车,这辆汽车应当按照30万元入账吗?如果改变用途,把全新的汽车用于破产抵债,它还能值30万元吗?

相关思考解析 1-2:

在持续经营的假设下,企业在取得该汽车时能够合理预计该设备在未来的一定时期内为企业带来经济利益,则可以按照取得时的30万元作为该台设备的成本。一旦有证据证明企业将要破产清算,持续经营的假设便不再成立,企业的会计核算必须采用清算基础。

《企业会计准则——基本准则》第六条规定:"企业会计确认、计量和报告应当以持续经营为前提。"

持续经营是指会计主体的生产经营活动将无限期地延续下去,在可以预见的未来不会因破产、清算、解散等而不复存在。持续经营假设明确了会计核算的时间范围。在市场经济中,优胜劣汰是一项竞争规则,任何企业都存在经营失败的风险,但只有假定企业是正常持续经营的,在非清算基础上建立会计程序和方法,企业才能保证会计信息的一致性和稳定性。在持续经营的假设下,企业在取得该汽车时能够合理预计该设备在未来的一定时期内为企业带来经济利益,则可以按照取得时的30万元作为该台设备的成本。一旦有证据证明企业将要破产清算,持续经营的假设便不再成立,企业的会计核算必须采用清算基础。如果企业面临清算,则只能按汽车能够变卖的价值对其进行估价和记录。

企业是否持续经营对会计政策的选择和确定、资产的计价和收益影响很大。只有企业采用持续经营假设,资产才能按照取得时的历史成本计价,折旧费用才能分期提取,资产和负债才有流动和非流动之分,企业才有必要确定会计分期前提和权责发生制前提。

3. 会计分期假设

相关思考 1-3

哪种报告方式更能满足你的需求?

如果你是华夏公司的股东,你想了解企业的财务状况和经营成果,你希望在整个持续经营期间,华夏公司是在停止营业前提供一次相关会计信息给你,还是每年一次,或每月一次?哪一种方式更能够满足你的需求?

相关思考解析 1-3:

按月、季、半年、年提供的财务状况和经营成果更能满足要求。

《企业会计准则——基本准则》第七条规定:"企业应当划分会计期间,分期结算账目和编制财务会计报告。"

会计分期又称会计期间,是指将一个企业持续经营的生产经营活动过程人为划分为连续、相等的期间,以便分期结算账目和编制财务会计报告。会计分期假设是对持续经营假设的必要补充。从理论上说,在持续经营的情况下,企业只有等到生产经营结束才能准确计算盈亏，但企业在停业时提供的会计信息已经失去应有的作用，为此，必须将持续经营的活动过程划分为一个个相等的期间，分期核算和反映。

会计期间分为年度和中期，中期是指短于一个会计年度的报告期间，包括半年度、季度和月度。在我国，会计年度从公历的 1 月 1 日起至 12 月 31 日止。会计年度确定后，一般按日历确定会计半年度、会计季度和会计月度，按照相应会计期间编制的财务会计报告分别称为年报、半年报、季报和月报。

会计分期导致了本期与非本期的差别，从而出现了权责发生制和收付实现制的区别，进而出现应收、应付、预收、预付等会计处理方法。

4. 货币计量假设

相关思考 1-4

哪种方式有利于企业之间的比较

华夏公司会计报表资产情况有两种表示方式。第一种表示方式是：10 00 件产品，8 台机器设备，2 项技术专利；第二种表示方式是：产品 80 000 元，机器设备 2 000 000 元，专利 100 000 元。上述哪种方式更有利于反映企业财务状况，更有利于企业之间进行对比？

相关思考解析 1-4：

第二种方式更有利于反映企业财务状况，更有利于企业之间进行比较。

《企业会计准则——基本准则》第八条规定："企业会计应当以货币计量。"

货币计量是指会计主体在进行会计核算时应采用货币作为统一、主要的计量单位。在不同的时期货币的币值必须稳定。会计在反映企业财务状况和经营成果时，可以使用的计量单位较多，如实物量、劳动工时等，但为全面、综合反映，必须统一以货币作为主要计量尺度。当然，其他计量单位，如实物量、劳动工时等在会计核算中也会使用，但不占主要地位。

我国《会计法》规定，我国境内的会计核算以人民币作为记账本位币。若企业的经济业务由两种以上的货币计量，应该选用一种作为基准，称为记账本位币。记账本位币以外的货币则称为外币。考虑到某些企业的经营活动主要涉及外币，因此，《会计法》规定业务收支以人民币以外的货币为主的企业，也可以选定某种外币作为记账本位币，但提供给境内财务会计报告使用者的会计报表应当折算为以人民币反映的会计报表。

在有些情况下，统一采用货币计量也有缺陷。某些影响企业财务状况和经营成果的因素，如企业经营战略、研发能力、市场竞争力等，往往难以用货币来计量，但这些信息对于使用者决策来说也很重要，为此，企业可以在财务报告中补充披露有关非财务信息来弥补上述缺陷。

（二）会计信息质量要求

商品流通企业会计的主要目标是向商品流通企业利益相关者提供反映经营者受托责任和向投资者提供决策有用的会计信息。要想达到这一目标，会计信息必须具有一定的质量特征，即会计信息质量特征。会计信息质量特征也称会计信息质量要求，或会计信息质量标准，是对商品流通企业财务报告所提供信息质量的基本要求。根据《企业会计准则——基本准则》，会计信息质量特征主要包括以下八项。

1-2 会计信息质量特征的故事

1. 可靠性

《企业会计准则——基本准则》第十二条规定:“企业应当以实际发生的交易或者事项为依据进行会计确认、计量和报告,如实反映符合确认和计量要求的各项会计要素及其他相关信息,保证会计信息真实可靠、内容完整。”

可靠性是会计信息质量的一项基本要求。它要求会计核算的各个阶段,包括会计确认、计量、记录和报告,必须符合会计真实客观的要求,必须以实际发生的经济活动及表明经济业务发生的合法凭证为依据。

要保证会计信息的可靠性,会计人员在记账、算账和报账等会计核算的各个环节都必须以真实的交易或事项为依据;会计人员在进行会计核算时应保持客观公正,运用正确的会计原则和方法,得出具有可检验性的会计信息。

2. 相关性

《企业会计准则——基本准则》第十三条规定:“企业提供的会计信息应当与财务会计报告使用者的经济决策需要相关,有助于财务会计报告使用者对企业过去、现在或者未来的情况作出评价或者预测。”

相关性也是会计信息质量的一项基本要求。它要求企业提供的会计信息必须与财务会计报告使用者的决策需要相关,一项信息是否具有相关性取决于其预测价值和反馈价值。能够帮助投资者对过去、现在和未来事项的可能结果进行预测的信息称为具有预测价值的信息,它是构成相关性的重要因素。一项信息如果有助于决策者验证或修正过去的决策,即具有反馈价值。

3. 可理解性

《企业会计准则——基本准则》第十四条规定:“企业提供的会计信息应当清晰明了,便于财务会计报告使用者理解和使用。”

可理解性是决策者和决策有用性的连接点。信息能否被使用者理解,除了取决于信息本身是否易懂之外,还要看信息使用者理解信息的能力。所以,可理解性一方面要求会计人员尽可能传达易于理解的会计信息,另一方面也要求信息使用者提高综合素质,增强理解信息的能力。

4. 可比性

《企业会计准则——基本准则》第十五条规定:“企业提供的会计信息应当具有可比性。”

可比性具有两层含义。

第一,同一商品流通企业不同期间的会计信息纵向可比。为了便于财务会计报告使用者了解企业经营业绩的变动趋势,同一商品流通企业不同期间的会计信息必须具有可比性。这要求同一商品流通企业对不同期间发生的交易或事项应当采用一致的会计政策,不得随意变更。需要注意的是,满足会计信息可比性要求,并非表明商品流通企业不得变更会计政策。如果按照规定或者在会计政策变更后可以提供更可靠、更相关的会计信息,则企业可以变更会计政策。有关会计政策变更的情况,企业应当在附注中予以说明。

第二,不同商品流通企业同一期间的会计信息横向可比。为了便于财务会计报告使用者评价不同企业的经营状况,不同商品流通企业同一期间的会计信息必须具有可比性。这要求不同商品流通企业对同一期间发生的相同或相似的交易或事项,应当采用规定的会计政策,确保会计信息口径一致,相互可比。

5. 实质重于形式

《企业会计准则——基本准则》第十六条规定:“企业应当按照交易或者事项的经济实质进行会计确认、计量和报告,不应仅以交易或者事项的法律形式为依据。”

这里的形式是指法律形式,实质是指经济实质。有时,经济业务的外在法律形式并不能真实反映其实质内容。商品流通企业会计为了真实反映商品流通企业的财务状况和经营成果,就不能仅仅根据经济业务的外在表现形式来进行核算,而要反映其经济实质。

较典型的例子是对租入资产(短期租赁和低值资产租赁除外)的核算。从形式上看,资产的所有权在出租方,承租方只是拥有资产的使用权和控制权,因此不能将其作为承租方的资产核算。再看交易的经济实质,租入资产的租赁期相当长,往往接近于该资产的使用寿命,而且到期日承租方可以一定的价格购买该项资产,这表明承租方控制了该资产的使用权及其所带来的经济利益,为了正确地反映企业的资产和负债状况,对于租入的资产应作为承租方商品流通企业自有资产加以核算。

又如,企业按照销售合同销售商品但又签订了售后回购协议,虽然从法律形式上看实现了收入,但如果企业没有将商品所有权上的主要风险和报酬转移给购货方,没有满足收入确认的各项条件,即使签订了商品销售合同或者已将商品交付给购货方,也不应当确认销售收入。

延伸阅读 1-1

租入固定资产

以下将通过一个小故事介绍一下租赁。

承租人想要一台固定资产,可他买不起,于是他就找到了租赁公司。

承租人说:“你好,我想租赁一台生产设备。”

出租人说:“好啊,我就是专门做这个的。设备你选好了吗?是哪家企业生产的设备?”

承租人说:“选好了,我想就要××出卖人的那台设备。”

出租人说:“那就好,那你就到出卖人那去提货吧,价款我出,有关的事宜你去跟他谈吧,不过这固定资产的所有权可是我的,你可以分期给我付租金。设备你可要选好,有什么问题我不负责任的!如果你能按期把各项的租金给我的话,租期完了后,设备就给你吧!”

承租人一听,高兴极了,于是两人就签订了租赁合同,并到出卖人那提了货。后来的事,就是承租人按合同约定每期给出租人付租金,最后设备终于成了承租的,但设备也已经老得快要成废铁了。

从这个小故事中,我们大概可以了解租赁资产的特点:承租人虽然没有所有权,但拥有控制权。承租人租入的资产在其几乎整个使用寿命内都可以为承租人服务。满足资产的确认条件,所以租赁资产作为承租人的资产核算。

6. 重要性

《企业会计准则——基本准则》第十七条规定:“企业提供的会计信息应当反映与企业财务状况、经营成果和现金流量等有关的所有重要交易或者事项。”

重要性原则要求商品流通企业在选择会计方法和程序时,区别经济业务的重要程度。对于重要的经济业务,应当严格单独核算;对于不重要的经济业务,在不影响会计信息真实性的情况下,可以简化合并反映。之所以区别反映,一方面,信息并非越多越好,信息过多,不分主次,反而有碍使用;另一方面,考虑到成本效益原则,对于不重要的经济业务在不影响决策者使用的情况下，简化合并反映可以节约成本。例如，我国要求上市公司对外提供季度财务报告，考虑到季度财务报告披露的时间较短，从成本效益原则考虑，季度财务报告没有必要像年度财务报告那样披露详细的附注信息，这体现了会计信息质量的重要性要求。

能够影响财务报告使用者决策的信息是重要性信息。重要性原则具有相对性，并不是同样的业务对不同的企业都是重要或不重要的事项。会计事项的重要性在很大程度上取决于会计人员的职业判断。一般来说，应从质和量两个方面进行判断。从性质方面来说，如果某会计事项发生可能对决策产生重大影响，则该会计事项属于具有重要性的事项；从数量方面来说，当某会计事项的数量达到一定规模时，它可能对决策产生重大影响，则该会计事项属于具有重要性的事项。

7. 谨慎性

《企业会计准则——基本准则》第十八条规定："企业对交易或者事项进行会计确认、计量和报告时应当保持应有的谨慎，不应高估资产或者收益、低估负债或者费用。"

在市场经济环境下，商品流通企业存在着许多经营风险，如应收款项无法收回的风险，已售出的存货发生退回的风险，固定资产实际使用寿命低于预期的风险等。谨慎性原则要求企业在面临不确定因素的情况下，应保持谨慎，充分估计到各种风险和损失，既不高估资产或者收益，也不低估负债或者费用。例如，对预计无法收回的应收款项提取坏账准备，对售出存货可能发生的退回确认预计负债等，充分体现了会计信息质量谨慎性要求。

商品流通企业坚持谨慎性原则，对存在的经营风险加以合理估计，就能在风险实际发生之前化解并防范风险。但谨慎性原则并不意味着可以任意提取各种秘密准备，否则，就属于谨慎性原则的滥用。

8. 及时性

《企业会计准则——基本准则》第十九条规定："企业对于已经发生的交易或者事项，应当及时进行会计确认、计量和报告，不得提前或者延后。"

会计信息的价值在于帮助信息使用者作出经济决策，会计信息只有具有时效性，才能满足经济决策的相关需要，才有价值。这要求商品流通企业对已发生的交易或事项及时进行处理。有时为了及时提供会计信息，企业有可能在了解交易或事项的所有方面之前就要进行会计处理，但这可能会影响会计信息的可靠性。所以，企业要实现会计信息的及时披露就需要在相关性和可靠性之间进行权衡，以最好地满足财务会计报告使用者的决策需要。

上述八项会计信息质量特征中，可靠性、相关性、可理解性和可比性是会计信息的首要质量要求，是企业财务会计报告中所提供的会计信息应具备的基本质量特征；实质重于形式、重要性、谨慎性和及时性是会计信息的次级质量要求，是对可靠性、相关性、可理解性和可比性等首要质量要求的补充和完善，尤其是在对某些特殊交易或者事项进行处理时，企业需要根据这些质量要求来把握会计处理原则。另外，及时性还是会计信息相关性和可靠性的制约因素，企业需要在相关性和可靠性之间寻求一种平衡，以确定信息及时披露的时间。

（三）收付实现制与权责发生制

1-3 视频：权责发生制和收付实现制

1. 收付实现制

收付实现制亦称现收现付制，也叫现金制，它以款项是否实际收到或付出作为确定本期收入和费用的标准。凡是本期实际收到款项的收入和付出款项的费用，不论其是否归属于本期，都作为本期的收入和费用处理；反之，凡是本期没有实际收到款项和付出款项，即使应归属于本期，也不作为本期收入和费用处理。

【例 1-1】 华夏批发公司 6 月份发生以下经济业务，按照收付实现制分别确认该企业 6 月份的收入及费用。

(1) 6 月 2 日销售商品一批，6 月 27 日收到货款 23 400 元存入银行。

解析：23 400 元收入在 6 月份收到，按照收付实现制原则，应作为 6 月份的收入。

(2) 6 月 2 日销售商品一批，7 月 2 日收到货款 11 700 元存入银行。

解析：11 700 元收入在 7 月份收到，按照收付实现制原则，应作为 7 月份的收入，不应作为 6 月份的收入。

(3) 6 月 2 日收到对方购货单位一笔货款 35 100 元存入银行，但按合同规定于 9 月份交付商品。

解析：35 100 元收入在 6 月份收到，按照收付实现制原则，应作为 6 月份的收入，不应作为 9 月份的收入。

(4) 6 月 30 日一次性支付上半年的租金 3 600 元。

解析：3 600 元费用在 6 月份支付，按照收付实现制原则，应作为 6 月份的费用。

(5) 6 月 30 日购入办公用品一批，但款项 600 元在 7 月份支付。

解析：600 元费用在 7 月份支付，按照收付实现制原则，应作为 7 月份的费用。

(6) 6 月 30 日用银行存款支付本月水电费 1 200 元。

解析：1 200 元费用在 6 月份支付，按照收付实现制原则，应作为 6 月份的费用。

2. 权责发生制

权责发生制亦称应收应付制，也叫应计制，是指企业将收入的权利和支出的义务是否归属于本期作为确认收入、费用的标准。凡是属于本期实现的收入和发生的费用，不论企业是否实际收到或实际付出款项，都作为本期的收入和费用入账；凡是不属于本期的收入和费用，即使企业在本期收到或付出款项，也不作为本期的收入和费用处理。

【例 1-2】 华夏批发公司 6 月份发生以下经济业务，按照权责发生制分别确认该企业 6 月份的收入及费用。

(1) 6 月 2 日销售商品一批，6 月 27 日收到货款 23 400 元存入银行。

解析：23 400 元收入在 6 月份收到，应归属于 6 月份，按照权责发生制原则，应作为 6 月份的收入。

(2) 6 月 2 日销售商品一批，7 月 2 日收到货款 11 700 元存入银行。

解析：11 700 元收入应归属于 6 月份，虽然在 7 月份收到，但按照权责发生制原则，应作为 6 月份的收入。

(3) 6 月 2 日收到对方购货单位一笔货款 35 100 元存入银行，但按合同规定于 9 月份交付商品。

解析：35 100 元收入在应归属于 9 月份，虽然实际收款在 6 月份，但按照权责发生制原则，应作为 9 月份的收入。

(4) 6 月 30 日一次性支付上半年的租金 3 600 元。

解析：3 600 元费用应归属于上半年，6 月份应负担的费用为 600 元，按照权责发生制原则，应作为 6 月份的费用。

(5) 6 月 30 日购入办公用品一批，但款项 600 元在 7 月份支付。

解析：600 元费用应归属于 6 月份，虽然款项在 7 月份支付，但按照权责发生制原则，应作为 6 月份的费用。

(6) 6 月 30 日用银行存款支付本月水电费 1 200 元。

解析：1200 元费用在 6 月份支付，应归属于 6 月份，按照权责发生制原则，应作为 6 月份的费用。

将[例 1-1]和[例 1-2]两种方法计算 6 月份收入和费用的结果汇总如表 1-1 所示。

表 1-1　基于权责发生制和收付实现制计算的收入、费用

	收付实现制		权责发生制	
	收入	费用	收入	费用
事项(1)	23 400	—	23 400	—
事项(2)	0	—	11 700	—
事项(3)	35 100	—	0	—
事项(4)	—	3 600	—	600
事项(5)	—	0	—	600
事项(6)	—	1 200	—	1 200
合　计	58 500	4 800	35 100	2 400
利　润	58 500—4 800=53 700		35 100—2 400=32 700	

1-4 扫一扫练一练

1-5 扫一扫练一练答案

从以上举例可以看出，在收付实现制下，只要款项的收付在本期，企业就确认本期的收入和费用，不必考虑预收、预付、应收、应付，不存在期末对账簿记录进行调整的问题。这种方法核算手续简单，但强调财务状况的切实性，所以主要适用于行政单位。

在我国，政府会计由预算会计和财务会计构成。其中，预算会计采用收付实现制，国务院另有规定的，依照其规定；财务会计采用权责发生制。

与收付实现制相反，企业在权责发生制下必须考虑预收、预付和应收、应付。采用这种方法，期末会计要对账簿记录进行调整，确认应归属于相应会计期间的收入和费用，如[例 1-2]中的第 4 小题，企业采用收付实现制时只在付款当月（即 6 月份）一次性确认费用。而采用权责发生制，3 600 元应归属于上半年，即每月都有 600 元的付款义务，企业从 1 月到 6 月每月末均应确认 600 元的费用。所以企业采用权责发生制时核算比较复杂，但权责发生制反映的本期收入和费用比较合理、真实，它主要适用于企业。

《企业会计准则——基本准则》第九条规定："企业应当以权责发生制为基础进行会计确认、计量和报告。"

延伸阅读 1-2

收入与费用配比

收入一旦确认，为取得该收入而发生的费用也必须确认。收入与费用配比原则要求某个会计期间或某个会计对象所取得的收入应与为取得该收入所发生的费用、成本相匹配，以正确计算在该会计期间该会计主体所获得的净损益。

收入与费用的匹配包括两个方面：一是根据收入与费用之间因果关系进行直接配比，如销售产品取得的收入与取得（自制或外购）产品本身发生的成本；二是根据收入与费用项目之间存在的时间上的一致关系进行间接配比，如当期实现的收入与当期发生的各项期间费用的配比。

二、商品流通企业的会计内容

1-6 思政育人：会计人员职业道德

（一）商品流通企业的会计对象

会计对象，即会计核算和监督的内容。凡是能够以货币表现的经济活动都是会计所核算和监督的内容，即价值运动或资金运动。资金运动主要包括资金投入、资金运用、资金退出三个过程。单位性质不同，其经济活动的内容也不同，资金运动的具体内容也不尽相同。

与工业企业相比，商品流通企业没有生产环节，其经营过程包括商品的购进和销售环节。在商品购进环节，企业主要采购商品，这时货币资金转换为商品资金；在商品销售环节，企业主要销售商品，资金又由商品资金转换为货币资金。当然，商品流通企业也会有资金的投入和退出过程，这些共同构成了商品流通企业会计核算的对象。商品流通企业资金循环周转如图 1-1 所示。

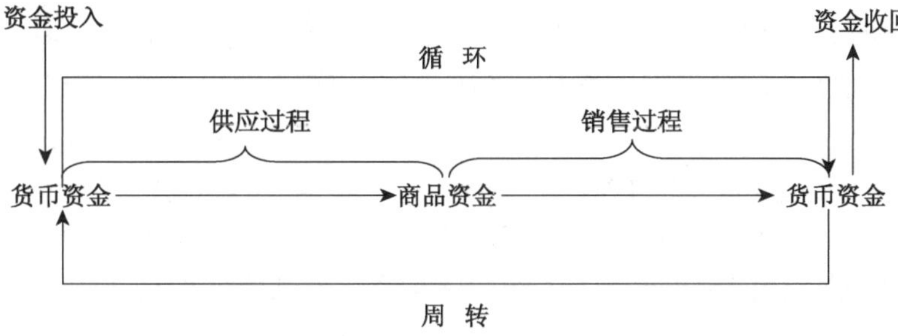

图 1-1 商品流通企业资金循环周转示意图

（二）商品流通企业的会计要素

会计要素是对会计对象的基本分类，是会计对象的具体化，是反映会计主体的财务状况和经营成果的基本单位。

我国《企业会计准则——基本准则》严格定义了资产、负债、所有者权益、收入、费用和利润等六大会计要素。这六大会计要素可以划分为两类。①资产、负债和所有者权益是构成资产负债表的要素，又称资产负债表要素。资产是资金的占用形态，负债和所有者权益是资金的来源，资金的来源及占用情况是资金运动的静态体现。②收入、费用和利润是构成利润表的要素，又称利润表要素。收入是经济利益的总流入，费用是经济利益的总流出，收入和费用配比形成利润，利润是经济活动的结果，也就是反映经营成果的要素，是资金运动的动态表现。会计要素分类如图 1-2 所示。

1. 资产

资产是指企业过去的交易或者事项形成的、由企业拥有或者控制的、预期会给企业带来经济利益的资源。资产具有以下特征。

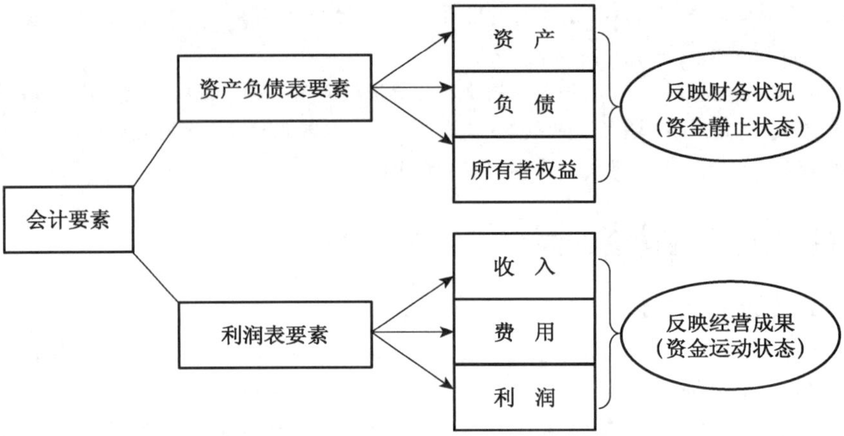

图 1-2　会计要素的分类

(1) 资产是由企业过去的交易或者事项形成的。资产必须是现实的,不能是预期的,只能是由过去已经发生的交易或事项所产生的结果,如过去的购置、生产、建造等行为或其他交易或事项。预期在未来发生的交易或事项不形成资产。例如,企业已签订合同但尚未购入设备,取得该项设备的行为发生在未来,所以它不属于企业的资产。

(2) 资产必须为企业所拥有或者控制。"拥有"是指企业对某项资产拥有所有权,能够从该项资产中得到经济利益。某些特殊方式形成的资源,企业目前并不对其拥有所有权,但能控制它。"控制"是指企业实质上已经掌握了某项资产的未来收益和风险,所以控制意味着企业同样能够从该项经济资源获取经济利益,如企业租入的固定资产。

企业以租赁方式租入一项资产(短期租赁和低值资产租赁除外),尽管企业并不拥有其所有权,但是如果租赁合同规定的租赁期相当长,接近于该资产的使用寿命,表明企业控制了该资产的使用及其所能带来的经济利益,应当将其作为企业资产予以确认、计量和报告。

(3) 资产预期能为企业带来经济利益。能够在未来直接或间接地产生经济利益是资产的本质所在,一项资源一旦不能为企业带来经济利益,则不能确认为企业的资产。例如,企业已毁损的材料,因为不能给企业带来经济利益,所以不能作为企业的资产。

除此之外,资产作为一项经济资源,与其有关的经济利益必须很可能流入企业,而且该资源的成本或价值能可靠地计量。

企业的资产按其流动性可以划分为流动资产和非流动资产。

其中,企业可以在 1 年或超过 1 年的一个营业周期内变现出售、耗用或主要为交易目的而持有的资产属于流动资产,如库存现金、银行存款、存货及各项应收和预付款项。有些企业的生产周期比较长,如造船业、大型机械制造业等,从购料到销售商品再到收回货款,时间往往超过 1 年,在这种情况下,企业就不能把 1 年内或超过 1 年的一个营业周期内变现作为划分流动资产的标志,而是将经营周期作为划分流动资产的标志。

非流动资产是指不能在 1 年或者超过 1 年的一个营业周期内变现或者耗用的资产,如固定资产、无形资产和长期股权投资等。

2. 负债

负债是指过去的交易或事项形成的现时义务,履行该义务预期将会导致经济利益流出企业。负债具有如下特征。

(1) 负债是由企业过去的交易或事项形成。负债必须是已经发生的经济业务形成的,企业预期在将来要发生的交易或事项可能产生的债务不能作为企业的负债。例如,企业计划借款,预期的借款因为尚未发生,没有形成现时义务,所以不属于企业的负债。

(2) 负债是企业承担的现时义务。现时义务是指企业在现行条件下已承担的义务。过去的交易或事项形成负债,企业就必须承担由此带来的偿还义务。未来发生的交易或者事项形成的义务不属于现时义务,不应当确认为负债。

(3) 负债预期会导致经济利益流出企业。企业履行偿还义务关系到经济利益的流出,如支付现金、提供劳务、转让其他财产等等。

除此之外,负债是企业的一项现时义务,与履行该现时义务有关的经济利益很可能流出企业,而且未来流出企业的经济利益的金额能够可靠地计量。

企业的负债按偿还期限的长短,一般分为流动负债和非流动负债。

流动负债是指预期在 1 年或超过 1 年的一个营业周期内清偿的债务,包括短期借款、应付及预收账款、应付职工薪酬、应交税费、应付股利等;非流动负债是指偿还期在 1 年或者超过 1 年的一个营业周期以上的债务,主要包括长期借款、应付债券、长期应付款等。

相关思考 1-5

下列各项是否形成企业的负债

(1) 本月向银行取得 3 个月期限的短期借款。

(2) 本月购入材料一批,货款尚未支付。

(3) 本月丁公司起诉本公司,要求赔偿 10 万元,法院尚未判决。

(4) 本月财务处作出明年的借款计划,计划向银行借入期限为 2 年的借款 600 万元。

(5) 本月应向职工发放工资 80 万元,下月初支付。

请问:上述五项是否形成企业本月的负债?

相关思考解析 1-5:

(1)、(2)、(5)会形成企业本月的负债。

3. 所有者权益

所有者权益是指企业资产扣除负债后,由所有者享有的剩余权益。公司的所有者权益又称股东权益。所有者权益的金额为资产减去负债后的余额,又称为净资产。

所有者权益是所有者对企业资产的剩余索取权,既可反映所有者投入资本的保值增值情况,又体现了保护债权人权益的理念。所有者权益与负债都是企业的资金来源,但两者有本质的不同。与负债相比,所有者权益有以下特征。

(1) 除非企业发生破产、清算和派发股利,所有者权益可供企业长期使用,企业不需偿还给投资者;而对于负债,企业必须按期还本付息。

(2) 企业在清算时,只有在清偿了所有的负债后,才能把所有者权益返还给投资者。

(3) 投资者凭借所有者权益参与企业的利润分配和经营管理,而债权人无权参与企业的利润分配和经营管理。

所有者权益按照来源通常包括实收资本、资本公积、盈余公积和未分配利润。

企业的实收资本是指投资者按照企业章程或合同、协议的约定，实际投入企业的资本。资本公积是指企业在筹集资本过程中所取得的由投入资本所引起的各种增值，包括资本溢价（或股本溢价）和其他资本公积；盈余公积是指企业按照法律、法规的规定从净利润中提取的积累资金；未分配利润是企业留待以后年度分配的利润，盈余公积和未分配利润为企业的留存收益。实收资本和资本公积属于投资者的初始投入资本，盈余公积和未分配利润属于投入资本的增值。

4. 收入

收入是指企业在日常活动中形成的、会导致所有者权益增加的、与所有者投入资本无关的经济利益的总流入。收入有以下特征。

(1) 收入从企业的日常活动中产生，而不是从偶发的交易或事项中产生。日常活动是指企业为完成其经营目标所从事的经常性活动以及与之相关的活动。例如，工业企业销售产品，商品流通企业销售商品，服务企业提供劳务是企业从事的经常性活动，属于日常活动。除此之外，工业企业销售材料、出租资产以及提供劳务是企业从事的与经常性活动相关的活动，也属于日常活动。

(2) 收入可能表现为企业资产的增加，也可能表现为企业负债的减少，或者两者兼而有之。

(3) 收入能导致企业所有者权益的增加。

(4) 收入只包括本企业经济利益的流入，而不包括为第三方或客户代收的款项。

除此之外，收入只有在经济利益很可能流入企业，而且流入额能够可靠地计量时才能予以确认。

5. 费用

费用是指企业在日常活动中发生的、会导致所有者权益减少的、与向所有者分配利润无关的经济利益的总流出。费用有以下特征。

(1) 费用是企业日常活动产生的。

(2) 费用可能表现为资产的减少，也可能表现为负债的增加，或者两者兼而有之。

(3) 费用能导致企业所有者权益的减少，但与向所有者分配利润无关。

除此之外，费用只有在经济利益很可能流出企业，而且流出额能够可靠地计量时才能予以确认。

费用可以分为两大类：一部分是计入产品成本的各种耗费。企业在确认收入时，将已销售产品或劳务的成本从当期收入中扣除，即主营业务成本或其他业务成本。一部分是企业在日常活动中发生的税金、期间费用和资产减值损失等。

期间费用包括销售费用、管理费用和财务费用。销售费用是企业在销售商品过程中发生的各种费用，包括企业在销售商品的过程中发生的运输费、装卸费、包装费、保险费、展览费和广告费等；管理费用是企业为组织和管理生产经营活动而发生的各项费用，包括企业的董事会和行政管理部门在企业的经营管理中发生的工会经费、劳动保险费、董事会费、聘请中介机构费、咨询费（含顾问费）、诉讼费、业务招待费、房产税、车船税等。财务费用是企业为筹集生产经营所需资金等而发生的各项费用，包括应当作为期间费用的利息支出（减利息收入）、汇兑损失（减汇兑收益）以及相关的手续费等。

资产减值损失是指企业计提的存货跌价准备、固定资产减值准备等形成的损失。

延伸阅读 1-3

收入与费用，利得与损失

收入是企业日常活动形成的经济利益的总流入。日常活动是确认收入的重要判断标准，凡是日常活动所形成的经济利益的流入应当确认为收入；反之，非日常活动所形成的经济利益的流入不能确认为收入，而应当计入利得。利得是指由企业非日常活动所形成的、会导致所有者权益增加的、与所有者投入资本无关的经济利益的净流入，包括直接计入所有者权益的利得和直接计入当期损益的利得。其中直接计入当期损益的利得是指营业外收入，如罚没利得、捐赠利得等。

费用是企业日常活动形成的经济利益的总流出。日常活动是确认费用的重要判断标准，凡是日常活动所形成的经济利益的流出应当确认为费用；反之，非日常活动所形成的经济利益的流出不能确认为费用，而应当计入损失。损失是指由企业非日常活动所形成的、会导致所有者权益减少的、与向所有者分配利润无关的经济利益的净流出，包括直接计入所有者权益的损失和直接计入当期损益的损失。其中直接计入当期损益的损失是指营业外支出，如罚款支出、捐赠支出等。

6. 利润

利润是指企业在一定会计期间的经营成果。如果企业实现了利润，表明企业的所有者权益将增加，业绩得到了提升；反之，如果企业发生了亏损(即利润为负数)，表明企业的所有者权益将减少，业绩下滑了。

利润包括收入减去费用后的净额、直接计入当期利润的利得和损失。其中，收入减去费用后的净额反映的是企业日常活动的经营业绩，直接计入当期损益的利得和损失反映的是企业非日常活动的业绩。直接计入当期损益的利得和损失是指应当计入当期损益、会导致所有者权益发生增减变化的、与所有者投入资本或向所有者分配利润无关的利得(营业外收入)和损失(营业外支出)。

相关思考 1-6

六大类会计要素之间有什么关系?

相关思考解析 1-6:

1. 资产＝负债＋所有者权益
2. 收入－费用＝利润

(三) 商品流通企业的会计科目

会计科目是对会计要素的具体内容进行分类核算的项目。

会计要素是对会计对象的第一次分类。我们可以通过六大会计要素了解一个商品流通企业在某一特定时点的资产、负债和所有者权益情况，了解一个商品流通企业在某一特定期间的收入、费用及利润情况。但是企业的经济业务错综复杂，同一会计要素也会有不同的内容和性质。例如，不同类别的资产，其变现能力和获利能力是不同的；不同类别的负债，其形成原因和偿还期限也是不同的；所有者权益有不同的来源和用途。因此，我们有必要在会计要素的基础上，对会计对象进行第二次分类，这就是设立会计科目。会计对象的构成层次如图 1-3 所示。

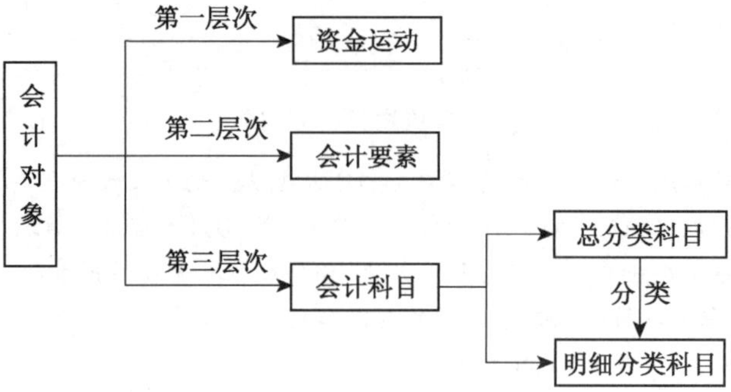

图 1-3　会计对象的构成层次

《企业会计准则——应用指南》将会计科目分为资产类、负债类、共同类、所有者权益类、成本类、损益类六大类。涵盖了我国上市公司的交易或事项，一般商品流通企业使用的为除共同类外的五大类会计科目，如表 1-2 所示。

表 1-2　常见会计科目表

编号	会计科目名称	编号	会计科目名称	编号	会计科目名称
	一、资产类	1411	周转材料	1711	商誉
1001	库存现金	1471	存货跌价准备	1801	长期待摊费用
1002	银行存款	1501	债权投资	1811	递延所得税资产
1012	其他货币资金	1502	债权减值准备	1901	待处理财产损溢
1101	交易性金融资产	1503	其他债权投资		二、负债类
1121	应收票据	1504	其他权益工具投资	2001	短期借款
1122	应收账款	1511	长期股权投资	2201	应付票据
1123	预付账款	1512	长期股权投资减值准备	2202	应付账款
1131	应收股利	1521	投资性房地产	2203	预收账款
1132	应收利息	1531	长期应收款	2314	受托代销商品款
1221	其他应收款	1601	固定资产	2211	应付职工薪酬
1231	坏账准备	1602	累计折旧	2221	应交税费
1401	委托代销商品	1603	固定资产减值准备	2231	应付利息
1402	在途物资	1604	在建工程	2232	应付股利
1403	原材料	1605	工程物资	2241	其他应付款
1404	商品进销差价	1606	固定资产清理	2501	长期借款
1405	库存商品	1701	无形资产	2502	应付债券
1406	发出商品	1702	累计摊销	2701	长期应付款
1408	委托加工物资	1703	无形资产减值准备	2702	未确认融资费用

（续表）

编号	会计科目名称	编号	会计科目名称	编号	会计科目名称
2711	专项应付款	4104	利润分配	6401	主营业务成本
2801	预计负债		五、成本类	6402	其他业务成本
2901	递延所得税负债	5001	生产成本	6403	税金及附加
	三、共同类	5101	制造费用	6601	销售费用
3101	衍生工具	5201	劳务成本	6602	管理费用
3201	套期工具	5301	研发支出	6603	财务费用
3202	被套期项目		六、损益类	6701	资产减值损失
	四、所有者权益类	6001	主营业务收入	6711	营业外支出
4001	实收资本	6051	其他业务收入	6801	所得税费用
4002	资本公积	6101	公允价值变动损益	6901	以前年度损益调整
4101	盈余公积	6111	投资收益		
4103	本年利润	6301	营业外收入		

第三节 商品流通企业会计工作规范和组织

一、商品流通企业会计的工作规范

会计工作规范是处理会计事务的法律、原则、程序和方法的总称，是会计工作的规则和准则。要使会计工作有组织、有秩序地进行，发挥其在核算、监督和加强经营管理、提高经济效益中的作用，必须建立科学的会计规范。

我国会计工作规范包括会计法律、会计行政法规、会计部门规章、地方性会计法规。

(一) 会计法律

会计法律主要是指由全国人民代表大会及其常务委员会经过一定立法程序制定的有关会计工作的法律，属于会计法律制度中层次最高的法律规范，是制定其他会计法规的依据，也是指导会计工作的最高准则。《会计法》由 1985 年 1 月 21 日第六届全国人民代表大会常务委员会第九次会议通过，1993 年 12 月 29 日第八届全国人民代表大会常务委员会第五次会议修正，1999 年 10 月 31 日第九届全国人民代表大会常务委员会第十二次会议修订，2017 年 11 月 4 日第十二届全国人民代表大会常务委员会第三十次会议第二次修正的。

会计法律相对于其他会计法律制度而言，具有以下特点：一是只能由具有国家立法权的全国人民代表大会制定，其他机关无权制定或修改；二是《会计法》所规定的是会计工作中重要的、带有根本性的事项；三是《会计法》是制定会计行政法规、会计规章、地方性会计法规、会计规范性文件的依据。因此，我国《会计法》是会计法律制度中层次最高的法律规范，是会计机构、会计人员开展会计工作，进行会计核算，实施会计监督的基本依据，也是各级有关管理部门进行会计管理和监督的基本依据。

《注册会计师法》是规范注册会计师及其行业规范的最高准则。该法中 1993 年 10 月 31 日第八届全国人民代表大会常务委员会第四次会议通过，自 1994 年 1 月 1 日起施行。2014 年 8 月 31 日第十二届全国人民代表大会常务委员会对其进行了修正。

（二）会计行政法规

会计行政法规是指由国务院制定发布，或者由国务院有关部门拟订，国务院批准发布的用于调整某些方面会计关系的法律规范，其制定依据是《会计法》。例如，国务院发布的《中华人民共和国总会计师条例》《企业财务会计报告条例》等都属于会计行政法规。

《企业财务会计报告条例》由国务院于 2000 年 6 月 21 日颁布并于 2001 年 1 月 1 日起施行，是对《会计法》中有关财务会计报告规定的细化。它主要规定了企业财务会计报告的构成、编制、对外提供、法律责任等内容。

《中华人民共和国总会计师条例》由国务院于 1990 年 12 月 31 日发布，是对《会计法》中有关规定的细化和补充，对总会计师的设置、任职条件、职责权限等进行了明确的规定。

（三）会计部门规章

会计部门规章是指国家主管会计工作的行政部门，即财政部以及其他相关部委根据法律和国务院的行政法规、决定、命令，在本部门的权限范围内制定的、用于调整会计工作中某些方面内容的国家统一的会计准则制度和规范性文件，包括国家统一的会计核算制度、会计监督制度、会计机构和会计人员管理制度及会计工作管理制度，如 2001 年 2 月 20 日财政部第 10 号令发布的《财政部门实施会计监督办法》，2005 年 1 月 18 日财政部第 24 号令发布的《会计师事务所审批和监督办法》，2005 年 1 月 22 日财政部第 26 号令发布的《会计从业资格管理办法》，2006 年 2 月 15 日财政部第 33 号令发布的《企业会计准则——基本准则》等，均属于会计部门规章。

国务院其他部门根据其职责权限制定的会计方面的规范性文件也属于会计规章，但必须报财政部审核或者备案。会计部门规章不得与宪法、法律和行政法规相违背，其效力低于宪法、法律和行政法规。

（四）地方性会计法规

地方性会计法规是指省、自治区、直辖市和经授权的经济特区人民代表大会及其常务委员会，在与会计法律、会计行政法规不相抵触的前提下，根据本地区情况制定发布的关于会计核算、会计监督、会计机构和会计人员以及会计工作管理的规范性文件。

此外，计划单列市、经济特区的人民代表大会及其常务委员会，在宪法、法律和行政法规允许范围内也可制定会计规范性文件。

二、商品流通企业会计的工作组织

商品流通企业必须根据国家法律、法规的有关规定，结合本企业的具体情况，如规模大小、业务特点、管理要求等来设置会计机构、配备德才兼备的会计人员，在不与会计法律、法规及国家统一会计制度相抵触的情况下，制定本企业的各项财务会计制度，开展会计工作。

（一）会计机构的设置

会计机构是各单位办理会计事务的职能部门，会计人员是直接从事会计工作的人员。建立健全会计机构，配备与工作要求相适应、具有一定素质和数量的会计人员，是做好会计工作，充分发挥会计职能作用的重要保证。《会计法》第三十六条第一款规定：“各单位应当根据会计业务的需要，设置会计机构，或者在有关机构中设置会计人员并指定会计主管人员；不具备设置条件的，应当委托经批准设立从事会计代理记账业务的中介机构代理记账。”

会计机构的设置要坚持精简节约的原则，做到既能保证工作质量，满足工作需要，又能节约人力、物力和财力。实际工作中，大中型商品流通企业应结合会计业务的实际需要设置财务部、处、科等机构；小型商品流通企业应根据会计业务实际需要设置会计机构，可以设置财务室、组等机构，也可以在有关机构中设置会计人员，并指定会计主管人员；不具备设置会计机构和会计人员条件的小型商品流通企业，应当聘请中介机构代理记账。

（二）会计人员的配备

1-7 视频：会计主管

会计机构由专职的会计人员组成。商品流通企业的会计人员按职权划分主要有总会计师、会计机构负责人（会计主管人员）、一般会计、附属单位或部门的专职核算人员等。商品流通企业应在会计机构内部合理设置会计工作岗位，包括会计主管、出纳、商品核算、非商品财产物资核算、费用及工资核算、资金往来核算、财务成果核算、总账报表、审核和档案管理等岗位。

从事商品流通企业会计工作的人员，应当具备从事会计工作所需要的专业能力，遵守职业道德。单位机构负责人和会计主管人员还应具备会计师以上专业技术资格或从事会计工作3年以上；会计人员调动工作或离职，必须办清交接和监交手续。会计岗位可以一人一岗、一人多岗或一岗多人，但出纳不得兼管稽核、会计档案保管和收入、费用、债权债务账目的登记工作。实际工作中，大中型商品流通企业会计人员较多，岗位分工较细；小型商品流通企业会计人员较少，岗位分工较粗，经常一人多岗，但不得少于两名会计工作人员（代理记账例外）。

（三）会计制度的制定

除了国家统一的会计制度、会计行政法规和会计规章等，商品流通企业还要制定内部财会管理制度。

1. 建立内部财务会计制度

财务部门应当根据统一的财务制度和会计制度，建立和健全商品流通企业的成本、费用管理制度和会计核算制度，从加强和整顿会计基础工作的要求出发，实现会计科目、凭证、账簿和报表的规范化管理。通过制定内部财务会计制度，保证审核、检查凭证的合法性和真实性；严格记账、对账、结账的手续；建立健全会计档案制度等，实行会计工作规范化。

2. 建立内部会计监督和审计制度

商品流通企业应建立内部会计监督制度，以维护财经纪律，保护财产安全，保证账目和财务报表的可靠性。对货币资金的收支、商品的进销存业务、重大对外投资、资产处置、资金调度和其他重要经济业务等重大项目建立监督制度；在财务部门以外，建立内部审计部门或者配备审计人员，对企业的会计记录、财务报表和会计制度的执行情况进行内部检查、监督和稽核，以促进企业经营管理和提高经济效益。

3. 建立和健全会计电算化管理制度

会计电算化是提高会计工作效率的重要前提，尤其是在商品流通企业中批发和零售环节的会计数据处理、分析和管理方面，会计电算化显示出电算化强大的功能。目前，我国一部分商品流通企业已使用电子计算机进行会计数据处理，实现了会计电算化，但并未普及。商品流通企业要在实行会计电算化的基础上，进一步健全计算机的维修保养制度，改进程序设计，加强文件管理，不断提高计算机技术水平，努力实行系统化和网络化。因此，建立和健全会计电算化管理制度已成为摆在会计人员面前刻不容缓的责任。

本章小结

本章主要讲解了商品流通企业会计的含义、特征、任务、核算基础、内容以及工作规范和组织。会计核算和监督是会计的两大基本职能；会计核算应以会计主体、持续经营、会计分期、货币计量为基本前提；考虑可靠性、相关性、可理解性、可比性、实质重于形式、重要性、谨慎性和及时性8个质量要求；以权责发生制作为会计确认、计量的基础，按照资产、负债、所有者权益、收入、费用、利润六大类要素进行处理。

1-8 扫一扫看课件

本章重要概念

商品流通企业会计　会计主体　会计对象　会计要素　会计科目

推荐阅读资料

[1]《企业会计准则——基本准则》(2018).
[2] 李海波，蒋瑛. 新编商业会计——商品流通企业会计[M]. 9版. 上海：立信会计出版社，2017.
[3] 张晋红. 商品流通企业会计[M]. 北京：北京工业大学出版社，2006.
[4] 史玉光. 商品流通企业会计实务[M]. 2版. 北京：电子工业出版社，2022.

第二章　货币资金

内容简介

本章主要讲解了货币资金与转账结算，包括现金、银行存款的序时核算与总分类核算以及其他结算方式与核算等，分为三节进行讲解。本章重点为货币资金各组成部分的核算方法，难点为结算方式及核算。

学习目的和要求

通过学习本章，学生应理解货币资金的含义与分类，掌握我国现行的现金管理制度及其相关业务的核算、银行存款业务的核算及企业常用的结算方式及其核算。

引例　隐匿收入，伪造银行对账单

杰克公司的前身是一家国有企业，始建于1978年。1998年转制为杰克公司，经过数十年的发展，公司积累了相当丰富的工艺技术和一定的管理经验，有许多公司管理制度。公司经过多年的不间断改进、完善，提高了产品的生产能力和产品市场竞争能力，并引进了先进的生产设备。公司具有较强的新产品开发能力，主要生产5大系列、28个品种、120多种规格的低压和高压、低速和高速、异步和同步电动机。公司具有完整的质量保证体系，2002年通过ISO9000系列质量管理体系认证。公司年创产值2 800万元，实现利润360万元。公司现有员工600多人，30%以上具有初、中级技术资格，配备管理人员118人，专职检验人员86人，建立了技术水平较高的员工队伍。

随着公司的发展壮大，经营过程出现了一些问题，已经影响到公司的发展。该公司出纳员李敏，给人的印象是兢兢业业、勤勤恳恳、待人热情，她积极肯干，不论分内分外的事，她都主动去做，受到领导的器重、同事的信任。而事实上，李敏在其工作的1年半期间，先后利用22张现金支票，编造各种理由提取了现金98.96万元，均未记入现金日记账，构成职务侵占罪。其具体手段如下：①隐匿3笔收入和7笔会计开好的收款转账单(记账联)，共计10笔销售收入，金额为98.96万元，其将提现的金额与其隐匿的收入相抵，使32笔收支业务均未在银行存款日记账和银行余额调节表中反映；②由于公司财务印鉴和行政印鉴合并，统一由行政人员保管，李敏利用行政人员疏于监督的情况开具现金支票；③伪造银行对账单，将提现的整数金额改成带尾数的金额，并将提现的银行代码“11”改成托收的代码“88”。杰克公司在清理逾期未收款时曾经发现有3笔收入未在银行日记账和余额调节表中反映，但当时由于人手较少，未能对此进行专项清查。

该案例中货币资金内部控制存在哪些缺陷？应如何予以完善？

资料来源：https://m.lichenjy.com/cwgl/nkzd/m9228.shtml。

2-1 视频：货币资金的范围

货币资金是指企业的生产经营资金在周转过程中处于货币形态的那部分资金。

在商品流通企业的日常生产经营过程中，大量的、重复性的经济活动都是通过货币资金的收支来进行的。例如，购进、销售商品，发放工资，缴纳税金，股利、利息的支付以及进行投资活动等事项，都需要通过货币资金进行收付结算。同时，一个企业货币资金拥有量的多少，标志着它偿债能力与支付能力的大小，是投资者分析、判断财务状况的重要指标，在企业资金周转过程中起着连接和纽带的作用。因此，商品流通企业需要经常保持一定数量的货币资金，既要防止不合理地占压资金行为，又要保证业务经营的正常需要，并按照货币资金管理的有关规定对各种收付款项进行结算。

货币资金与货币性资产不是同一概念，货币性资产是指企业持有的货币资金以及将以固定或可确定金额的货币收取的资产。一般来说，属于货币性资产的有：货币资金、应收账款、应收股利、应收票据、应收利息、应收补贴款、其他应收款等。

延伸阅读 2-1

非货币性资产

非货币性资产是指货币性资产以外的资产，其基本特征是：这些资产在将来为企业带来的经济利益是不固定的或不可确定的。一般来说，属于非货币性资产的有：长期股权投资、预付账款、存货（原材料）、投资性房地产、固定资产、工程物资、在建工程、无形资产等。

第一节 库存现金的管理与核算

在我国，现金是指库存现金，就是由出纳人员保管的那部分货币，包括人民币和外币。在货币资金中，库存现金流动性最强，也最容易被挪用和侵吞，成为徇私舞弊的对象。因此，库存现金管理是货币资金管理的重点，企业必须切实遵守库存现金管理制度，自觉接受银行的监督，以确保库存现金的安全。

一、库存现金的管理

商品流通企业的现金来源主要有零售商品销货款、从银行提取的现金和其他现金。

根据现金管理制度和结算制度的规定，每个企业都必须在银行或其他金融机构开立存款户，用以办理存款、取款和转账结算。商品流通企业的现金收付频繁，业务量大，涉及的经办人员多，容易造成差错，而加强对现金的管理是我国一项重要的财务制度，企业对现金的收付必须严格执行《现金管理暂行条例》和《现金管理暂行条例实施细则》。现金管理的主要内容包括以下几个方面。

（一）库存现金的使用范围

（1）职工工资、津贴。

（2）个人劳动报酬。

（3）根据国家规定颁发给个人的科学技术、文化艺术、体育等各种奖金。

（4）各种劳保、福利费用以及国家规定的对个人的其他支出。

（5）向个人收购农副产品和其他物资的价款。

(6) 出差人员必须随身携带的差旅费。

(7) 结算起点以下的零星支出(结算起点为 1 000 元)。

(8) 中国人民银行确定需要支付现金的其他支出。

企业必须根据条例规定,结合本单位的实际情况,确定本单位库存现金的使用范围。不属于现金开支范围的业务应当通过银行办理转账结算。

(二) 库存现金的收支管理

(1) 企业的现金收入应于当日送存银行,当日送存有困难的,由开户银行确定送存时间。

(2) 企业支取现金时,可以从本单位库存现金限额中支付或从开户银行提取,不得坐支现金。所谓坐支现金,是指企业用收入的现金直接支付自己的支出。为了加强银行的监督,企业在送存现金时,应在解款单上注明款项的来源;支取现金时,应在现金支票上注明款项的用途。对于那些违反现金管理制度所规定的款项,银行有权拒绝支付。

2-2 如何辨别虚开发票

(3) 不准用不符合国家统一会计制度的凭证顶替库存现金,即不得"白条顶库"。

(4) 不准谎报用途套取现金。

(5) 不准用银行账户代其他单位和个人存入或支取现金。

(6) 不准将单位收入的现金以个人名义存入银行。

(7) 不准保留账外公款,即不得"公款私存"。

(8) 不得设置"小金库"等。

企业若违反了有关的规定,银行有权对其处以不同程度的罚款。

(三) 企业库存现金的最高限额

为了满足企业日常零星开支所需,同时考虑到库存现金流动性强的特点,企业的库存现金都要由银行根据企业的实际需要情况核定一个最高限额,这个最高限额一般要满足一个企业 3 天至 5 天的日常零星开支所需,边远地区和交通不便地区的企业库存现金可多于 5 天的日常零星开支,但最多不能超过 15 天的日常零星开支。企业必须严格按规定的限额控制现金结余量,超过限额的部分,必须及时送存银行,库存现金低于限额时,企业可以签发现金支票,从银行提取现金,以补足限额。企业如需增加或减少库存现金限额,应当向开户银行提出申请,由开户银行核定。例如,某企业原库存现金的最高限额为 3 万元,由于春交会的原因,3 万元的限额已经无法满足公司业务的需求,因此,企业应向开户银行提出申请,由开户银行核定,将库存现金的最高限额由 3 万元提高到 5 万元。

(四) 库存现金的保管

为了严格库存现金的管理,企业应坚持"钱账分管"原则,企业库存现金的收付保管应由出纳人员负责。管现金的出纳人员不得兼管收入、费用、债权、债务等账簿的登记工作以及会计稽核和会计档案保管工作。

相关案例 2-1

上市公司出纳挪用公款炒股案

湖南某上市公司出纳梁某采取偷盖公司银行印鉴和法人章,使用作废的、没有登记的现金支票等方法,在近 5 年的时间里先后挪用 3 000 多万元用于炒股。给单位造成损失 1 137.8 万余元。长沙市中级人民法院以挪用公款罪和挪用资金罪，判处梁某 17 年有期徒刑。

资料来源：https://mp.weixin.qq.com/s? src=11&timestamp=1665211907&ver=4091&signatu。

该案例中上市公司的货币资金内部控制存在哪些缺陷？应如何完善？

相关案例解析 2-1：

货币资金内部控制存在的缺陷：货币资金支付审批程序不够合理。企业货币资金支付的授权审批权限不合理或程序不清，也是很多企业常犯的毛病，资金支付审批漏洞有：未清晰设置支付权限；缺乏临时授权，导致岗位人员离岗时无法正常办理支付；资金支付相关审核/审批环节欠缺；资金支付审核审批先后顺序不合理；未建立签字人员样本表用于核对签字。

企业资金支付通常要包括以下环节：

(1) 支付申请。公司有关部门或个人用款时，应当提前向审批人提交货币资金。

(2) 支付申请，注明款项的用途、金额、预算、支付方式等内容，并附有效经济合同或相关证明。

(3) 支付审批。审批人根据其职责、权限和相应程序对支付申请进行审批。对不符合规定的货币资金支付申请，审批人应当拒绝批准。

(4) 支付复核。复核人应当对批准后的货币资金支付申请进行复核，复核货币资金支付申请的批准范围、权限、程序是否正确，手续及相关单证是否齐备，金额计算是否准确，支付方式、支付单位是否妥当等。复核无误后，交由出纳人员办理支付手续。

(5) 办理支付。出纳人员应当根据复核无误的支付申请，按规定办理货币资金支付手续，及时登记现金和银行存款日记账。

但有些企业在办理资金支付前缺乏出纳以外的会计人员复核或记账，或是先办理支付然后会计进行复核或记账，这会导致对付款无法有效监督，因为此时出纳虽然不记账，但原始单据先到出纳手里付款，再由出纳传递给制单会计，出纳可能会通过压单、变造单据等手段来挪用或侵占货币资金，不能对出纳进行有效的监督；账务处理不及时，现金账实差异巨大；另外会计制单时款项已付出，经办人也已离开财务部，制单时发现问题难以更正或与经办人及时沟通，因此，在设计付款流程时应尽量避免这种先付款后复核或制单的现象。

企业应明确审批人对货币资金业务的授权批准方式、权限、程序、责任和相关控制措施，规定经办人办理货币资金业务的职责范围和工作要求；审批人应当根据货币资金授权批准制度的规定，在授权范围内进行审批，不得超越审批权限；经办人应当在职责范围内，按照审批人的批准意见办理货币资金业务；对于审批人超越授权范围审批的货币资金业务，经办人员有权拒绝办理，并及时向审批人的上级授权部门报告。

二、库存现金的核算

企业发生现金的收付业务，必须取得或填制原始凭证，作为收付款的书面证明。例如，企业向银行提取现金，要签发现金支票，以支票存根作为提取现金的证明；将现金存入银行，要填写进账单，以银行加盖印章后退回的进账单回单作为存入现金的证明；支付职工差旅费的借款，要取得经有关领导批准的借款单，作为付款的证明等。

所有作为收付款证明的原始凭证，财会部门要进行认真审核。审核时应注意每笔款项收支是否符合现金管理制度的规定，是否符合开支标准，是否有经批准的计划作为依据，原始凭证中的项目是否填写齐全、数字是否正确、手续是否完备等。原始凭证经过审核无误后，企业即可据以填制收款凭证或付款凭证，办理现金收支业务。

出纳人员在收付现金以后，应在记账凭证或原始凭证上加盖“收讫”或“付讫”的戳记表示款项已经收付。收、付款凭证经过审核签证后，企业即可据以登记账簿。

收款凭证和付款凭证是用于现金和银行存款收付业务核算的依据。为了避免填制凭证和记账的重复，在实际工作中，对于从银行提取现金，或将现金存入银行，企业应按照收付款业务涉及的贷方科目来确认其凭证类型并正确填制记账凭证。例如，从银行提取现金业务，贷方科目为“银行存款”，因此凭证类型为“银付”，企业应正确填写银行存款付款凭证，并以此凭证作为登记现金和银行存款日记账的依据；又如，将现金存入银行业务，贷方科目为“库存现金”，因此凭证类型为“现付”，企业应正确填写库存现金付款凭证，并以此凭证作为登记库存现金和银行存款日记账的依据。

库存现金的核算，包括总分类核算和明细分类核算。

库存现金的总分类核算是通过“库存现金”账户进行的，这是资产类账户，用于核算企业的库存现金。企业收入现金时，记入借方；企业付出现金时，记入贷方；期末余额在借方，表示企业持有的库存现金。

【例 2-1】 2×22 年 12 月 1 日，华夏商贸公司人事部张楠归还借款 540 元。

借：库存现金　　540
　　贷：其他应收款——张楠　　540

【例 2-2】 2×22 年 12 月 1 日，华夏商贸公司销售商品 339 元，其中价款 300 元，增值税税额 39 元，现金收讫。

借：库存现金　　339
　　贷：主营业务收入　　300
　　　　应交税费——应交增值税(销项税额)　　39

【例 2-3】 2×22 年 12 月 1 日，华夏商贸公司行政部购买办公用品 340 元，以现金支付。

借：管理费用　　340
　　贷：库存现金　　340

明细分类核算是通过设置现金日记账来进行的。现金日记账是核算和监督现金日常收付结存的序时账簿，必须采取订本式账簿，并为每一账页顺序编号，防止账页丢失或被随意抽换，也便于查阅。现金日记账一般采用借方、贷方及余额三栏式格式，由出纳人员根据审核后的原始凭证或现金收付款凭证逐日逐笔序时登记；对于从银行提取现金的业务，企业一般编制银行存款的付款凭证，并据以登记现金日记账。每日终了应计算本日现金借方、贷方的合计数和余额，并同实存现金进行核对，做到日清月结，保证账款相符。不准挪用公款，也不准用“白条”抵充现金库存。

所有的收付款凭证应由出纳人员送交会计人员，作为登记总分类账和有关明细分类账的依据。总分类账户中“库存现金”账户余额应与现金日记账的余额相等。

库存现金日记账的格式如表 2-1 所示。

表 2-1　库存现金日记账

公司名称:华夏商贸公司　　　　　　　　　　　　　　　　　　　　　　单位:元

2×22 年		凭证号数	摘　　要	借　　方	贷　　方	余　　额
月	日					
11	30		本月合计	3 650.00	1 350.00	2 300.00
12	1	现收 1	张楠归还借款	540.00		2 840.00
12	1	现收 2	销售商品收入	339.00		3 179.00
12	1	现付 1	购买办公用品		340.00	2 839.00
12	1	银付 2	从银行提取现金	3 600.00		6 439.00
12	1		本日合计	4 479.00	340.00	6 439.00

三、备用金的核算

备用金是指商品流通企业拨付所属有关职能部门用于收购农副产品、日常零星开支,收款部门或个人用于现金结算的找零等所必需的周转资金。备用金的需要量也要经过银行核准,包括在库存现金的限额之内。企业在备用金使用上也要执行现金管理的有关规定。备用金具有指定的用途,必须单独核算,单独管理。

备用金的管理有定额管理和非定额管理两种方法。

(一) 定额管理

定额管理是指企业按用款部门的实际需要,核定备用金定额,并按定额拨付现金的管理办法。用款部门按规定的开支范围支付备用金后,凭有关支出凭证向财会部门报销,财会部门如数付给现金,使备用金仍与定额保持一致。企业对用款部门用于费用开支的小额备用金,一般实行定额管理的办法;对销售找零用的备用金,按营业柜组核定定额,并拨付现金。各营业柜组可以从销货款中经常保留核定的找零款,不存在支出和报销的问题。

(二) 非定额管理

非定额管理是指用款部门根据实际需要向财会部门领款的管理办法。在用款部门凭有关支出凭证向财会部门报销时,财会部门按减少备用金处理,直到备用金用完为止。如需补充备用金,再另行办理拨款和领款手续。对用于收付农副产品的备用金,在集中收购旺季时企业一般采用非定额管理的办法,在淡季零星收购时则采用定额管理的办法,实行交货补款。

总而言之,无论实行哪种管理办法,都要建立健全备用金的领用、保管和报销等手续制度,并指定专人负责经管备用金。经管人员发生变动时,必须办理交接手续,以明确经济责任。

"备用金"是资产类账户,用以核算企业内部周转使用的备用金。企业拨付内部职能部门或个人备用金时,记入借方;企业收回备用金时,记入贷方;期末余额在借方,表示企业备用金的结存金额。

【例 2-4】 经银行核准,华夏商贸公司行政部门的备用金定额为 3 000 元。

(1) 12月1日，签发现金支票3 000元，拨付行政部门备用金定额。

借：备用金——行政部门　　3 000

　　贷：银行存款　　3 000

(2) 12月5日，行政部门送来报账发票，其中：铁门修理费350元，招待客户费用560元。财会部门审核无误，当即以现金补足其备用金定额，编制会计分录如下：

借：管理费用——修理费　　350

　　　　　　——业务招待费　　560

　　贷：库存现金　　910

四、现金的清查

(一) 清查工作

为了保证现金的安全完整，做到账实相符，企业必须做好现金的清查工作。现金的清查工作包括出纳人员的按日清理和清查小组定期或不定期的清查。

2-3 视频：现金清查中无法查明的短缺与溢余的原因及处理

现金清查的基本方法是清点库存现金，并将现金实存数与现金日记账上的余额进行核对。实存数是指企业金库内实有的现款额，清查时不能用借条等单据来抵充现金。

(1) 出纳人员的按日清理，是指出纳员每日终了应对当日的经济业务进行清理，全部登记日记账，结出库存现金账面余额，并与库存现金实地盘点数核对。

(2) 定期或不定期清查，一般应由企业审计部门以及会计部门的领导组成清查小组，对现金的管理工作进行经常性与突击性的检查，一般来说，企业对现金清查采取突击盘点的方式，不预先通知出纳员，以防其预先做准备。

盘点时间最好是当天业务没有开始时或当天业务结束后，这样可以避免干扰日常业务。当天业务结束后出纳员已将现金收付款项全部登记入账，并结出账面余额。

清查小组检查现金收入与支出的所有记录，重点放在账款是否相符、有无白条抵库、有无私借公款、有无挪用公款及其他违纪违法行为。清查人员应在出纳人员在场时清点现金，核对账实是否相符，并根据清查结果填制"现金盘点报告单"，注明实存数与账面余额。现金盘点报告单如表2-2所示。

如发现现金账实不符或有其他问题，应查明原因，报告主管负责人或上级领导部门处理。

表 2-2　现金盘点报告单

单位名称：　　　　　　　　　　年　月　日

实存金额	账存金额	实存与账存对比	
		盘盈	盘亏
盘点结果及要点报告			
异常及建议事项			

盘点人签章：　　出纳员签章：　　财务部经理签章：　　总经理签章：

(二) 账户设置及账务处理

1. 账户的设置

对于现金清查中发现的账实不符，即现金溢缺情况，企业通过“待处理财产损溢——待处理流动资产损溢”账户进行核算。

2. 现金盘盈盘亏的账务处理

(1) 现金盘亏的账务处理。现金清查发现现金短缺，应按短缺的金额，借记“待处理财产损溢——待处理流动资产损溢”账户，贷记“库存现金”账户。

经落实，属于应由责任人赔偿的部分，未收款时，借记“其他应收款——应收现金短缺款——××个人”账户，如直接收到赔款，则借记“库存现金”账户；贷记“待处理财产损溢——待处理流动资产损溢”账户。属于应由保险公司赔偿的部分，借记“其他应收款——应收保险赔款——××保险公司”账户；贷记“待处理财产损溢——待处理流动资产损溢”账户。属于无法查明的其他原因造成的，根据管理权限，经批准后作为盘亏损失处理，借记“管理费用”账户；贷记“待处理财产损溢——待处理流动资产损溢”账户。现金盘亏的财务处理如图 2-1 所示。

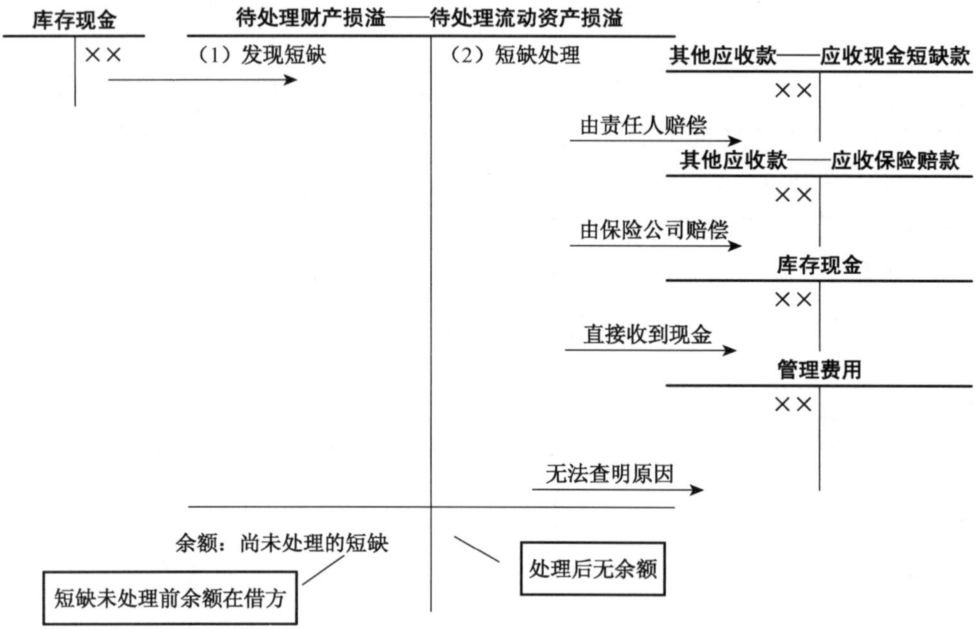

图 2-1 现金盘亏的账务处理示意图

【例 2-5】 华夏商贸公司于 2×22 年 12 月 31 日对现金进行清查时发现短缺 300 元。经落实，需由责任人赔偿 190 元，由保险公司赔偿 40 元，无法查明原因的短缺为 70 元，拟经批准后进行相应的账务处理。

① 报经批准前：

借：待处理财产损溢——待处理流动资产损溢　　300

　　贷：库存现金　　300

② 报经批准后：

借：其他应收款——应收现金短缺款　　190
　　　　　　——应收保险赔款——××保险公司　　40
　　管理费用　　70
　　贷：待处理财产损溢——待处理流动资产损溢　　300

（2）现金盘盈的账务处理。现金清查发现盘盈，应按盘盈的金额，借记“库存现金”账户，贷记“待处理财产损溢——待处理流动资产损溢”账户。

经落实，属于应支付给有关人员或单位的，应借记“待处理财产损溢——待处理流动资产损溢”账户；未支付时，贷记“其他应付款——应付现金溢余——××个人或单位”账户，如直接支付的，则贷记“库存现金”账户。属于无法查明原因的现金溢余，经批准后作为盘盈利得处理，借记“待处理财产损溢——待处理流动资产损溢”账户，贷记“营业外收入——盘盈利得”账户。现金盘盈账务处理如图 2-2 所示。

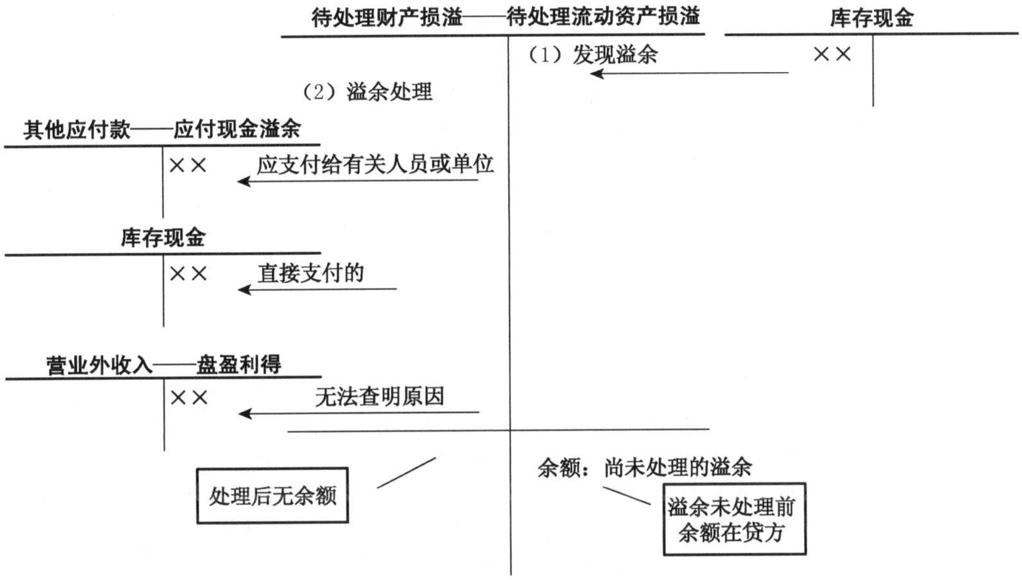

图 2-2　现金盘盈的账务处理示意图

【例 2-6】 华夏商贸公司于 2×22 年 12 月 31 日对现金进行清查时发现溢余 170 元，溢余原因不明，拟经批准后进行相应的账务处理。

① 借：库存现金　　170
　　贷：待处理财产损溢——待处理流动资产损溢　　170

② 现金溢余原因不明，经批准后记入“营业外收入”账户。

借：待处理财产损溢——待处理流动资产损溢　　170
　　贷：营业外收入——盘盈利得　　170

2-4 扫一扫练一练

2-5 扫一扫练一练答案

第二节 银行存款的管理与核算

一、开户和使用银行存款账户的规定

银行存款是指企业存放在本地银行的那部分货币资金。企业收入的一切款项,除留存限额内的现金之外,都必须送存银行。企业的一切支出除规定可用现金支付的之外,都必须遵守银行结算办法的有关规定,通过银行办理转账结算。

银行是全国的结算中心,各企业必须在银行开设账户,以办理存款、取款和转账等业务。为了维护金融秩序,规范全国银行账户的开立与使用,中国人民银行制定的《银行账户管理办法》规定,一个企业可以根据需要在银行开立四种账户,包括基本存款账户、一般存款账户、临时存款账户和专用存款账户。

(一) 四种账户开立与使用的比较

四种账户开立与使用的比较如表 2-3 所示。

表 2-3 四种账户开立与使用的比较

账户种类	定 义	作用及使用范围	相关规定
1. 基本存款账户	企业办理日常结算和现金收付业务的账户	企业职工薪酬等现金的支取只能通过本账户	一个企业只能在一家银行开立一个基本存款账户,即一个企业只有一个基本存款账户
2. 一般存款账户	企业因供款或其他结算需要在基本存款账户以外的银行开立的银行结算账户	办理转账结算和现金缴存,但不能支取现金	不得在同一家银行的几个分支机构开立一般存款账户,如:在华夏银行山东路支行开了一般账户,就不能在华夏银行南京路支行再开一个一般账户
3. 临时存款账户	企业因临时经营活动需要而开立的账户	办理转账结算和根据国家现金管理的规定办理现金收付。使用范围:设立临时机构、异地临时经营活动、注册验资	可以缴存与支取现金,但用于注册验资的,在验资期间不得支取现金。临时存款账户的有效期最长不得超过2年
4. 专用存款账户	企业因特殊用途需要而开立的账户	企业可申请专用存款账户的专用资金有:基本建设资金、更新改造资金、财政预算外资金、证券交易结算资金、期货交易保证金、单位银行卡备用金等	

(二) 银行存款账户的相关规定

企业办理存款账户后，在使用账户时应严格执行银行结算办法的规定。具体内容包括：合法使用银行账户，不得转借给其他单位或个人使用；不得利用银行账户进行非法活动；不得签发没有资金保证的票据和远期支票，套取银行信用；不得签发、取得和转让没有真实交易和债权债务的票据，套取银行和他人的资金；不准无理拒绝付款、任意占用他人资金；不准违反规定开立和使用账户。

二、银行存款的管理

商品流通企业的货币资金，除按照限额保留的一定现金以外，都必须送存银行；企业应付的款项，除允许以现金支付的以外，都必须通过银行转账结算。为此，所有的企业都必须在当地银行开立结算存款户，办理本单位流动资金存入、提取和由于业务经营而发生的应收、应付等往来款项的结算。

银行在给企业开立账户后，应售给企业各种银行往来使用的凭证(如解款单、进账单、现金支票、转账支票等)，用于办理银行存款的收付，银行凭企业留存的印鉴核对付款凭单。企业在银行开立的账户，只限本企业使用，企业不得将银行账户借给外单位或个人使用，而银行存款账户则必须保留足够的资金以保证支付，企业不得签发空头支付凭证。

企业通过银行结算存款户收付款项，应在有关凭证上填明款项的来源和用途，以便于银行监督。同时，企业还必须遵守有关规定的结算制度和收付款项的手续制度，其主要内容包含以下方面。

(1) 企业向银行送存款项时，应填写解款单，注明款项来源和金额，并将其连同现金一并送交银行。银行点收后，在解款单的回单联加盖“收讫”戳记并退还企业，作为企业记录结算户存款增加的依据。如果送存银行的款项既有现金，又有收进的支票，则应分别填制解款单，以利于银行分别办理收款手续。

(2) 企业从银行提取现金或委托银行支付款项时，应当按照规定签发支票或其他结算凭证，银行据以减少企业的结算户存款，企业则以支票存根或其他结算凭证的回单联作为记录结算户存款减少的依据。

(3) 企业通过银行转账收入的款项，以银行转来的收款凭证确定结算户存款的增加。

总之，对银行存款应加强印鉴、支票的管理，账户使用的管理，银行存款收入和支出的管理。

三、银行存款的核算

商品流通企业的银行存款是在“银行存款”账户核算的，这是资产类账户，用于核算企业存入银行或其他金融机构的各种款项。企业存入款项时，记入借方；企业付出款项时，记入贷方。期末余额在借方，表示企业存在银行或其他金融机构的各种款项。

商品流通企业除了要对银行存款进行总分类核算外，还要设置银行存款日记账，按照银行存款收支发生的时间先后顺序，逐笔进行登记，逐日结出余额，并与银行存款总分类账户核对，做到账账相符。

银行存款日记账一般采用借方、贷方及余额三栏式格式，如表 2-4 所示。

表 2-4　银行存款日记账

公司名称：华夏商贸公司　　　　单位：元

2×22 年		凭证号数	摘　　要	借　　方	贷　　方	余　　额
月	日					
11	30		本月合计			20 000.00
12	1	银收 1	存入销货款	50 000.00		70 000.00
12	1	银付 1	支付商品搬运费		2 200.00	67 800.00
12	1	银付 2	提取现金		2 000.00	65 800.00
12	1	银付 3	支付进货款		35 100.00	30 700.00
12	1	现付 3	将现金存入银行	20 000.00		50 700.00
12	1		本日合计	70 000.00	39 300.00	50 700.00

四、银行存款的核对

商品流通企业的银行存款收支比较频繁，企业与银行对企业往来款项的入账时间又不尽相同，因此，双方账面记录可能会出现不相一致的情况。为了加强银行存款的管理和监督，及时发现差错和防止舞弊，正确掌握银行存款的实有数，企业需要定期将企业银行存款日记账与来自银行的银行对账单进行核对，每月至少要核对一次。

企业与银行对账的方法是：将银行送来的"对账单"与银行存款日记账相核对，逐笔核对结算凭证的种类、编号和收付款项的余额。双方对同一账项的记录有差错，若属于企业方面的差错，应立即改正；若属于银行方面的差错，应通知银行予以更正。在账目核对中，对未达账项应进行调节，以检查存款余额是否正确。

2-6 视频：未达账项概述

"未达账项"是指企业与银行之间由于结算凭证在传递时间上有先有后造成的一方已登记入账，而另一方尚未登记入账的款项。如 2×22 年 12 月 30 日公司开出一张转账支票支付货款，金额 50 000 元，企业已依据支票存根及发票或收据等凭证记账，即贷记"银行存款"，账户而收款方却在 2×23 年 1 月 3 日向其开户行存入该款项，那么这一笔业务就导致了 12 月份企业已支付，而银行未支付的未达账项情况。未达账项多是由于月末业务产生的单据在企业与银行流转过程中存在时间差造成的。

未达账项一般有如下四种情况：

（1）企业已收款记账，而银行尚未收款记账，即"企业已收，银行未收"；

（2）企业已付款记账，而银行尚未付款记账，即"企业已付，银行未付"；

（3）银行已收款记账，而企业尚未收款记账，即"银行已收，企业未收"；

（4）银行已付款记账，而企业尚未付款记账，即"银行已付，企业未付"。

2-7 银行存款余额调节表的作用

当记账错误和未达账项存在时，银行存款日记账的余额与银行对账单的余额是不相等的。在这种情况下，银行存款日记账余额与银行对账单余额有可能都不能代表企业银行存款的实有数，这时通过编制"银行存款余额调节表"得到的"调整后的余额"才是企业银行存款的实有数。

"银行存款余额调节表"是企业在银行存款日记账余额与银行对账单余额的基础上，加减双方的未达账项使双方余额达到平衡的结果。调整公式如下：

银行对账单余额＋企业已收，银行未收＋银行误记、串记（少记）－企业已付，银行未付－银行误记、串记（多记）＝企业银行存款日记账余额＋银行已收，企业未收＋企业误记（少记）－银行已付，企业未付－企业误记（多记）

现对“银行存款余额调节表”的编制方法举例说明如下。

【例 2-7】 华夏商贸公司 2×22 年 12 月 31 日，银行存款日记账的账面余额为 31 000 元，银行对账单的余额为 36 000 元，经逐笔核对，发现有下列未达账项。

(1) 29 日，企业销售产品收到转账支票一张，计 2 000 元，将支票存入银行，银行尚未办理入账手续。

(2) 29 日，企业采购原材料开出转账支票一张，计 1 000 元，企业已作银行存款付出，银行尚未收到支票而未入账。

(3) 30 日，企业开出现金支票一张，计 250 元，银行尚未入账。

(4) 30 日，银行代企业收回货款 8 000 元，收款通知尚未到达企业，企业尚未入账。

(5) 30 日，银行代企业付电费 1 750 元，付款通知尚未到达企业，企业尚未入账。

(6) 30 日，银行代企业付水费 500 元，付款通知尚未到达企业，企业尚未入账。

要求：根据以上资料编制银行存款余额调节表（表 2-5）。

表 2－5　银行存款余额调节表

2×22 年 12 月 31 日　　　　单位：元

项　　目	金　　额	项　　目	金　　额
银行对账单余额	36 000	企业银行存款日记账余额	31 000
加：企业已收，银行未收	2 000	加：银行已收，企业未收	8 000
(1)	2 000	(4)	8 000
减：企业已付，银行未付	1 250	减：银行已付，企业未付	2 250
(2)	1 000	(5)	1 750
(3)	250	(6)	500
调整后余额	36 750	调整后余额	36 750

注意：关于“银行存款余额调节表”应注意以下事项。

(1)“银行存款余额调节表”不能作为原始凭证记账。

(2) 银行对账单不能作为原始凭证记账。

(3)《企业内部控制应用指引》规定：企业应当加强对银行对账单的稽核和管理。出纳人员一般不得同时从事银行对账单的获取、银行存款余额调节表的编制等工作。企业确需出纳人员办理上述工作的，应当指定其他人员定期进行审核、监督。

相关思考 2-1

编制“银行存款余额调节表”后的余额不一致，其问题出在哪里

相关思考解析 2-1：

1. 对于调节后余额仍不一致的情况，企业首先要检查是否所有的未达账项均已调节；其次要在未达账项均调节完毕的前提下，核查是否存在记账错误，如果存在记账错误，应按错账更正的方法将错误更正后，重新编制银行存款余额调节表，直到双方余额平衡为止。

2. 调节后的余额既不是企业银行存款日记账的余额，也不是银行对账单的余额，它是企业银行存款的真实数字，也是企业当日可以动用的银行存款的极大值。

第三节 结算方式与核算

由于商品交易和劳务供应，商品流通企业在商品购销活动中与其他企业或个人之间经常发生结算业务。商品购销结算方法可以分为现金结算和转账结算两种方式。

现金结算是指单位和个人在社会经济活动中使用现金进行货币给付的行为。目前现金结算的限额为1 000元，企业一般在与其他企业发生限额以内的小额购销业务，或者与个人发生结算关系时采用这种方式。转账结算又称非现金结算，是指单位和个人在社会经济活动中使用票据、信用卡、托收承付、委托收款、汇兑等结算方式，进行货币给付及资金清算的行为。

企业的各项结算业务，除了按照国家现金管理的规定可以采用现金结算外，都必须通过银行办理转账结算。没有开立账户的个人，在向银行交付款项后，也可以办理转账结算。

单位、个人和银行办理转账结算时，必须遵守“恪守信用，履约付款；谁的钱进谁的账，由谁支配；银行不予垫款”的原则。票据和结算凭证是办理转账结算的工具，使用票据和结算凭证，必须符合下列规定。

第一，必须使用按中国人民银行统一规定印制的票据和结算凭证。

第二，签发票据、填写结算凭证要标准化、规范化，必须要素齐全、数字正确、字迹清晰，不错漏、不潦草、防止涂改，票据的出票日期必须使用中文大写，单位和银行的名称要记全称或规范化简称。

第三，票据和结算凭证的金额、出票或签发的日期、收款人的名称不得更改。而票据和结算凭证上的其他记载事项、原记载人可以更改，但应由原记载人在更改处签章证明。

第四，票据和结算凭证金额以中文大写和阿拉伯数字同时记载，两者必须一致。

第五，票据和结算凭证上的签章和其他记载事项要真实，不得伪造、变造。

目前采用的转账结算方式有支票、银行本票、银行汇票、商业汇票、信用卡、汇兑、托收承付和委托收款八种。

一、支票结算

2-8 视频：支付结算——货币给付及资金清算的行为

（一）支票结算概述

支票是指出票人签发的、委托办理支票存款业务的银行在见票时无条件支付确定的金额给收款人或者持票人的票据。支票分为现金支票和转账支票两种。

开立支票存款账户，申请人必须使用其本名，提交证明其身份的合法证件，并应当预留其本名的签名式样和印鉴，以便付款银行在支付票款时进行核查。企业开立支票存款账户和领用支票，应当有可靠的资信，并存入一定的资金。

支票由银行统一印制，由企业财会部门签发并加盖企业预留银行的印鉴。支票付款期为10日，从签发支票的次日算起，如到期日遇节假日则顺延。

(二) 支票结算的主要规定

支票结算方式,具有手续简便、收付款项及时等优点。但是,在支票传递过程中,可能会出现各种漏洞,因此,企业应加强支票管理。在签发和使用支票时,应注意以下几点。

(1) 支票应统一由企业财会部门负责管理,并指定专人保管,贯彻票、印分管原则,空白支票与印章不能由一人保管,避免发生丢失和被盗。签发支票时必须将收款单位名称、开票日期、款项用途和金额等项目填写清楚。支票上的大小写金额和收款人不得更改,其他项目需要更改时,必须加盖印鉴。

(2) 不准签发空头支票和远期支票。对签发空头支票者,由中国人民银行按票面金额处以5%但不低于1 000元的罚款,同时持票人有权要求出票人赔偿支票金额2%的赔偿金。收款单位收到支票后,必须在有效期内将受理的转账支票连同填制的进账单送存开户银行,银行有权拒绝受理过期支票。

(3) 不准签发未填写内容和金额的空白支票。在特殊情况下,如事先不能确定采购物品数量和金额或劳务费用,而确实需要签发转账支票,经单位领导签字,财务部门主管批准,金额可以不填,但必须填明日期、收款单位名称和款项用途,规定付款期限和报销期限,并进行登记。

(4) 已经签发的现金支票如果有遗失,可向银行申请挂失。在银行受理挂失前发生的经济损失,由遗失单位负责。空白支票或已经签发的转账支票如果遗失,企业可向开户银行和收款单位提出协助防范的申请,但不能向银行申请挂失。

(5) 支票必须妥善保管。作废的支票不得丢失,企业应将其注销后与存根一起保存。

(三) 支票结算的核算

企业签发现金支票后,留下存根联作为取款或付款的入账依据,在支票联上加盖预留印鉴,并凭支票联向开户银行提取现金,或者通过银行支付款项。

出票人签发转账支票后,留下存根联作为付款的入账凭证,在支票联上加盖预留印鉴,然后将支票送交收款人,收款人据以填制进账单,一式两联,并将其连同支票联一并送交其开户银行,取回银行加盖收款章的进账单(收账通知联),作为收款的入账凭证。收款人开户银行留存另一联进账单,将支票联转交出票人开户银行划转款项。

企业购进商品以转账支票支付货款时,根据购进商品凭证和支票存根联,借记“在途物资”等账户,贷记“银行存款”账户;根据商品验收入库凭证,借记“库存商品”账户,贷记“在途物资”账户。

企业销售商品收到转账支票并解存银行时,根据进账单收账通知联和销售凭证,借记“银行存款”账户,贷记“主营业务收入”等账户。

二、银行本票结算

(一) 银行本票结算概述

银行本票是指由银行签发的,承诺自己在见票时无条件支付确定的金额给收款人或持票人的票据。

银行本票可以用于转账,但注明“现金”字样的银行本票只能用于向出票银行支取现金。银行本票分为不定额本票和定额本票两种。定额银行本票面额为1 000元、5 000元、10 000元和50 000元。

银行本票具有信誉高、支付能力强，且能代替现金使用的特点。它适用于同城的商品交易、劳务供应以及其他款项的结算。

（二）银行本票结算的主要规定

采用银行本票结算方式结算时，企业应向银行填写“银行本票申请书”，详细填明收款单位名称后交存银行。如果需要支取现金，应填明“现金”字样；银行受理银行本票申请书，在收妥款项后，据以签发银行本票并加盖印章。对于支取现金的本票，银行应划去“转账”字样，将不定额本票用压数机压印金额后交给申请企业。企业取得银行本票以后，即可向填明的收款单位办理结算。企业持具有“现金”字样的银行本票，可以向银行支取现金。

银行本票一律记名，可以背书转让。银行本票自出票日起，提示付款期限为 1 个月，最长不得超过 2 个月，在提示付款期内银行见票即付，不能挂失；持超过付款期限的银行本票，企业不能向银行转账或支取现金，但申请单位可以到签发本票的银行办理退款手续。

（三）银行本票结算的核算

企业需要使用银行本票时，应填制一式数联的“银行本票申请书”，在付款凭证联上加盖预留印鉴，留下存根联作为入账依据，将其余各联送交银行。银行受理后，凭支款凭证扣取款项，并据此为企业签发银行本票。企业取得银行本票时，根据银行本票申请书存根联，借记“其他货币资金——银行本票”账户，贷记“银行存款”账户；企业购进商品以银行本票支付货款时，根据购进商品凭证，借记“在途物资”等账户，贷记“其他货币资金——银行本票”账户。

企业销售商品收到银行本票，审查无误后，应在银行本票上背书，并据以填制进账单，进账单一式两联。企业应将进账单连同银行本票一并送交开户银行。银行审核无误后，在进账单上加盖收款章。之后，企业从银行取回进账单收账通知联。届时，企业根据销售凭证和进账单收账通知联，借记“银行存款”账户，贷记“主营业务收入”等账户。

【例 2-8】 华夏商贸公司 2×22 年 12 月 5 日因采购商品向银行提交“银行本票委托书”，并交存 56 500 元，银行受理后签发银行本票，华夏商贸公司根据委托书的存根联记账。

借：其他货币资金——银行本票	56 500	
贷：银行存款		56 500

【例 2-9】 2×22 年 12 月 16 日，支付货款，会计部门收到供应单位开来的货物增值税专用发票，价款 50 000 元，增值税税额 6 500 元。

借：库存商品	50 000	
应交税费——应交增值税（进项税额）	6 500	
贷：其他货币资金——银行本票		56 500

【例 2-10】 2×22 年 12 月 16 日，销售货物，收到购货单位开来的面额为 56 500元的一张银行本票。

借：银行存款	56 500	
贷：主营业务收入		50 000
应交税费——应交增值税（销项税额）		6 500

三、银行汇票结算

(一) 银行汇票结算概述

银行汇票是指由出票银行签发的,由其在见票时按照实际结算金额无条件付给收款人或者持票人的票据。

银行汇票具有使用面广、通汇面广、使用方便、灵活安全、兑现性强的特点。它主要用于异地单位和个人之间的商品交易和劳务供应等的结算。

(二) 银行汇票结算的主要规定

凡是要求使用银行汇票办理结算业务的单位,财务部门均应按规定向签发银行提交“银行汇票委托书”,在“银行汇票委托书”上逐项写明汇款人名称和账号、收款人名称和账号、兑付地点、汇款金额、汇款用途(军工产品可免填)等内容,并在“汇款委托书”上加盖汇款人预留银行的印鉴。银行审查“银行汇票委托书”后签发银行汇票。如汇款人未在银行开立存款账户,则可以向银行交存现金办理汇票。

银行汇票一律记名,可以背书转让。银行本票提示付款期限为自出票日起1个月。

(三) 银行汇票结算的核算

申请人向银行申请签发银行汇票时,应填制一式数联的“汇票申请书”,并在支款凭证联上加盖预留印鉴,然后留下存根联作为入账凭证,将其余两联送交签发银行。银行凭支款凭证扣取款项,并据以签发银行汇票,将银行汇票和汇款解讫通知两联结算凭证交与申请人。申请人自带这两联结算凭证去异地与收款人办理结算。异地购进商品发生的运杂费等采购费用,应计入商品的采购成本。

收款人审查银行汇票确定无误后,应在汇票金额以内填写实际结算金额,多余的金额应填入多余金额栏内。如是全额解付的,在多余金额栏内写上零,然后在汇票上加盖单位在银行的预留印鉴,填写进账单,将款项解入银行。银行审核无误,在进账单上加盖收款章,收款人取回进账单(收账通知联),作为收款的入账凭证,银行留下另一联进账单和银行汇票,将汇票解讫通知寄往签发银行,签发银行收到汇票解讫通知后,据以入账,将汇票多余款项主动退还申请人账户,并将汇票多余款收账通知送交申请人,作为其退回余款的入账依据。

付款单位向银行申请办理银行汇票时,要将款项交存当地银行,再由银行签发汇票。必须指出,这部分资金已经成为具有某种用途的资金,属于其他货币资金。具体情况的账务处理如下:

(1) 企业要使用银行汇票办理结算时,应填写“银行汇票委托书”,并将相应款项交存银行。企业取得银行汇票时,应当根据银行盖章的委托书存根联进行账务处理,应按“银行汇票”及收款单位进行明细核算。

借:其他货币资金——银行汇票——××公司

　　贷:银行存款

(2) 企业使用银行汇票后,应根据发票账单及开户行转来的银行汇票第四联等凭证进行账务处理。

借:在途物资/库存商品等

　　应交税费——应交增值税(进项税额)

　　贷:其他货币资金——银行汇票——××

(3) 银行汇票使用完毕,如有多余款项退回时:

借:银行存款

　　贷:其他货币资金——银行汇票——××

(4) 如银行汇票因超出付款期限或其他原因未曾使用而退回时:

借:银行存款

　　贷:其他货币资金——银行汇票——××

【例 2-11】 2×22 年 12 月 10 日,华夏商贸公司采购商品,向银行提交“银行汇票委托书”,并交存 160 000 元,银行受理后签发银行汇票和解讫通知,华夏商贸公司根据委托书的存根联记账。

借:其他货币资金——银行汇票	160 000	
贷:银行存款		160 000

【例 2-12】 2×22 年 12 月 13 日,华夏商贸公司用银行签发的银行汇票支付商品款,并收到增值税专用发票,采购价款 120 000 元,增值税税额 15 600 元。企业根据银行转来的银行汇票第四联及增值税专用发票等凭证进行会计处理。

借:库存商品	120 000	
应交税费——应交增值税(进项税额)	15 600	
贷:其他货币资金——银行汇票		135 600

【例 2-13】 2×22 年 12 月 19 日,华夏商贸公司收到银行退回的多余款项 2 440 元,根据收款通知进行会计处理。

借:银行存款	2 440	
贷:其他货币资金——银行汇票		2 440

四、商业汇票结算

(一) 商业汇票结算概述

商业汇票是出票人签发的,委托付款人在见票时或者在指定日期无条件支付确定的金额给收款人或者持票人的票据。商业汇票按其承兑人的不同,可分为商业承兑汇票和银行承兑汇票。

商业承兑汇票是指由出票人签发、经付款人承兑的票据;银行承兑汇票是指由出票人签发,并经开户银行承兑的票据。

在银行开立存款账户的法人以及其他组织之间,必须具有真实的交易关系或债权债务关系,才能使用商业汇票。出票人不得通过签发无对价的商业汇票骗取银行或其他票据当事人的资金。

(二) 商业汇票结算的主要规定

商业承兑汇票按双方约定签发。由收款人签发的商业承兑汇票,应由付款人承兑;由付款人签发的商业承兑汇票,应由本人承兑。付款人需在商业承兑汇票正面签署“承兑”字样并加盖预留银行印章,然后将商业承兑汇票交给收款人。付款人应于商业承兑汇票到期前将票款足额交存至其开户银行，银行于到期日凭票将款项从付款人账户划转给收款人或贴现银行。付款人对其所承兑的汇票负有到期无条件支付票款的责任。如果汇票到期时付款人银行存款账户上金额不足以支付票款，银行将不承担付款责任而只负责将汇票退给收款人，由收付双方自行处理。同时，银行对付款人按照签发空头支票的有关罚款规定，处以一定金额的罚款。

承兑申请人使用银行承兑汇票进行结算时，持银行承兑汇票和购销合同向其开户银行申请承兑。银行按照有关政策规定对申请进行审查，符合承兑条件的，银行即可与承兑申请人签订承兑契约，并在汇票上签章，用压数机压印汇票金额后，将银行承兑汇票和解讫通知交给承兑申请人，由其转交收款人。承兑银行将按票面金额的5‰的比例向承兑申请人收取手续费。承兑手续费不足10元的，则按10元收取。

收款人或被背书人应在银行承兑汇票到期时，将银行承兑汇票解讫通知连同进账单送交开户银行办理转账。

汇票到期前，承兑申请人应将票款足额交存其开户银行。如果汇票到期日承兑申请人未能足额交存票款，承兑银行应向收款人或贴现银行无条件履行支付责任，同时根据承兑契约对承兑申请人执行扣款，并对未扣回的承兑金额每天按5‰的比例计收罚息。

（三）商业汇票结算的核算

企业购进商品，签发商业汇票支付货款时，借记“在途物资”等账户，贷记“应付票据”账户。

商业汇票有带息与不带息两种。如企业签发的是带息商业汇票，应于期末按照票面利率计提利息，将计提的利息记入“财务费用”账户。

等商业汇票到期日兑付票款时，对于不带息商业汇票，应借记“应付票据”账户，贷记“银行存款”账户。对于带息商业汇票，则应根据票据面值和预提的利息借记“应付票据”账户；根据本期应负担的利息，借记“财务费用”账户；根据支付的本息，贷记“银行存款”账户。

应付票据到期时，如企业无力支付票款，对于商业承兑汇票，应按应付票据的账面价值，借记“应付票据”账户，贷记“应付账款”账户。对于银行承兑汇票，应按应付票据的账面价值，借记“应付票据”账户，贷记“短期借款”账户。对于带息应付票据，将其转入“应付账款”账户以后，期末时不再计提应付利息。

【例2-14】 2×22年7月31日，华夏商贸公司1个月前签发给上海电器厂3个月期限的带息商业汇票1张，金额为50 000元，按6‰的月利率，本月计提本单位应负担的利息，编制会计分录如下：

借：财务费用	300	
贷：应付票据——利息——上海电器厂		300

【例2-15】 2×22年9月30日，华夏商贸公司以银行存款兑付3个月前签发的带息商业汇票的本息。该汇票面值为50 000元，月利率为6‰，之前2个月已计提利息600元，编制会计分录如下：

借：应付票据——面值——上海电器厂	50 000	
——利息——上海电器厂	600	
财务费用——利息支出	300	
贷：银行存款		50 900

企业销售商品，收到商业汇票时，借记“应收票据”账户，贷记“主营业务收入”“应交税费——应交增值税(销项税额)”账户。

如果企业收到的是带息商业汇票，在期末应按商业汇票的面值和票面月利率计提利息，借记“应收票据”账户，贷记“财务费用”账户。

等到商业汇票到期日，企业应填制委托收款凭证，将其连同商业汇票一并送交开户银行办理收款，等收到银行转来委托收款的收账通知联时入账。如果收到的是不带息商业汇票，应借记“银行存款”账户，贷记“应收票据”账户。如果收到的是带息商业汇票，则应根据收到汇票的本息，借记“银行存款”账户；根据汇票的面值和已计提的利息，贷记“应收票据”账户；两者的差额是本期的利息收入，应冲减财务费用。

应收票据到期，如果商业承兑汇票的付款人无力支付票款，应按应收票据的账面价值，借记“应收账款”账户，贷记“应收票据”账户。如果是带息应收票据，将其转入“应收账款”账户以后，期末时不再计提应收利息。

【例 2-16】 2×22 年 10 月 31 日，华夏商贸公司 3 个月前收到长江百货的带息商业汇票一张，该汇票面值为 30 000 元，月利率为 6‰。该汇票已经到期，收到本息，存入银行。之前 2 个月已计提利息，编制会计分录如下：

借：银行存款	30 540	
贷：应收票据——面值——长江百货		30 000
——利息——上海电器厂		360
财务费用——利息收入		180

(四) 商业汇票的贴现和核算

贴现是指票据持有人在票据到期前为获取票款，向银行贴付一定的利息，而将商业汇票的债权转让给银行的一种票据转让行为。

持票人申请贴现必须具备三个条件：第一，持票人在银行开立存款账户的必须是企业法人以及其他组织；第二，持票人与出票人或者直接前手之间具有真实的商品交易关系；第三，持票人提供与其直接前手之间的增值税发票和商品发运单据复印件。

当商业汇票的收款人需要资金时，可持未到期的商业汇票向其开户银行申请贴现。银行按上列条件审查同意后，将票面金额扣除从贴现日至汇票到期日的利息后，予以贴现。

企业将商业汇票贴现，其实收贴现金额的计算公式如下：

汇票到期值＝面值＋面值×利率

贴现利息＝汇票到期值×日贴现率×实际贴现天数

无息商业汇票到期值即面值，而带息商业汇票到期值是指票面值加上到期的利息；实际贴现天数是从贴现银行向申请贴现人支付贴现款之日起至汇票到期前 1 日止。

【例 2-17】 华夏商贸公司发生下列经济业务。

(1) 2×22 年 4 月 10 日，华夏商贸公司销售给上海百货一批商品，货款为 24 000 元，收到已承兑的商业汇票一张，月利率为 6‰，期限为 50 天，到期日为 5 月 30 日。编制会计分录如下：

借：应收票据——上海百货公司	24 000	
贷：主营业务收入		21 238.94
应交税费——应交增值税(销项税额)		2 761.06

(2) 4 月 25 日，将上笔业务收到的商业汇票向开户银行申请贴现，贴现的月利率为 6.3‰，其实收贴现金额计算如下：

汇票到期值＝24 000＋24 000×6‰×50÷30＝24 240(元)

汇票贴现利息＝24 240×6.3‰×35÷30＝178.16(元)

实收贴现金额＝24 240－178.16＝24 061.84(元)

银行经审查，同意贴现，企业取得银行贴现款时，根据收账通知，编制会计分录如下：

借：银行存款	24 061.84	
贷：应收票据——上海百货		24 000.00
财务费用		61.84

如果计算结果是到期利息小于贴现利息，则其差额应记入“财务费用”账户的借方。

对于企业已贴现的商业承兑汇票，在到期日承兑人的银行存款账户不足支付时，开户银行应立即将汇票退给贴现银行。贴现银行将从贴现申请人账户内收取汇票到期本息，届时企业应借记“应收账款”账户，贷记“银行存款”账户。

五、信用卡结算

(一) 信用卡结算概述

信用卡是指商业银行向个人和单位发行的，据以向特约单位购物、消费和向银行存取现金，且具有消费信用的特制载体卡片。

信用卡按是否需要交存备用金，可分为贷记卡和准贷记卡。贷记卡是指发卡银行给予持卡人一定的信用额度，持卡人可在信用额度内先消费、后还款的信用卡。准贷记卡是指持卡人须先按发卡银行要求，交存一定金额的备用金，当备用金额不足支付时，可在发卡银行规定的信用额度内透支的信用卡。

申请办理信用卡需按规定填制申报表，连同有关资料送交发卡银行，交存一定数额的备用金。银行为申办人开立信用卡存款账户，并发给信用卡。如需提供担保，担保方式可采用保证或抵押。

信用卡具有方便、安全和可以先消费后付款的特点，适用于单位和个人的商品交易和劳务供应结算。

(二) 信用卡结算的主要规定

单位信用卡的备用金一律从其基本存款账户转入，不能将其他存款账户和销货收到的款项转入，不得交存现金和提取现金。单位银行卡不得用于 100 000 元以上的商品交易和劳务供应款项的结算。

信用卡仅限于合法持卡人本人使用，持卡人不得出租或转借信用卡。持卡人可持信用卡在特约单位购物、消费，使用时将信用卡和身份证一并交特约单位。

特约单位受理信用卡应审查其真实性。审查无误后在签购单上压卡，填写实际结算金额、用途、身份证号码、特约单位名称、编号，然后交持卡人在签购单上签名确认，并将身份证、信用卡和签购回单交还持卡人。每日营业终了，特约单位将受理的签购单汇总，计算手续费和净计金额，填写汇计单和进账单，连同签购单一并送交银行办理进账。

(三) 信用卡结算的核算

企业对信用卡存款根据信用卡的开户行及账号进行明细核算,如“其他货币资金——信用卡——中国工商银行山东路支行 8866 卡”,表示在中国工商银行山东路支行申请的信用卡,最后 4 位卡号为 8866。

(1) 企业申领信用卡时,应按规定填制申请表,并按银行要求递交支票和有关资料,银行经审核后开立信用卡存款账户,发给信用卡。需要注意的是,企业所递交的支票应通过企业基本存款账户开出。企业根据银行盖章退回的进账单,编制会计分录如下:

借:其他货币资金——信用卡
　　贷:银行存款

(2) 支付开户手续费时,编制会计分录如下:

借:财务费用——手续费
　　贷:银行存款

(3) 企业使用信用卡支付有关费用或购物时,根据签购单回单或付款凭证等相关凭证编制会计分录如下:

借:在途物资等
　　管理费用/销售费用等
　　贷:其他货币资金——信用卡

(4) 企业在信用卡使用过程中,如要续存资金,需签发支票存入,并根据进账单编制会计分录如下:

借:其他货币资金——信用卡
　　贷:银行存款

【例 2-18】 华夏商贸公司在中国工商银行开立信用卡存款账户,发生下列经济业务:

(1) 12 月 1 日,存入信用卡备用金 30 000 元,发生开户手续费 40 元,一并签发转账支票付讫,根据转账支票存根联,编制会计分录如下:

借:其他货币资金——信用卡存款	30 000	
财务费用	40	
贷:银行存款		30 040

(2) 12 月 5 日,华夏商贸公司购进商品一批,价款 20 000 元,增值税税额为 2 600 元,以信用卡存款付讫,根据发票及签购单回单,编制会计分录如下:

借:库存商品	20 000	
应交税费——应交增值税(进项税额)	2 600	
贷:其他货币资金——信用卡存款		22 600

六、汇兑结算

(一) 汇兑结算概述

汇兑是指汇款人委托银行将其款项支付给收款人的结算方式。

汇兑按其凭证的传递方式不同，分为信汇和电汇两种，可由汇款人选用。信汇是银行将信汇凭证通过邮电局寄给汇入银行。这种传递方式费用低，但收款较慢。电汇是银行将电汇凭证通过电报或其他电讯工具向汇入银行，发出付款通知。这种传递方式收款快，但费用较高。

汇兑结算具有适用范围大、服务面广、手续简便、划款迅速和灵活易行的特点。它适用于异地各单位和个人之间的商品交易、劳务供应、资金调拨、清理旧欠等各种款项的结算。

(二) 汇兑结算的主要规定

汇款人委托银行办理汇兑时，应填制一式数联的信汇或电汇凭证，全部送交开户银行；开户银行审查无误同意汇款时，在回单联上加盖印章后，将其退回汇款人，作为其汇款的入账依据。开户银行留下一联，其余各联转交收款人开户银行。收款人开户银行留下一联，将收款通知联转交收款人，作为其收款的入账凭证和取款依据。

(三) 汇兑结算的核算

1. 汇款人账务处理

(1) 汇款人汇出款项函购商品时，依据信汇或电汇凭证回单联，编制会计分录如下：

借：应付账款
　　贷：银行存款

(2) 收到函购商品购进凭证时，编制会计分录如下：

借：在途物资
　　应交税费——应交增值税(进项税额)
　　贷：应付账款

2. 销售方账务处理

(1) 企业收到客户汇入函购商品的信汇或电汇收款通知联时：

借：银行存款
　　贷：应收账款

(2) 发出函购商品时：

借：应收账款
　　贷：主营业务收入
　　　　应交税费——应交增值税(销项税额)

七、托收承付

(一) 托收承付结算概述

托收承付是指根据购销合同，收款人发货后委托银行向异地付款人收取款项，由付款人向银行承认付款的结算方式。

托收承付结算方式的结算过程包括托收和承付两个阶段，分别针对销货方和购货方。其中，托收是指销货单位委托开户银行收取结算款项的行为。在托收阶段，销货单位根据合同发货，取得发运证件后，填制托收承付结算凭证。托收承付结算凭证一式数联，销货单位将其连同发票、托运单和代垫运费等单据，一并送交开户银行办理托收手续。承付是指购货单位在承付期内向银行承认付款的行为。在承付阶段，购货单位开户银行将托收承付结算凭证及所附单证送交购货单位，通知其承付货款。购货单位根据合同核对单证或验货后，在规定的承付期内，向银行承认付款，银行则据以划转款项。

托收承付结算具有物资运动与资金运动紧密结合、由银行维护收付双方正当权益的特点。它适用于商品交易，以及因商品交易而产生的劳务供应。代销、寄销、赊销商品的款项，不得办理托收承付结算。

（二）托收承付结算的主要规定

购货单位承付货款有验单承付和验货承付两种方式。验单承付是指企业根据银行转来的托收承付结算凭证及其他单证，核对合同，无误后，承付货款。验单承付期为3天，从购货单位开户银行发出通知的次日算起。在承付期内，如购货单位未向银行表示拒绝付款，银行即视其默认承付，于期满的次日从购货单位的账户将款项转出。验货承付是指企业在收到商品，检验无误后，才承付货款。验货承付期为3天，即从银行向购货单位发出承付通知的次日起3天内，如果购货单位既没有将提货通知送交银行，又没有将货物尚未到达的情况告知银行，银行即视其已经验货同意付款，并于3天期满的次日办理划款。在承付期满时，如果购货单位资金不足，不足以支付的部分作为延期付款处理，且每天需支付不足支付部分5‰（不低于50元）的赔偿金。延期支付金额连同赔偿金由银行按照规定的扣款顺序划转给销货单位。另外，购货单位在承付期内有权全部或部分拒付货款。拒付货款需要填写“拒付理由书”交银行办理，但拒付后必须妥善代管商品，直至交付销货单位。

（三）托收承付结算的核算

销货单位在办妥银行托收手续后，根据银行盖章退回的“托收承付结算凭证”的回单联，编制会计分录如下：

借：应收账款
　　贷：主营业务收入
　　　　应交税费——应交增值税（销项税额）

收到银行转来收账通知单后，根据托收结算凭证的回单联及有关单据，进行账务处理，编制会计分录如下：

借：银行存款
　　贷：应收账款

购货单位承认付款后，根据托收结算凭证和所附的发票账单和运费等单据，编制会计分录如下：

借：在途物资等
　　应交税费——应交增值税（进项税额）
　　贷：银行存款

八、委托收款

（一）委托收款结算概述

委托收款是指收款人委托银行向付款人收取款项的结算方式。它适用于同城、异地的单位和个人凭已承兑的商业汇票、债券、存单等付款人债务证明办理款项的结算。

（二）委托收款结算的主要规定

委托收款结算包括托收和付款两个阶段。在托收阶段，收款人委托开户银行收款时，应填制银行印制的“委托收款凭证”，提供必要的收款依据。收款分邮寄和电划两种。企业的开户银行受理委托收款以后，将委托收款凭证寄交付款单位开户银行。付款人开户银行审核，并通知付款人。在付款阶段，付款人在接到银行付款通知和相关附件后，应在规定的付款期（3 天）内付款。如果付款人在付款期内未向银行提出异议，银行视作同意付款，并在付款期满的次日将款项转账付给收款人。

付款人在审查有关单证以后，如果决定对收款人委托收取的款项全部或部分拒绝支付，应在付款期内填写拒付理由书，将其连同有关证明单据送交开户银行。银行收到拒付理由书后，将其连同有关凭证寄给收款人的开户银行转交收款人，银行不负责审查拒付理由书。需要部分拒绝付款的，银行办理部分转账划款。

（三）委托收款结算的核算

【例 2-19】 商场收到银行转来的自来水公司的专用托收凭证，收取自来水费 780 元，编制会计分录如下：

借：管理费用　　780

　　贷：银行存款　　780

2-9 扫一扫看课件

本章小结

本章主要讲解了货币资金与转账结算，包括现金、银行存款的序时核算与总分类核算以及其他银行结算方式等。要求掌握库存现金的使用范围、库存现金限额、现金与银行存款的序时核算与总分类核算、现金清查结果的核算、各结算方式的核算方法；需结合实务着重掌握备用金的核算以及“银行存款余额调节表”的编制，为掌握企业涉及的各项业务结算奠定良好的基础。

本章重要概念

货币资金　库存现金　备用金　银行存款　银行存款余额调节表　转账结算

推荐阅读资料

[1] 丁元霖. 商品流通企业会计[M]. 12 版. 上海：立信会计出版社，2021.

[2] 马彩芳. 货币资金内部控制的八个控制点分析[J]. 会计之友，2010(05).

第三章　商品流通核算概述

内容简介

本章主要讲解了商品流通的含义、商品购销的范围、商品流通的确认和计量及商品流通的核算方法。

学习目的和要求

通过学习本章，学生应了解商品流通的含义、商品购销的范围，明确商品购销的确认和计量方法；掌握商品流通过程中几种不同会计核算方法的内容及其适用范围。

引例　商品流通企业会计与制造业企业会计的区别

与制造业企业会计相比，商品流通企业会计主要有以下特点：① 成本计算的特殊性。产品生产成本的计算是制造业企业会计核算的一项重要内容；商品流通企业由于不生产产品，因而不存在产品生产成本的计算问题。② 存货核算的特殊性。第一，一方面制造业企业的存货包括材料存货、在产品存货和产成品存货等，存货类别较多；而商品流通企业的存货主要是商品存货，存货类别比较单一。另一方面，商品流通企业的商品存货的品种规格又特别多。第二，存货入账价值的特殊性。制造业企业外购的实际成本一般包括入库前的包装费、运杂费、挑选整理费等附带成本；在商品流通企业，由于商品品种规格繁多，流转频率快，很难将一笔购货附带成本合理且精确地分配至特定的一批购货。第三，存货日常核算的特殊性。商品流通企业（特别是零售企业），为了便于销售，一般在购进时就要确定存货的销售价格，因而商品存货的日常核算可以采用“售价金额核算法”，即在“库存商品”账户核算商品的售价，商品售价与进价之间的差额通过“进销差价”账户核算，期末再将进销差价在已销商品与期末结存商品之间进行分配，以确定本期销售商品成本与期末结存商品的成本。

第一节　商品流通的含义和商品购销范围

一、商品流通的含义

商品流通是指社会产品通过货币结算，由生产领域转移到消费领域的过程。商品从生产领域转移到消费领域的整个流通过程一般要经过批发商品流通和零售商品流通两个环节：批发商品流通是商品流通企业从生产企业购进商品出售给零售企业以便继续转卖，或出售给生产企业继续加工的商品交易活动。它处于商品流通的起点。零售商品流通是商品流通企业从批发企业或生产单位购进商品售与城乡居民和工厂、机关、团体、学校等集体消费单位，以便其进行直接消费的商品交易活动。它是商品流通的最后环节。从事批发商品流通的企业称为批发企业，从事零售商品流通的企业称为零售企业。

商品流通核算是反映和控制商品购、销、调、存的业务活动及其成果的核算方法。它必须适应不同商品购销活动的需要，因为商品购销活动是通过“货币—商品—货币”的形式循环周转进行的，从价值运动角度看，商品流通过程同时也是资金运动过程，它们是同一商品流通过程的两个方面，商品流通决定商品核算，同时商品核算对商品流通起促进作用，两者紧密结合。无论是批发业务还是零售业务，在资金周转过程中都会发生商品流通的主要业务，包括商品购进、商品销售和商品储存三个环节。

二、商品购销范围

为了使会计核算正确反映商品流通的过程，必须首先明确商品购销的范围。

（一）商品购进的范围

商品购进是商品流通企业为销售或加工后销售，通过现金或转账结算付出货币，取得商品或商品所有权的交易行为。商品购进必须同时具备两个条件：一是购进商品的目的是销售；二是通过货币结算取得商品所有权。凡未通过货币结算而收到的商品都不作为商品购进，如加工收回成品、收到为其他单位代销的商品、无偿收到的赠品或样品、溢余的商品等。购进专供本企业自行消费的商品和销货退回虽然通过现金或转账结算，但前者不是为销售而购入，后者属于冲销原交易性质，所以均不作为商品购进。

3-1 思政育人：采购人员职业道德

商品购进范围包括：从工业、农业和其他部门购进商品；从城市居民和农村集体或个人购进商品；从国外进口商品。

（二）商品销售的范围

商品销售是商品流通企业通过现金或转账结算，付出商品，取得货款或收取货款权利的交易行为。商品销售也必须同时具备两个条件：一是销售本企业所经营的商品，如果销售的商品不属于本企业的经营范围，就不属于商品销售；二是通过货币结算转移商品所有权。销与居民个人消费和机关团体消费的商品以及出口的商品，凡未通过货币结算的都不属于商品销售范围，如拨付加工的商品、商品内部移库、拨出委托他人代销或代管的商品、商品损耗和损失以及赠送样品等。进货退出虽通过货币结算，但属于撤销原交易性质，所以不作为商品销售。

商品销售的范围包括售与工业、农业、手工业、服务性行业和其他部门作为继续加工生产或耗用的商品。

三、购销商品的交接方式

3-2 视频：物流配送

（一）提货制

提货制又称取货制，是购货方派专人或委托他人到供货方仓库或指定地点提取商品的一种商品交接方式。

（二）送货制

送货制是供货方将商品送到购货方仓库或指定地点交货的一种商品交接方式。

(三) 发货制

发货制是供货方根据合同或要货函件所规定的日期、商品品种、规格、数量,将商品委托运输部门发运至购货方所在地的车站、码头或指定地点交货的一种交接方式。购货方接到运输部门的到货通知后,凭承运部门提货单到车站或码头提货,然后再验收入库。

第二节 商品购销的入账时间和入账价格

一、商品购销的入账时间

3-3 视频:商品购进入账时间的确定

(一) 商品购进的入账时间

商品购进一般以支付货款取得商品所有权或收到商品的时间作为入账时间。在货款先付的情况下,以支付货款的时间作为商品购进的入账时间;在商品先到货款后付的情况下,以收到商品的时间作为商品购进的入账时间。

在商品交接采用发货制、货款结算采用委托收款和托收承付结算方式时,如果结算凭证先到而商品未到,在承付商品时确认商品购进;如果商品先到而银行结算凭证未到,在商品验收入库时确认商品购进。

在采用现金或支票、银行本票、商业汇票等结算方式时,在支付货款、开出承兑商业汇票并取得供货方的“增值税专用发票”或“提货单”时,确认商品购进。在商品交接采用发货制、货款结算采用委托收款和托收承付结算方式时,如果结算凭证先到而商品未到,在承付商品时确认商品购进;如果商品先到而银行结算凭证未到,在商品验收入库时确认商品购进。

在采用预付货款或延期付款方式购进商品时,在收到商品并验收入库时确认商品购进。

(二) 商品销售的入账时间

1. 收入确认的原则

企业应当在履行了合同中的履约义务,即在客户取得相关商品控制权时确认收入。取得相关商品控制权,是指客户能够主导该商品的使用并从中获得几乎全部经济利益,或者客户有能力阻止其他方主导该商品的使用并从中获得经济利益。

取得商品控制权包括三个要素。

一是能力,即客户必须拥有现时权利,能够主导该商品的使用并从中获得几乎全部经济利益。如果客户只能在未来的某一期间主导该商品的使用并从中获益,则表明其尚未取得该商品的控制权。

二是客户有能力主导该商品的使用,即客户在其活动中有权使用该商品,或者能够允许或阻止其他方使用该商品。

三是客户能够获得商品几乎全部的经济利益,商品的经济利益是指商品的潜在现金流量,既包括现金流入的增加,也包括现金流出的减少。客户可以通过使用、消耗、出售、处置、交换、抵押或持有等多种方式直接或间接地获得商品的经济利益。

需要说明的是,本章所称的客户是指与企业订立合同以向该企业购买其日常活动产出的商品并支付对价的一方;所称的商品包括商品和服务。本章的收入不涉及企业对外出租资产收取的租金、进行债权投资收取的利息、进行股权投资取得的现金股利以及保费收入等。

2. 收入确认的前提条件

企业与客户之间的合同同时满足下列条件的,企业应当在客户取得相关商品控制权时确认收入:

(1) 合同各方已批准该合同并承诺将履行各自义务。

(2) 该合同明确了合同各方与所转让的商品相关的权利和义务。

(3) 该合同有明确的与所转让的商品相关的支付条款。

(4) 该合同具有商业实质,即履行该合同将改变企业未来现金流量的风险、时间分布或金额。

(5) 企业因向客户转让商品而有权取得的对价很可能收回。

3. 收入确认和计量的步骤

按照《企业会计准则第 14 号——收入》,收入确认和计量大致分为五步,收入确认模型如表 3-1 所示。

表 3-1 收入确认模型

步骤	内容
第一步	识别与客户订立的合同
第二步	识别合同中的单项履约义务
第三步	确定交易价格
第四步	将交易价格分摊至各单项履约义务
第五步	履行各单项履约义务时确认收入

在上述收入确认和计量的模型中,第一步、第二步和第五步主要与收入的确认有关;第三步和第四步主要与收入的计量有关。

相关思考 3-1

商品流通企业确认收入的时间与工业企业确认收入的时间相同吗?如何确定商品流通企业销售收入的确认时间,应满足几个条件?

相关思考解析 3-1:

商品流通企业的商品销售收入与工业企业的产品销售收入,在确认营业收入方面是相同的。一般要具备以下几个条件:

(1) 合同各方已批准该合同并承诺将履行各自义务。

(2) 该合同明确了合同各方与所转让的商品相关的权利和义务。

(3) 该合同有明确的与所转让的商品相关的支付条款。

(4) 该合同具有商业实质,即履行该合同将改变企业未来现金流量的风险、时间分布或金额。

(5) 企业因向客户转让商品而有权取得的对价很可能收回。

二、商品购销的入账价格

(一) 商品购进的入账价格

通常情况下,商品流通企业购进的商品按取得商品时所支付的价税款扣除按规定计算的进项税额后的数额作为商品的入账价格,具体分以下几种情况。

(1) 从生产单位购进商品，按生产单位的出厂价作为商品购进的入账价格；从国内其他企业购入的商品，以实际支付的批发价作为商品的入账价格。

(2) 收购免税农副产品，按购入农副产品的买价扣除按规定计算的进项税额后的数额作为商品的入账价格。

(3) 委托外贸单位代理进口商品，按实际支付给外贸单位的全部价税款扣除按规定计算的进项税额后的数额作为商品的入账价格。

(4) 进口的商品，按进口商品国外进价(一般为到岸价)加上关税、消费税后，作为商品购进的入账价格。如果是离岸价，则按离岸价加到岸前运费、保险费计算。

(5) 委托加工商品，按加工过程中的实际成本作为加工商品的入账价格。实际成本包括原材料成本、加工费和加工税金。

相关思考 3-2

工业企业库存商品的成本包括哪些方面？

相关思考解析 3-2：

工业企业的库存商品一般是自己生产的，其成本包括直接材料费、直接人工费和制造费用三部分。

(二) 商品销售的入账价格

(1) 批发价。它是指商品流通批发企业直接销售给零售单位和个人的批量商品，按批发价作为销售入账价格。

(2) 零售价。它是指商品流通零售企业直接销售给个人或集体消费者的零星商品，按零售价扣除增值税后的数额作为销售入账价格。

(3) 批发价或零售价。它是指批零兼营企业视销售商品数量多少分别采用批发价或零售价。

(4) 协商价。它是指商品流通企业采用浮动价、批量作价，按实际开票价作为销售入账价格。

企业在确定商品销售收入时，不考虑各种预计可能发生的现金折扣和销售折让，现金折扣在实际发生时作为当期财务费用；销售折让在发生时直接冲减当期收入。

第三节 商品流通的核算方法

商品流通企业的会计核算方法主要有数量进价金额核算法、数量售价金额核算法、售价金额核算法和进价金额核算法。批发企业广泛采用数量进价金额核算法，零售企业广泛采用售价金额核算法。

一、数量进价金额核算法

数量进价金额核算法是对库存商品总分类核算实行按进价金额核算和监督的同时，对库存商品的明细核算既提供各种商品的进价金额指标，也反映其实物数量指标的核算方法。其基本内容有以下几点。

(1) 进价记账。会计部门对库存商品总账和明细账的进、销、存金额均按进价记载。

(2) 在库存商品总账控制下，按商品的品名、规格、等级和编号分户进行明细核算。库存商品明细账对每种库存商品的增减和结存情况既反映金额又反映数量。如果企业经营的规模较大，同种库存商品存放地点不一，还可同时按商品存放的地点分户记载。

(3) 采用适当方法随时或定期结转销售商品成本。

数量进价金额核算法对商品实物数量和进价金额实行双重控制，有利于满足业务部门开展销售业务、会计部门加强资金管理、保管部门明确责任和保护商品的安全。但这种核算方法要求每笔购销业务均提供数量和金额的收付凭证，并逐笔登记明细账，工作量较大。此方法适用于能按商品品种提供收回数量及金额的商品流通企业。目前批发企业广泛采用此方法。有的经营品种较单一、可取得销售商品品种数量金额凭证的零售企业也采用此方法。

二、数量售价金额核算法

这是以实物数量和售价金额两种计量单位反映商品进、销、存情况的一种核算方法。主要内容基本与数量进价金额核算法相同，都是按商品品种设明细账，实行数量和金额双重控制。其与进价金额核算法的不同有两点。

(1)“库存商品”总分类账、类目账和明细账均按售价记账。

(2) 设置“商品进销差价”账户，记载售价金额和进价金额之间的差额，定期分摊已销商品进销差价，计算已销商品进价成本和结存商品的进价金额。

采用售价记账，每逢商品售价变动，企业就要盘点库存商品，调整商品金额和差价，核算工作量较大，因此，数量售价金额核算法一般适用于经营金额较小、批量较少的小型经营批发的企业，以及经营零售的企业的库存商品和贵重商品的核算。

三、售价金额核算法

售价金额核算法也称“售价记账、实物负责制”，是按照售价金额核算企业库存商品的增减变动和结存状况的一种方法。其基本内容包括以下几个方面。

(1) 售价记账，金额控制。财会部门对库存商品的增减变动和结存情况，均按商品的售价金额记入库存商品总账和明细账，库存商品总账和明细账只登记售价金额，不登记数量，即通过库存商品的金额来控制商品数量。这一内容是该法区别于其他方法的主要方面。

(2) 设置“商品进销差价”账户。库存商品记录的是售价金额，而购进商品支付的货款是按进价计算的，因此设置“商品进销差价”账户，以反映商品进价与售价的差价，正确计算销售商品的进价成本。

(3) 建立实物负责制。根据岗位责任制的要求，按经营商品的品种和地点，划分若干柜组，确定实物负责人，对其经营的商品承担全部责任。

(4) 切实加强库存商品的实地盘点。“库存商品”明细分类账按售价记账，没有数量控制，只有通过盘点才能确定实际数量，因此必须加强盘点，才能检查库存商品账实是否相符及其实物负责人的工作质量和经济责任。

(5) 加强物价管理，健全有关制度。采用售价金额控制商品数量，要做到账实相符，就必须要完善并有效执行商品进、销、存各项业务手续制度，加强物价管理、商品管理、销货款管理，严格复核制度。

售价金额核算法与数量进价金额核算法相比，具有如下优点：第一，将繁多的按商品品名设置的库存明细账户改为按实物负责人设置明细账户，简化了记账工作，保证了核算的正确性与及时性，可使财会人员和售货人员有较多时间深入实际开展调研，为不断改善经营管理献计献策。第二，简化了销货手续，节约了人力物力，提高劳动效率和服务质量，利于扩大商品流通。同时，售价金额核算也存在着一定缺点，主要是账面不能提供商品的购、销、结存数量；不便于确定商品溢缺和货款长短的性质和原因。为了弥补其不足，对于企业经营的贵重商品和其他需要掌握数量的商品，应当设置商品数量账或商品数量备查簿以登记商品数量，从而加强商品管理；对于商品溢缺和货款长短，也应分情况采取措施予以解决。

目前，零售企业广泛采用这种方法，因为这些企业一般规模不大，多数开展综合经营，经营商品的品种、规格复杂；库存数量不大，并且有相当数量的商品陈列在营业现场。在一般情况下，柜台商品和大库商品结合在一起，由同一实物负责人进行管理；商品销售对象是广大消费者，交易数量零星，次数频繁，除对集体销售贵重大件保修商品外，一般不开具销售发票。基于以上几点，零售企业业务不能够提供销售商品的品种、数量等凭证，对库存商品的核算很难采用数量进价金额核算法，而适宜采用售价金额核算法。

四、进价金额核算法

这是以进价金额控制库存商品进、销、存的一种核算方法。其主要内容包括以下三个方面。

(1) 库存商品总分类账和明细分类账一律以进价入账，只记金额，不记数量。

(2) 库存商品明细账按商品大类或柜组设置，对需要掌握数量的商品，可设置备查簿。

(3) 平时销货时，账务处理只核算销售收入，不核算销售成本。月末采取“以存计销”的方法，通过实地盘点库存商品，倒挤商品销售成本。其计算公式如下：

本期商品销售成本＝期初库存商品＋本期进货总额－期末库存商品进价金额

采用进价金额核算方法，可以简化核算手续，节约人力、物力，但其手续不够严密，平时不能掌握库存情况，且不能控制商品损耗或差错事故，一般适用于鲜活商品的核算。

商品流通的四种核算方法比较如表 3-2 所示。

表 3-2　商品流通的四种核算方法比较

方　法	概念解释	优　缺　点	适用情况
数量进价金额核算法	以实物数量、进价金额为计量单位，反映商品进、销、存的核算方法	全面反映商品进、销、存的数量和金额，便于管理和控制。记账工作量大，手续繁多	规模和批量较大而交易次数不多的大中型批发企业
进价金额核算法	以进价金额控制进、销、存的核算方法	手续简便，工作量小，但管理手续不严谨，平日无法掌握库存情况，不利于对损耗和差错控制	适用于鲜活商品的核算
数量售价金额核算法	以实物数量、售价金额为计量单位，反映商品进、销、存的核算方法	便于商品日常管理和控制，但核算工作量较大	经营规模小、业务量少的批发企业以及零售企业中贵重商品的核算
售价金额核算法	在建立实物负责制的基础上，以售价金额记账，控制商品进、销、存的核算方法	简化核算手续，减少工作量。但平日无法控制进、销、存数量，盘点发现差错不易查明原因	除鲜活商品、贵重商品以外的零售商品流转业务核算

3-4 扫一扫看课件

本章小结

本章主要讲解商业流通的含义、商品购销的范围，明确商品购销的确认和计量；要求掌握商品流通过程中几种不同商品核算方法的内容及其适用范围。

本章重要概念

商品流通　提货制　送货制　发货制　数量进价金额核算法　售价金额核算法

推荐阅读资料

[1]《企业会计准则——基本准则》(2018).

[2] 李海波，蒋瑛. 新编商业会计——商品流通企业会计[M]. 9版. 上海：立信会计出版社，2017.

[3] 张晋红. 商品流通企业会计[M]. 北京：北京工业大学出版社，2022.

[4] 史玉光. 商品流通企业会计实务[M]. 2版. 北京：电子工业出版社，2022.

第四章　批发企业会计核算

内容简介

本章主要讲解了商品流通过程中批发企业库存商品的核算方法，商品购进与销售的业务流程，商品购进、销售和储存的账务处理，商品销售成本的计算和结转，会计核算账簿的设置。

学习目的和要求

通过学习本章，学生应了解批发商品购、销、存各个阶段的业务程序和单据流转，以及进价数量金额核算方法的内容，明确批发企业从不同进货渠道批发商品和销售给不同销售对象的核算方法及账户设置，掌握商品购销业务及委托代销、委托加工等不同购销形式下的核算方法和账务处理。

引例　商品流通企业购进商品的成本

某商品流通企业采用数量进价金额核算法核算，发生了如下经济业务：购进洗衣粉 2 000 箱，每箱 40 元，货款 80 000 元，增值税 10 400 元，运费 1 000 元，采用托收承付结算方式。财会部门收到开户银行转来的托收凭证、专用发票、运费凭证，审核无误后，当即承付货款。仓储部门已将商品验收入库。

请分析购进的该批洗衣粉的成本应如何确定。

第一节　批发商品购进的核算

商品批发是指商业经营者购进商品后，再将购进的商品用于销售的一种商业经营活动。它是整个商品流通过程的起点和中间环节，具有进销量大、品种复杂、储存量多、保管地点分散、商品购销对象涉及面广、购销方式多样等特点，为此，商品批发在核算上应有严密的手续制度，从价值上、数量上全面反映商品流通全过程，填制和接受能反映商品品名、数量、金额等内容的各种凭证，以控制和反映商品购销活动。

批发商品的流通过程包括商品购进、销售和储存三个环节。商品购进是商品流通的起点，为商品销售、储存提供物质基础。

批发商品的购进渠道有：从工农业生产企业购进，从其他商品流通企业购进、进口等。购进的方式有本地购进，异地购进，预付货款购进，分期、延期付款购进等。由于批发商品的购进渠道、方式、交接货手续的不同，其业务程序和核算方法也有所不同。

一、批发企业商品购进的一般业务程序

批发企业购进商品的地域不同，其业务程序也不同。

(一) 本地商品购进的一般业务程序

本地商品购进是指商品流通企业向当地的生产企业或批发企业进货。商品流通企业一般采用“送货制”和“提货制”的交接货方式接收商品。货款大多采用支票结算和委托收款结算方式。其进货程序大致如下。

在采用送货制的情况下，业务部门核对供货单位开来的专用发票，与购货合同相符后，填制一式数联收货单，将专用发票和收货单送交财会部门，财会部门审核无误后，承付货款。仓库保管部门根据收货单验收商品。如果商品的数量、质量相符，在收货单各联上加盖“收讫”印章，将收货单的其中一联退回业务部门用于注销合同，仓库保管部门自留一联作为登记商品保管账的依据。

在采用提货制的情况下，一般是企业采购人员先到供货单位选购商品，由供货单位开出专用发票和提货单并由企业采购人员将其转回业务部门，业务部门经审核，确认专用发票和提货单与合同相符后，填制一式数联的收货单，连同专用发票和提货单送交财会部门审核，财会部门审核无误后，办理结算。运输部门凭提货单提回商品，交仓库保管部门验收入库。仓库保管部门在收货单上加盖“收讫”印章，自留一联登记商品保管账；一联退回业务部门，由其注销合同；一联交财会部门，由其承付货款。

(二) 异地商品购进的一般业务程序

异地商品购进是指商品流通企业向外地生产企业或批发企业进货。商品流通企业一般采用“发货制”的交接货方式接收商品。货款结算大多采用“托收承付”“委托收款”“商业汇票”“银行汇票”“汇兑”等结算方式。就采用托收承付结算方式而言，其一般业务程序如下：

供货单位根据合同发运商品后，供货单位凭有关单据委托银行收取货款及代垫的商品运费。购货单位财会部门在收到开户银行转来的供货单位的托收凭证、专用发票和有关单据之后，先送业务部门进行审核，经审核确认与合同相符后，退回财会部门据以承付货款，业务部门同时填制收货单一式数联，除留存一联外，其余的交仓库保管部门。商品到达后，仓库保管部门根据收货单核对供货单位随货同行的专用发票无误后，将商品验收入库，并在收货单上加盖“收讫”印章。仓库保管部门除了自留一联据以登记商品保管账外，将其中一联退回业务部门，由其用于注销合同；将另一联连同专用发票递交财会部门登记入账。

“收货单”的一般格式如表4-1所示。

表4-1 收 货 单

销货单位：　　　　　　　　开单日期：　　年　月　日　　　　　　　　存放仓库：

货号	规格、品名	单位	数量	单价	金额	税率%	进项税额
合计							
价税合计(大写)	佰 拾 万 仟 佰 拾 元 角 分				¥		
包装类别		件数		每件内装		合同 字 号	
备注：	发票号码			验收日期			

4-1 视频：工业会计和商业会计账务处理区别详解

二、批发企业购进商品时会计账户的设置及采购成本的确定

商品批发企业为了核算商品购进及其销售的情况，一般应设置以下会计账户。

（一）主要账户设置

1.“在途物资”账户

“在途物资”账户，属于资产类账户，是用于商品的购入、在途、验收入库和货款结算等环节的核算以及计算商品采购成本的。企业从国内采购或国外进口的各种商品，不论是否进入本企业仓库，凡是通过本企业结算货款的，都在该账户进行核算。该账户的借方登记购入商品的付款数，贷方登记转入“库存商品”账户的采购成本，期末借方余额表示企业在途商品的实际采购成本。该账户应按供货单位、商品类别等设置明细账，进行明细核算。当材料验收入库结转后该账户余额为零。“在途物资”账户设置如图 4-1 所示。

借方　　　　　　在 途 物 资	贷方
购入商品的买价和采购费用	验收入库商品的实际采购成本
期末余额：尚未运达企业或 尚未验收入库的商品的成本	

图 4-1　“在途物资”账户设置示意图

2.“库存商品”账户

“库存商品”账户，属于资产类账户，用来核算全部自有的库存商品，包括存放在仓库、门市部和寄存在外的商品，委托其他单位代管、代销的商品，陈列展览的商品等。该账户的借方登记验收入库的购入、调入商品，加工收回、上月销售退回的商品，以及盘盈的商品；贷方核算按商品进货原价计算的出售商品而应结转的商品销售成本以及因加工拨出、盘亏等减少的商品价值；期末余额在借方，表示库存商品进货原价的结余数额。该账户可按商品类别、品名、规格、等级、存放地点等设置明细账，进行明细分类核算。“库存商品”账户设置如图 4-2 所示。

借方　　　　　　库 存 商 品	贷方
验收入库商品成本的增加	库存商品成本的减少
期末余额：结存的库存商品成本	

图 4-2　“库存商品”账户设置示意图

3.“应交税费”账户

该账户的性质属于负债类，用来核算企业按税法规定应交纳的各种税款（印花税等不需要预计税额的税种除外）的计算与实际缴纳情况的账户。其贷方登记计算出的各种应交而未交税费的增加，包括计算出的增值税、消费税、城市维护建设税、企业所得税、资源税等，借方登记实际缴纳的各种税费，包括支付的增值税进项税额。期末余额方向不固定，如果在贷方，表示未交税费的结余额；如果在借方，表示多交的税费，“应交税费”账户应按照税种设置明细账户，进行明细分类核算。“应交税费”账户设置如图 4-3 所示。

借方	应交税费 贷方
实际缴纳的各种税费 包括支付的增值税进项税额	计算出的各种应交而未交税费 包括计算出的增值税
期末余额:多交的税费	期末余额:未交的税费

图 4-3 “应交税费”账户设置示意图

其中“应交税费——应交增值税(进项税额)”账户核算企业购入商品时支付待抵扣的进项税额。因进货退出或折让而收回的增值税,应从发生进货退出或折让的当期进项税额中扣除。

(二) 商品采购成本的确定

(1) 企业从国内购进用于国内销售和用于出口的商品,以进货时所支付的价税款扣除按规定计算的增值税进项税额以及购进商品所发生的进货费用后的数额计入采购成本。

(2) 企业进口的商品,其采购成本包括进口商品的国外进价、应分摊的外汇价差、关税和佣金。如以离岸价格成交,商品离岸后应由企业负担的运费、保险费等,亦应计入采购成本。

(3) 企业委托其他单位代理进口的商品,其采购成本为实际支付给代理单位的全部价税款,扣除按规定计算的进项税额后的数额。

(4) 企业购进免税农业产品,其采购成本为支付的收购价款扣除按规定计算的进项税款后的数额。

(5) 年应税销售额在 80 万元以下的小规模纳税人购进的商品,无论是否取得增值税专用发票,其支付的增值税额均不计入进项税额,不得从销项税额中抵扣。

相关思考 4-1

商品流通企业购进商品发生的运杂费如何处理?

相关思考解析 4-1:

《企业会计准则》规定,商品流通企业在采购商品过程中发生的运杂费等进货费用,应当计入存货采购成本。进货费用数额较小的,也可以在发生时直接计入当期费用。

三、批发企业商品购进业务的核算

4-2 视频:批发企业商品购进的一般核算

(一) 本地商品购进的核算

企业从本地购进商品,由于企业与供货单位在同一城市,商品验收与货款结算一般在同一天办理。

【例 4-1】 华夏公司从本地购进一批商品,共 6 000 件,单价 30 元,货款 180 000 元,增值税税额 23 400 元,零售价为 35 元,共计 210 000 元,款项已通过银行转付。

借:在途物资	180 000	
应交税费——应交增值税(进项税额)	23 400	
贷:银行存款		203 400

同时,编制会计分录如下:

借：库存商品　180 000
　　贷：在途物资　180 000

如果是小规模纳税人，其所支付的不可抵扣的增值税进项税额计入所购商品的成本。编制会计分录如下：

借：在途物资　203 400
　　贷：银行存款　203 400

商品验收入库时：

借：库存商品　203 400
　　贷：在途物资　203 400

如果商品验收入库和支付货款不是同时进行的，有两种情况。

（1）支付货款，商品未到，编制会计分录如下：

借：在途物资　180 000
　　应交税费——应交增值税（进项税额）　23 400
　　贷：银行存款　203 400

商品到达后，验收入库，编制会计分录如下：

借：库存商品　180 000
　　贷：在途物资　180 000

（2）商品验收入库，货款采用商业汇票结算方式，编制会计分录如下：

借：在途物资　180 000
　　应交税费——应交增值税（进项税额）　23 400
　　贷：应付票据——商业汇票　203 400

同时，编制会计分录如下：

借：库存商品　180 000
　　贷：在途物资　180 000

商业汇票到期付款，编制会计分录如下：

借：应付票据　203 400
　　贷：银行存款　203 400

（二）异地商品购进的核算

企业从异地购进商品，由于企业与供货单位不在同一城市，商品由交通运输部门运送，而货款的结算凭证是由银行传递的，可能发生商品与货款结算凭证到达企业的时间不一致的情况。这时可能出现以下三种情况：一是结算凭证先到，商品后到；二是商品先到，结算凭证后到；三是结算凭证与商品在同一天到达企业。这三种情况的核算方法各不相同。

1. 托收凭证先到，商品后到

这是指托收承付结算凭证已到而商品尚在运输途中的情况。经业务部门与合同核对无误后，财会部门应根据银行转来的作为托收凭证的专用发票承付货款。

【例 4-2】 华夏百货公司从深圳康佳集团购进 29 寸康佳彩色电视机 100 台，每台 1 250 元，货款总计 125 000 元，增值税税额 16 250 元；运费 4 200 元，增值税税额 378 元。增值税专用发票均已收到，采用托收承付结算方式结算。对上述业务，财会部门应作账务处理如下。

（1）收到银行转来的托收凭证和附来的增值税专用发票（发票联）及运费凭证，审核无误后，承付时：

借：在途物资——康佳彩色电视机　　129 200
　　应交税费——应交增值税（进项税额）　　16 628
　　贷：银行存款　　145 828

（2）上述货物运达仓库，验收入库后，送来的收货单及随货同行的发货联经审核无误后，结转商品采购成本：

借：库存商品——康佳彩色电视机　　129 200
　　贷：在途物资——康佳彩色电视机　　129 200

2. 商品先到，托收凭证后到

这是指商品已到而托收凭证未到，尚不能承付货款的情况。在会计核算上，按制度规定，这种情况暂不作账务处理；月末按暂估价作会计处理。

【例 4-3】 乙公司从外地购进商品 5 000 件，单价 10 元，金额为 50 000 元，增值税额为 6 500 元；对方代垫运费 500 元，增值税额为 45 元，采用委托收款结算方式。月末单据未到，商品验收入库。

月末结算单据仍未到，则根据暂估商品价款入账：

借：库存商品　　75 000
　　贷：应付账款——暂估应付账款　　75 000

次月初红字冲回，编制会计分录如下：

借：库存商品　　[75 000]
　　贷：应付账款　　[75 000]

实际付款时，通过“在途物资”账户编制付款、到货的两笔会计分录如下：

借：在途物资　　50 500
　　应交税费——应交增值税（进项税额）　　6 545
　　贷：银行存款　　57 045
借：库存商品　　50 500
　　贷：在途物资　　50 500

3. 托收凭证与商品同日到达

所谓托收凭证与商品同日到达，是指承付货款和商品点验入库手续可以在同一天内办完，不存在商品在途和不能承付货款的情况，企业可以按本地商品购进核算方法处理。

【例 4-4】 B 企业购进一批 D 商品 40 000 件，进价 5 元，增值税税额 26 000 元，款项已通过银行转付。

商品验收入库时：

借：库存商品　　200 000
　　应交税费——应交增值税(进项税额)　　26 000
　　贷：银行存款　　226 000

延伸阅读4-1

工程物资

为建造固定资产等各项工程而储备的各种材料由于用于建造固定资产等各项工程，不符合存货的定义，因此不能作为企业存货，而是作为工程物资进行核算，记入"工程物资"账户。在资产负债表中，工程物资项目反映企业尚未使用的各项工程物资的实际成本，这一项目应根据"工程物资"账户的期末余额填列。

(三) 农业产品收购的核算

农业产品收购是指商品流通企业向农村集体经济组织和个人收购农业产品的一种商品交易。农业产品品种繁多，包括油、粮、棉、麻、烟、糖、果、药材、禽、蛋、畜等。

1. 农业产品收购一般程序

收购农业产品时，在做好验质、定级、计价、点数、过秤和入库验收等一系列工作后，由收购人员根据收购的大宗农业产品和零星农业产品，分别填制一式多联"农业产品收购凭证"和"农业产品收购计数单"，每日或定期按品名汇总编制"农业产品收购汇总表"办理付款，并报送财会部门。

2. 收购农业产品的核算

(1) 直接收购农业产品的核算。直接收购农业产品是指商品流通企业设置收购网点，以自筹资金直接向生产者收购农业产品的业务活动。

购进免税农业产品，按买价依照9%的扣除率计算进项税额。

【例4-5】 华夏收购站收购免税A农业产品，计价80 000元，以银行存款支付，编制会计分录如下：

借：库存商品——A农产品[80 000×(1－9%)]　　72 800
　　应交税费——应交增值税(进项税额)(80 000×9%)　　7 200
　　贷：银行存款　　80 000

如果收购的农业产品是属于应税产品，如茶叶、烟叶、木耳、水产品、原木、原竹、生猪、菜牛、菜羊等，则由收购农业产品的企业缴纳增值税。在进行会计处理时，企业按收购价作购进入账。在计算农业产品采购成本的同时，还要计算应缴纳的农业产品增值税。

【例4-6】 华夏收购站收购应税B农产品10吨，收购价每千克8元，共计80 000元，增值税税率为13%，价税合计90 400元，以银行存款支付。编制会计分录如下：

以银行存款支付B农产品价款时。

借：库存商品——B农产品　　80 000
　　应交税费——应交增值税(进项税额)　　10 400
　　贷：银行存款　　90 400

(2) 预购农业产品的核算。收购农业产品企业除直接收购农业产品外，还可以对某些农业产品进行预购，由收购企业通过预付定金的办法，与农业生产者签订合同，规定预购的品种、数量、质量和交售时间，待收获后进行结算，多退少补。

反映预购定金的账户是“预付账款”账户，它属于资产类账户，用来核算企业按购货合同规定预付给供应单位的货款。其借方登记支付预付款数，贷方登记收购商品时应付的价款，借方余额表示尚未结算的预付款项。

【例 4-7】 华夏收购企业与某生产单位签订 C 农产品预购合同，预付定金 60 000 元，秋后交售时扣回。编制会计分录如下。

支付预购定金时：

借：预付账款——××生产单位	60 000	
贷：银行存款		60 000

收到免税 C 农产品计价 110 000 元，按合同规定扣回预购定金 60 000 元，补付价款 50 000 元：

借：库存商品——C 农产品	100 100	
应交税费——应交增值税(进项税额)	9 900	
贷：预付账款		60 000
银行存款		50 000

如果交售价款小于预购定金数，假设只有 55 000 元，则其多付的货款应予退回，编制会计分录如下：

借：库存商品——C 农产品	50 050	
应交税费——应交增值税(进项税额)	4 950	
银行存款	5 000	
贷：预付账款		60 000

(四) 国外商品购进的核算

商品流通企业为扩大花色品种，满足市场需要，通过编制计划、签订进口合同，从国外购进适销对路的商品。在接到对方发运通知后，做好接运准备及办理投保手续，收到银行转来国外寄来(或直接寄来)全套单据后，应与进口合同进行核对，经审核无误后办理货款结算手续。

【例 4-8】 华夏商品流通企业自营进口商品一批，到岸价为 90 000 美元，关税税率为 20%，海关完税凭证注明增值税税率为 13%。当日汇率为 8.70 元。

(1) 国外发票原币金额应折合为人民币 783 000 元，另以人民币计算的应交关税额为 156 600 元，增值税税额为 122 148 元[783 000×(1+20%)×13%]，支付价款时，编制会计分录如下：

借：在途物资——进口商品采购	939 600	
应交税费——应交增值税(进项税额)	122 148	
贷：银行存款		1 061 748

如果该批进口商品属于应缴纳消费税的商品，则应将消费税计入该项商品的成本，用人民币支付，编制会计分录如下：

借：在途物资——进口商品采购

　　贷：银行存款

如果进口商品是按离岸价成交，则用外汇支付的运费、保险费应折合为人民币，按实际支出计入进口商品采购成本。

（2）以银行存款支付检验费500元，银行手续费200元，编制会计分录如下：

借：在途物资——进口商品采购　　500
　　财务费用——银行手续费　　200
　　贷：银行存款　　700

（3）结转进口商品采购成本，编制会计分录如下：

借：库存商品——进口商品　　940 100
　　贷：在途物资——进口商品采购　　940 100

延伸阅读4-2

关税法定减免税的规定

法定减免是依照关税基本法规的规定，对列举的课税对象给予的减免。例如：

（1）关税税额在人民币50元以下的一票货物。

（2）无商业价值的广告品和货样。

（3）外国政府、国际组织无偿赠送的物资。

（4）进出境运输工具装载的途中必需的燃料、物料和饮食用品。

（五）购进商品溢余和短缺的核算

购进商品后，企业应严格验收数量和质量。在验收时实收数多于或少于应收数量即为购进商品溢余和短缺。

购进商品发生溢余和短缺的原因很多，有的是由于商品本身性能和自然条件的变化而造成的商品升溢或损耗；有的是由于供货单位的工作差错而造成的多发或少发；也有的是由于运输单位的失职而造成的丢失、破坏等。

购进商品发生溢余和短缺情况，应由验收部门会同运输单位作出详细记录和鉴定证明，并填制“商品溢余（短缺）报告单”（表4-2）报有关部门作为清查和处理的依据。

表4-2　商品溢余（短缺）报告单

年　月　日　　　　编号：

收货单位：　　　　供货单位：　　　　发货单位编号：

<table>
<tr><td rowspan="2">货号</td><td rowspan="2">规格及品名</td><td rowspan="2">单位</td><td rowspan="2">应收数量</td><td rowspan="2">实收数量</td><td rowspan="2">溢余短缺</td><td rowspan="2">数量</td><td rowspan="2">单价</td><td rowspan="2">金额</td><td colspan="2">增减进项税额</td></tr>
<tr><td>税率(%)</td><td>税额</td></tr>
<tr><td></td><td></td><td></td><td></td><td></td><td></td><td></td><td></td><td></td><td colspan="2"></td></tr>
<tr><td>原因</td><td colspan="10"></td></tr>
<tr><td>处理意见</td><td colspan="2">领导批示</td><td colspan="4">财会部门意见</td><td colspan="4">经办人意见</td></tr>
</table>

购进商品发生溢余和短缺，企业在未查明原因以前，先按商品实收数入库，并根据“商品溢余（短缺）报告单”将溢余或短缺商品先通过“待处理财产损溢——待处理流动资产损溢”账户

处理，对于“待处理财产损溢”，一般不考虑增加增值税进项税额。但若购进商品发生毁损与短缺，如属于正常的情况，可以减少增值税进项税额；如属于非正常的情况，则不得抵扣。

“待处理财产损溢”账户属资产类账户，用来核算企业已经发生而未查明原因等待处理的各项资产的盘盈、盘亏、溢余和短缺。其下设“待处理固定资产损溢”和“待处理流动资产损溢”两个明细账户。“待处理财产损溢——待处理流动资产损溢”账户的借方登记商品短缺发生数和商品溢余转销数，贷方登记商品溢余发生数和商品短缺转销数；借方余额表示尚未处理的商品短缺数额，贷方余额表示尚未处理的商品溢余数额。

1. 购进商品发生溢余的核算

【例 4-9】 华夏商贸企业从外地购进白砂糖 2 000 千克，每千克 3 元，价款 6 000 元，增值税税率 13%，增值税 780 元，另供货方垫付装卸费 90 元，采用托收承付结算方式结算货款。

(1) 收到银行转来托收凭证，经审核无误，承付货款及装卸费，编制会计分录如下：

借：在途物资——白砂糖	6 090	
应交税费——应交增值税(进项税额)	780	
贷：银行存款		6 870

(2) 商品运到，经点验实收数量为 2 050 千克，溢余 50 千克，计价 150 元，原因待查，编制会计分录如下：

借：库存商品——白砂糖	6 240	
贷：在途物资——白砂糖		6 090
待处理财产损溢——待处理流动资产损溢		150

(3) 经查明原因，上述白砂糖溢余中，20 千克属自然升溢，30 千克属供货单位多发，经与对方联系，对方同意补作购进，货款已汇出。按规定，运输途中商品自然升溢，应作为本单位收益，作销售费用处理。如属供货单位多发，应与对方联系，对方同意作为本企业购进的，根据供货方补来的专用发票补付货款及进项税额；如果对方不同意本企业购进，则转为代管商品。按白砂糖溢余原因，编制会计分录如下：

借：待处理财产损溢——待处理流动资产损溢	150.0	
应交税费——应交增值税(进项税额)	11.7	
贷：销售费用		60.0
银行存款		101.7

2. 购进商品发生短缺的核算

【例 4-10】 仍用[例 4-9]，实收数量为 1 950 千克，短缺 50 千克，原因待查。

(1) 收到银行转来托收凭证，经审核无误，承付货款及装卸费，编制会计分录如下：

借：在途物资——白砂糖	6 090	
应交税费——应交增值税(进项税额)	960	
贷：银行存款		7 050

(2) 商品运到，经点验，实收数量为 1 950 千克，短缺 50 千克，计价 150 元，原因待查，编制会计分录如下：

借：库存商品——白砂糖　　5 940
　待处理财产损溢——待处理流动资产损溢　　150
　贷：在途物资——白砂糖　　6 090

(3) 经查明原因，上述白砂糖短缺中，20 千克系运输途中自然损耗，15 千克为供货方少发。经与对方联系，对方同意补发商品（商品已运到）；另外的 15 千克是运输单位责任事故造成的，经联系，对方同意赔偿损失。按规定，运输途中的商品自然损耗作经营费用处理；供货单位少发商品，经与对方联系，对方要求补发商品或退还货款；事故损失如属运输部门责任，应由运输单位赔偿；如属责任人事故，应由责任人负责赔偿，转入“其他应收款”账户；如属本企业责任，应由企业作“管理费用”处理。按白砂糖短缺原因，编制会计分录如下：

借：销售费用——自然损耗　　67.80
　库存商品——白砂糖　　45.00
　其他应收款——运输单位　　50.85
　贷：待处理财产损溢——待处理流动资产损溢　　150.00
　　应交税费——应交增值税（进项税额转出）　　13.65

短缺商品属于本企业作为费用或损失处理的或由其他单位或责任人赔偿的，其价值应包括增值税在内，同时要转出抵扣的进项税额。

(六) 拒付货款和拒收商品的核算

商品流通企业从异地购进商品，采用发货制和托收承付结算方式。在承付货款和商品验收过程中，如发现商品与合同规定的品种、规格、数量、质量不符，可以按合同规定，有权拒付全部或部分货款；拒收全部或部分商品。拒付货款和拒收商品一般有以下两种情况，应分别进行处理。

1. 货款未付的处理

企业接到银行转来的托收凭证和发票联、结算联等单据，经与合同核对，如发现商品的品种、规格、数量、质量与合同不符，可向银行提出“拒绝承付理由书”，拒付全部或部分货款，在会计核算上不作处理。当拒付货款的商品到达时，作为拒收商品，代供货单位暂行保管。在会计核算上，未付货款的拒收商品，也不作处理。

如果托收凭证未到，商品先到，验收时发现商品的品种、规格、数量、质量与合同不符，应予拒收。待收到银行转来托收凭证时，再填制“拒绝付款理由书”，通过银行予以拒付。在会计核算上，也均不作处理。

【例 4-11】 华夏批发企业从外地购进 6 尺床单 1 000 条，单价 26 元，货款 26 000 元，增值税税率 13%，增值税 3 380 元，价税合计 29 380 元，另供货单位代垫运费 200 元，取得增值税专用发票。

(1) 商品先到，发现其中有 4 尺床单 100 条，单价 16 元，与合同规格不符，拒绝收货，暂作代管，其余 900 条，均已验收入库，待收到银行转来托收凭证，办理部分拒付手续，编制会计分录如下：

借：在途物资——6 尺床单　　23 400
　应交税费——应交增值税（进项税额）(26×900×13%+200×9%)　　3 060
　贷：银行存款　　26 460

同时：

借：库存商品——6 尺床单　　23 400

　贷：在途物资——6 尺床单　　23 400

(2) 接供货单位函告，100 条 4 尺床单系供货单位错发的，建议企业购进。企业同意寄去扣税证明单办理更正手续。今接供货单位寄来红字专用发票及 4 尺床单发票联据以转账，每条 14 元，增值税税率照旧，共计价税 1 582 元。将代管 100 条 4 尺床单点验入库，并汇出货款，编制会计分录如下：

借：在途物资——4 尺床单　　1 400

　应交税费——应交增值税(进项税额)　　182

　贷：银行存款　　1 582

同时：

借：库存商品——4 尺床单　　1 400

　贷：在途物资——4 尺床单　　1 400

同时，注销代管商品记录。

2. 货款已承付的处理

企业接到银行转来托收凭证和发票联、结算联等单据，经与合同核对无误，已全数承付货款，并已入账。待商品到达后，在验收时发现商品与合同规定商品的品种、规格、数量、质量不符，可以向供货单位提出拒收全部或部分商品。在会计核算上，应将拒收商品的金额和运杂费，从“在途物资”账户和“销售费用”账户转入“应收账款”账户，同时将拒收商品作代管处理。

【例 4-12】 华夏批发企业向外地购入羊毛毯 200 条，每条进价 230 元，增值税税率 13%，共计价税 51 980 元。

(1) 接银行转来托收凭证及发票联、结算联等单据，经与合同核对无误，承付全部货款，编制会计分录如下：

借：在途物资——羊毛毯　　46 000

　应交税费——应交增值税(进项税额)　　5 980

　贷：银行存款　　51 980

(2) 商品运到后，企业验收时发现其中 50 条质量不符合合同要求，作拒收商品处理，并相应扣减增值税 1 495 元，经与供货单位联系，同意退回拒收商品，其余 150 条验收入库。根据供货单位红字发票，编制会计分录如下：

借：库存商品——羊毛毯　　34 500

　应收账款——×单位　　12 995

　贷：在途物资——羊毛毯　　46 000

　　应交税费——应交增值税(进项税额)　　1 495

(3) 商品已发运，货款亦已收到，编制会计分录如下：

借：银行存款　　12 995

　贷：应收账款——×单位　　12 995

(七) 进货退出的核算

企业购进商品，在已承付货款并验收入库以后，发现商品的规格、品种、质量与合同不符，在征得供货单位的同意后，可以作进货退出处理。办理退货时，企业应取得当地税务部门开具的进货退出证明单，并将其送交销货方据以开具红字专用发票作为扣减进项税额的凭证，并安排业务部门填制“进货退出发货单”或红字“收货单”作为附件通知储运部门将商品发运给供货单位。财会部门应根据上述凭证转销“库存商品”账户借方数额。

【例 4-13】 华夏批发企业从浙江康健热水器有限公司购进康健牌饮水机 30 台，每台 680 元，货款总计 20 400 元，增值税税额 2 652 元，运费 2 700 元，货款和增值税及运费已付。该批商品到货后，企业发现型号不符，经与供货方联系后，对方同意退货。

对上述业务，财会部门应作账务处理如下。

(1) 收到浙江康健热水器有限公司退货的红字增值税专用发票，开列退货款 20 400 元，退增值税税额 2 652 元，并收到业务部门转来的“进货退出单”(结算联)时：

借：应收账款——浙江康健热水器有限公司　　25 752
　贷：库存商品——康健牌饮水机　　23 100
　　应交税费——应交增值税(进项税额)　　2 652

同时，以银行存款垫付退货运费 2 700 元：

借：应收账款——浙江康健热水器有限公司　　2 700
　贷：银行存款　　2 700

(2) 浙江康健热水器有限公司如约退回全部货款和增值税及运费，收到银行转来的收款凭证时：

借：银行存款　　28 452
　贷：应收账款——浙江康健热水器有限公司　　28 452

(八) 进货退、补价的核算

企业购进商品，有时因供货单位的计价错误或按暂作价计算等原因，商品已结算的进价与实际进价发生差异。企业退价或补价时，应取得由供货单位填制的专用发票及附件“销货更正单”，据以办理退、补价手续。

1. 进货退价

进货退价是指应计的进价低于已结算的进价，应由供货单位退还给进货单位的差价款。在会计核算上，当收到退价款时，企业应区别以下两种情况处理。

(1) 商品尚未售出或虽已售出但尚未结转商品销售成本。根据供货单位的红字专用发票及“销货更正单”，编制会计分录如下：

借：银行存款　　×××
　贷：库存商品——××商品(采购成本)　　×××
　　应交税费——应交增值税(进项税额)　　×××

(2) 商品已售出，并已结转商品销售成本，根据供货单位的红字专用发票及“销货更正单”，编制会计分录如下：

借：银行存款　　×××

　贷：主营业务成本(采购成本)　　×××

　　应交税费——应交增值税(进项税额)　　×××

【例 4-14】 华夏批发企业 4 月 6 日从某公司购入空调 100 台，单价 3 100 元，共计价款 310 000 元，应支付增值税税额 40 300 元，价税款合计为 362 700 元。

① 接银行转来的托收凭证及增值税专用发票发票联、抵扣联等有关单据，经与合同核对无误后，承付全部款项，编制会计分录如下：

借：在途物资——空调　　310 000

　应交税费——应交增值税(进项税额)　　40 300

　贷：银行存款　　350 300

② 商品到达，验收入库，编制会计分录如下：

借：库存商品——空调　　310 000

　贷：在途物资——空调　　310 000

③ 接某公司通知，100 台空调单价每台进价多计 100 元，增值税每台多计 13 元，收到卖方的红字专用发票及附件“销货更正单”，款项同时退回收存银行。经查 50 台空调已售并已结转销售成本，另 50 台在库。编制会计分录如下：

借：银行存款　　11 300

　贷：库存商品——空调　　5 000

　　主营业务成本　　5 000

　　应交税费——应交增值税(进项税额)　　1 300

进货折扣与折让的会计处理与进货退价情形下相同。

2. 进货补价

进货补价是指应计的进价高于已结算的进价，应由进货企业补付货款差额。在会计核算上，也有两种不同账务处理。

(1) 商品尚未售出，或已售出但尚未结转商品销售成本，根据供货单位专用发票及“销货更正单”补付货款时，编制会计分录如下：

借：库存商品——××商品　　×××

　应交税费——应交增值税(进项税额)　　×××

　贷：银行存款　　×××

(2) 商品已售出，并已结转商品销售成本，根据供货单位的专用发票及“销货更正单”补付货款时，编制会计分录如下：

借：主营业务成本　　×××

　应交税费——应交增值税(进项税额)　　×××

　贷：银行存款　　×××

【例 4-15】 华夏批发企业 4 月 6 日从某公司购入空调 100 台，单价 3 100 元，共计价款 310 000 元，应支付增值税税额为 40 300 元，价税款合计为 350 300 元。

对上述业务，财会部门应作账务处理如下。

① 接银行转来的托收凭证及增值税专用发票发票联、抵扣联等有关单据，经与合同核对无误后，承付全部款项，编制会计分录如下：

借：在途物资——空调　　310 000
　　应交税费——应交增值税（进项税额）　　40 300
　　贷：银行存款　　350 300

② 商品到达，验收入库，编制会计分录如下：

借：库存商品——空调　　310 000
　　贷：在途物资——空调　　310 000

③ 接某公司通知，100 台空调每台进价少计 100 元，增值税每台少计 13 元，收到卖方填制的专用发票及附件“销货更正单”，款项同时通过银行支付。经查 50 台空调已售并已结转销售成本，另 50 台在库，编制会计分录如下：

借：库存商品——空调　　5 000
　　主营业务成本　　5 000
　　应交税费——应交增值税（进项税额）　　1 300
　　贷：银行存款　　11 300

（九）代购商品的核算

1. 委托代购商品的核算

委托代购商品是指商品流通企业委托其他单位代购商品。目前商品流通企业的委托代购商品业务，主要是委托相关主体收购农副产品的业务。农副产品收购企业为了便利农民交售，除了自营收购以外，在一些未设收购机构的地区，可以委托当地商品流通企业或其他企业代购。委托代购时，双方应签订代购合同，规定代购农副产品的品种、规格、费用负担、手续费标准、交接货方式，以及结算办法等。委托代购农副产品的核算有三种处理方法。

（1）代购费用实报实销。代购费用实报实销是指委托收购农副产品的收购费用（包括运杂费、保管费、包装费等），先由受托单位代垫，受托单位再向委托单位按实报销，并另行收取代购手续费。委托单位对这部分代购费用不计入商品进价，在“销售费用”账户列支。

【例 4-16】 华夏企业委托 A 单位代购兔毛 2 000 千克，收购价每千克 10 元，增值税税率 13%，受托方代垫包装费 200 元。代购手续费按收购金额的 3%计算。商品验收入库，价款及费用以银行存款支付。根据有关凭证，编制会计分录如下：

借：库存商品——兔毛　　20 200
　　应交税费——应交增值税（进项税额）　　2 600
　　销售费用——手续费　　600
　　贷：银行存款　　23 400

（2）代购费用定额包干。代购费用定额包干是指委托单位将委托代购农副产品的代购费用按代购金额核定一个比例，由委托代销单位包干，也可另加手续费，委托单位将这部分包干费用计入商品进价。

【例 4-17】 设上例中代购费用定额为 5%，编制会计分录如下：

借：库存商品——兔毛　　21 200
　应交税费——应交增值税(进项税额)　　2 600
　贷：银行存款　　23 800

(3) 作价交接。作价交接是指代购双方按代购合同商定的"交接价"办理结算手续的处理办法。"交接价"包括农副产品收购价、收购费用，以及代购手续费等项。委托单位将"交接价"作为商品进价。

【例 4-18】 设上例中双方议定代购兔毛的交接价为每千克 9.30 元，共计 18 600 元，增值税税率 13%，以银行存款支付，编制会计分录如下：

借：库存商品——兔毛　　18 600
　应交税费——应交增值税(进项税额)　　2 418
　贷：银行存款　　21 018

2. 受托代购商品的核算

受托代购商品是指企业代其他单位收购商品。目前商品流通企业的受托代购业务主要有代购农副产品、代购进口商品等业务。受托代购商品的核算一般以不垫资金、收取手续费为主要形式。

【例 4-19】 华夏批发企业接受外地甲单位代购商品一批，双方签订代购合同，手续费为代购金额的 3%。预收代购资金 62 000 元。

(1) 收到甲单位的代购资金 62 000 元，存入银行，编制会计分录如下：

借：银行存款　　62 000
　贷：应付账款——甲单位　　62 000

(2) 支付代购商品货款(包括增值税)56 500 元，编制会计分录如下：

借：应付账款——甲单位　　56 500
　贷：银行存款　　56 500

(3) 收取手续费 1 695 元(56 500×3%)，编制会计分录如下：

借：应付账款——甲单位　　1 695
　贷：其他业务收入　　1 695

(4) 退还多余款，编制会计分录如下：

借：应付账款——甲单位　　3 805
　贷：银行存款　　3 805

如属受托单位垫付资金，则以"应收账款"账户列账。

第二节　批发商品销售的核算

批发商品销售是指商业企业通过货币结算将本单位经营的商品销售给批发企业、零售企业和生产企业。其商品销售方式有库存商品销售、直运商品销售、分期收款销售和预收货款销售等。批发商品销售的对象和方式不同，其核算方法也不尽相同。

一、批发商品销售的业务程序

(一) 本地商品销售业务程序

本地商品销售业务一般采用“提货制”或“送货制”，货款结算大多采用支票、委托收款结算方式。在“提货制”交接货方式下，购货单位的采购人员到供货单位看样货，与供货单位签订合同；在规定的提货期内，购货方采购员到销货企业指定的仓库提货并结算货款。供货单位的业务部门根据购销合同开出一式数联的发货单，一联留存，其余各联交购销单位的采购人员；采购人员凭发货单到财会部门结算货款；财会部门开出一式数联的专用发票，并在发货单上加盖“货款收讫”戳记，留下“记账联”，其余联次退还给购货单位采购员以便其到指定的仓库提货。在“送货制”交接货方式下，供货单位业务部门根据购销合同或要货单，填制专用发票，留下存根联备查，其余各联交储运部门以便其向仓库提货并送往购货单位，将“发票联”“税款抵扣联”交购货单位凭以验收商品、结算货款。一般情况是货到后收取货款，也有先办理货款结算后送货的。不论是哪一种方式，供货单位必须收到购货单位货款或收货证明后才能作销售入账。进货费用一般由供货单位负担。

(二) 异地商品销售业务程序

异地商品销售业务一般采用“发货制”交接方式。其业务程序一般为：供货单位的业务部门填制专用发票，留下存根联备查，其余各联交储运部门以便其向仓库提货，并办理商品发运手续。商品发运后，储运部门将发票联和税款抵扣联连同商品发运证明、垫付运费清单一起送交财会部门；财会部门根据托收凭证回单联和记账联，填制“异地托收结算凭证”，附上发票联和运单，向银行办理托收手续。

二、批发商品销售的核算内容

(一) 账户设置

1．“主营业务收入”账户

“主营业务收入”账户是用来核算企业商品销售收入的。贷方登记销售收入的发生数，借方登记销售货退回金额；其贷方余额表示月内销售收入累计数，月末应转入“本年利润”账户的贷方，结转后应无余额。“主营业务收入”账户的结构如图 4-4 所示。

借方 主营业务收入	贷方
(1) 销售退回和销售折让冲减的商品销售收入 (2) 期末转入“本年利润”账户的商品销售收入	本期发生的商品销售收入
	结转后一般无余额

图 4-4 “主营业务收入”账户的结构

2．“主营业务成本”账户

“主营业务成本”账户是用来核算企业的商品销售成本的。批发企业采用进价核算的商品，可以采用先进先出法、加权平均法、移动加权平均法、个别计价法或毛利率法等计算商品的销售成本。结转商品的销售成本时，借记“主营业务成本”账户，贷记“库存商品”等有关账户。期末应将本账户的余额转入“本年利润”账户，结转后本账户应无余额。

“主营业务成本”账户应按商品类别或品种设置明细账，进行明细分类核算。“主营业务成本”账户的结构如图 4-5 所示。

借方	主营业务成本　　　　贷方
本期已销售商品的生产成本	期末转入“本年利润”账户的 本期已销售商品的生产成本
结转后一般无余额	

图 4-5 “主营业务成本”账户的结构

(二) 批发商品一般销售业务的核算

1. 批发商品本地销售的核算

企业将批发商品在本地销售，涉及数量较多，品种规格复杂，企业每天要填制大量专用发票，为简化手续，每天营业终了，业务部门根据当天开出的专用发票“记账联”，按品种、规格汇总销售数量和金额，填制“销货日报表”送交财会部门；收款部门根据专用发票“存根联”填制“收款日报表”，将其连同当天收到的支票、现金、送存银行的“进账单”，一并送交财会部门。财会部门将“销货日报表”与“收款日报表”核对后进行账务处理。

【例 4-20】 华夏批发企业将一批大米批发给本地的一家零售企业，价税合计为 79 100 元，其中货款为 70 000 元，增值税税额为 9 100 元，款项已存入银行。已知华夏批发企业采购这批大米的成本为 60 000 元。

销售大米取得货款时：

借：银行存款　　　　79 100
　贷：主营业务收入　　　　70 000
　　　应交税费——应交增值税(销项税额)　　　　9 100

同时，结转大米的销售成本：

借：主营业务成本　　　　60 000
　贷：库存商品——大米　　　　60 000

如果是小规模纳税人，适用的增值税税率为 3%，本日销售收入含税价为 72 100 元 [70 000×(1+3%)]。编制会计分录如下：

借：银行存款　　　　72 100
　贷：主营业务收入　　　　70 000
　　　应交税费——应交增值税　　　　2 100

同时，结转大米的销售成本：

借：主营业务成本　　　　60 000
　贷：库存商品——大米　　　　60 000

2. 批发商品异地销售的核算

企业批发商品用于异地销售，需要委托运输单位运往购货单位，支付给运输单位的运费一般是由销货单位垫支、购货单位负担。销货单位垫支的运费，通过“应收账款”账户核算，代垫的运费、货款、增值税额一并通过银行向购货单位办理托收，财会部门根据专用发票记账联、发货单及办妥托收手续的回单，确认销售收入实现。

【例 4-21】 华夏批发企业售给外地 H 批发企业皮箱 250 个，单价 50 元，增值税税率 13%。华夏批发企业为对方代垫运费 480 元，以库存现金支付。批发企业收到货后，通过银行转付货款及代垫的运费。

华夏批发企业发出商品、垫付运费时：

借：应收账款——H 公司　　480
　贷：库存现金　　480

收到 H 批发企业转来的货款时：

借：银行存款　　14 605
　贷：主营业务收入　　12 500
　　应收账款——H 公司　　480
　　应交税费——应变增值税（销项税额）　　1 625

（三）批发商品特殊销售业务的核算

1. 委托代销商品的核算

委托代销是指委托方根据协议，委托受托方代销商品的一种销售方式。可分为视同买断方式和支付手续费方式。

（1）视同买断方式。在视同买断方式下，委托方和受托方签订合同或协议，委托方按协议价格收取委托代销商品的货款，实际售价可由受托方自定，实际售价与协议价之间的差额归受托方所有。

由于这种销售本质上仍是代销，委托方将商品交付给受托方时，商品所有权上的风险和报酬并未转移给受托方，因此，委托方在交付商品时不确认收入，受托方也不作购进商品处理。受托方将商品销售后，应按实际售价确认销售收入，并向委托方开具代销清单。委托方收到代销清单时，再确认本企业的销售收入。视同买断方式的账务处理如表 4-3 所示。

表 4-3　视同买断方式的账务处理

业务	账务处理	
	委托方	受托方
交付商品	借：委托代销商品 　贷：库存商品	借：受托代销商品 　贷：受托代销商品款
受托方实际销售商品，委托方收到代销清单	① 借：应收账款——受托方 　贷：主营业务收入 　　应交税费——应交增值税（销项税额） ② 借：主营业务成本 　贷：委托代销商品	① 借：银行存款 　贷：主营业务收入 　　应交税费——应交增值税（销项税额） ② 借：主营业务成本 　贷：受托代销商品 ③ 借：受托代销商品款 　应交税费——应交增值税（进项税额） 　贷：应付账款——委托方

（续表）

业务	账务处理	
	委托方	受托方
结算货款	借：银行存款 　贷：应收账款——受托方	借：应付账款——委托方 　贷：银行存款

【例 4-22】 华夏批发企业委托乙公司销售商品 100 件，协议价为 2 000 元/件，成本为 1 200 元/件，增值税税率为 13%。华夏批发企业收到乙公司开来的代销清单时开具增值税发票，发票上注明：售价 200 000 元，增值税税额 26 000 元。乙公司实际销售时开具的增值税发票上注明：售价 240 000 元，增值税税额 31 200 元。

① 根据本例的资料，华夏批发企业采用视同买断方式委托乙公司代销商品。因此，华夏批发企业在发出商品时的账务处理如下。

华夏批发企业将商品交付乙公司时：

借：委托代销商品	120 000	
贷：库存商品		120 000

华夏批发企业收到代销清单时：

借：应收账款	226 000	
贷：主营业务收入		200 000
应交税费——应交增值税（销项税额）		26 000
借：主营业务成本	120 000	
贷：委托代销商品		120 000

收到乙公司汇来的货款 226 000 元时：

借：银行存款	226 000	
贷：应收账款——乙公司		226 000

② 乙公司账务处理如下。

收到商品时：

借：受托代销商品	200 000	
贷：受托代销商品款		200 000

实际销售时：

借：银行存款	271 200	
贷：主营业务收入		240 000
应交税费——应交增值税（销项税额）		31 200
借：主营业务成本	200 000	
贷：受托代销商品		200 000
借：受托代销商品款	200 000	
应交税费——应交增值税（进项税额）	26 000	
贷：应付账款——华夏批发企业		226 000

按合同协议价将款项付给华夏批发企业时：

借：应付账款——华夏批发企业　　226 000
　　贷：银行存款　　226 000

（2）支付手续费方式。在支付手续费方式下，委托方在发出商品时，商品所有权上的主要风险和报酬并未转移给受托方，委托方在发出商品时通常不应确认销售商品收入，而应在收到受托方开出的代销清单时确认销售商品收入，同时将应支付的代销手续费计入销售费用；受托方应在代销商品售出后，按合同或协议约定的方法计算确定代销手续费，确认劳务收入。支付手续费方式的账务处理如表4-4所示。

表4-4　支付手续费方式的账务处理

业务	会计处理	
	委托方	受托方
交付商品	借：委托代销商品 　贷：库存商品	借：受托代销商品 　贷：受托代销商品款
受托方实际销售商品，委托方收到代销清单	① 借：应收账款——受托方 　　贷：主营业务收入 　　　　应交税费——应交增值税（销项税额） ② 借：主营业务成本 　　贷：委托代销商品	① 借：银行存款 　　贷：应付账款——委托方 　　　　应交税费——应交增值税（销项税额） ② 借：受托代销商品款 　　贷：受托代销商品 ③ 借：应交税费——应交增值税（进项税额） 　　贷：应付账款
结算货款和手续费	借：销售费用 　　银行存款 　贷：应收账款——受托方	借：应付账款 　贷：银行存款 　　　其他业务收入

【例4-23】 华夏公司委托丙公司销售商品200件，商品已经发出，每件成本为60元。合同约定丙公司应按每件100元对外销售，华夏公司按售价的10%向丙公司支付手续费。丙公司对外实际销售100件，开出的增值税专用发票上注明的销售价款为10 000元，增值税税额为1 300元，款项已经收到。华夏公司收到丙公司开具的代销清单时，向丙公司开具一张相同金额的增值税专用发票。假定华夏公司发出商品时纳税义务尚未发生，不考虑其他因素。

① 华夏公司（委托方）的账务处理如下。

发出商品时：

借：委托代销商品　　12 000
　　贷：库存商品　　12 000

收到代销清单时：

借：应收账款　　11 300
　　贷：主营业务收入　　10 000
　　　　应交税费——应交增值税（销项税额）　　1 300

借：主营业务成本　　6 000
　　贷：委托代销商品　　6 000

借：销售费用　　1 000
　　贷：应收账款　　1 000

收到丙公司支付的货款时：

借：银行存款　　10 300
　　贷：应收账款　　10 300

② 丙公司(受托方)的账务处理如下。

收到商品时(按照协议价确认)：

借：受托代销商品　　20 000
　　贷：受托代销商品款　　20 000

对外销售时(不确认收入)：

借：银行存款　　11 300
　　贷：应付账款　　10 000
　　　　应交税费——应交增值税(销项税额)　　1 300

收到增值税专用发票时(视同购进)：

借：应交税费——应交增值税(进项税额)　　1 300
　　贷：应付账款　　1 300
借：受托代销商品款　　10 000
　　贷：受托代销商品　　10 000

支付货款并计算代销手续费时：

借：应付账款　　11 300
　　贷：银行存款　　10 300
　　　　其他业务收入　　1 000

视同买断方式与支付手续费方式的区别如表 4-5 所示。

表 4-5　视同买断方式与支付手续费方式的区别

<table>
<tr><th>方　　式</th><th>委托方确认收入的时间</th><th>受托方有无定价权</th><th>受托方确认收入的时间</th><th>受托方的收入方式</th></tr>
<tr><td>非包销形式的视同买断</td><td rowspan="2">都是在收到代销清单时确认收入</td><td>有</td><td>在卖出商品时即可确认收入</td><td>视为自有商品的销售，以价差方式赚取收益</td></tr>
<tr><td>支付手续费</td><td>无</td><td>在有权收取手续费时确认收入</td><td>以手续费方式认定收入</td></tr>
<tr><td>包销形式的视同买断</td><td colspan="4">委托方与受托方完全按正常商品购销行为进行处理</td></tr>
</table>

4-3 扫一扫练一练

4-4 扫一扫练一练答案

2. 分期收款销售商品

分期收款销售是指商品已经交付，但分期收回货款的一种销售方式。在分期收款销售方式下，销货方将商品交付给购货方，通常表明商品所有权上的主要风险和报酬已经转移给了购货方，因此，销货方应当于发出商品时确认销售收入。

（1）在通常情况下，销货方应当于发出商品时，按照从购货方已收或应收的合同或协议价款确认收入，但已收或应收的合同或协议价款不公允的除外。

【例 4-24】 2×23 年 1 月 1 日，华夏批发企业采用分期收款方式向乙公司销售一批商品，商品成本为 450 000 元，根据合同约定，该批产品按照正常的销售价格 600 000 元及相应的增值税税额 78 000 元进行结算，乙公司收到产品时首次支付 20% 的货款，其余货款于每季季末等额支付，分 3 次付清。

在该项交易中，所售商品是按照正常的销售价格进行结算的，也就是说，该价款是公允的。因此，华夏批发企业应于交付商品时，按照已收和应收的全部合同价款确认收入和相应的增值税税额。华夏批发企业的账务处理如下。

① 2×23 年 1 月 1 日，销售商品并收到乙公司首付的 20% 货款。

已收合同价款＝(600 000＋78 000)×20%＝135 600(元)

应收合同价款＝(600 000＋78 000)－135 600＝542 400(元)

借：银行存款	135 600	
应收账款——乙公司	542 400	
贷：主营业务收入		600 000
应交税费——应交增值税(销项税额)		78 000
借：主营业务成本	450 000	
贷：库存商品		450 000

② 2×23 年 3 月 31 日，收到乙公司支付的分期账款。

每期应收合同价款＝542 400÷3＝180 800(元)

借：银行存款	180 800	
贷：应收账款——乙公司		180 800

③ 2×23 年 6 月 30 日，收到乙公司支付的分期账款。

每期应收合同价款＝542 400÷3＝180 800(元)

借：银行存款	180 800	
贷：应收账款——乙公司		180 800

④ 2×23 年 9 月 30 日，收到乙公司支付的分期账款。

每期应收合同价款＝542 400÷3＝180 800(元)

借：银行存款	180 800	
贷：应收账款——乙公司		180 800

（2）如果延期收取的货款具有融资性质，其实质是企业向购货方提供免息的信贷，企业应当按照应收的合同或协议价款的公允价值确定收入金额。应收的合同或协议价款的公允价值通常应当按照其未来现金流量折现或商品现销价格计算确定。

应收的合同或协议价款与其公允价值之间的差额应当在合同或协议期间内，按照应收款项的摊余成本和实际利率计算确定的金额进行摊销，冲减财务费用。

【例 4-25】 2×16 年 1 月 1 日，华夏批发企业采用分期收款方式向乙公司销售一批商品，合同约定的销售价格为 2 000 万元，分 5 次于每年 12 月 31 日等额收取。该批商品成本为 1 560 万元。在现销方式下，该批商品的销售价格为 1 600 万元。假定华夏批发企业发出商品时，其有关纳税义务尚未发生，在合同约定的收款日期，发生有关的增值税纳税义务。

根据本例的资料，华夏公司应当确认的销售商品收入金额为 1 600 万元。

$$400\times(P/A,r,5)=1\ 600(\text{万元})$$

$$\begin{cases}7\% & 4.100\ 2\\ x & 4\\ 8\% & 3.992\ 7\end{cases}$$

$$X=7\%+(4.100\ 2-4)\div(4.100\ 2-3.992\ 7)\times(8\%-7\%)=7.93\%$$

财务费用和已收本金的计算如表 4-6 所示。

表 4-6 财务费用和已收本金的计算 单位：万元

年 份(t)	未收本金(A)	财务费用(B)	收现总额(C)	已收本金(D)
	$At=At-1-Dt-1$	$B=A\times7.93\%$		$D=C-B$
2×16 年 1 月 1 日	1 600			
2×16 年 12 月 31 日	1 600	126.88	400	273.12
2×17 年 12 月 31 日	1 326.88	105.22	400	294.78
2×18 年 12 月 31 日	1 032.10	81.85	400	318.15
2×19 年 12 月 31 日	713.95	56.62	400	343.38
2×20 年 12 月 31 日	370.57	29.43*	400	370.57
总 额		400	2 000	1 600

* 尾数调整(400－126.88－105.22－81.85－56.62＝29.43)。

根据表 4-6 的计算结果，华夏公司各期的会计分录如下。

(1) 2×16 年 1 月 1 日，销售实现时：

借：长期应收款	20 000 000	
贷：主营业务收入		16 000 000
未实现融资收益		4 000 000
借：主营业务成本	15 600 000	
贷：库存商品		15 600 000

(2) 2×16 年 12 月 31 日，收取货款时：

借：银行存款	4 520 000	
贷：长期应收款		4 000 000
应交税费——应交增值税(销项税额)		520 000
借：未实现融资收益	1 268 800	
贷：财务费用		1 268 800

(3) 2×17 年 12 月 31 日，收取货款时：

借：银行存款　　4 520 000
　　贷：长期应收款　　4 000 000
　　　　应交税费——应交增值税（销项税额）　　520 000
借：未实现融资收益　　1 052 200
　　贷：财务费用　　1 052 200

(4) 2×18 年 12 月 31 日，收取货款时：

借：银行存款　　4 520 000
　　贷：长期应收款　　4 000 000
　　　　应交税费——应交增值税（销项税额）　　520 000
借：未实现融资收益　　818 500
　　贷：财务费用　　818 500

(5) 2×19 年 12 月 31 日，收取货款时：

借：银行存款　　4 520 000
　　贷：长期应收款　　4 000 000
　　　　应交税费——应交增值税（销项税额）　　520 000
借：未实现融资收益　　566 200
　　贷：财务费用　　566 200

(6) 2×20 年 12 月 31 日，收取货款和增值税额时：

借：银行存款　　4 520 000
　　贷：长期应收款　　4 000 000
　　　　应交税费——应交增值税（销项税额）　　520 000
借：未实现融资收益　　294 300
　　贷：财务费用　　294 300

4-5 视频：直运商品销售的核算

3. 直运商品销售的核算

直运商品销售是指企业将商品直接由供货单位调运给购货单位，不经过企业仓库的销售。其优点是可以减少商品出入库手续，有利于加速商品流转，节约商品流通费用。批发商品的直运销售，一般有两种方式。

一种方式是由商品流通企业派采购员驻供货单位办理商品发运、代垫运费及委托所在地银行向购货单位收取货款等事项。批发企业在供货单位当地办理托收承付结算，必须征得银行同意。采用这种方式，在商品发运以后，由驻供货单位采购员寄回托收凭证回单联和专用发票记账联及附件直运商品收发货单，批发企业作商品销售入账；批发企业接到供货单位通过银行转来的托收凭证、专用发票，作商品购进入账。由于商品流通企业采购员寄来的向购货单位托收的凭证与供货单位通过银行转来的托收凭证在时间上不一致，因此，在核算上产生三种情况，一是先支付进货款，后办理托收销货款；二是先办理托收销货款，后支付进货款；三是支付进货款和收取销货款在同一天进行。

另一种方式是批发企业委托供货单位代办商品发运、垫付运费和代向购货单位结算货款。采用这种方式，商品流通企业除填制专用发票外，另填制“直运商品收发货单”（表 4-7）作附件送交供货单位，供货单位在代企业办妥商品发运和托收货款手续后，将托收凭证回单联、代垫运费清单、发运证明及发票等一并通过银行向企业办理货款结算，企业据以承付货款和办理托收销货入账手续。

直运商品销售的核算具有的特点如下。

(1) 批发商品购进与销售同时进行。企业一方面根据银行转来的结算凭证向销货单位支付进货款，作商品购进的账务处理；另一方面又根据销货单位或企业采购人员向购货单位发货并向购货单位办理托收销货款手续后转给批发企业的直运商品收发货单位，作托收销货款及取得商品销售收入的账务处理。

表 4－7 直运商品收发货单

NO.

<table>
<tr><td>开单日期</td><td colspan="4">年 月 日</td><td colspan="11">季度字号</td><td colspan="10" rowspan="2">收货单位</td></tr>
<tr><td>直调</td><td colspan="3">供货单位</td><td></td><td colspan="3">交货日期</td><td colspan="2">月 日</td><td colspan="2">送货地点</td><td colspan="2">运能衔接</td><td colspan="2">月 日</td></tr>
<tr><td>货号</td><td>品名规格</td><td>单位</td><td>数量</td><td>销售单价</td><td colspan="8">销售总额</td><td>税率(%)</td><td>销项税额</td><td>进货单价</td><td colspan="8">进货总额</td><td>税率(%)</td><td>进项税额</td></tr>
<tr><td></td><td></td><td></td><td></td><td></td><td>十</td><td>万</td><td>千</td><td>百</td><td>拾</td><td>元</td><td>角</td><td>分</td><td></td><td></td><td></td><td>十</td><td>万</td><td>千</td><td>百</td><td>拾</td><td>元</td><td>角</td><td>分</td><td colspan="2"></td></tr>
<tr><td></td><td></td><td></td><td></td><td></td><td></td><td></td><td></td><td></td><td></td><td></td><td></td><td></td><td></td><td></td><td></td><td></td><td></td><td></td><td></td><td></td><td></td><td></td><td></td><td colspan="2"></td></tr>
<tr><td>每件毛重</td><td>千克</td><td colspan="2">每件体积</td><td colspan="5">立方</td><td colspan="3">每件数量</td><td></td><td>共计件数</td><td colspan="3"></td><td colspan="5">( )箱</td><td colspan="4"></td></tr>
</table>

(2) 商品直运不经过批发企业仓库，在核算上不通过“库存商品”账户，直接在“在途物资”账户核算。

(3) 直运商品销售是整批购进直接销售，批发企业在销售商品的同时可按商品进价逐笔结转商品销售成本，即在做商品销售账务处理的同时，批发企业编制结转销售成本的会计分录。批发企业收到银行转来销货单位结算进货款凭证的时间会不一致，因此在核算上也就会出现三种情况：①先支付进货款，后托收销货款；②先托收销货款，后支付进货款；③支付进货款与托收销货款同日办妥。

(4) 发运商品的运费由批发企业与购货单位共同负担。

【例 4-26】 华夏商业企业向杭州刀剪厂订购剪刀 10 000 把，每把 1.88 元，直运给福州五金公司，供应价每把 2 元，购进、销售的增值税税率均为 13%，杭州刀剪厂代垫由杭州到福州的运费 200 元，购销合同规定运费由福州五金公司负担。

① 先承付进货款，后托收销货款。

根据银行转来杭州刀剪厂的托收凭证及内附专用发票，发票显示剪刀货款 18 800 元、增值税额 2 444 元、运费 200 元，经审核无误，当即承付，编制会计分录如下：

借：在途物资——杭州剪刀　　18 800
　　应交税费——应交增值税（进项税额）　　2 444
　　应收账款——代垫运费　　200
　　贷：银行存款　　21 444

直运销售剪刀 10 000 把，每把 2 元，货款 20 000 元，增值税额 2 600 元，连同垫付的运费 200 元，一并向福州五金公司托收，根据专用发票（记账联）及托收凭证（回单联），编制会计分录如下：

借：应收账款——福州五金公司　　22 800
　　贷：主营业务收入——刀类　　20 000
　　　　应交税费——应交增值税（销项税额）　　2 600
　　　　应收账款——代垫运费　　200

同时结转商品销售成本，编制会计分录如下：

借：主营业务成本——刀类　　18 800
　　贷：在途物资——杭州剪刀　　18 800

② 先托收销货款，后承付进货款。

根据供货单位采购员向购货单位托收货款及运费的托收凭证回单联，办理托收销货款入账手续，编制会计分录如下：

借：应收账款——福州五金公司　　22 800
　　贷：主营业务收入——刀类　　20 000
　　　　应交税费——应交增值税（销项税额）　　2 600
　　　　应付账款——代垫运费　　200

同时结转商品销售成本，编制会计分录如下：

借：主营业务成本——刀类　　18 800
　　贷：在途物资——杭州剪刀　　18 800

根据银行转来的供货单位的托收凭证、专用发票、发货单及代垫运费清单等单据，承付货款及运费，编制会计分录如下：

借：应付账款——代垫运费　　200
　　在途物资——杭州剪刀　　18 800
　　应交税费——应交增值税（进项税额）　　2 444
　　贷：银行存款　　21 444

收到银行转来的向购货单位托收货款及运费的收款通知单时，编制会计分录如下：

借：银行存款　　22 800
　　贷：应收账款——福州五金公司　　22 800

③ 托收销货款与承付进货款在同一天内办妥。

根据托收凭证回单联及有关凭证办理托收货款手续，编制会计分录如下：

借：应收账款——福州五金公司　　22 800
　　贷：主营业务收入——刀类　　20 000
　　　　应交税费——应交增值税（销项税额）　　2 600
　　　　应收账款——代垫运费　　200

同时根据银行转来的供货单位的托收凭证及有关单据，承付货款及运费，编制会计分录如下：

借：主营业务成本——刀类　　18 800
　　应交税费——应交增值税(进项税额)　　2 444
　　应收账款——代垫运费　　200
　　贷：银行存款　　21 444

在以上直运商品销售核算中，商品的运费是全部由购货单位负担的。若合同规定运费由购销双方各负担一部分，那么，批发企业在支付供货单位垫付的运费时，对应由购货单位负担的部分，通过“应收账款”账户核算；对应由批发企业负担的部分，则列于“销售费用”账户。批发企业采用直运商品销售方式，可以将商品及时供应给工农业生产部门和城乡消费市场，防止迂回运输，加速商品流转，降低商品损耗，节约经营费用，增加企业利润，加快流动资产的周转速度。

4. 农副产品销售的核算

农副产品的销售方式有送货制、提货制两种。货款结算一般采用银行汇票汇兑结算方式，由于农副产品规格繁杂，其销售方式一般以送货制较多，现将采用送货制的业务程序与核算方法简述如下。

(1) 送货制的一般业务程序。某些农副产品由于规格、等级比较复杂，需要由收货方验收后定级定价，这种将商品送到购货单位的仓库或指定地点，并按等级和实收数量结算货款的送货制方式，是农副产品调拨的主要方式。

采用送货制调拨销售农副产品，一般要经过送货、验收和结算货款三个环节。

送货是指销售单位根据合同规定，派人将农副产品送到购货单位指定的交接地点。送货人从仓库提取商品准备调运时，应重新过秤点收，填制“农副产品验收单”(表 4-8)作为交接、结算的依据。

表 4-8　农副产品验收单

发货单位：　　　　起运：　　年　月　日　　　　收货单位：
送货人：　　　　收货：　　年　月　日　　　　第　　号

品名	发货数					验收数				升耗
	等级	单位	数量	成本单价	成本金额	等级	数量	销售单价	销售金额	

验收是指购货单位根据合同规定和“农副产品验收单”验收商品。验收时要验质、过秤，按验收等级和实收数量，填写“验收数”栏，签收后将验收凭证托送货人带回，留下收货凭证、结算凭证据以登账和结算。

结算货款是指由销售单位根据验收凭证的验收等级、实收数量，按规定价格计算货款，开具专用发票办理结算手续。

(2) 送货制的核算。采用送货制销售农副产品的核算包括运出在途商品和销售商品两个环节的核算。售出单位根据合同规定发出商品后，在拨入单位验收前，仍负有保护商品完整和按合同交货的责任。为了反映该项发出商品的情况，企业一般应按进价成本将其从“库存商品”有关明细账户转入“运出在途商品”明细账户核算。

商品运到调入单位，经验收后，如果发运等级、数量和验收等级、数量相一致，企业应按合同规定的调拨价格进行结算作销售入账，并按原发出商品的进价成本结转商品成本。

【例 4-27】 某企业所属收购站将收购的一批一级苹果销售给县罐头厂，每千克 3 元，计 5 000 千克，成本价为 15 000 元。县罐头厂验收后，验收等级、数量相符，按销售价格计算，共计 20 000 元。该收购企业如数收到货款，存入银行结算户。

(1) 发运农副产品时，根据“农副产品验收单”的记账凭证联，编制会计分录如下：

借：库存商品——运出在途——县罐头厂　　15 000
　　贷：库存商品——某收购站　　15 000

(2) 收到货款时，根据“农副产品验收单”的验收凭证联和专用发票所列销售金额 17 699 元、增值税销项税额 2 301 元，编制会计分录如下：

借：银行存款　　20 000
　　贷：主营业务收入　　17 699
　　　　应交税费——应交增值税(销项税额)　　2 301

同时，按发出商品进价成本结转商品成本：

借：主营业务成本　　15 000
　　贷：库存商品——运出在途——县罐头厂　　15 000

5. 出口商品的核算

按照《企业会计准则》的规定，企业出口销售商品，采取陆运方式的，在取得承运货物的收据或铁路联运的运单(海运以取得出口装船提单、空运以取得运单)并向银行办理交单后确认收入的实现。预收货款不通过银行交单，取得以上提单、运单之后，确认收入的实现。企业援外出口的，在取得铁路联运单或出口装船或交接凭证，开出结算委托书向银行交单时，确认收入的实现。

按照制度的规定，出口商品的销售收入一律以离岸价(FOB 价)作为入账的基础。如按到岸价(CIF 价)对外成交的，在商品离境后所发生的应由我方负担的国外运费、保费、佣金(包括暗佣和明佣)和银行财务费等，以红字冲减收入；不容易按商品认定的累计佣金收支，可以计入销售费用。

为了鼓励货物出口，我国《增值税暂行条例》规定实行出口货物零税率的优惠政策，即企业销售商品不计算销项税额；而且规定企业出口商品后，国家按照一定的退税率退还企业购进商品时支付的进项税额，即“出口退税”。

【例 4-28】 华夏批发企业出口一批商品到 W 公司，售价为到岸价 CIF30 000 美元，商品发出时，支付国外运费 400 美元，支付国外运输保险费 350 美元，企业采用当月 1 日的汇率记账，当月 1 日的汇率为 6.7。该批商品的进价成本为 140 000 元。已知该商品适用的出口退税率为 9%。

收到有关结算单据确认销售收入时：

借：应收账款——W 公司(30 000×6.7)　　201 000
　　贷：主营业务收入(30 000×6.7)　　201 000

支付国外运费、保险费750(400+350)美元时：

借：主营业务收入(750×6.7)　　5 025
　贷：银行存款——美元户(750×6.7)　　5 025

结转商品的销售成本时：

借：主营业务成本　　140 000
　贷：库存商品　　140 000

收到出口退税款12 600(140 000×9%)元时：

借：银行存款　　12 600
　贷：应交税费——应交增值税(出口退税)　　12 600

6. 销售折扣与销售折让的核算

在会计核算上，销售折扣与销售折让有总额法和净额法两种记账方法。

在总额法下，主营业务收入按未扣除折扣、折让数的总额记账；在净额法下，主营业务收入按扣除折扣、折让数的净额记账。

(1) 销售折扣的核算。销售折扣是指企业在采用赊销方式销售商品时，为了鼓励购货单位在一定期限内(信用期限)尽快付款，往往规定一个短于信用期限的折扣期限，如果购货单位能在期限内付款，就可能得到一定的现金折扣，即从应支付的货款总额中扣除一定比例的金额及税款。

【例4-29】 华夏批发企业将一批A商品批发给H公司，含税售价为12 000元，议定的折扣率为5%。实收销售货款11 400[12 000×(1−5%)]元已存入银行。根据有关单证，按净额法核算，该批商品的进价成本为8 000元。

取得销售收入时：

借：银行存款　　11 400.00
　贷：主营业务收入　　10 088.5
　　　应交税费——应交增值税(销项税额)　　1 311.5

结转商品销售成本时：

借：主营业务成本　　8 000
　贷：库存商品——A商品　　8 000

(2) 销售折让的核算。销货折让是指在商品购销活动中，供货单位由于商品的品种、质量不符合合同或协议规定，或品种、质量有问题时，为了避免购货方拒付货款、退货或索赔而给予购货方一定的货款折让。

【例4-30】 华夏商贸公司出售不足一米的零头布若干块，计50米，每米原含税零售价10元，现折让(六折)售出，取得含税收入300元，零头布的进价成本为400元。

借：库存现金　　300.00
　贷：主营业务收入　　265.49
　　　应交税费——应交增值税(销项税额)　　34.51

同时，结转主营业务成本。

借：主营业务成本　　400

　　贷：库存商品　　400

7．销货退回的核算

批发商品售出后，由于品种、规格、质量不符合购销合同规定，如果购货单位要求退货，双方在协商一致后，可以办理退货手续。销售退回可能发生在企业确认收入之前，也可能发生在企业确认收入之后。如果发生在确认收入之前，应减少发出商品的数量；如果发生在确认收入之后，实际发生的销售退回，不论是本年度还是以前年度销售的，均应该冲减当月的主营业务收入，并冲减当月的主营业务成本。

【例 4-31】 华夏商贸公司将一批男衬衫出售给 H 公司，衬衫数量为 1 000 件，批发价为 8 元（不含税价），H 公司收货后声称有质量问题，要求全部退回。

华夏商贸公司派出销售员去验货，发现确实存有质量问题，同意全部退回。已知华夏商贸公司从厂家进货时的采购成本为 5 元，增值税适用税率为 13%。

H 公司退货后，财会部门根据红字专用发票支付货款时：

借：主营业务收入　　8 000

　　应交税费——应交增值税（销项税额）　　1 040

　　贷：银行存款　　9 040

同时用红字冲销库存商品明细账中的销售数量。

退回商品入库时：

借：库存商品　　5 000

　　贷：主营业务成本　　5 000

8．销货退款、补价的核算

批发商品销售，由于计价错误或销售价未定而先按暂估价计算等原因，造成多计或少计货款，实际售价与原结算售价产生差异，企业需要办理退价和补价手续。

发生销售商品退、补价时，商品流通企业的业务部门应填制红字专用发票（退价）或蓝字专用发票（补价），同时填制“销货更正单”（表 4-9）作为附件，据以办理收付款手续，进行会计核算。

表 4-9　销货更正单　　编号：

年　月　日

购货单位：　　原发货单编号：　　日期：　　单位：元

项目	规格、品名	单位	数量	单价	金额	税率（%）	税额
原来							
更正							
应收人民币（大写）					应收		
应付人民币（大写）					应付		
更正原因							

【例 4-32】 华夏商贸公司售给一超市女衬衫 100 件，批发价为每件 78 元，发票误写成了 87 元，多收货款 900 元。财会部门根据红字专用发票和“销货更正单”将多收的货款汇还给购货单位，增值税税率为 13%。编制会计分录如下：

借：主营业务收入　　900
　　应交税费——应交增值税(销项税款)　　117
　贷：银行存款　　1 017

【例 4-33】 仍用[例 4-32]，如华夏商贸公司售给一超市女衬衫 100 件，批发价为每件 87 元，发票误写成了 78 元，少收货款 900 元。财会部门根据专用发票和“销货更正单”向购货单位补收货款，增值税税率为 13%。编制会计分录如下：

借：应收账款　　1 017
　贷：主营业务收入　　900
　　　应交税费——应交增值税(销项税款)　　117

延伸阅读 4-3

商业折扣和现金折扣

1. 商业折扣

商业折扣是指企业为促进商品销售而给予购货方的价格扣除。商业折扣的目的是鼓励购货方多购商品，商品流通企业通常根据购货方不同的购货数量而给予不同的扣除比率。

商业折扣在销售时即已发生，并不构成最终成交价格的一部分。企业销售商品涉及商业折扣的，应当按照扣除商业折扣后的金额确定销售商品收入金额。

2. 现金折扣

现金折扣是指债权人为鼓励债务人在规定的期限内付款而向债务人提供的债务扣除。现金折扣一般用符号“折扣率/付款期限”表示。例如，“2/10，1/20，N/30”表示：销货方允许客户最长的付款期限为 30 天，如果客户在 10 天内付款；销货方可按商品售价给予客户 2%的折扣；如果客户在 20 天内付款，销货方可按商品售价给予客户 1%的折扣；如果客户在 21 天至 30 天内付款，将不能享受现金折扣。

现金折扣发生在企业销售商品之后，企业销售商品后现金折扣是否发生以及发生多少要视买方的付款情况而定，企业在确认商品销售收入时不能确定现金折扣金额。因此，企业销售商品涉及现金折扣的，应当按照扣除现金折扣前的金额确定商品销售收入金额。现金折扣实际上是企业为了尽快回笼资金而发生的理财费用，应在实际发生时计入当期财务费用。

第三节 批发商品储存的核算

商品储存是指商品流通企业购进的商品在销售以前在企业的停留状态，是保证商品销售的基础。批发商品储存量大，占用资金多，核算任务繁重，企业应本着简化和节约的原则，及时正确反映各种商品增减变动情况，掌握商品储存数量，准确计算和结转商品销售成本，以满足企业内部各个部门对商品储存核算资料的需要。

批发企业各部门应配合财会部门做到库存结构合理、商品保管完好、收发制度严密、定期盘点商品，以达到账实相符，并正确计算和结转商品销售成本，以保证企业利润核算的准确性。

一、库存商品明细分类核算

(一) 库存商品明细账的设置

按照既要满足业务、财会和仓库部门需要，又要保护商品安全和简化核算手续的要求，批发商品库存明细账有三种设置方法。

1. 三账分设

三账分设是指业务部门、会计部门和仓库部门各设一套库存商品明细账。业务部门设商品调拨账，登记商品数量，掌握库存商品的“可调库存”，据以办理商品的购进、销售、调拨的开单工作；会计部门设商品明细账，登记进价金额和数量，核算“会计库存”，据以掌握商品资金运用和周转情况，计算商品销售成本，控制业务和仓库部门的商品账；仓库部门设商品保管账，登记商品数量，掌握商品“保管和库存”状况，据以保管商品，办理发货，安排仓位。另外，在堆放商品处，设置商品堆垛挂卡，以随时掌握各堆商品的存量。“三账分设”体系比较完整，但商品明细账的登记工作重复，而且因商品增加、减少的凭证在企业内部流转时间不一，口径各异，核对账目较为困难。

业务部门：商品调拨账（可调库存、业务库存）——→进行数量核算
财会部门：商品明细账（会计库存）——→进行数量、金额核算
仓库部门：商品保管账（实际库存、保管库存）——→进行数量核算

2. 两账合一

两账合一是指业务部门、会计部门合设一套库存商品明细账。有些企业的业务部门和会计部门在同一场所办公，可将业务部门的商品调拨账与会计部门的商品明细账合并为一套账，放在业务部门。仓库部门则单独设置商品保管账，堆放商品处设数量卡。

业务部门、财会部门 } ——→商品明细账（数量、金额核算）
仓库部门——→商品保管账（数量核算）

3. 三账合一

三账合一是指业务部门、会计部门、仓库部门合设一套账，既登记数量又登记金额，同时提供业务、仓库和财会部门所需的库存商品明细资料。这样设置商品明细账的方法适用于“前店后仓”的企业，此类企业的业务、会计、仓库三个部门同在一个场所合并办公，共同使用一本账。

业务部门、会计部门、仓库部门 } ——→商品明细账（数量、金额核算）

(二) 库存商品明细账的分户

库存商品明细账一般有三种分户方法。

1. 按商品的编号、品名、规格和等级分户

这种分户方法能使每一种商品的进、销、存情况集中、全面地反映在一个账户中，但不便于按批次计算和结转商品销售进价成本。其登记方法如表 4-10 所示。

(1)“增加栏”。“购进”栏登记验收入库的商品数量。“其他”栏登记非因购进而收到的商品数量，如加工成品收回、商品溢余等。购进商品的单价和金额分别记入“单价”“金额”栏。

（2）“减少栏”。“销售”栏登记销售商品的数量，“其他”栏登记非因销售而减少的商品数量，如商品短缺、加工商品发出等。“销售”栏是否要同时登记单价和金额，要根据企业计算和结转商品销售成本的方法而定。销售商品退回或购货方拒收商品时，企业要在“销售”栏中用红字将其注销，在“其他”栏同时登记单价和金额。

表 4－10　库存商品明细账

类别：　　　货号：　　　品名：　　　规格：　　　等级：　　　单位：

购货单位：　　　原发货单编号：　　　日期：　　　单位：元

年		凭证号码	摘要	增加(借方)				减少(贷方)				结存(余额)			存放仓库		
月	日			数量		单价	金额	数量		单价	金额	数量	单价	金额	甲库	乙库	丙库
				购进	其他			销售	其他								

（3）“结存栏”。根据“增加”栏和“减少”栏登记的数量，随时计算出结存数量，记入“结存数量”栏。

（4）“存放仓库”栏。按商品进、销货凭证登记的数量，随时计算和登入该存放仓库的数量栏。

这种分户方法的优点是同一编号、品名、规格和等级商品的增、减、结存情况得到完整反映，缺点是计算商品销售成本的工作比较复杂。

2. 按商品的编号、品名、规格、等级，结合进货单价分户

这种分户方法是将编号、品名、规格、等级、进货单价相同的商品，在同一账页上连续登记。其优点是便于计算和结转商品销售成本，计算结果较准确；缺点是增加了明细账户，使用的账页数量较多。

3. 按商品的编号、品名、规格、等级，结合进货批次分户

这种分户方法是将编号、品名、规格、等级相同的商品，按每一进货批次开设明细账户。这种分户方法适用于整批购进、整批销售或整批购进、分批销售，以及分批保管的商品。其优点是可以按原进价计算销售商品成本，计算结果准确；缺点是增加了核算工作量。

（三）商品类目账的设置

商品品种较多的大型企业为加强大类商品的控制，便于商品明细账的核对工作，可设置商品类目账。商品类目账一般根据进、销货凭证按商品大类进行汇总登记。其格式为三栏式，一般只登记金额，不登记数量。如商品类别计量单位相同，也可增设数量栏，同时登记数量。库存商品类目账格式如表 4-11 所示。

表 4－11　库存商品类目账

类别：

年		凭证号码	摘　要	增加(借方)	减少(贷方)	结存(余额)
月	日					

4-6 视频：商品销售成本的计算和结转

二、商品销售成本的计算和结转

(一) 商品销售成本的计算方法

商品销售成本是指已销商品的进价成本。由于批发商品的进货渠道、进货批量、进货时间和付款条件的不同，同种规格的商品前后进货的单价也可能不同。除了能分清批次的商品可以按原进价直接确定商品销售成本外，一般情况下，企业对出售的商品都要采用一定的方法来确定一个适当的进货单价，以计算销售成本和确定库存价值，据以核算商品销售损益，反映经营成果。

商品销售成本的计算方法按照计算的程序可分为顺算法和倒算法两种。顺算法是先计算各种商品的销售成本后，再计算各种商品的期末结存金额。该方法一般逐日结转，工作量大；倒算法是先计算各种商品的期末结存金额，然后再据以计算商品的销售成本。该方法一般采用定期结转，工作量较少。

顺算法的计算公式：

本期销售商品成本＝本期商品销售数量×进货单价

期末结存商品金额＝期末结存商品数量×进货单价

倒算法的计算公式：

期末结存商品金额＝期末结存商品数量×进货单价

本期销售商品成本＝期初结存商品金额＋本期收入商品金额－本期非销售商品金额－期末结存商品金额

按照以上计算方法和商品的不同特点，企业可以采用的商品销售成本的计算方法主要有个别计价法、先进先出法、加权平均法、移动加权平均法和毛利率法。商品流通企业可以根据实际情况从中选择一种计算方法作为商品销售成本核算的方法，但一经确定，在同一个会计年度内不得随意变更。如需变更，必须在财务报表附注中予以说明。

1. 个别计价法

个别计价法是以每一批商品的实际进价作为计算销售成本的一种方法。其计算公式如下：

每批商品销售成本＝每批商品销售数量×该批商品实际进货单价

采用个别计价法，会计部门应按进货批次设置商品明细账；业务部门应在发货单上注明进货批次；仓库部门应按进货批次分别堆放商品。这种方法便于逐笔结转商品销售成本，计算比较正确，但工作量较大，适用于直运商品和进货批次少、销售能分清进货批次的商品。

2. 先进先出法

先进先出法是假定按最早购入的商品价格作为出售或发出商品成本的一种方法，即先购入先销售。因此，每次发出的商品都假定是库存时间最久的存货。期末库存则是最近购入的商品。这种方法一般适用于先入库必须先发出的商品，如易变质的鲜活商品。

【例 4-34】 2×22 年 12 月份，华夏批发企业 A 商品的期初结存和本期购销情况如表 4-12 所示。

要求：采用先进先出法计算 A 商品本月发出和月末结存成本。

分析：先进先出法假定“先入库的存货先发出去”，根据这一前提，先入库存货的成本先转出，计入销售或耗用存货的成本应按收入存货批次次序确定。

表 4-12 存货明细账

数量单位：件

存货名称及规格：A 商品

金额单位：元

2×22 年		凭证编号	摘要	收入			发出			结存		
月	日			数量	单价	金额	数量	单价	金额	数量	单价	金额
12	01		期初余额							200	20	4 000
12	15	银付 06	购进	400	22	8 800				600		
12	24	转字 12	销售				300			300		
12	28	银付 16	购进	600	24	14 400				900		
12	30	银收 14	销售				600			300		
12	31	银付 18	购进	800	26	20 800				1 100		
12	31		本月合计	1 800		44 000	900			1 100		

表 4-13 存货明细账

数量单位：件

存货名称及规格：A 商品

金额单位：元

2×22 年		凭证编号	摘要	收入			发出			结存		
月	日			数量	单价	金额	数量	单价	金额	数量	单价	金额
12	01		期初余额							200	20	4 000
12	15	银付 06	购进	400	22	8 800				200 400	20 22	12 800
12	24	转字 12	销售				200 100	20 22	6 200	300	22	6 600
12	28	银付 16	购进	600	24	14 400				300 600	22 24	21 000
12	30	银收 14	销售				300 300	22 24	13 800	300	24	7 200
12	31	银付 18	购进	800	26	20 800				300 800	24 26	28 000
12	31		本月合计	1 800		44 000	900		20 000	300 800	24 26	28 000

说明：为了体现发出及结存存货金额的构成，以便理解，我们将本表中的“数量”按不同的单价填写，实务中，账簿上只填写数量总额。

先进先出法计算出的本月发出存货总成本＝6 200＋13 800＝20 000(元)

月末结存成本＝4 000＋44 000－20 000＝28 000(元)

或者：

月末结存成本＝300×24＋800×26＝28 000(元)

根据本例题可知，存货的计价方法仅是为了核算发出及结存存货的成本，与物品实际入库或发出的次序并无多大关系。

先进先出法的优点是可以随时确定发出存货的成本，保证了产品成本和销售成本计算的及时性，并且期末存货成本是按最近购货成本确定的，比较接近现行的市场价值，以反映企业存货这项资产状况。

先进先出法的缺点是计算比较繁琐、工作量大。先进先出法要求对发出的存货逐笔进行计价并登记明细账的发出与结存，有时对同一批发出的存货要采用两个或两个以上的单位成本计价，核算手续比较烦琐，特别是对于存货进出频繁的企业更是如此。

先进先出法对财务报告的影响：在物价上涨期间，会高估当期利润和期末存货的价值；在物价下跌期间，会低估当期利润和期末存货价值。

采用先进先出法计算商品销售成本，可以逐笔结转，不需计算商品单价，但工作量较大，如购进批次多，而单价又各异，则计算工作较为复杂。它一般适用于经营品种简单的企业。

3. 加权平均法

加权平均法是指以本月全部购进商品的数量和期初结存商品的数量为权数，除本月全部购进商品的进价金额加月初结存商品的金额，计算出商品的加权平均单价，从而确定出已经销售商品的成本和结存商品的成本。其核算步骤如下。

（1）计算出加权平均单位成本。

$$加权平均单位成本=\frac{月初结存存货的成本+本月验收入库存货的成本}{月初结存存货的数量+本月验收入库存货的数量}$$

（2）计算月末结存存货的成本。

由于在计算加权平均单位成本时往往不能除尽，为了保证月末结存存货的数量、单位成本与总成本相一致，在实务中，企业应先按加权平均单位成本计算出月末结存存货的成本，然后倒挤本月发出存货的成本，并将计算的尾差倒挤到发出存货的成本中，这种方法叫倒挤法。

$$月末结存存货的成本=加权平均单位成本\times 月末结存存货的数量$$

（3）计算本月发出存货的成本。

$$本月发出存货的成本=月初结存存货的成本+本月验收入库存货的成本-月末结存存货的成本$$

【例 4-35】 2×22 年 12 月份，华夏公司 A 商品的期初结存和本期购销情况如表 4-12 所示，要求采用月末一次加权平均法计算 A 商品本月发出成本及月末结存成本。

（1）加权平均单位成本=(4 000+44 000)÷(200+1 800)=24(元/件)

（2）月末结存存货的成本=1 100×24=26 400(元)

（3）本月发出存货的成本=4 000+44 000−26 400=21 600(元)

4. 移动加权平均法

移动加权平均法是指在每次购入商品以后，根据库存数量及总成本计算出新的平均单位成本的一种方法。其核算步骤如下。

（1）计算移动加权平均单位成本。

$$移动加权平均单位成本=\frac{原有存货的成本+本批验收入库存货的成本}{原有存货的数量+本批验收入库存货的数量}$$

(2) 计算某批存货发出后结存存货的成本。

与月末一次加权平均法类似,移动加权平均法也采用倒挤法,即先按移动加权平均单位成本计算出某批存货发出后结存存货的成本,然后倒挤出某批发出存货的成本。

某批存货发出后结存存货成本=移动加权平均单位成本×某批存货发出后结存存货数量

(3) 计算某批发出存货的成本。

某批发出存货的成本=某批存货发出前存货的成本-某批存货发出后存货的成本

移动加权平均单价=(结存金额+购进金额)÷(结存数量+购进数量)

【例 4-36】 2×22 年 12 月份,华夏公司 A 商品的期初结存和本期购销情况如表 4-14 所示,要求采用移动加权平均法计算 A 商品本月每次发出存货的成本、本月发出存货总成本和月末结存成本。(单价保留两位小数,金额保留整数)

表 4-14 存货明细账

数量单位:件

存货名称及规格:A 商品

金额单位:元

2×22 年		凭证编号	摘要	收入			发出			结存		
月	日			数量	单价	金额	数量	单价	金额	数量	单价	金额
12	01		期初余额							200	20	4 000
12	15	银付 06	购进	400	22	8 800				600	21.33	12 800
12	24	转字 12	销售				300	21.33	6 400	300	21.33	6 400
12	28	银付 16	购进	600	24	14 400				900	23.11	20 800
12	30	银收 14	销售				600	23.11	13 866	300	23.11	6 934
12	31	银付 18	购进	800	26	20 800				1 100	25.21	27 734
12	31		本月合计	1 800		44 000	900		20 266	1 100	25.21	27 734

其中:21.33=(4 000+8 800)÷(200+400)

23.11=(6 400+14 400)÷(300+600)

25.21=(6 934+20 800)÷(300+800)

采用移动加权平均法计算商品销售成本的优缺点比较均衡,但如果企业经营商品品种多,每月进销业务频繁时,采用这种方法的计算工作量较大。一般适用于品种简单,前后进货单价相差幅度较大的商品。

5. 毛利率法

毛利率法是指根据本月实际商品销售收入净额和本季计划或上季实际毛利率,推算出本月商品销售毛利,再据以计算本月商品销售成本的方法。毛利率法按大类或全部商品计算商品销售成本,所以计算手续比较简便,但计算结果往往不够准确。因此,经营品种较多、采用其他方法计算销售成本有困难的企业,一般会在每季度的前两个月采用这种方法,到季末,需选用其他合理方法计算出全季度的商品销售成本,即第三个月应结转的商品销售成本。这样,保证了全季度商品销售成本计算的比较准确。

毛利率=商品的销售毛利÷商品的销售净额×100%

商品的销售净额=商品销售收入-销售退回与折让

销售毛利=销售净额×销售毛利率

本期销售商品成本=本期的销售净额-本期的销售毛利

【例 4-37】 华夏批发企业采用毛利率法进行核算，2×22 年 4 月 1 日针织品库存余额 18 000 000 元，本月购进 30 000 000 元，本月销售收入 34 000 000 元，上季度该类商品毛利率为 25%。本月已销商品和月末库存商品的成本计算如下：

销售毛利=34 000 000×25%=8 500 000(元)

本月销售成本=34 000 000-8 500 000=25 500 000(元)

月末库存商品成本=18 000 000+30 000 000-25 500 000=22 500 000(元)

相关思考 4-2

我国企业会计准则为什么不允许采用后进先出法？

相关思考解析 4-2：

后进先出法是以后入库的存货先发出去这一存货成本流转假设为前提，对先发出的存货按后入库的存货单位成本计价，后发出的存货按先入库的存货单位成本计价，据以确定本期发出存货和期末结存存货成本的一种方法。

在后进先出法下，期末存货的成本是按早期购货成本确定的，因此脱离了目前市场价值，不能真实地反映资产(存货)状况。

因此我国企业会计准则规定不允许采用后进先出法。

(二) 商品销售成本的结转时间

商品销售成本的结转，是将已销商品的进价从“库存商品”账户中注销转入“主营业务成本”账户，以反映销售商品的支出，以便企业将其同“主营业务收入”账户的金额比较，确定销售成果，并反映库存商品的实际结存金额。

商品销售成本的结转时间有按日与定期两种。除经营品种简单、销售形式为整进整出或分批销出并能分清批次的企业和按制度规定需对业务采用按日结转的企业外，一般企业都采用定期结转，定期结转一般为按月结转。

(三) 商品销售成本的结转方法

商品销售成本的结转方法有分散结转和集中结转两种。

1. 分散结转

分散结转方式是指在库存商品明细账上逐户计算并登记销售成本和库存商品的金额，然后将各明细账的商品销售成本加总，求得大类商品或全部商品的销售成本后，编制结转销售成本的会计分录，并据此在库存商品的二级账和总账上进行登记。这种方式计算工作量较大，但能提供每个品种的商品销售成本详细资料。

2. 集中结转

集中结转方式是指只在库存商品明细账上逐户计算并登记期末库存商品的金额，而不逐户计算和登记销售成本，然后将各户的结存金额加总，或按大类汇总，求出期末库存商品的总金额或大类商品结存金额；根据总账或类目账资料，倒挤出已经销售的商品成本，编制结转分录，并据此登记库存商品二级账和总账。这种方式工作较为简化，但不能提供每一种商品的销售成本。

结转商品销售成本的会计分录如下：

借：主营业务成本
　　贷：库存商品

三、商品盘点和溢缺的核算

（一）商品盘点

商品盘点是对库存商品的数量和质量进行清点和检查。在批发商品储存过程中，由于自然条件的影响、人为的过失或其他原因，批发商品往往会发生数量上的溢缺，造成商品的实存数量与账存数量不符。为了保证账实相符，及时发现业务经营和商品管理中的问题，商品流通企业必须加强商品盘点工作。

批发商品盘点可以分为定期盘点和不定期的临时盘点。商品流通企业在进行盘点前要做好准备工作，包括确定参加盘点人员、核对账目、整理商品、检查度量衡器等。

盘点结束后，盘点人员应填制“商品盘点表”（表 4-15），以反映清查盘点的结果。如有盘盈、盘亏情况，还要填制“商品溢余（短缺）报告单”，按规定审批程序报请处理。在盘点中，如发现商品残损变质及其他问题，应查明数量、变质程度和发生原因及责任，单独列表说明。

表 4－15　商品盘点表

年　　月　　日

编号	品名	规格	单位	单价	实存数量	账存数量	溢余		短缺		备注
							数量	金额	数量	金额	

部门负责人：　　　　监盘人：　　　　商品负责人：　　　　制表：

（二）库存商品溢缺的核算

库存商品盘点溢缺的账务处理与商品购进时发生溢缺的账务处理基本相同，在溢缺的原因未查明之前，应先通过“待处理财产损溢”账户进行，调整“库存商品”账户的账面记录，查明原因之后再根据不同的情况从“待处理财产损溢”账户转入各有关账户。

【例 4-38】 华夏批发企业在 2×22 年 10 月 31 日的存货清查中发现盘盈一批服装，重置成本为 8 000 元。

（1）发现盘盈。

借：库存商品——服装　　8 000
　　贷：待处理财产损溢——待处理流动资产损溢　　8 000

（2）经批准，进行会计处理。

借：待处理财产损溢——待处理流动资产损溢　　8 000
　　贷：管理费用　　8 000

【例 4-39】 华夏批发企业在 2×22 年 10 月 31 日的存货清查中发现盘亏一批茶叶，账面成本为 20 000 元。

（1）发现盘亏。

借：待处理财产损溢——待处理流动资产损溢　　20 000
　　贷：库存商品——茶叶　　20 000

（2）查明原因，报经批准，进行会计处理。

借：管理费用　　20 000
　　贷：待处理财产损溢——待处理流动资产损溢　　20 000

四、商品削价和商品非正常损失的会计处理

商品削价有残损变质商品削价和冷背呆滞商品削价两种。

残损变质商品是指在进销环节及保管过程中，因运输装卸不慎、保管不当、包装不善等原因而残次损坏或霉烂变质的商品。对此，企业应及时查明商品残损变质的程度和数量，以及发生残损变质的原因和责任。

冷背呆滞商品是指花色、品种、质量不适合当时当地消费市场需要的商品。这主要是企业经营不善、信息不灵、盲目采购商品等因素造成的。当这两类商品需要削价时，有关部门应填制“商品削价报告单”，并按规定的审批权限，在报经有关职能部门批准后再进行处理。商品削价后的售价不论是否小于原进价，均不作会计处理，其削价损失直接体现在商品经营损益内。

企业的商品因发生火灾、水灾等产生非正常损失时，其购进时所发生的进项税额不能从销项税额中抵扣，因此，要按规定从进项税额中转出。届时，按非正常损失商品的金额及其进项税额借记“营业外支出”账户，按非正常损失商品的金额贷记“库存商品”账户。

【例 4-40】 华夏商场因火灾损失毛巾一批，计金额 1 000 元、进项税额 130 元，经批准作为公司损失处理，作会计处理如下：

借：营业外支出　　1 130
　　贷：库存商品——毛巾类　　1 000
　　　　应交税费——应交增值税（进项税额转出）　　130

相关思考 4-3

如果库存商品的溢余是商品的货号、规格等发生串号造成的，应如何处理？

相关思考解析 4-3：

库存商品溢余的产生原因是多方面的，包括商品自然升溢和多收、少付的差错等，通过“待处理财产损溢”进行核算。

五、库存商品跌价的核算

企业应当定期或者至少于每年年度终了对库存商品进行全面清查，如商品因遭受毁损、全部或部分陈旧过时或销售价格低于成本等，成本高于可变现净值，应按库存商品成本高于可变现净值部分提取存货跌价准备。可变现净值，是指在日常活动中存货的估计售价减去

至完工时估计将要发生的成本、估计的销售费用以及相关税费后的金额。

(一) 账户设置

(1) 企业库存商品发生跌价,应设置"存货跌价准备"账户,核算企业计提的存货跌价准备,其贷方登记计提存货跌价准备的数额,借方登记冲减、转销、转回存货跌价准备的数额,其期末贷方余额,反映企业已提取的存货跌价准备。"存货跌价准备"是资产类存货的备抵账户。

(2) "资产减值损失"账户。该账户反映企业各项资产发生的减值损失,属损益类账户。

相关思考4-4

存货跌价准备的余额会出现在借方吗?

当已计提存货跌价准备的库存商品的价值以后得以恢复,其冲减的跌价准备金额,应以"存货跌价准备"账户的余额冲减至零为限。

(二) 计提存货跌价准备的条件

企业存在下列情形之一的,通常表明存货的可变现净值低于成本,应当计提存货跌价准备:

(1) 市价持续下跌,并且在可预见的未来无回升的希望;

(2) 企业所提供的商品或劳务过时或消费者偏好改变使市场需求发生变化,导致市场价格逐渐下跌;

(3) 其他足以证明该项库存商品实质上已经发生减值的情形。

(三) 存货跌价准备的计提方法

企业通常应当按照单个存货项目计提存货跌价准备。如果某一类存货的数量繁多并且单价较低,企业可以按存货类别计量成本与可变现净值,即将存货类别的成本总额与可变现净值的总额进行比较,每个存货类别均取较低者确定存货期末价值。

企业存在下列情形之一的,通常表明存货的可变现净值为零,应将库存商品账面价值全部转入当期损益:

(1) 存货已霉烂变质;

(2) 存货已过期且无转让价值;

(3) 生产中已不再需要,并且已无使用价值和转让价值;

(4) 其他足以证明存货已无使用价值和转让价值的情形。

(四) 库存商品跌价的账务处理

资产负债表日,企业应首先确定存货的可变现净值,在确定存货可变现净值的基础上,将存货可变现净值与存货成本进行比较,确定本期存货的减值金额,然后再将本期存货的减值金额与"存货跌价准备"账户原有的余额进行比较,按下列公式计算确定本期应计提的存货跌价准备金额:

某期应计提的存货跌价准备=当期可变现净值低于成本的差额-"存货跌价准备"账户的原有余额

通过以上公式可知要得出某期应计提的存货跌价准备金额,需先求出当期可变现净值低于成本的差额,然后再与"存货跌价准备"账户原有的余额进行比较。

根据以上公式,会出现以下几种情况:

(1) 如果计提存货跌价准备前,"存货跌价准备"账户无余额,应按本期存货可变现净值低于成本的差额计提存货跌价准备;

(2) 如果本期存货可变现净值低于成本的差额大于"存货跌价准备"账户原有贷方余额,应按两者之差补提存货跌价准备;

(3) 如果本期存货可变现净值低于成本的差额等于"存货跌价准备"账户原有贷方余额,不需要计提存货跌价准备;

(4) 如果本期存货可变现净值低于成本的差额小于"存货跌价准备"账户原有贷方余额,表明以前引起存货减值的影响因素已经部分消失,存货的价值又得以部分恢复,企业应当相应地恢复存货的账面价值,即按两者之差冲减已计提的存货跌价准备;

(5) 如果本期存货可变现净值高于成本,表明以前引起存货减值的影响因素已经完全消失,存货的价值全部得以恢复,企业应将存货的账面价值恢复至账面成本,即将已计提的存货跌价准备全部转回。

【例 4-41】 华夏批发公司 2×22 年 6 月 30 日甲商品的成本为 85 000 元,其可变现净值为 79 000 元。根据上述业务,编制会计分录如下:

借:资产减值损失——计提的存货跌价准备　　6 000
　　贷:存货跌价准备　　6 000

【例 4-42】 承[例 4-41],华夏批发公司 2×22 年 12 月 31 日甲商品的成本为 62 000 元,其可变现净值为 58 000 元。根据上述业务,编制会计分录如下:

借:存货跌价准备　　2 000
　　贷:资产减值损失——计提的存货跌价准备　　2 000

延伸阅读 4-4

已售存货计提的存货跌价准备的处理

对已售存货计提了存货跌价准备的,还应结转已计提的存货跌价准备,冲减当期主营业务成本或其他业务成本,实际上是按已售产成品或商品的账面价值结转主营业务成本或其他业务成本。企业按存货类别计提存货跌价准备的,也应按比例结转相应的存货跌价准备。

4-7 扫一扫看课件

本章小结

本章主要讲解商品流通企业的流转环节及其特点和核算方法、商品交接货方式、数量进价金额核算方式下商品购进、销售及储存业务的核算内容、已销商品进价成本的计算和结转方法。要求掌握数量进价金额核算方式下的库存商品的核算特点及相关账务处理,了解商品流通企业存货期末计价的核算方法。

本章重要概念

商品批发　委托代购商品　委托代销　直运商品销售　销售折扣与折让　可变现净值

推荐阅读资料

[1] 财政部会计资格评价中心.初级会计实务[M].北京:经济科学出版社,2022.
[2] 中国注册会计师协会.会计[M].北京:中国财政经济出版社,2022.
[3] 李海波,蒋瑛.新编商业会计——商品流通企业会计[M].9版.上海:立信会计出版社,2017.

第五章　零售企业会计核算

内容简介

本章主要阐述商品流通过程中零售环节的商品核算。首先，介绍零售商品经营的特点和核算内容；其次，按商品的流转程序介绍零售商品在购进、销售、储存各环节的业务程序、账户设置和会计核算；再次，重点介绍商品流通企业售价金额核算法和已销商品进销差价的计算，以及调价、削价等账务处理；最后，介绍鲜活商品进价记账、盘存计销的核算方法以及电商企业销售业务的核算，包括电商业务的收入类型、一般销售收入、特殊销售收入的核算。

学习目的和要求

通过学习本章，学生应了解零售商品经营的特点和核算内容，掌握零售商品在购进、销售、储存各环节的业务程序、账户设置和会计核算；重点掌握商品流通企业售价金额核算法和已销商品进销差价的计算，以及调价、削价等账务处理。

引例　零售企业的售价金额核算法

商品流通企业的发展，对会计核算方法与账务处理的实践提出了一系列新的要求。商超、百货公司及网店经营者会计的核算水平也在提高，他们强调成本与利润测算的精确性和工作的高效性，从而扩大了售价金额核算法在实践中的应用范围。售价金额核算法是指从事商业零售业务的企业，针对经营品种多、规格齐全、类目繁杂等实际情况，结合标价为零售价的特点，对购货、加工回收和销售业务均按售价记账之后，售价与进价之间的差额通过“商品进销差价”核算，期末通过计算进销差价率分摊已销商品应分摊的进销差价，进而确定当期销售利润的一种账务核算方法。这种核算方法和我们之前已经学习过的工业企业会计核算方法存在很大区别，是什么原因导致了商品流通企业和工业企业会计核算的差异？以及商品流通企业在零售商品的购进、销售和储存业务中具体的会计处理是如何进行的？本章将就商品流通企业的售价金额核算法进行介绍。

资料来源：https://kns.cnki.net/kcms/detail/detail.aspx?dbcode=CJFD&dbname=CJFDLAST2015&filename=CKYK201525007&uniplatform=NZKPT&v=e9FYMKA-qO8OzxaycKbV9bywdhKv_EdqSKEOj0oAUTAvJWb0YwotnX2YRIC-2mda。

第一节 零售商品经营的特点和核算内容

一、零售商品的经营特点

零售商品流通是企业通过买卖方式，从生产部门或其他商品流通企业购进商品，再销售给最终消费者的一种活动。零售商品的流通是商品流转的最终环节。零售企业与其余企业相比较，在管理和业务经营上有其自己的特点。

(1) 经营商品品种繁多，规格型号比较复杂。

(2) 交易次数频繁而且数量零星，销售对象主要是广大消费者。

(3) 销售时一般是现货交易，成交的时间短，并不一定要填写销货凭证。

(4) 销售部门对其所经销的商品负有物资保管责任。

二、售价金额核算法的内容

1. 建立实物负责制

零售企业采用售价金额核算法，在该方法下，库存商品明细账只记金额，不记数量，因此不利于加强库存商品实物的管理。为了避免这一缺陷，零售企业需要按照经营和保管商品的品种类别，划分若干不同的营业柜组，对其所经营的全部商品的数量、质量负责。

5-1 视频：售价金额核算法的内容

2. 库存商品按售价金额入账

库存商品总账按照售价金额登记，按售价金额总括反映库存商品的增减变化及其结果。库存商品明细账按营业柜组设置，并用售价金额控制营业柜组所经营和保管的商品。

3. 设置“商品进销差价”账户

零售企业采用售价金额核算法核算库存商品时，应设置“商品进销差价”账户，该账户是“库存商品”账户的调整账户，用来核算售价与进价之间的差额。该账户贷方登记由于购入、加工收回以及销售退回等增加的库存商品售价大于进价的差额。该账户明细账的设置应与库存商品明细账的设置一致，按营业柜组设置并进行明细核算。

4. 加强实地盘点制度

企业每月应对库存商品进行盘点，将各营业柜组所经营的各种商品盘存数量分别乘以各商品售价的金额并与账面核对是否相符，以考核各营业柜组岗位责任制执行情况并加强对库存商品实物的管理。

5. 建立健全各业务环节手续制度，明确经济责任，加强管理

零售企业要建立健全商品购进、销售、调价、盘点、升溢、损耗等各项业务手续制度，并填制有关的业务凭证以加强物价管理、商品管理和销货款管理。对于大件、贵重商品要建立数量账，以弥补售价金额核算的不足。

三、售价金额核算法的适用性

售价金额核算法主要适用于零售企业。这种方法的优点是把大量按不同品种开设的库存商品明细账归并为按实物负责人来分户的少量的明细账，从而简化了核算工作。

售价金额核算法有利于加强商品零售企业的销售毛利控制，因而得到广泛应用。售价

金额核算法在实务中的运用，一般是如下这样的。

1. 实行实物负责制

划分实物负责小组，建立岗位责任制，对商品的购进、销售、调拨、调价、削价、缺溢等建立相关的手续制度。

2. 建立会计二级核算体系

划分二级核算单位，按实物负责小组设置库存商品和商品进销差价明细分类账，按售价金额核算商品的进、销、存。

3. 执行规范的商品盘点制度

定期进行商品全面盘点、账实核对，如遇实物负责人调动、商品调价应进行临时盘点。

相关思考5-1

零售企业和批发企业相比较有何异同？零售企业日常流转业务为什么采用售价金额核算法？

相关思考解析5-1：

一、零售企业和批发企业相比较有何异同？

商品流通企业分为零售企业和批发企业。虽然两者的业务流程相近，但是其经营范围与特点有着明显差别，其业务处理方式以及所应用的方法也不尽相同。

（一）业务特点不同

批发企业通常向生产企业或其他企业购进商品，供应给零售企业或其他批发企业用以转售或供应给其他企业用以加工。处于商品流转的起点或中间环节。批发企业的特点是经营的品种不是很多、交易次数不多，但是每次交易量比较大，常常跨区经营。零售企业是指从批发企业或生产企业购进商品，销售给个人消费或销售给企业事业单位等用于生产和非生产消费的商品流通企业，是直接为人民生活服务的基层商品流通企业。其特点是经营商品种类繁多、交易次数多，但每次的交易金额不大。

（二）核算运用的方法不同

商品流通企业的核算方法包括进价核算法和售价核算法两种。进价核算法又分为进价金额核算法和数量进价金额核算法。售价核算法分为售价金额核算法和数量售价金额核算法。一般的批发企业通常采用数量进价金额核算法。在这种方法下，库存商品总分类账和明细分类账均按商品进价金额反映，明细分类账还必须反映商品实物数量。企业采用这种方法可以根据已销商品的数量按进价结转主营业务成本。此种方法的优点是使企业能够按品名、规格反映和监督每种商品购进、销售、存储的数量和进价金额的变动情况，有利于企业加强对库存商品的管理与控制。但是，在该方法下，企业对每笔销售业务都要填制销售凭证并按照商品的品名、规格登记商品明细分类账，记账工作量较大。如果零售企业采用这种方法，那么工作量太大、记账成本太高。而批发企业因为业务不是很频繁、业务种类不是太多，所以比较适合采用这种方法。工业品批发公司、农副产品收购企业适宜采用这种方法记账。

零售企业一般采用售价核算法。营业柜组或门市部一般采用售价金额核算法。这种方法的库存商品总分类账和明细分类账都只反映商品售价金额不反映实物数量。其原因是柜组或门市部的销售种类繁多但每种数量不大。这样的销售方式较为适合实物负责制的方法，即在库存商品的结存数量方面，通过对库存商品进行实地盘点来掌握营业柜组或门市对其经营的商品承担经济责任。财会部门通过商品的售价来控制营业柜组或门市部的商品。在该方法下，企业一般不必为每笔销售业务填制销售凭证也不必登记大量的实物数量明细分类账，记账较为简单，但是企业平时不易发现商品短缺，难以分析溢缺的原因，难以作出责任判定。这种方法通常适用于综合零售商店。

除此之外，还有一些零售企业采用数量售价金额核算法。在这种方法下，库存商品总分类账和明细分类账按商品售价金额反映，同时，明细分类账还必须反映商品实物数量。这种方法必须按每一商品的品名、规格设置明细分类账以便企业能随时掌握各种商品的结存情况。这种方法通常适用于金店、珠宝店等商品单位价值较高的零售企业。

二、零售行业日常流转业务为什么采用售价金额核算法?

这种方法的优点是把大量按各种不同品种开设的库存商品明细分类账归并为按实物负责人来分户的少量的明细分类账,从而简化了核算工作。这种方法有利于商品零售企业加强销售毛利控制,因而得到广泛应用。

第二节 零售商品购进的核算

一、零售企业商品购进的业务程序

零售商品一般由零售企业实物负责人根据商品库存和销售情况自行组织进货。设有专职采购员的企业,可由实物负责小组提出要货计划,由采购员组织进货。

5-2 视频:购进业务的核算

企业一般从当地批发企业或生产单位购进商品。一些规模较大的企业为了扩大品种,增加货源,也会从外地购进商品。

企业在本地购进商品,通常采用提货制和送货制。在提货制下,企业自行提货。在送货制下,供货单位根据企业要货单送货上门。不论是提货制还是送货制,其结算方式一般都是支票结算,购销双方经过协商,也可采用银行本票和商业汇票结算。

企业从外地购进商品,通常采用发货制。结算方式一般采用银行汇票、汇兑、委托收款和商业汇票等。

不论采用何种商品交接方式,在商品运达后,由实物负责人根据发票所列内容,逐一清点商品数量,检查商品质量,核对商品编号、品名、数量、质量、单价和金额无误后,填制"零售商品收货单"(表 5-1)一式数联,分送有关部门入账。

表 5-1 零售商品收货单

供货单位:

进货部门: 年 月 日

品名	单位	数量	进价(不含税)		售价(含税)		商品进销差价

二、零售企业核算商品购进业务的账户设置

零售企业核算商品购进业务需要设置"在途物资""库存商品"和"商品进销差价"等账户。

1. "在途物资"账户

该账户属于资产类账户,用于核算已支付货款但尚未运抵验收入库的商品的实际成本(一般指进价),如图 5-1 所示。"在途物资"账户应按照销售单位或商品名称设置明细账。

借方	在途物资 贷方
期初余额:购入并已取得发票等会计凭证或已支付货款但未运抵的商品的实际成本	购入并验收入库的商品的实际成本
期末余额:购入但尚在途中的商品的实际成本	

图 5-1 “在途物资”账户

2.“库存商品”账户

该账户属于资产类账户,用于核算经实物负责人验收入库后的商品的含税售价(零售价),即库存商品包括商品的实际进价和商品未实现的进销差价(含销项税额)两部分,如图5-2 所示。“库存商品”账户应按实物负责小组或营业柜组设置明细账。

借方	库存商品 贷方
期初余额:验收入库商品的售价	结转已销商品的售价
期末余额:库存商品的售价	

图 5-2 “库存商品”账户

相关思考 5-2

零售行业“库存商品”账户核算的内容同工业企业该账户核算的内容有何不同?

相关思考解析 5-2:

零售行业库存商品日常采用含税售价入账,按照营业柜组设置明细分类账。

3.“商品进销差价”账户

该账户属于资产类账户,是“库存商品”账户的调整抵减账户,用于核算库存商品含税售价和不含税进价之间的差额,如图 5-3 所示。“商品进销差价”账户同“库存商品”账户一样,应按实物负责小组或营业柜组设置明细账。

借方	商品进销差价 贷方
月末分摊已销商品应分摊的进销差价商品 加工付出、出租转出应分摊的进销差价 商品调价减值以及商品短缺而转销的进销差价	期初余额:购进、加工收回、销货退回的商品售价大于进价的差价 商品调价以及商品溢余增加的进销差价
	期末余额:库存商品的进销差价

图 5-3 “商品进销差价”账户

相关思考 5-3

“商品进销差价”账户核算的商品售价与进价之差是不是该商品的实际进销差价?

相关思考解析 5-3:

“商品进销差价”账户核算的售价和进价之差是含增值税售价和不含税进价之间的差额。

三、零售企业商品购进的会计核算

与批发企业商品购进一样，零售企业商品购进的方式可以分为同城（本地）商品购进、异地商品购进、预付货款商品购进等。目前大多数企业的处理是：在商品购进时按不含税进价记入“在途物资”账户；按进项税额记入“应交税费——应交增值税（进项税额）”账户；按支付的全部价款记入“银行存款”等账户。商品入库时，按商品含税售价记入“库存商品”账户；按含税进销差价确认“商品进销差价”，同时转销“在途物资”中的金额。

（一）本地商品购进

本地商品购进的购进和货款结算一般是同时办理的，商品的交接方式一般采用提货制或发货制，货款结算方式可以使用支票、本票或委托收款等。财会部门应根据实物负责小组转来的商品入库验收单、专用发票和付款凭证登记入账。

【例 5-1】 华夏商业公司为增值税一般纳税人，2×22 年 4 月发生以下经济业务。

（1）2×22 年 4 月 2 日，华夏商业公司从本市立茂公司购进电冰箱 50 台，每台 6 000 元，共计 300 000 元，增值税税额 39 000 元。财务部门签发支票一张承付货款。

借：在途物资——电冰箱	300 000	
应交税费——应交增值税（进项税额）	39 000	
贷：银行存款		339 000

（2）华夏商业公司每台电冰箱零售价 7 200 元，商品由家电组验收入库。

借：库存商品——家电组	360 000	
贷：商品进销差价——家电组		60 000
在途物资——电冰箱		300 000

（二）异地商品购进

由于商品的发运时间和结算凭证的传递时间不一致，异地商品购进通常会发生先付款、后到货，先到货、后付款以及到货与付款同时发生三种情况。

1. 到货与付款同时发生

零售企业已完成付款并且结算凭证已收到，商品同时到达并验收入库。由于是异地购进可能涉及运费问题，对于运费应按照是否收到增值税专用发票以抵扣相应的进项数额处理。

【例 5-2】 2×22 年 4 月 5 日，华夏商业公司从润兴公司购进高压锅 200 台，每台 300 元，共计 60 000 元，增值税税额 7 800 元，由润兴公司代垫运费，收到增值税专用发票注明价款 200 元，税款 18 元。货款已支付，当天收到家电组转来的收货单，验收入库高压锅 200 台，每台零售价 400 元。

借：在途物资——高压锅	60 200	
应交税费——应交增值税（进项税额）	7 818	
贷：银行存款		68 018
借：库存商品——家电组	80 000	
贷：商品进销差价——家电组		19 800
在途物资——高压锅		60 200

2. 先付款,后到货

在这种情况下,企业先付款或开出商业汇票,但是当天商品未到达。零售企业在接到银行转来托收凭证,经审核无误后,承付货款。由于异地购进可能涉及运费问题,零售企业对于运费应按照是否收到增值税专用发票以抵扣相应的进项数额处理。

【例 5-3】 2×22 年 4 月 21 日,华夏商业公司从济南购进蕴香糕点公司糕点礼盒 100 盒,每盒 200 元,共计 20 000 元,增值税税额 2 600 元,由蕴香糕点公司代垫运费,收到增值税专用发票注明价款 500 元,税款 45 元。货款已支付,但商品尚未运达。4 月 28 日,收到食品组转来的收货单,上述糕点礼盒已经正常入库,每盒售价 270 元。

(1) 4 月 21 日,支付货款,但商品未运达企业。

借:在途物资——糕点	20 500	
应交税费——应交增值税(进项税额)	2 645	
贷:银行存款		23 145

(2) 4 月 28 日,收到食品组转来的收货单,确认入库。

借:库存商品——食品组	27 000	
贷:商品进销差价——食品组		6 500
在途物资——糕点		20 500

相关思考 5-4

假设华夏商业公司为增值税小规模纳税人,购进商品时应如何作账务处理?

相关思考解析 5-4:

若华夏公司为小规模纳税人,发生购进业务进项税额不得抵扣,计入购入商品的入账价值。

(1) 支付货款,商品尚未运达。

借:在途物资——糕点	23 145	
贷:银行存款		23 145

(2) 商品运达,确认入库。

借:库存商品——食品组	27 000	
贷:商品进销差价——食品组		3 855
在途物资——糕点		23 145

3. 发到货,后付款

商品运到,验收入库后不作账务处理,月末如仍未付款,按暂估进价入账。

【例 5-4】 2×22 年 4 月 28 日,华夏商业公司从济南华印公司购进图书 50 册,每册 25 元,售价 30 元,结算凭证未到。

(1) 31 日,支付货款,结算凭证仍然未到企业,财务部门根据收货单暂估入账。

借:库存商品——图书组	1 500	
贷:商品进销差价——图书组		250
应付账款——华印公司		1 250

(2) 5 月 1 日,红字冲销上述暂估入账分录。

借：库存商品——图书组　　1 500

　　贷：商品进销差价——图书组　　250

　　　　应付账款——华印公司　　1 250

(3) 5 月 8 日，收到华印公司转来的上批图书的结算凭证，增值税专用发票列明图书 50 册，每册 25 元，进项税额 112.5 元，经审核无误后付款。

借：在途物资——图书　　1 250.0

　　应交税费——应交增值税(进项税额)　　112.5

　　贷：银行存款　　1 362.5

借：库存商品——图书组　　1 500

　　贷：商品进销差价——图书组　　250

　　　　在途物资——图书　　1 250

(三) 预付货款购进商品

零售企业为了扩大畅销商品的货源，对某些商品的购进采取预付货款的方式。企业预付货款购进商品时，商品购进的确认标准与批发企业预付货款购进商品相同，即预付货款的支付不能作为确认商品购进的标志，企业必须收到销售方发来的商品后，才能作为商品购进。

【例 5-5】 2×22 年 4 月 18 日，华夏商业公司采用预付货款方式向集美服装厂定制服装 200 套。

(1) 4 月 18 日，按照合同规定的销售方式向集美公司预付货款 30 000 元，以电汇方式支付。

借：预付账款——集美公司　　30 000

　　贷：银行存款　　30 000

(2) 2×22 年 4 月 28 日，集美公司将预订的商品发运过来，实际单位进价 180 元，共计 36 000 元，进项税额 4 680 元。华夏商业公司以电汇方式补齐货款。服装的单位含税售价为 234 元，商品由服装组验收入库。

借：在途物资——集美公司　　36 000

　　应交税费——应交增值税(进项税额)　　4 680

　　贷：预付账款——集美公司　　30 000

　　　　银行存款　　10 680

借：库存商品——服装组　　46 800

　　贷：在途物资——集美公司　　36 000

　　　　商品进销差价——服装组　　10 800

(四) 购进商品溢余和短缺的核算

企业在组织商品购进过程中由于自然因素和差错事故等因素，发生商品溢余和短缺，应及时将溢余和短缺按规定转入"待处理财产损溢"账户，查明原因，进行处理。

5-3 视频：购进商品溢余和短缺的核算

1. 购进商品溢余的核算

企业购进商品发生溢余时，先按实收数入库，将溢余数按不含税进价转入"待处理财产损溢"账户。查明原因后，再分情况进行处理。如系供货单位多发，在企业同意作为购进商品的情况下，供货单位补开发货单，企业补付货款；如系运输途中自然升溢，作减少商品损耗处理，冲减销售费用。

【例 5-6】 2×22 年 4 月 15 日，华夏商业公司从致民糖厂购进散装白糖 500 千克，进价 10 元/千克，进项税额 650 元，开出转账支票。白糖运到食品组验收时，验收人员发现溢余 15 千克，原因待查，该白糖含税售价 15 元/千克。

（1）收到结算凭证，确认购进。

借：在途物资——白糖 5 000
　　应交税费——应交增值税（进项税额） 650
　　贷：银行存款 5 650

（2）商品运到，验收时实收 515 千克，溢余 15 千克，原因待查。

借：库存商品——食品组 7 725
　　贷：在途物资——白糖 5 000
　　　　商品进销差价——食品组 2 575
　　　　待处理财产损溢 150

（3）根据调查，其中 10 千克溢余是对方多发货造成的，经协商，企业同意作购进处理，货款已用银行存款支付；剩余 5 千克溢余是由于运输过程中的自然原因导致的升溢，冲减销售费用。

借：待处理财产损溢 100
　　应交税费——应交增值税（进项税额） 13
　　贷：银行存款 113
借：待处理财产损溢 50
　　贷：销售费用 50

2. 购进商品短缺的核算

购进的商品发生短缺，企业在查明原因前通过“待处理财产损溢”账户核算。查明原因后，如果是定额内的损耗，可不进行会计处理；如果属于自然损耗，应列作销售费用；如果是供货方少发商品，经与供货方协商，可由供货方补付商品或者退还货款；如果是运输途中的事故造成的，应该由保险部门、运输部门或有关责任人员赔偿，作为“其他应收款”处理；自然灾害造成的损失扣除保险赔款及残料价值后的余额列作“营业外支出”。购进的商品发生毁损与短缺，属于正常情况的，增值税进项税额可以抵扣；属于非正常情况的，则不得抵扣。

【例 5-7】 承[例 5-6]，若验收商品时发现白糖短缺 20 千克，实收 480 千克。

（1）根据“收货单”填制“商品溢余短缺报告单”，原因待查。

借：库存商品——食品组 7 200
　　待处理财产损溢 200
　　贷：在途物资——白糖 5 000
　　　　商品进销差价——食品组 2 400

（2）经调查，短缺的 20 千克中，10 千克是供货方少发的，5 千克是运输部门责任导致的损耗，5 千克是自然损耗。

借：库存商品——食品组 150
　　贷：待处理财产损溢 100
　　　　商品进销差价——食品组 50

借：其他应收款　　56.5
　　贷：待处理财产损溢　　50.0
　　　　应交税费——应交增值税(进项税额转出)　　6.5
借：销售费用　　50
　　贷：待处理财产损溢　　50

第三节 零售商品销售的核算

一、零售企业商品销售的业务程序

零售商品销售过程是商品资金转化为货币资金的过程。零售商品销售的业务程序，根据企业的规模、经营商品的特点以及经营管理的需要不同而有所不同。

零售企业一般由营业柜组或门市部组织销售业务，通过设立门市部销售自己所经营的商品。常见的货款结算方式是现货交易，即收取现金或采用信用卡结算；也有少数采取转账结算方式，如通过支票、汇兑等方式结算。

(一) 收款方式

零售企业销货时主要采用以下两种收款方式。

1. 直接收款

直接收款是指由营业员直接交货收款，即一手交钱、一手交货。这种收款方式手续简便，交易时间短。但是由于营业员既发货又收款，所以容易出现差错，难以分清责任。该收款方式一般适用于品种单一、价格较低的商品销售，如大量的日用商品销售。

2. 集中收款

集中收款是指企业设立收银台集中收款，即营业员只负责销售货物，不管收款，销售货物时逐笔填写销货凭证或商品计数卡，传递给收银员集中收款，营业员再按收款凭证发货。在该收款方式下，收钱付货分开，责任明确，不易发生差错。但是由于开票、收款、取货分处两地，手续较繁琐，成交速度较慢，所以一般适用于价值较高的商品销售。

(二) 解缴方式

不论采用哪种付货收款方式，企业都必须按照现金管理的规定将每天收入的销货款及时送存银行。企业销货款送存银行有以下两种方式。

1. 集中解缴

企业采用集中解缴方式时，每日营业终了，由各实物负责人(柜组)根据销货凭证计算出销货总金额，填制“零售商品进销存日报表”，收银员要将当日销货款及时送交给企业财务部门的出纳人员，由其集中送存银行，以检查收款是否正确。

2. 分散解缴

企业采用分散解缴方式时，每日营业终了，由各实物负责人(柜组)安排专人负责，填制银行进账单，将各柜组实收的销货款送存银行，并取得银行进账单收账通知，然后填制“内部缴款单”“零售商品进销存日报表”等一并转企业财务部门审核无误后，凭以记账。

“零售商品进销存日报表”如表 5-2 所示。“内部缴款单”如表 5-3 所示。

表 5-2　零售商品进销存日报表

柜组名称：　　　　　　　　　　年　月　日　　　　　　　　　　编号：

增加项目		减少项目	
项目	金额	项目	金额
1. 进货(进价成本)		1. 销售价	
进货进销差价		2. 内部拨出(拨出价)	
2. 内部调拨(拨入价)		内部拨出进销差价	
内部拨入进销差价		3. 调低售价减少差价	
3. 调高售价增加差价		4. 折扣销售减少差价	
4. 商品溢余		5.商品损耗/损失	
昨日库存		本日库存	
合计		合计	

柜长：　　　　　复核：　　　　　制表：　　　　　附凭证　张

表 5-3　内 部 缴 款 单

缴款单位：　　　　　　　　　　年　月　日

项　目	张　数	金　额	备　注
现金			
支票			
其他票据			
合计			
人民币(大写)			

二、零售企业商品销售涉及的账户

零售企业核算商品销售业务，需要设置“主营业务收入”“主营业务成本”等账户。

1. “主营业务收入”账户

该账户属于损益类账户，用于核算零售企业确认的销售商品的收入，如图 5-4 所示，“主营业务收入”账户应按实物负责小组或营业柜组设置明细账，以含税的销售额入账。

借方	主营业务收入　　　　　贷方
销售退回等 期末转入“本年利润”的净收入	当期实现的主营业务收入
期末结转后无余额	期末结转后无余额

图 5-4　“主营业务收入”账户

2. “主营业务成本”账户

该账户属于损益类账户，用于核算零售企业确认销售时应结转的成本，如图 5-5 所示，“主营业务成本”账户应按实物负责小组或营业柜组设置明细账。

主营业务成本

借方	贷方
结转的已销商品含税售价	计算结转的已销商品应分摊的商品进销差价 按进价成本数额转入“本年利润”账户
期末结转后无余额	

图 5-5 “主营业务成本”账户

相关思考 5-5

实行售价金额核算法的企业，其“主营业务收入”和“主营业务成本”这两个账户的核算内容和采用数量进价金额核算法的企业有何不同？和一般的工业企业有何区别？

相关思考解析 5-5：

零售行业“主营业务收入”账户日常以含税售价入账，月末将相关增值税结转至“应缴税费——应交增值税账户”

零售行业“主营业务成本”账户日常以含税售价结转销售成本，月末结转相关进销差价。

三、零售企业商品销售的会计核算

（一）零售企业商品销售日常的账务处理

5-4 销售业务的会计核算

零售企业商品流转的账务处理一般采用售价金额核算法。“库存商品”账户按含税零售价核算，其售价及销项税额与进价的差额在“商品进销差价”账户中反映。

1. 主营业务收入的核算

为了简化核算手续，实行售价金额核算法的企业，销售商品后，在“主营业务收入”账户中反映含税的销售收入，期末再将其调整为真正的商品销售额，即不含税销售额。因此，一般在每日营业终了时，各实物负责人要清点当天销货款并送存银行或交财务部门集中送存银行，财务部门应根据有关凭证按售价反映商品销售收入和银行存款的增加，借记“银行存款”账户，贷记“主营业务收入”账户。

2. 主营业务成本的核算

零售企业在确认销售收入的同时，应按售价随时结转已销库存商品的成本以转销库存商品，反映实物负责人所经管商品的实存金额，明确其所承担的经济责任。零售企业库存商品的金额是按售价反映的，因此，转销库存商品的金额同反映商品销售收入增加的金额是一致的。

【例 5-8】 2×22 年 4 月 10 日，华夏商业公司财务部门收到当日的销货款（含税），其中，百货组为 20 000 元，服装组为 27 000 元，食品组 10 000 元。销货款当日送存银行。

(1) 根据收到款项，确认当日的销售收入。

借：银行存款　　57 000

　　贷：主营业务收入——百货组　　20 000

　　　　　　　　　　——服装组　　27 000

　　　　　　　　　　——食品组　　10 000

（2）同时，在售价金额核算法下结转主营业务成本。

借：主营业务成本　　57 000

　　贷：库存商品——百货组　　20 000

　　　　　　　　——服装组　　27 000

　　　　　　　　——食品组　　10 000

注意

实行售价金额核算法的零售企业平时的“主营业务收入”和“主营业务成本”账户，并不反映真正的收入和成本，也不能反映日常的销售毛利。

（二）零售企业商品销售月末的账务处理

月末，零售企业要作两笔调整账务处理。

1. 销项税额的计算与商品销售收入的调整

将平时含税的销售收入分解为全月不含税的销售收入，并将其中的销项税额转入“应交税费——应交增值税（销项税额）”账户。销项税额计算公式如下：

不含税销售额＝含税销售额÷（1＋增值税税率）

销项税额＝不含税销售额×增值税税率

＝含税销售额÷（1＋增值税税率）×增值税税率

2. 已销商品进销差价的计算与商品销售成本的调整

月末一次计算并分摊当月已销商品的进销差价，将已销商品按含税售价计算的销售成本还原为不含增值税的进价成本。由于平时的销售成本是按售价结转的，因此，当结转已销商品的销售成本时，理应同时转销已销商品的进销差价，从而求得商品销售成本。

【例 5-9】 2×22 年 4 月 30 日，华夏商业公司主营业务收入账户中反映的含税销售额共 904 000 元，其中，百货组为 565 000 元，服装组为 113 000 元，食品组 226 000 元。

（1）月末，将“主营业务收入”中含税销售额分解为不含税销售额，并确认该月增值税。

百货组应确认的增值税＝565 000÷（1＋13%）×13%＝65 000（元）

服装组应确认的增值税＝113 000÷（1＋13%）×13%＝13 000（元）

食品组应确认的增值税＝226 000÷（1＋13%）×13%＝26 000（元）

借：主营业务收入——百货组　　65 000

　　　　　　　　——服装组　　13 000

　　　　　　　　——食品组　　26 000

　　贷：应交税费——应交增值税（销项税额）　　104 000

期末，“主营业务收入”中的增值税转出后，该账户列示的金额为不含税销售收入，也就是企业应确认的收入。

(2) 假设华夏商业公司4月份的商品进销差价率为10%，计算已销商品进销差价。

已销商品进销差价=销售收入×进销差价率=904 000×10%=90 400(元)

借：商品进销差价　　90 400
　贷：主营业务成本　　90 400

(三) 已销商品进销差价的计算

实行售价金额核算的企业，正确计算已销商品进销差价，对于正确计算库存商品的真实价值和反映企业经营成果具有十分重要的意义。因此，企业应按照本单位实际情况和核算要求，选择适当的计算方法。已销商品进销差价的计算方法有综合差价率计算法、分类(组)差价率计算法和盘存差价计算法三种。

1. 综合差价率计算法

综合差价率计算法是根据企业经营的全部商品存、销比例，平均分摊进销差价的一种方法。其具体计算步骤如下。

(1) 计算综合平均差价率。用月末调整前“商品进销差价”账户的余额除以本月已销售的商品总额与“库存商品”账户月末余额之和，其计算公式如下：

$$综合差价率(含税)=\frac{月末调整前“商品进销差价”账户余额}{月末“库存商品”账户余额+期末“受托代销商品”账户余额+本月“商品销售收入”账户贷方发生额}\times 100\%$$

(2) 计算已销商品进销差价。用综合差价率乘本月已销售的商品总额，其计算公式如下：

本期已销商品进销差价=本期商品销售收入×综合差价率

(3) 根据计算出来的已销商品应分摊的进销差价作会计处理：

借：商品进销差价　　×××
　贷：主营业务成本　　×××

【例5-10】 2×22年4月30日，华夏商业公司有关账户的资料如表5-4所示。

表5-4　1月31日有关账户汇总表　　单位：元

账户名称	账户余额
库存商品	505 800
受托代销商品	48 000
主营业务收入	485 600
结转前“商品进销差价”	234 510

用综合差价率计算法计算并结转已销商品进销差价。

综合差价率=234 510÷(505 800+48 000+485 600)×100%=22.56%

本期已销商品进销差价=485 600×22.56%=109 551.36(元)

借：商品进销差价　　109 551.36
　贷：主营业务成本　　109 551.36

由于商品进销差价中包含增值税，在分摊结转商品销售成本后，企业平时结转的含税的售价成本就被调整为不含税的实际成本，仍然是传统的售价成本核算方法，并符合增值税的核算要求。

在正常情况下，本月已销商品总额按“主营业务收入”账户贷方发生额计算，但如企业有商品转批、折价销售等情况，因其价格不同，应以“主营业务成本”账户的借方发生额计算。

企业各月的商品进销差价之间如果比较平衡，也可采用上月的差价率计算。但为了真实地反映库存商品和销售商品的进销差价，正确核算盈亏，年末应对商品进销差价进行一次核实调整。

综合差价率计算法计算简便，但不适用于经营品种繁多的企业。因为各种商品的进销差价不一，每期各种商品销售比重又不尽相同，容易出现偏高或偏低的情况，影响商品销售毛利及库存商品价值的准确性。特别是一些价格上下浮动的商品，更不适用。

2. 分类(组)差价率计算法

分类(组)差价率计算法是根据企业的各类(组)商品存销比例平均分摊进销差价的一种方法。计算方法与综合差价率计算法基本相同，只是计算的范围已缩小，各类(组)的差价率汇总即形成企业全部商品的进销差价。

【例 5-11】 华夏商业公司采用分组差价率计算法，2×22 年 4 月 30 日有关各明细账户的资料如表 5-5 所示，计算各柜组已销商品进销差价应结转的金额并作出相应的会计处理。

表 5-5 月末分摊

单位:元

营业柜组名称	月末商品进销差价余额	月末库存商品余额	本月主营业务收入发生额
服装组	16 000	38 800	19 800
百货组	18 900	43 200	57 020
食品组	5 800	4 850	9 200
合　计	40 700	89 850	86 020

财务部门根据上述资料编制“零售商品进销差价计算分摊表”，如表 5-6 所示。

表 5-6 零售商品进销差价计算分摊表

2×22 年 4 月 30 日

单位:元

营业柜组名称	月末商品进销差价余额	月末库存商品余额	本月主营业务收入发生额	本期存销商品合计额	差价率	已销商品进销差价	期末商品进销差价
①	②	③	④	⑤=③+④	⑥=②÷⑤	⑦=④×⑥	⑧=②−⑦
服装组	16 000	38 800	19 800	58 600	27.30%	5 405.40	10 594.6
百货组	18 900	43 200	57 020	100 220	18.86%	10 753.97	8 146.03
食品组	5 800	4 850	9 200	14 050	41.28%	3 797.76	2 002.24
合　计	40 700	86 850	86 020	172 870	—	19 957.13	20 742.87

根据以上计算结果，作会计处理如下：

借：商品进销差价——服装组　　5 405.40
　　　　　　　——百货组　　10 748.27
　　　　　　　——食品组　　3 797.76
　贷：主营业务成本——服装组　　5 405.40
　　　　　　　　——百货组　　10 748.27
　　　　　　　　——食品组　　3 797.76

3. 盘存差价计算法

盘存差价计算法又称实际差价计算法，是通过实际盘点，求得已销商品进销差价的一种方法。其计算程序如下。

(1) 月末，通过库存商品实地盘点，得出各种商品实际盘存数量，分别乘以最后各种商品的原进价或最后进价，求得全部商品的进价总额。

(2) 按零售价计算各种商品的售价总金额。

(3) 用全部库存商品的售价减去全部商品的进价，得出库存商品的进销差价。

(4) 用“商品进销差价”账户月末余额减去库存商品进销差价，得出已销商品进销差价。

其计算公式如下：

月末库存商品应保留的进销差价＝月末库存商品售价总金额－月末库存商品进价总金额

已销商品进销差价＝月末调整前“商品进销差价”账户余额－月末库存商品应保留的进销差价

【例 5-12】 华夏商业公司采用实际进销差价计算法，2×22 年 4 月 30 日根据各营业柜组的库存商品盘点表和受托代销商品盘点表编制商品盘点汇总表，如表 5-7 所示。

表 5－7　商品盘存汇总表　　单位：元

营业柜组	库存商品售价金额	库存商品进价金额	受托代销商品售价金额	受托代销商品进价金额	盘存商品进销差价	结转前商品进销差价
服装组	387 090	268 900	67 900	57 070	129 020	239 000
百货组	456 980	378 098	25 000	18 430	85 452	98 340
食品组	256 980	165 890	—	—	91 090	109 300
合　计	1 101 050	812 888	92 900	75 500	305 562	446 640

财务部门根据上述资料编制“零售商品进销差价计算分摊表”，如表 5-8 所示。

表 5－8　零售商品进销差价计算分摊表　　单位：元

营业柜组	结转前商品进销差价	盘存商品进销差价	本期销售商品应结转的商品进销差价
服装组	239 000	129 020	109 980
百货组	98 340	85 452	12 888
食品组	109 300	91 090	18 210
合　计	446 640	305 562	141 078

计算各营业柜组本期销售商品应结转的商品进销差价，过程如下：

服装组本期销售商品应结转的商品进销差价＝239 000－129 020＝109 980(元)

百货组本期销售商品应结转的商品进销差价＝98 340－85 452＝12 888(元)

食品组本期销售商品应结转的商品进销差价＝109 300－91 090＝18 210(元)

根据以上计算结果,作会计处理如下:

借:商品进销差价——服装组　109 980
　　　　　　　——百货组　12 888
　　　　　　　——食品组　18 210
　贷:主营业务成本——服装组　109 980
　　　　　　　　——百货组　12 888
　　　　　　　　——食品组　18 210

盘存差价计算法计算结果比较准确,因为它不受已销商品中各种不同差价率和不同商品所占销售比重的影响,但使用该方法的工作量较大,企业要对全部经营品种逐一进行实际盘点、计价。企业一般在年度终了对全年进销差价进行核实时使用该方法。

第四节　零售商品储存的核算

零售企业为了使商品流通正常运行,满足市场的需求,需要保持适当的商品储存。由于采用售价金额核算法,企业平时应特别加强对库存商品的管理,尤其是零售商品储存的核算,随时掌握商品储存的情况,以便保护企业财产的安全与完整。零售企业商品储存的核算包括商品的调价、削价、内部调拨、盘点溢余和短缺等内容。

一、库存商品调价的核算

商品调价是指零售企业根据市场供需情况或国家物价政策,对某些正常的商品价格进行适当调高或调低。实行售价金额核算法的零售企业,库存商品按售价金额核算,商品销售价格的变动会直接影响库存商品的金额。企业调高商品价格,库存商品账面价值增加,同时应确认“商品进销差价”。

对于因调价而增值或减值的金额,应在库存商品明细账中作增减记录。通常情况下,在规定调价日期的前一天营业结束后,核价人员、财务人员和各营业柜组对调价商品进行详细盘点,按照实际库存数量由营业柜组填制“商品调价差额调整单”一式数联,其中一联交财务部门,其余联次交付有关部门,“商品调价差额调整单”如表 5-9 所示。财务部门复核无误后,对调高售价金额的库存商品,借记“库存商品”账户,贷记“商品进销差价”账户;在调低售价金额时,则借记“商品进销差价”账户,贷记“库存商品”账户。

表 5-9　商品调价差额调整单

填报部门:　　　　　　　　　　　　年　月　日

品名	计量单位	盘存数量	零售价格		调整单位差价		调高金额	调低金额
			新价	原价	增加	减少		
合计								

【例 5-13】 华夏商业公司根据市场价格变化，将部分商品价格从 2×22 年 4 月 1 日起调整零售价格，甲实物小组经过盘点，编制“商品调价差额调整表”如表 5-10 所示。

表 5-10 商品调价差额调整单

填报部门：甲实物小组　　　　　　2×22 年 4 月 1 日

品名	计量单位	盘存数量	零售价格		调整单位差价		调高金额	调低金额
			新价	原价	增加	减少		
保温杯	个	100	55	50	5		500	
雨伞	个	150	30	25	5		750	
合计		—	—	—	—		1 250	

财务部门根据收到的甲实物负责小组的“商品调价差额调整单”，作会计处理如下：

借：库存商品——百货组　　1 250

　贷：商品进销差价——百货组　　1 250

相关思考 5-6

假设上例中雨伞的价格调低为 20 元，应如何作账务处理？

相关思考解析 5-6：

雨伞价格调至 20 元，则保温杯和雨伞价格调整后，百货组商品价格降低 1000 元，账务处理如下：

借：商品进销差价——百货组　　1 000

　贷：库存商品——百货组　　1 000

二、商品削价的核算

商品削价是对库存中呆滞、冷背、残损、变质的商品所做的降价处理。造成零售企业商品削价的原因有很多，如运输、保管过程中的管理不当，进货不对路，库存过多等。商品残损变质等情况一旦发生就会影响商品内在质量与外观。为了减少商品损失，企业应根据商品呆滞积压情况或残损变质的程度，按照规定的审批权限，在报经批准后进行削价处理。企业对商品进行削价处理时，必须进行商品盘点，查明数量，确定削价幅度，并由实物负责小组负责人填制“商品进行削价报告单”一式数联，在报经有关领导批准后作削价处理。

商品削价后，如果可变现净值（即不含增值税的新售价减去预计销售费用后的金额）高于成本，企业应根据削价减值金额借记“商品进削差价”账户，贷记“库存商品”账户，以调整其账面价值。商品削价后，可变现净值低于成本时，除了根据削价减值金额借记“商品进销差价”账户，贷记“库存商品”账户，以调整其账面价值，企业还应计提存货跌价准备。

【例 5-14】 华夏商业公司服装组因季节交替，2×22 年 4 月 12 日，有 100 件购入的女士裙子降价处理，该服装原售价 113 元，经批准降价为 70 元。原进价为 90 元，销售费用 1 元/件，增值税税率为 13%，对该服装降价进行会计处理。

商品削价后售价减少金额=(113－70)×100=4 300(元)

女士裙子削价后不含税售价=70×100÷1.13=6 194.69(元)

女士裙子可变现净值=6 194.69－100×1=6 094.69(元)

女士裙子可变现净值低于成本价格的差额=90×100－6 094.69=2 905.31(元)

(1) 根据降价减少的售价,调整库存商品的账面价值。

借:商品进销差价——服装组　　4 300
　贷:库存商品——服装组　　4 300

(2) 同时,根据可变现净值低于商品成本的差额计提存货跌价准备。

借:资产减值损失——存货跌价准备　　2 905.31
　贷:存货跌价准备　　2 905.31

相关思考 5-7

假设上例中裙子的价格削价为 110 元,应如何作账务处理?

相关思考解析 5-7:

裙子的价格降低为 110 元后,

售价减少金额=(113－110)×100= 300(元)

不含税售价=110×100÷1.13=9 734.51(元)

可变现净值=9 734.51－100×1=9 634.51(元)大于成本价,未发生减值。

借:商品进销差价——服装组　　300
　贷:库存商品——服装组　　300

【例 5-15】 承[例 5-14],2×22 年 4 月 15 日,销售削价服装 20 件,收入现金 1 400 元。

(1) 确认收入。

借:库存现金　　1 400
　贷:主营业务收入——服装组　　1 400

(2) 结转已销商品成本。

借:主营业务成本——服装组　　1 400
　贷:库存商品——服装组　　1 400

(3) 转销已销商品计提的存货跌价准备。

借:存货跌价准备　　581.06
　贷:资产减值损失——存货跌价准备　　581.06

注意

上例中,月末还需要编制两笔调整分录:一笔确认当月增值税(销项税额),另一笔调整本月已销商品进销差价。

三、库存商品内部调拨的核算

商品内部调拨是指零售企业在同一独立核算单位内各实物小组之间调剂商品余额而进

行的商品调拨。具体表现为各营业柜组或门市部之间为了调剂商品余缺所发生的商品转移。设有专职仓库保管员对库存商品单独进行核算和管理的企业，当营业柜组或门市部向仓库提取商品时所发生的商品调拨转移也是内部调拨。

商品内部调拨只转移各实物负责人之间的经济责任，不是商品销售，也不涉及资金结算。营业柜组或门市部调拨商品时，一般由实物负责人或调出部门填制“商品内部调拨单”，如表 5-11 所示。“商品内部调拨单”作为调拨双方办理商品交接、转账之用。财务部门接到“商品内部调拨单”时，要及时调整账面记录，并在各实物负责人明细账中反映商品增减，借记调入部门库存商品的明细账户，贷记调出部门库存商品的明细账户，企业“库存商品”账户的总额保持不变。采取分柜组差价率计算法分摊已销商品进销差价的企业，还要相应调整“商品进销差价”账户记录，借记调出部门商品进销差价的明细账户，贷记调入部门库存商品的明细账户。

表 5-11　商品内部调拨单

调入部门：　　　　　　　　　年　月　日　　　　　　　　　调出部门：

品名	计量单位	数量	零售金额		购进金额		商品进销差价
			单价	金额	单价	金额	
合　计							

四、库存商品盘点溢余和短缺的核算

零售商品在按售价金额核算的条件下，一般没有数量记载，企业通过对商品库存的盘点，使“库存商品”账户所反映的售价金额能够正确反映实存数量。零售商品在销售和储存过程中，由于商品性质以及经营管理方面等主客观因素，商品的实存数量与账面数量往往会发生差异，出现溢余或短缺的情况。

（一）库存商品盘点溢余的核算

库存商品盘点溢余是指商品盘存金额大于账面结存金额的差额。发生库存商品盘点溢余时，企业应记入“待处理财产损溢”账户，并及时查明原因，报请管理层批准后作相应处理。对于商品盘点溢余，如果属于销售单位多发造成的，则应作为商品补货，作购进处理；如果属于储存过程中的自然升溢，则应冲减管理费用。

【例 5-16】 华夏商业公司于 2×22 年 4 月 30 日进行商品盘点时发现食品组溢余 200 元，填制“商品盘点溢余短缺报告单”，如表 5-12 所示。

表 5-12　商品盘点溢余短缺报告单

部门：食品组　　　　　　　　2×22 年 4 月 30 日　　　　　　　　单位：元

<table>
<tr><td>账存金额</td><td>37 690</td><td>溢余价格</td><td>200</td><td rowspan="5">溢余短缺原因</td><td rowspan="5">自然升溢</td></tr>
<tr><td>实存金额</td><td>37 890</td><td>短缺价格</td><td></td></tr>
<tr><td colspan="3">上月本柜组差价率</td><td>23%</td></tr>
<tr><td>溢余商品差价</td><td>46</td><td>溢余商品进价</td><td>154</td></tr>
<tr><td>短缺商品差价</td><td></td><td>短缺商品进价</td><td></td></tr>
<tr><td>领导批复</td><td colspan="2"></td><td>部门意见</td><td colspan="2">要求做管理费用处理</td></tr>
</table>

（1）财务部门收到“零售商品盘点表”和“商品盘点溢余短缺报告单”等原始凭证，作账务处理如下：

借：库存商品——食品组　　200
　　贷：待处理财产损溢——食品组　　154
　　　　商品进销差价——食品组　　46

（2）31 日，经相关调查批复，将商品溢余冲减当期管理费用。

借：待处理财产损溢——食品组　　154
　　贷：管理费用　　154

（二）库存商品盘点短缺的核算

商品盘点短缺是指商品盘存金额小于账面结存金额的差额。造成短缺的原因也是多方面的，包括商品自然损耗，少收、多付的差错，以及贪污、盗窃等因素。在未查明原因以前，为使账货相符，企业应先调整账面，按短缺商品售价记入“库存商品”账户，同时按上月月末进销差价率计算短缺商品的进价和进项税额，以及进销差价金额，分别记入“应交税费——应交增值税（进项税额转出）”“待处理财产损溢”和“商品进销差价”账户。待查明原因后，再从“待处理财产损溢”账户转入有关账户。

在实际工作中，为简化核算手续，对商品盘点中发生的溢余和短缺，在未查明原因前，企业也可先按售价金额转入“待处理财产损溢”账户；待查明原因后处理时，再调整“商品进销差价”账户。

【例 5-17】 华夏商业公司 2×22 年 4 月 30 日进行盘点，实物负责小组盘点后百货组实际库存商品金额小于账面结存金额 180 元，按上月末进销差价率 15%计算，进项税率为 13%，进销差价金额为 27 元，原因待查，编制会计分录如下：

借：待处理财产损溢——百货组　　153
　　商品进销差价　　27
　　贷：库存商品——百货组　　180

上述短缺商品经查明属于定额范围内自然损耗，经批准作增加经营费用支出处理。

借：管理费用　　172.89
　　贷：待处理财产损溢——百货组　　172.89

如果上述短缺商品属于自然灾害造成的损失，应将扣除残料价值和保险公司赔款后的净损失作“营业外支出——非常损失”处理。

第五节　鲜活商品的核算

商品流通企业经营的零售商品中有一部分属于农副业生产的鲜活商品，包括蔬菜、瓜果、肉类、禽蛋、鱼虾等。在经营上，鲜活商品具有如下一些特点。

（1）商品新鲜，容易变质，损耗大。

（2）经常发生质量等级变化，需要及时清选整理，数量和售价变动频繁。

（3）季节性较强，企业一般大批进货，零星出售；逢节假日，购买力集中，企业需要组织人力，加强各环节之间协作，给实行售价记账实物负责制带来一定的困难。

因此，为简化手续，便利销售，节约人力、物力，适应鲜活商品的特点，企业一般采用进价金额核算法，即“进价记账、盘存计销”的核算方法。

进价金额核算法又称“进价记账、盘存计销”，是指以进价金额控制实物负责人(或柜组)经营商品进、销、存情况的一种核算方法。其核算特点有：购进商品后，企业登记按照实物负责人设置的“库存商品”明细账，只计金额，不计数量；销售商品后，按照实际取得的销售收入，确认主营业务收入；平时不结转已销商品成本，定期进行实地盘点，查明实存数量，用倒挤的方法计算并结转商品销售成本。

相关思考 5-8

为什么经营鲜活商品的零售业宜采用进价金额核算法？

相关思考解析 5-8：

鲜活商品具有如下特点。

(1) 商品新鲜，容易变质，日常损耗大。

(2) 在经营过程中，鲜活商品经常发生质量等级变化，企业需要及时对其清选整理，因而鲜活商品数量和售价变动频繁。

(3) 鲜活商品季节性较强，企业一般大批进货，零星出售。每逢节假日，消费者购买集中，企业需要组织人力，加强各环节之间协作，实行售价记账实物负责制存在一定的困难。

因此，为简化手续，便利销售，节约人力、物力，适应鲜活商品的特点，鲜活商品零售业一般采用“进价记账、盘存计销”和“进价记账、售价控制”的进价金额核算方法。

一、鲜活商品购进的核算

经营鲜活商品的零售企业主要是向批发企业购进商品，也可以直接向农村专业户采购商品。商品的交接一般采用“提货制”或“送货制”。货款结算主要采用转账支票结算。

商品购进的业务程序一般是：由购货单位委派采购员到供货单位采购商品，由供货单位填制专用发票。在采用“提货制”的情况下，采购员取得专用发票后，当场据以验收商品。商品运回后，由实物负责人(或柜组)根据采购员带回的专用发票对商品进行复验。在采用“送货制”的情况下，由采购员取回专用发票，直接交与实物负责人(或柜组)，由其负责验收。

不论采用何种商品交接方式，实物负责人(或柜组)验收商品后，都要填制一式数联“收货单”，其中一联连同供货单位的专用发票一并送交财会部门。财会部门审核无误后，根据专用发票和转账支票存根联，借记“在途物资”账户和“应交税费”账户，贷记“银行存款”账户；根据“收货单”，借记“库存商品”账户，贷记“在途物资”账户。库存商品一般按经营类别进行明细分类核算。

【例 5-18】 鲜果副食品商厦于 2×22 年 4 月 10 日向立达水果批发公司购进各种水果一批，货款 1 075 元，税款 96.75 元，共 1 171.75 元，以银行存款支付，商品由生鲜组验收后，填制“收货单”，如表 5-13 所示。

表 5-13 收货单

收货部门:生鲜组　　　　2×22 年 4 月 10 日　　　　单位:元

品名	计量单位	实收数量	单价(不含税)	金额
苹果	千克	100	3	300
香蕉	千克	150	2.5	375
西瓜	千克	200	2	400
合计		—	—	1 075

(1) 收到销售单位开具的增值税专用发票,签发转账支票。

借:在途物资——水果　1 075.00
　应交税费——应交增值税(进项税额)　96.75
　贷:银行存款　1 171.75

(2) 生鲜组转来"收货单",财务部门审核入账。

借:库存商品——生鲜组　1 075
　贷:在途物资——水果　1 075

二、鲜活商品销售的核算

经营鲜活商品的零售企业,其交易方式主要是采用现金交易。当天营业结束后,各营业部门根据实收销货款填制一式数联"商品销售收入缴款单",连同当天的销货款一并送交财会部门。财会部门当面点收无误后,由出纳员在"商品销售收入缴款单"上签收,并加盖现金收讫章,其中一联退回缴款部门留存备查,财会部门自留一联,然后将各营业部门交来的销售款汇总后,全部解存银行。然而,企业取得的销货款是含税销售额,其中包含销项税额,因此,企业需要将含税销售额调整为不含税销售额。其计算公式如下:

不含税销售额=含税销售额÷(1+增值税率或征收率)

计算完成后,企业根据"商品销售收入缴款单"及计算的结果,借记"库存现金"账户,贷记"主营业务收入"账户和"应交税费"账户;根据银行解款单回单,借记"银行存款"账户,贷记"库存现金"账户。

【例 5-19】 鲜果副食品商厦于财务部 2×22 年 4 月 17 日收到营业柜组交来的商品销售收入缴款单,其中,生鲜组 3 050 元,蔬菜组 4 700 元,肉食组 5 030 元,增值税税率为 9%。

(1) 将增值税(销项税额)从商品的销售收入中分离。

生鲜组增值税(销项税额)=3 050÷1.09×0.09=251.83(元)

蔬菜组增值税(销项税额)=4 700÷1.09×0.09=388.07(元)

肉食组增值税(销项税额)=5 030÷1.09×0.09=415.32(元)

借:库存现金　12 780.00
　贷:主营业务收入——生鲜组　2 798.17
　　　　　　　　——蔬菜组　4 311.93
　　　　　　　　——肉食组　4 614.68
　　应交税费——应交增值税(销项税额)　1 055.22

(2) 将现金当日全部解缴银行。

借：银行存款　　　　　　　　　　　　　　　　　　12 780.00

　　贷：库存现金　　　　　　　　　　　　　　　　　　12 780.00

三、鲜活商品储存的核算

鲜活商品在储存过程中发生损耗、调价、削价等情况，企业不进行账务处理，这些月末会体现在商品销售成本内。但发生责任事故时，企业应及时查明原因，以分清责任，在报经领导批准后，根据不同情况做不同处理，若作为企业损失时，应记入“营业外支出”账户；若由当事人承担经济责任时，则记入“其他应收款”账户。

期末，各营业部门对实存商品进行盘点，将盘存商品的数量填入“商品盘存表”，以最后一次进货单价作为期末库存商品的单价，计算出各种商品的结存金额，进而计算出期末库存商品结存金额，然后采取倒挤的方法计算商品销售成本。其计算公式如下：

$$\text{本期商品销售成本}=\text{期初结存商品金额}+\text{本期收入商品金额}-\text{本期非销售发出商品金额}-\text{期末结存商品金额}$$

在实际工作中，一般可编制“商品销售成本计算表”进行计算。

【例 5-20】 鲜果副食品商厦 2×22 年 4 月 18 日编制的商品成本计算表如表 5-14 所示。其中，本期非销售发出商品金额为保管人员失职造成商品损坏，批准后已作处理。

表 5-14　商品成本计算表

实物负责小组	期初结存商品金额	本期收入商品金额	本期非销售发出商品金额	期末结存商品金额	本期商品销售成本
	①	②	③	④	⑤=①+②-③-④
肉食组	15 700	36 700	450	23 700	28 250
生鲜组	35 320	46 900	—	45 890	36 330
蔬菜组	37 930	23 640	—	43 200	18 370
合计	88 950	107 240	450	112 790	82 950

借：主营业务成本——肉食组　　　　　　　　　　28 250

　　　　　　　　——生鲜组　　　　　　　　　　36 330

　　　　　　　　——蔬菜组　　　　　　　　　　18 370

　　贷：库存商品——肉食组　　　　　　　　　　　　28 250

　　　　　　　　——生鲜组　　　　　　　　　　　　36 330

　　　　　　　　——蔬菜组　　　　　　　　　　　　18 370

进价金额核算法虽然核算手续简便，便于开展商品销售业务，但是由于该法在平时不能反映商品的实际库存，企业在月末采用“盘存计销”的方法倒挤出商品销售成本，将差错事故和商品损耗均计入了商品销售成本，企业不易发现经营管理中存在的问题，因此，必须加强进货验收制度和严格销货款管理制度。

第六节　电商企业销售业务的会计核算

电子商务就是运用电子方式开展商业交易。目前，电子商务有广义和狭义之分。广义的电子商务是指 E-Business，就是通过各种电子手段进行的商业事务活动；狭义的电子商务是指 E-Commerce，仅指利用 Internet 开展的交易或者与交易相关的活动。电商企业则指从事电子商务活动的主体。

电商企业的收入形式多种多样，如直销商品收入、委托代销商品收入、数字商品销售收入、团购收入、广告收入等。目前我国收入会计准则的指导主要基于销售商品收入、提供劳务收入、让渡资产使用权收入，对具有行业特色的收入类型并没有提供过多指导，从而电商企业收入的确认具有较大的不确定性。

一、电商业务的收入类型

就有形商品而言，根据电商企业销售商品的交付方式不同，其商品销售可以分为电商直销、委托代销两种情况。

（一）电商直销

电子商务环境下有形商品直销根据付款方式主要分为以下三种情况。

1. 先付款后发货，无第三方担保

买方在网络交易平台上选中所需商品，然后下单付款。电商企业根据买方的具体下单情况准备相应商品，之后通过物流将商品转到买方手中，具体流程如图 5-6 所示。

图 5-6　先付款后发货流程图

2. 先发货后收款，无第三方担保

买方在网络交易平台上选中商品后下单但未付款。电商企业根据下单情况进行配货，然后通过物流把货物运转到买方手中，并通过物流方收取相应货款，然后货款通过物流流转到电商企业账户，具体流程如图 5-7 所示。

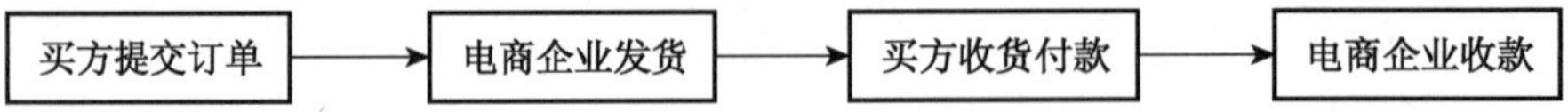

图 5-7　先发货后付款流程图

3. 第三方担保支付

该种类型的销售在整个过程中包括三方主体：买方、电商企业和第三方。其中第三方的主要作用是提供担保作用，即买方先把货款暂时存放在第三方，第三方担保电商企业把货物发送给买方，当货物流转至买方时，货款才会从第三方流转到电商企业账户。

第三方担保支付交易过程主要是包括三个环节：第一个交易环节是买方在网络交易平台上选定商品并下单，下单完成之后把货款交付给第三方；第二个环节是电商企业在收到第三方发来的已收款通知进行相应配货，并组织物流进行货物配送；第三个环节是买方收到货物并向第三方确认收货，第三方将货款交付给电商企业，具体流程如图 5-8 所示。

图 5-8　第三方担保支付流程图

(二) 委托代销

委托代销是指委托方将货物发给受托方，受托方在将商品售出后，向委托方递交代销清单的过程。委托代销根据代销商品与受托方之间的关系不同，可以分为支付手续费方式的委托代销和视同买断方式的委托代销。本书只讲授支付手续费方式的委托代销。委托代销流程具体如图 5-9 所示。

图 5-9　委托代销流程图

二、电商业务一般销售收入的核算

目前我国会计准则要求对收入的确认采取“五步法”：第一步，识别与客户订立的合同；第二步，识别合同中的单项履约义务；第三步，确认交易价格；第四步，将交易价格分摊至各单项履约任务；第五步，履行各单项履约义务时确认收入。

(一) 先付款、后发货、无第三方担保

在先付款、后发货的销售方式下，买方收货表明与商品所有权有关的风险和报酬已经转移。因此，电商企业一般在买方收货时确认收入。

1. 正常交易

在正常交易情况下，首先，由买方在网络交易平台上提交订单。此时电商企业不需要进行账务处理。其次，买方在线付款。此时，相应款项流入电商企业时应先作预收处理，借记“银行存款”等账户，贷记“合同负债”账户；有结算手续费时应作财务费用处理，借记“财务费用”账户。再次，电商企业发货。此时，电商企业仍未能确定买方能否接受货物，因此不能确认销售收入，应先将库存商品转为发出商品，借记“发出商品”账户，贷记“库存商品”账户。由物流公司送货时发生的物流费用，电商企业应借记“销售费用”账户，贷记“库存现金”等账户。最后，买方确认收货。此时，与商品所有权有关的风险和报酬已经转移给买方，电商企业可以确认收入，借记“合同负债”账户，贷记“主营业务收入”“应交税费——应交增值税(销项税额)”账户。同时结转成本，借记“主营业务成本”账户，贷记“发出商品”账户。具体会计处理如图 5-10 所示。

2. 买方拒收，重新发货的交易

当买方拒收时，电商企业需要重新发货。在这种情况下，电商企业应先将退回的货物由发出商品转为库存商品，借记“库存商品”账户，贷记“发出商品”账户；然后重新发货，借记“发出商品”账户，贷记“库存商品”账户；同时，再次支付物流公司物流费用，借记“销售费用”账户，贷记“库存现金”等账户。其他环节的会计处理与正常交易情况下的会计处理一致。

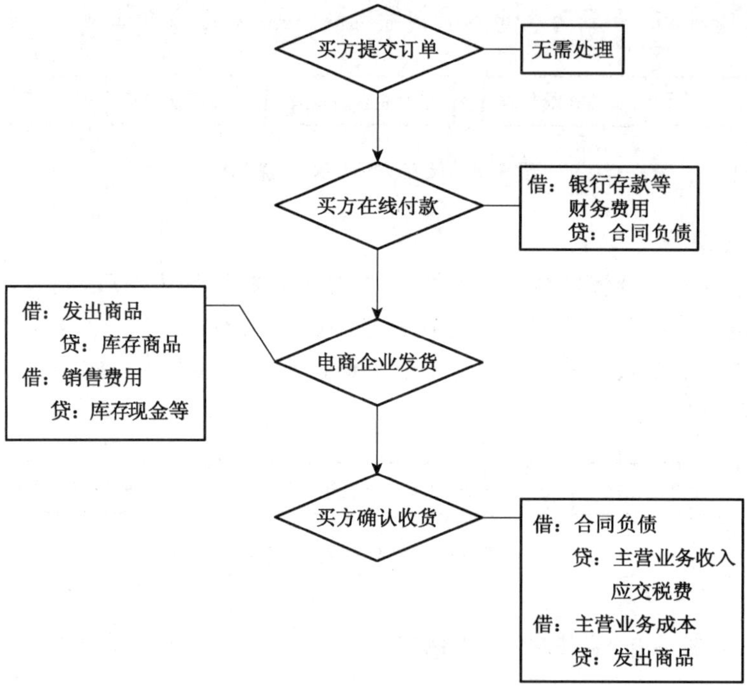

图 5-10　先付款、后发货、无第三方担保情形下正常交易的会计处理

3. 买方拒收并取消交易

当买方拒收并取消交易时，电商企业需要收回货物并退回货款。在这种情况下，电商企业应先将退回的货物由发出商品转为库存商品，借记“库存商品”账户，贷记“发出商品”账户；然后取消交易，退回货款，借记“合同负债”账户，贷记“银行存款”等账户。具体会计处理如图 5-11 所示。

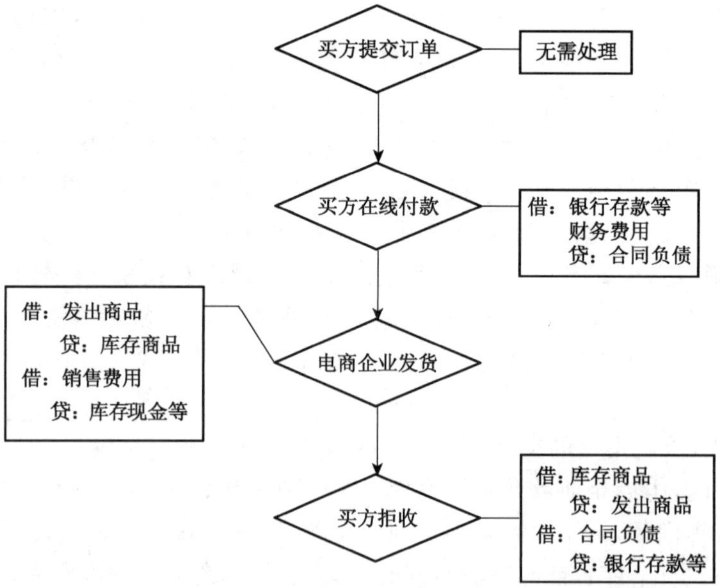

图 5-11　先付款、后发货、无第三方担保情形下买方拒收并取消交易的会计处理

4. 买方付款后反悔,取消交易

当买方付款后反悔时,电商企业需要退回货款,取消交易。在这种情况下,电商企业应借记“预收账款”账户,贷记“银行存款”等账户。具体会计处理如图 5-12 所示。

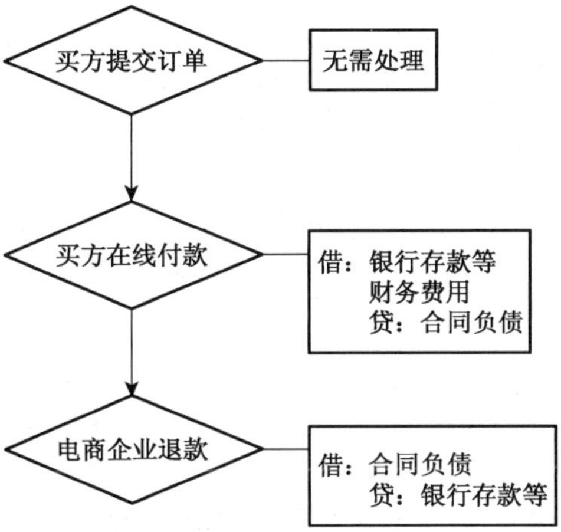

图 5-12　先付款、后发货、无第三方担保情形下买方付款后反悔取消交易的会计处理

(二) 先发货、后付款、无第三方担保

在先发货、后付款的销售方式下,当物流公司收到买方付款并把相应款项提交给电商企业时,与商品所有权有关的风险和报酬才转移。因此,电商企业一般在收到货款时确认收入。

1. 正常交易

在正常交易情况下,首先,买方在网络交易平台上提交订单。此时电商企业不需要进行账务处理。其次,电商企业发货。此时,电商企业未能确定买方能否接受货物,不能确认收入和成本,应先将库存商品转为发出商品,借记“发出商品”账户,贷记“库存商品”账户。由物流公司送货时发生物流费用,借记“销售费用”账户,贷记“库存现金”等账户。最后,买方确认收货,并支付货款。此时,与商品所有权有关的风险和报酬已经转移给买方,电商企业可以确认收入,结转成本,借记“银行存款”等账户,贷记“主营业务收入”“应交税费——应交增值税(销项税额)”账户。同时,借记“主营业务成本”账户,贷记“发出商品”账户。具体会计处理如图 5-13 所示。

2. 买方拒收重新发货的交易

当买方拒收时,电商企业需要重新发货。在这种情况下,电商企业应先将退回的货物由发出商品转为库存商品,借记“库存商品”账户,贷记“发出商品”账户。然后重新发货,借记“发出商品”账户,贷记“库存商品”账户。同时,再次支付物流公司物流费用,借记“销售费用”账户,贷记“库存现金”等账户。其他环节的会计处理与正常交易情况下会计处理一致。

3. 买方拒收并取消交易

当买方拒收并取消交易时,电商企业需要收回货物。在这种情况下,电商企业应将退回的货物由发出商品转为库存商品,借记“库存商品”账户,贷记“发出商品”账户。具体会计处理如图 5-14 所示。

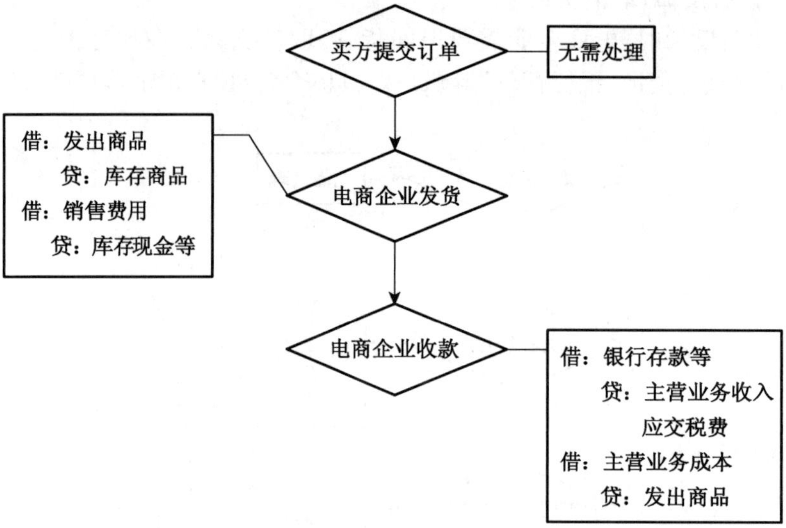

图 5-13　先发货、后付款、无第三方担保情形下正常交易的会计处理

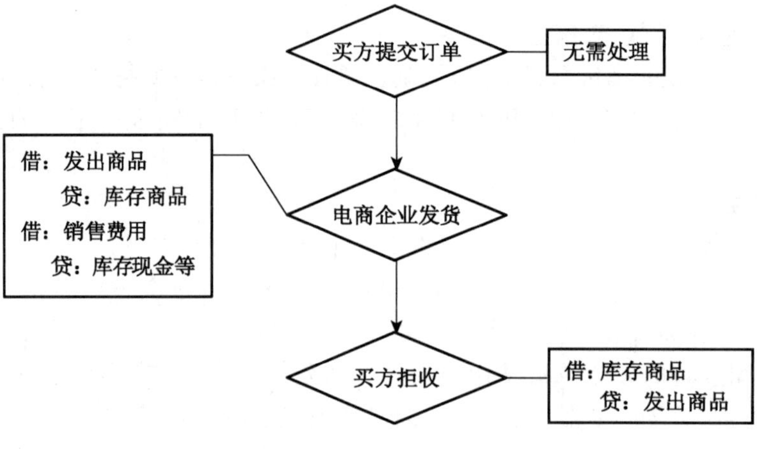

图 5-14　先发货、后付款、无第三方担保情形下买方拒收并取消交易的会计处理

（三）有第三方担保支付

1. 正常交易

在正常交易情况下，首先，由买方在网络交易平台上提交订单。此时电商企业不需要进行账务处理。其次，买方在线付款至担保方。此时，该笔款项并不能确定最终是否流入企业，电商企业也不需要进行账务处理。再次，电商企业发货。此时，电商企业仍未能确定买方能否接受货物，不能确认收入和成本，应先将货物从库存商品转为发出商品，借记"发出商品"账户，贷记"库存商品"账户。由物流公司送货时发生物流费用，借记"销售费用"账户，贷记"库存现金"等账户。最后，买方确认收货。此时，电商企业可以确认收入，结转成本，借记"应收账款"账户，贷记"主营业务收入""应交税费——应交增值税（销项税额）"账户；同时，借记"主营业务成本"账户，贷记"发出商品"账户。最后，交易成功后电商企业会与担保方清算货款。电商企业收到货款时，借记“银行存款”账户，贷记“应收账款”账户，由于第三方需扣除该笔货款手续费，电商企业还应借记“财务费用”账户。具体会计处理如图 5-15 所示。

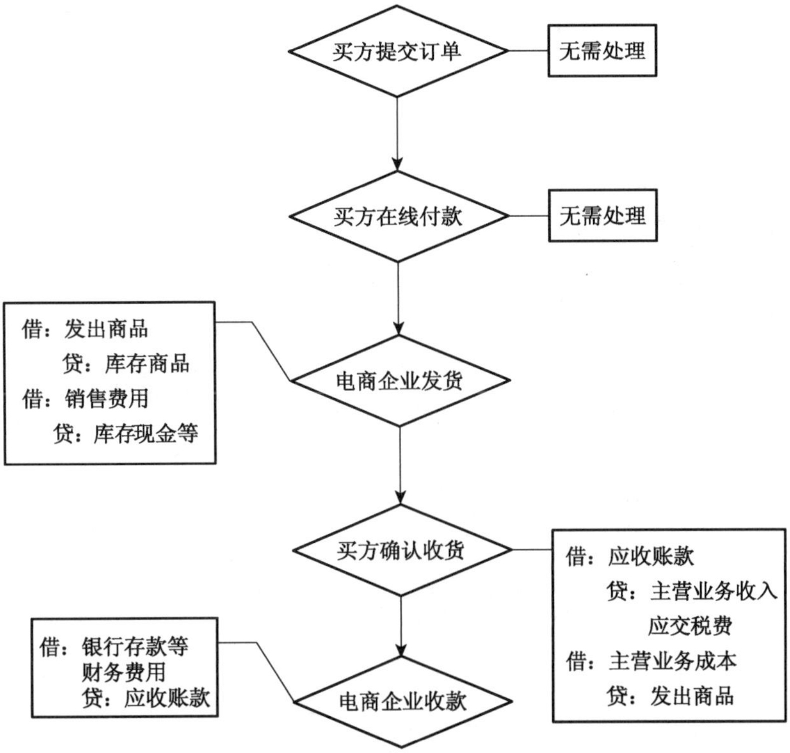

图 5-15 有第三方担保支付情形下正常交易的会计处理

2. 买方拒收，重新发货的交易

当买方拒收时，电商企业需要重新发货。在这种情况下，电商企业应先将退回的货物由发出商品转为库存商品，借记“库存商品”账户，贷记“发出商品”账户。然后重新发货，借记“发出商品”账户，贷记“库存商品”账户；同时，再次支付物流公司物流费用，借记“销售费用”账户，贷记“库存现金”等账户。其他环节的会计处理与正常交易情况下会计处理一致。

3. 买方拒收并取消交易

当买方拒收并取消交易时，电商企业需要收回货物。在这种情况下，电商企业应首先将退回的货物由发出商品转为库存商品，借记“库存商品”账户，贷记“发出商品”账户。由于货款未流入企业，由担保方退款，电商企业不需作退款处理。具体会计处理如图 5-16 所示。

4. 买方付款后反悔，取消交易

当买方付款后反悔时，电商企业需要取消交易。在这种情况下，由于货款未流入企业，由担保方退款，电商企业不需作退款处理。具体会计处理如图 5-17 所示。

(四) 商品售出后换货、退货的会计处理

电商企业售出商品后，如果买方要求换货，电商企业应在收到货物时冲减收入与成

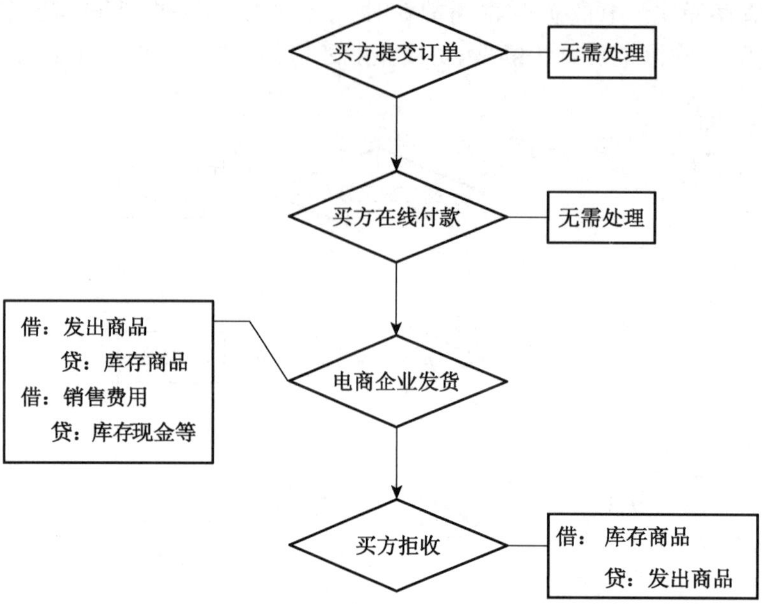

图 5-16　有第三方担保支付情形下买方拒收并取消交易的会计处理

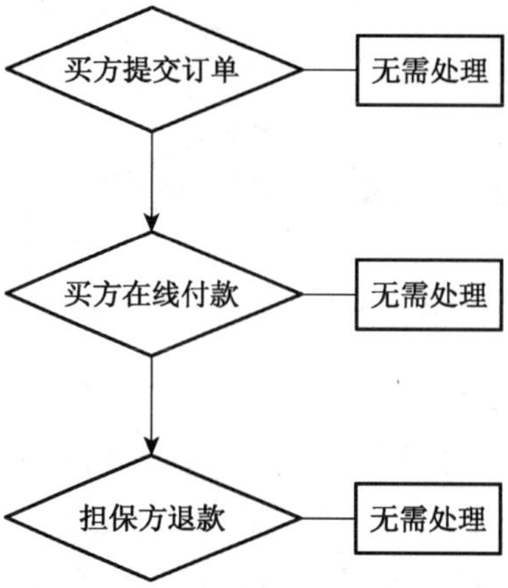

图 5-17　有第三方担保支付情形下买方付款后反悔并取消交易的会计处理

本，借记“主营业务收入”“应交税费——应交增值税（销项税额）”账户，贷记“应收账款”等账户。同时，借记“库存商品”账户，贷记“主营业务成本”账户。电商企业重新发货后，按照原退货金额确认换货收入，借记“应收账款”等账户，贷记“主营业务收入”“应交税费——应交增值税（销项税额）”账户；同时，按换出货品结转销售成本，借记“主营业务成本”账户，贷记“库存商品”账户。由物流公司送货时发生物流费用，借记“销售费用”账户，贷记“库存现金”等账户。

如果买方要求退货，电商企业除了应在收到货物时冲减收入与成本外，还应退款。借记“主营业务收入”“应交税费——应交增值税（销项税额）”账户，贷记“应收账款”等账户；按退回货品结转销售成本，借记“主营业务成本”账户，贷记“库存商品”账户。同时，按照退款金额，借记“应收账款”等账户，贷记“银行存款”等账户。

（五）支付手续费方式的委托代销

支付手续费方式的委托代销主要涉及委托方、受托方、买方三者。交易过程是委托方先把商品或服务转移给受托方，这时与代销商品所有权上的主要风险和报酬并没有一并转移给受托方，因此，委托方不能在发出商品时确认收入，而应借记“委托代销商品”账户，贷记“库存商品”账户。只有当受托方把商品售出，商品所有权上的主要风险和报酬才会最终转移给买方。委托方收到受托方开来的委托代销清单时，根据代销清单所列已售商品金额借记“应收账款”账户，贷记“主营业务收入”“应交税费——应交增值税（销项税额）”账户。同时，还应结转已售商品成本，借记“主营业务成本”账户，贷记“委托代销商品”账户。委托方还应按照应支付的代销手续费，借记“销售费用”账户，贷记“应收账款”账户。最后，收到受托方支付的货款时，借记“银行存款”等账户，贷记“应收账款”账户。具体会计处理如图 5-18 所示。

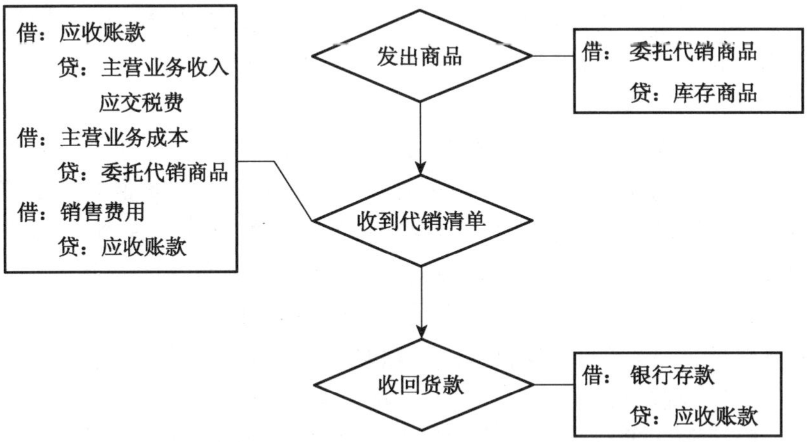

图 5-18 支付手续费方式下委托代销的会计处理

三、商品流通企业电商业务特殊销售方式下收入的核算

（一）存在商业折扣的交易方式

折扣、满减、店铺优惠券等形式是商品流通企业电商业务为了“薄利多销”而制订的一系列促销方式。直接打折是最常见的促销手段之一，满减和店铺优惠券都是买家购买量达到一定金额时企业给予的折扣。以上三种销售行为虽然在形式上有所不同，但是在会计确认上都可以归为商业折扣。我国企业会计准则规定商业折扣应该按折扣后的价款，也就是实际收到的价款确认销售收入。因此，企业在存在商业折扣的交易方式下应该按扣除优惠后的价格确认销售收入。

（二）电商企业包邮的交易方式

免运费是由电商企业承担买家所购商品运费的促销方式。一般情况下，买家在网络交易平台购买商品时需要缴纳运费，并通过第三方将运费与货款一同划转至电商企业账户。但是需要注意的是，该划转并不是电商企业替买家垫付运费的行为，电商企业向买家收取的运费往往高于其最终支付给快递公司的运费。因此，电商企业收取运费时应当一并确认销售收入和增值税税额,而向快递公司支付运费时则确认销售费用,并按照运费的9%计算增值税进项税额。当运费免除后,该运费实际由货款加以弥补,其本质与商业折扣相同。

(三) 搭配、组合销售的交易方式

搭配、组合销售方式是指将两种或两种以上的商品组合成套餐进行捆绑销售,这种方式所需支付的价款小于分别购买的商品价格之和。采用这种方法进行销售是为了提高销售量,实现薄利多销。此时,企业应将商品总价按照两种商品各自单价比例进行分摊,分别确认两种商品的销售收入。

(四) 附有"好评返现"的交易方式

"好评返现"是较为流行的一种新型营销手段,具体做法是:买家在收到货物后,及时确认收货并给出好评以及填写评语,电商企业用支付宝给买家转入一定金额作为奖励。理论上,关于"好评返现"的会计处理是颇具争议的。一般情况下,企业采取这样的方式,是为了督促买家提交评价供后续顾客参考,其主要目的还是促进商品销售,因此会计上将返现作为销售费用处理会比较合适。所以,对于附有"好评返现"的交易方式,买家确认收货时,除了在收回货款时确认收入外,还应将返现的金额作为销售费用处理。

(五) 分期收款的交易方式

网络支付方式越来越多样化,为买家提供了更多选择,支付宝推出的"分期付款"方式日益流行起来。买家在购物付款时选择"分期付款",将要支付给电商企业的货款先存放于余额宝冻结资金中,享受余额宝利息收益。企业采用分期收款方式销售商品,通常情况下货款分期收回的期限不超过1年,金额也不是很大,实际上不具有融资性质,对这类销售方式,应分期确认收入和结转成本,即企业应按照合同约定的收款日期确认销售收入。

在电子商务环境下,传统的会计收入确认原则受到巨大的挑战,我们需要结合电商的特殊交易性质来探索适合这个行业的会计核算方法。当前,我国电子商务业务方兴未艾,对于电子商务业务的收入确认进行统一规范变得越来越重要,但目前国内并没有统一的准则制度来规范这种数字化、网络化、无形化及虚构化电子商务交易形式的收入确认,解决这一问题,电子商务行业会计收入的核算将更加规范化、系统化和科学化。

5-5 扫一扫看课件

本章小结

本章主要学习了零售行业会计核算方法——售价金额核算法,首先,介绍零售商品经营的特点和核算内容;其次,按商品的流转程序介绍零售商品在购进、销售、储存各环节的业务程序、账户设置和会计核算;再次,重点介绍商品流通企业售价金额核算法和已销商品进销差价的计算,以及调价、削价等账务处理;最后,介绍鲜活商品进价记账,盘存计销的内容以及电商企业销售业务的核算,包括电商业务的收入类型、一般销售收入及特殊销售收入的核算。

本章重要概念

零售行业　售价金额核算法　商品进销差价　商品调价　商品削价　商品盘点溢余　商品内部调拨　综合差价率法　分类(组)差价率法　盘存差价计算法

推荐阅读资料

[1] 财政部会计资格评估中心.初级会计实务[M].北京:经济科学出版社,2022.
[2] 张文斌.新会计准则下商品流通企业购进商品的核算方法[J].财会月刊,2008(13).
[3] 李海波,蒋瑛.新编商业会计——商品流通企业会计[M].9版.上海:立信会计出版社,2017.

第六章　包装物、低值易耗品和原材料

- 内容简介
- 学习目的和要求
- 引例
- 第一节　包装物的核算
- 第二节　低值易耗品的核算
- 第三节　原材料的核算
- 本章小结
- 本章重要概念
- 推荐阅读资料

内容简介

商品流通企业存货除了一些商品资产外还包括一些非商品资产，主要有包装物、低值易耗品和原材料等流动资产。本章主要阐述商品流通企业包装物增加和减少的核算，低值易耗品购入、领用和摊销的核算以及原材料的购入、领用和销售等核算。

学习目的和要求

通过学习本章，学生应明确包装物、低值易耗品和原材料的内容和核算范围；掌握包装物、低值易耗品和原材料的购入、领用、出售、摊销、废弃等环节的核算方法以及包装物出租出借业务的账务处理等方面的知识。

引例　国美存货管理模式存在的问题

国美于2004年年初启动了基于BZB的供应链管理项目，力图通过与供应商和独立核算的分子公司之间实现网上“标准”的业务管理、网上“便捷”的账务结算以及提高相互数据交互的“透明化”，达到提高企业内外部供应链管理水平的目的。

国美的这种存货管理模式是一种价值链信息化的存货管理模式。企业的整个存货信息处理系统中包括运输管理、财务管理、设备管理、订单管理及配送管理模块。目前国美运用SAP系统这一先进的信息管理系统能够对数据进行实时的监控，掌握公司存货的最新信息，并及时对其进行优化处理，在数字管理条件下，国美能够对最新的存货变动进行最快的反应，采取相应的措施进行统筹规划。但是该存货管理模式仍然存在着诸多问题。

国美的这种存货管理模式存在的问题主要有以下几点。

(1) 分类管理不到位。国美往往将存货从订货到进入仓库再到发货的流程划分为几个小部分，由不同的部门来承担其中的一部分，而且不是固定承担，虽然从表面上来看，这有效利用了人力资源，节省了人力资源成本，但是无形中却给存货管理带来了风险。

(2) 淡旺季管理措施区分不明显。国美有的部门的管理人员往往是身兼数职，工作任务十分繁重，这样可能导致工作完成的效率不太高，出现误差的风险很高，如果其身兼存货的管理职责，存货管理将十分混乱，而有些部门的管理人员则有时候无事可干。有些部门的管理人员越权对存货进行分配，打乱了原有的存货进出周期，导致缺货成本的产生。

(3) 二类供应商的信息可能导致牛鞭效应。牛鞭效应(又称需求放大)是指，供应链中的各节点企业只根据来自其相邻的下级企业的需求信息来进行生产或供应决策时，需求信息的不真实性会沿着供应链逆流而上，产生逐级放大的现象，从而导致供应商获得的需求信息和实际消费市场中的顾客需求信息发生了很大偏差，由此，上游供应商的库存量激增。对于国美的二类供应商而言，仅仅获得国美存货管理系统中提供的信息是不足以准确估算存货的需求量的，所以当信息的偏差达到一定的程度时，存货需求量的预测将变得十分困难，由此带来的预测偏差将使存货成本得不到有效的控制。

(4) 零供双方的合作失去法律的保障。国美与一类供应商共同采用的是 CPFR 存货管理模式，这个模式要求零供双方的合作非常密切，但是零供双方毕竟是两个独立的企业，都会为自己的利益考虑，虽然双方签订了战略合作的合约，但是国内相关法律的不完善使合同的内容有些时候得不到保障，零供双方在进行合作时总是会显得畏首畏尾，不能与对方进行完全的信息沟通，这种信息不对称的情况有可能使整个供应链的存货成本得不到应有的控制。

以上几个问题的存在，使国美始终不能在存货成本上达到最低，国美应该寻求一种新的库存管理系统，突破传统的条块分割的管理模式，以系统的、集成的管理思想进行库存管理，使存货管理系统能够获得同步化的运作。

资料来源：佚名. 论商业企业存货管理存在的问题及对策[EB/OL].(2020-05-05)[2023-05-05] http://www.sbvv.cn/chachong/5960.html，编者有改动。

第一节 包装物的核算

一、包装物的概述

(一) 包装物的含义

商品流通企业的包装物是其组织商品流通过程中用于盛装和包装商品的物资，如油柜、糖柜、酒坛等。有的用于包装商品，被一次性消耗，如纸袋、纸盒、纸绳、铁丝、铁皮、塑料袋等；有的是用于企业经营而购进的包装物；有的随商品流通而多次周转使用，如麻袋、木桶、铁桶、木箱等。

商品流通企业的包装物作为会计上单列为一类的包装物存货，具有其自身的某些特点：一是它只包括包装容器，不包括诸如纸、绳之类的包装材料；二是会计上单列的包装物存货只包括与商品销售有关的包装物，不包括用于储存和保管商品而不对外出售、出租或出借的包装物。

(二) 包装物的分类

1. 按储存保管地点分类

包装物按其储存保管地点可以分为库存包装物和使用中的包装物，其中库存包装物又可分为库存已用包装物和库存未用包装物两种。

6-1 视频：包装物的分类

2. 按具体用途分类

包装物按其具体用途可以分为四类，具体如下。

(1) 专为储存商品用的容器，如油柜、糖柜、酒坛、油罐等，应按价值大小与使用年限长短，分别以固定资产或低值易耗品核算。

(2) 使用一次就消耗掉的包装物品，如纸袋、纸盒、纸绳、铁丝、铁皮、塑料袋等，购进时作为原材料核算，使用时列入费用开支。

(3) 作为商品而购进的包装物，如回收企业收进的包装物，应在“库存商品”账户核算。

(4) 随商品流通多次周转使用的自有包装物，只有此类包装物才属于“包装物”账户核算的范围。它包括用于包装商品、作为商品组成部分的包装物；随同商品出售而不单独计价的包装物；随同商品出售而单独计价的包装物；出租和出借给购买单位使用的包装物。

包装物的分类如图 6-1 所示。

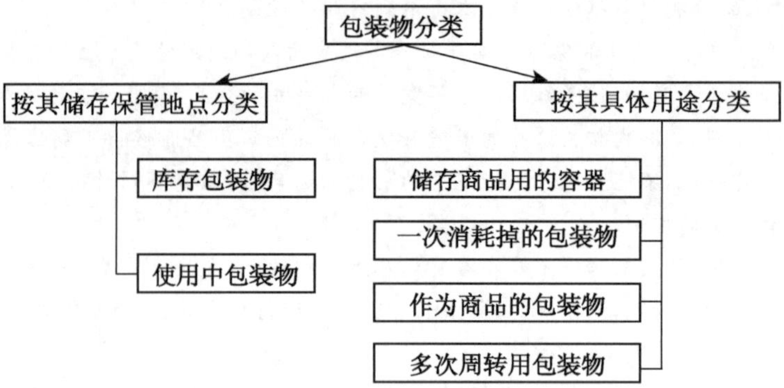

图 6-1　包装物分类图

二、包装物的核算

（一）包装物核算的账户设置

包装物的核算通过“周转材料”账户核算，也可以单独设置“包装物”账户。“包装物”账户是资产类账户，用来核算企业库存的各种包装物的实际成本（包括进价和运杂费等）。借方登记包装物的购进、盘盈等增加数；贷方登记包装物出售、盘亏、摊销、废弃等减少数，借方余额表示结存包装物的实际成本。

“包装物”账户应分库存包装物、出租包装物、出借包装物、摊销包装物设置明细账户。

延伸阅读 6-1

不属于包装物核算的范围

商品流通企业下列项目不应计入包装物的范围核算：

(1) 各种包装材料，如纸、绳、铁丝、铁皮等，应在“原材料”账户中核算；

(2) 用于储存和保管商品而不对外销售的包装物，应按价值大小和使用寿命长短分别在“固定资产”和“低值易耗品”账户中核算；

(3) 企业计划单独列作商品的自制包装物应作为“库存商品”处理。

（二）包装物的账务处理

1. 包装物增加的账务处理

包装物的增加主要是包装物购进的结果。包装物购进分为单独购进和随货购进两种。

1）单独购进

单独购进的包装物应按包装物的进价、购进运杂费等实际成本入账。如支付的运杂费数额较小，又不易划分品种的，也可在“销售费用——包装费”账户核算。

【例 6-1】 华夏公司购进木箱 100 个，每个 100 元，计 10 000 元（增值税税额 1 300 元），另支付运杂费 500 元。木箱已验收入库，款项以银行存款支付。

借：包装物——木箱	10 500	
应交税费——应交增值税（进项税额）	1 300	
贷：银行存款		11 800

2）随货购进

随货购进包装物分为单独计价的和不单独计价的两种。

（1）随货购进单独计价的包装物，一般是批发商品随货购进又随货售出，货款与包装物价款分别进行核算，其运杂费可全部列入“销售费用——运杂费”账户。

6-2 视频：随货购进包装物的核算

【例 6-2】 华夏公司购进甲商品一批，货款 10 000 元，随货购进包装纸箱 20 只，每只计价 15 元，共 300 元，进项税额共计 1 339 元，支付运杂费 200 元，商品已验收入库，货款及运杂费以银行存款支付。

借：库存商品——甲商品	10 000	
包装物——纸箱	300	
应交税费——应交增值税（进项税额）	1 339	
销售费用——运杂费	200	
贷：银行存款		11 839

（2）随货购进不单独计价的包装物，一般是零售商品，随商品购进，不随商品售出。商品售出后，包装物腾空时可作为包装物使用的，应估价记入“包装物”账户；不能作为包装物使用的，估价记入“原材料”账户；既不能作为包装物使用，又不能作为原材料的，可在备查簿中登记，待出售后再行处理。凡估价入账的皆作为“营业外收入”处理。

【例 6-3】 华夏公司购进零售甲商品一批，进价 2 000 元，售价 2 925 元（含税），随货购进不单独计价包装纸箱 20 个，货款以银行存款支付（采用售价金额核算），增值税税率为 13%。

商品验收入库，支付货款时，编制会计分录如下：

借：在途物资——甲商品	2 000	
应交税费——应交增值税（进项税额）	260	
贷：银行存款		2 260
借：库存商品——甲商品	2 925	
贷：在途物资——甲商品		2 000
商品进销差价		925

商品售出，包装物纸箱继续作为包装物使用，每只估价 15 元，编制会计分录如下：

借：包装物——纸箱	300	
贷：销售费用——包装费		300

2. 包装物减少的账务处理

1）包装物领用

企业业务部门需要领用包装物，需填列“包装物领用单”，物资保管部门据以发出包装物，财会部门据以转账，编制会计分录如下：

借：销售费用——包装费

贷：包装物——××

如属领用可供多次周转使用的包装物，可不作账务处理。

2）包装物出售

包装物出售可分为单独出售和随货出售两种情况。

（1）单独出售。商品流通企业的包装物一般自用，不对外单独出售。如有多余或不需用时，也可出售。包装物单独出售时，企业可将收入价款直接冲减“包装物”账户。如发生售价与账面价值不一致的情况时，可将其差额列入“其他业务收入”和“其他业务成本”账户处理。如出售的为旧包装，可视同包装物的摊销，将其摊销额与实际售价的差额列入或冲减“销售费用——包装费”处理。

【例 6-4】 华夏公司出售不需用全新包装纸箱一批，售价为 300 元，增值税税率为 13%，该批包装物的账面价值为 250 元，编制会计分录如下。

收到价款，存入银行：

借：银行存款	339	
贷：其他业务收入		300
应交税费——应交增值税（销项税额）		39

结转包装物成本：

借：其他业务成本	250	
贷：包装物——纸箱		250

【例 6-5】 承[例 6-4]，若华夏公司出售旧的包装纸箱，编制会计分录如下：

借：银行存款	300	
贷：销售费用——包装费（若售价小于账面价则该账户出现在借方）		50
包装物——纸箱		250

（2）随货出售。随货出售的包装物，又可分为单独计价的和不单独计价的两种。

随货出售单独计价的包装物在出售时，企业应在发货票上分别列出商品和包装物的售价，同时计算应交纳的增值税，其核算与包装物单独出售相同。

【例 6-6】 华夏公司向外地的华利公司销售商品一批，售价计 10 000 元，随货出售包装纸箱 50 只，每只 20 元，计价 1 000 元，增值税税率为 13%，计 1 430 元。该批包装纸箱账面价值为每只 15 元，商品已发运，货款及包装物价款已办妥委托银行收款手续，编制会计分录如下：

办妥托收货款手续时：

借：应收账款——华利公司	12 430	
贷：主营业务收入		10 000
其他业务收入		1 000
应交税费——应交增值税（销项税额）		1 430

结转包装物成本：

借：其他业务成本	750	
贷：包装物——纸箱		750

随货出售不单独计价的包装物，在购进时是单独计价的，以“销售费用——包装费”列支，在购进时不单独计价的，则不需要进行单独核算。

3）包装物摊销

包装物在周转使用过程中因不断磨损或自然损耗而减少的一部分价值，应计入企业费用，计入费用的这部分包装物价值，即包装物摊销。摊销时可直接减少“包装物”账面价值，增加“销售费用”。

由于包装物种类繁多，数量大，使用情况复杂，要逐一计算摊销额，有一定困难。本着准确、简化的原则，一般采用下列几种方法计算包装物的摊销额。

(1) 分次摊销法。分次摊销法是根据包装物的使用情况，考虑其残值及预计使用期限或次数，计算摊销额的一种方法。其计算公式如下：

某种包装物每月(次)摊销额＝(该种包装物原值－预计残值)÷预计使用月(次)数

【例 6-7】 华夏公司有包装纸箱 150 只，每只 15 元，预计每只纸箱残值为 0.40 元，使用次数为 10 次，每使用一次的摊销额为：

每次摊销额＝[150×(15－0.4)]÷10＝219(元)

根据计算结果，摊销时编制会计分录如下：

借：销售费用——包装费　　219
　贷：包装物——纸箱摊销　　219

企业采用分次摊销法时，可以按照包装物的使用时间或次数，平均摊销其损耗价值，有利于均衡计算各期的包装费用，但由于各个时期包装物的实际使用和磨损情况不尽相同，这种平均分摊的方法会造成账面价值与实际损耗不相符合的情况。而且这种方法按每种包装物计算摊销额，工作量较大。因此，这种方法适用于使用期限较长、单位价值较高、使用情况较为稳定的包装物。包装物种类繁多、数量较大、周转频繁的企业，为简化手续，可根据历年资料确定一个综合摊销率，将其与上月月末包装物的账面数相乘，计算当月包装物的摊销额。其计算公式如下：

$$包装物月综合摊销率 = \sum 各种包装物月摊销额 \div \sum 各种包装物原值 \times 100\%$$

【例 6-8】 华夏公司上月月末包装物余额为 10 000 元，月综合摊销率为 10%。本月应摊销金额为 1 000 元(10 000×10%)。

(2) 降等摊销法。降等摊销法是企业统一规定包装物等级，在定期盘点包装物时，结合磨损程度重新确定等级，将新等级金额与账面原金额的差额作为包装物摊销额的一种方法。

降等摊销法计算简便，也较准确，但如果包装物品种较多，则计算工作量较大。适用于品种不多、单位价值较高、使用时间较长且等级界限较为明确的包装物。

(3) 盘存估价摊销法。盘存估价摊销法是企业统一规定包装物等级结合包装物定期盘点，按包装物的磨损程度对其重新估价，以新估价值与账面价值的差额作为本期包装物摊销额的一种方法，与降等摊销法类似。这种方法虽手续较为简便，但盘点、估价的工作量较大，一般适用于包装物品种、数量不多的企业。

(4) 一次转销法。一次转销法是在领用包装物时将其全部价值一次计入费用的方法，即借记“销售费用——包装费”账户，贷记“包装物”账户。这种方法手续简便，但费用负担不均衡，一般适用于包装物使用时间短、领用数量不多、价值又较低的品种。

4) 包装物修理与废弃

(1) 包装物修理。在包装物使用过程中，磨损影响其使用效能，为了节约开支，延长包装物的使用寿命,企业对于能修理的包装物,应做好修旧利废工作。修理包装物所发生的费用,皆记入“销售费用——包装费”账户。

【例 6-9】 华夏公司修理木箱 20 只,领用修理用材料 20 元,同时以现金支付临时修理工人工资 50 元,编制会计分录如下:

借:销售费用——包装费　　70
　贷:原材料　　20
　　库存现金　　50

(2) 包装物废弃。对于不能修复、继续使用的包装物,有关部门应按规定办理报废手续,经批准后,财务部门将报废的包装物按其账面净值转入“销售费用——包装费”账户处理。对于废弃包装物残料的变价收入,大于账面净值的,冲减“销售费用——包装费”账户金额;小于账面净值则增加“销售费用——包装费”账户金额。

【例 6-10】 华夏公司报废纸箱一批,账面净值为 150 元,残料出售收入现金 100 元,编制会计分录如下:

借:销售费用——包装费(若售价大于账面价则该账户出现在贷方)　　50
　库存现金　　100
　贷:包装物——纸箱　　150

如果包装物残料暂不处理,报废时,应先按账面净值全数转入“销售费用——包装费”账户,待处理后再冲减“销售费用——包装费”账户金额。

5) 包装物的租入、出租和出借

商品流通企业与其他单位因业务需要可以互相租用或借用包装物。租用或借用时一般要向承租单位收取一定押金,归还时要退还押金,并收取一定租金。

(1) 包装物租入。企业向其他单位租入或借入包装物时,因所有权不属于企业,故应在备查账中按租入或借入包装物的品名、数量进行登记,归还时应予注销。所支付的押金在“其他应收款——存出保证金”账户核算,支付的租金在“销售费用——包装费”账户核算。

【例 6-11】 12 月份,华夏公司租用塑料周转箱 50 只,每只支付押金 40 元,当即签发支票付讫。当月该批塑料周转箱共使用 20 天,每只每天按 25 元计算租金,收到押金抵付租金后的差额支票,存入银行。

支付押金时:

借:其他应收款——存出保证金　　2 000
　贷:银行存款　　2 000

归还包装物,收回押金,支付租金时:

借:银行存款　　1 500
　销售费用——包装费　　500
　贷:其他应收款——存出保证金　　2 000

(2) 包装物出租。企业核算包装物出租业务,可在“包装物”账户下设置“库存未用包装物”“库存已用包装物”两个明细账户。该业务属于商品经营以外的其他业务,应通过“其他业务收入”和“其他业务成本”账户核算。出租包装物若价值比较小,则在第一次出租时结转成本，借记“其他业务成本——出租包装物”账户，贷记“包装物——库存未用包装物”账户。包装物出租所收取的租金记入“其他业务收入”账户。出租包装物按期收回时，如仍能继续使用，应转回“包装物——库存未用包装物”账户；若收回的包装物不能继续使用，则办理报废手续，在“其他业务成本”账户核算，同时将包装物残料价值记入“原材料”账户。

【例 6-12】 华夏公司出租包装物一批，账面价值 500 元，收取押金 1 000 元，租期为 6 个月，每月租金收入 300 元，6 个月后包装物已不能使用，作报废处理，残值估价 120 元，作物料入账。增值税税率为 13%。

包装物出租时：

借：其他业务成本——出租包装物	500	
贷：包装物——库存未用包装物		500

收取包装物押金时：

借：银行存款	1 000	
贷：其他应付款——存入保证金		1 000

每月收取租金时：

借：银行存款	339	
贷：其他业务收入——出租包装物		300
应交税费——应交增值税(销项税额)		39

6 个月期满收回包装物并退回押金时：

借：其他应付款——存入保证金	1 000	
贷：银行存款		1 000

收回的包装物不能使用，残料估价入账：

借：原材料（若包装物可继续使用，该账户为“包装物——库存未用包装物”）	120	
贷：其他业务成本——出租包装物		120

【例 6-13】 承[例 6-12]，若到期后该批包装物未归还，华夏公司没收押金，增值税税率为 13%。

借：其他应付款——存入保证金	1 000	
贷：其他业务收入		885
应交税费——应交增值税(销项税额)		115

(3) 包装物出借。包装物出借的核算与包装物出租基本相同，所不同的是要将“出租包装”明细账户改为“出借包装物”账户进行核算。另外，企业出借包装物不属于其他业务性质，一般不向借用单位收取费用。在借用期间的包装物损耗及修理费，都作为企业“销售费用——包装费”，不作为其他业务成本。

出借包装物时，借记“销售费用”账户，贷记“包装物”账户；

收到押金时，借记“库存现金”或“银行存款”账户，贷记“其他应付款”账户；

出租包装物报废时，借记“原材料(残余价值)”账户，贷记“销售费用”账户；

出租、出借包装物频繁、数量多、金额大的企业对出租出借包装物的成本，也可以采用分次摊销法、一次转销法等方法计算出租、出借包装物的摊销价值，在这种情况下，“包装物”账户应设置“库存未用包装物”“库存已用包装物”“出租包装物”“出借包装物”和“包装物摊销”五个明细账户。

6-3 包装物超重减重的核算

6）包装物的清查

商品流通企业包装物品种繁多，为加强管理，应设置包装物的总分类账和分品种、规格的明细分类账，采用数量、进价金额进行明细核算。实物保管部门要设置数量保管账，定期盘点包装物，并与财会部门进行核对，以保证账账、账实相符。

在盘点过程中，对于包装物的盘盈、盘亏，财会部门要及时调整账目，先将其转入“待处理财产损溢——待处理流动资产损溢”账户，然后查明原因，报经批准后分不同情况进行处理。处理方法与商品溢缺处理方法基本相同。

第二节　低值易耗品的核算

一、低值易耗品的含义

（一）低值易耗品的含义

商品流通企业为了开展正常的经营活动，需要拥有一定数量的除固定资产以外的单位价值比较低、使用期限比较短的办公用具等物品，这些物品就称为低值易耗品，如柜台、货架、桌椅、衡器和一些简易设备等。低值易耗品是指劳动资料中单位价值在 10 元以上、2 000 元以下，或者使用年限在 1 年以内，不能作为固定资产的劳动资料。

低值易耗品具有价值低、使用年限短、品种数量多、更新快、增添频繁等特点，因而将其列入流动资产而非固定资产。但它和固定资产有相似之处，在使用过程中两者的价值都是随着实物的磨损而逐步转移到商品的流通费中，在这过程中其实物形态基本不改变。但两者又有区别，从资金运动角度来看，固定资产在使用中逐渐消耗，它在 1 年以上的时期里多次为商品经营做贡献，企业通过计提折旧将固定资产资金转化为费用；而低值易耗品既不是一次性消耗，也不是在长时期才被消耗，而是在不太长的时期内被逐渐消耗。低值易耗品价值低，易于损坏。因此，低值易耗品的核算具有自己的特点，故将其单列为一类，纳入流动资产管理的范围。

（二）低值易耗品的分类

6-4 视频：低值易耗品的分类

低值易耗品按其用途一般可以分成以下几类。

1. 一般工具

一般工具是指企业在经营过程中直接使用的各种工具，如刀具、夹具、模具及其他各种辅助工具。

2. 包装容器

包装容器是指用于企业内部周转使用，既不出租、也不出借的各种包装物品，如盛放材料、储存商品的木桶、瓷缸等。

3. 劳动保护用品

劳动保护用品是指发给工人用于劳动保护的安全帽、工作服和各种防护用品。

4. 管理用具

管理用具是指管理部门和管理人员用的各种家具和办公用品，如文件柜、打印机等。

5. 其他低值易耗品

其他低值易耗品是指不属于以上各类的低值易耗品。

延伸阅读 6-2

包装物与低值易耗品

商品流通企业中存在随商品流通多次周转使用的自有包装物，只有此类包装物才属于“包装物”账户核算的范围，包括用于包装物商品、作为商品组成部分的包装物，随同商品出售而不单独计价的包装物，随同商品出售而单独计价的包装物，出租和出借给购买单位使用的包装物。

商品流通企业专为储存商品用的容器，如油柜、糖柜、酒坛、油罐等，若价值比较小，使用年限比较短则以“低值易耗品”核算。

二、低值易耗品的核算

(一) 低值易耗品账户的设置

低值易耗品通过“周转材料”账户核算，企业也可以单独设置“低值易耗品”账户核算，该账户是资产类账户，用来核算企业所有低值易耗品的原始进价。借方登记购入及其他原因引起的增加数，贷方登记摊销、废弃、出售及其他原因引起的减少数，其借方余额表示所有在库低值易耗品的实际成本和在用低值易耗品的摊余价值。为了正确反映低值易耗品的在库、在用及摊销情况，应在“低值易耗品”账户下设置“在库”“在用”和“摊销”三个明细账户。低值易耗品如果数额较小，品种难以划分，也可以列入“管理费用——低值易耗品摊销”账户。

(二) 低值易耗品的账务处理

1. 低值易耗品购入的账务处理

低值易耗品购入的账务处理与包装物一样，按其实际成本入账。购进过程中发生的运杂费、包装费等，应计入低值易耗品的实际购进成本。如果企业购进多种低值易耗品而支付的共同性费用数额较小，且不易按品种划分，则可以在“管理费用”账户中列支。

【例 6-14】 华夏公司购入一批货架，价款 2 000 元，进项税额 260 元，运杂费 200 元，所有款项以银行存款支付，货架已验收入库。编制会计分录如下：

借：低值易耗品——在库	2 200	
应交税费——应交增值税(进项税额)	260	
贷：银行存款		2 460

2. 低值易耗品领用的账务处理

企业内部领用低值易耗品，低值易耗品的总数没有发生变化，在会计核算上只需进行明细核算，即在领用时，由“低值易耗品——在库”账户转至“低值易耗品——在用”账户。

【例 6-15】 华夏公司管理部门领用打印机一台，价值 1 000 元。编制会计分录如下：

借：低值易耗品——在用	1 000	
贷：低值易耗品——在库		1 000

3. 低值易耗品摊销的账务处理

低值易耗品在使用过程中不断发生损耗，这部分磨损的价值，要列入企业费用，即摊销额。因此，在领用低值易耗品的同时，财会部门就将其损耗的一部分价值摊入费用。低值易耗品的摊销方法，应按不同低值易耗品的价值大小、使用期限长短分别确定。目前商业企业采用的摊销方法一般有一次转销法、分次摊销法等。

（1）一次转销法。一次转销法是指在低值易耗品被领用时，将其全部价值一次转入"管理费用——低值易耗品摊销"账户的摊销方法。这种摊销方法手续简便，但一次转入费用，与实际损耗情况不符，不利于管理。因此，适用于价值较低、使用期短、一次领用数量不多的物品。

【例 6-16】 华夏公司管理部门领用文件夹一批，价值 300 元。编制会计分录如下：

领用时直接摊销：

借：管理费用——低值易耗品摊销　　300
　　贷：低值易耗品——在库　　300

（2）分次摊销法。分次摊销法是指在低值易耗品被领用时，按预计的使用时间，分次将平均价值摊入费用的摊销方法。在这种摊销方法下，企业不同时期费用负担比较均衡，它适用于单位价值较高、使用期限较长的物品。这种方法在核算上适用于价值大、待摊时间超过 1 年的低值易耗品。

【例 6-17】 华夏公司管理部门领用打印机 3 台，价值 3 000 元。采用分次摊销法分 10 次摊销，估计残值 100 元，编制会计分录如下。

领用时：

借：低值易耗品——在用　　3 000
　　贷：低值易耗品——在库　　3 000

每次摊销额＝(3 000－100)÷10＝290(元)

摊销时：

借：管理费用——低值易耗品摊销　　290
　　贷：低值易耗品——摊销　　290

【例 6-18】 承[例 6-17]，该打印机分两次摊销完，编制会计分录如下。

领用时：

借：低值易耗品——在用　　3 000
　　贷：低值易耗品——在库　　3 000

首次摊销时：

借：管理费用——低值易耗品摊销　　1 500
　　贷：低值易耗品——摊销　　1 500

报废时第二次推销：

借：管理费用——低值易耗品摊销　　1 500
　　贷：低值易耗品——摊销　　1 500

同时：

借：低值易耗品——摊销　　3 000
　　贷：低值易耗品——在用　　3 000

4. 低值易耗品修理的账务处理

低值易耗品在使用过程中会发生损坏，为了延长其寿命，充分发挥其使用效能，必须做好在用低值易耗品的日常维修工作。所发生的修理费用，在“管理费用——修理费”账户列支。

5. 低值易耗品报废的账务处理

对于不能继续使用的低值易耗品，财会部门应填制“低值易耗品报废单”办理报废手续。报废时应按不同的摊销方法进行账务处理。

(1) 一次转销法。将报废的残料价值作为低值易耗品摊销的减少，冲减管理费用。

【例 6-19】 承[例 6-16]，该批文件夹报废，以现金 20 元将残料出售，编制会计分录如下：

借：库存现金	20	
贷：管理费用——低值易耗品摊销		20

(2) 采用分次摊销法。将摊余价值扣除残料的数额，作为报废低值易耗品的摊销额计入管理费用。

【例 6-20】 承[例 6-17]，该批打印机报废，原值 3 000 元。已摊销 2 900 元，残值估价 120 元，编制会计分录如下：

借：原材料（残料价值）	120	
贷：低值易耗品——在用（摊余价值）		100
管理费用——低值易耗品摊销（摊余价值大于残料估计该账户在借方）		20

【例 6-21】 承[例 6-18]，该批打印机报废，实际价值 3 000 元。已摊销 1 500 元，报废时估计残值 400 元，编制会计分录如下。

报废时：

借：管理费用——低值易耗品摊销	1 500	
贷：低值易耗品——摊销		1 500

同时：

借：低值易耗品——摊销	3 000	
贷：低值易耗品——在用		3 000

报废材料，作价入库时：

借：原材料	400	
贷：管理费用——低值易耗品摊销		400

上述会计分录也可合并如下：

借：原材料（残料价值）	400	
管理费用——低值易耗品摊销（差额）	1 100	
低值易耗品——摊销（已提摊销）	1 500	
贷：低值易耗品——在用（摊余价值）		3 000

6. 低值易耗品出售的账务处理

企业有多余或不需用的低值易耗品，可以出售给其他单位，按质论价进行结算。新的低值易耗品出售，可直接减少“低值易耗品——在库”账户数额；如果低值易耗品属于在用的，要减少"低值易耗品——在用"账户及摊销明细账户的数额。

【例 6-22】 华夏公司出售管理部门在用储物柜一批,实际成本为 2 000 元,已摊销 50%,按账面摊余价值出售。款已收到,存入银行,编制会计分录如下:

借:银行存款	1 130	
贷:其他业务收入		1 000
应交税费——应交增值税(销项税额)		130

同时结转成本:

借:其他业务成本	1 000	
低值易耗品——摊销(已摊销的价值)	1 000	
贷:低值易耗品——在用(原始价值)		2 000

如果出售的价格大于或小于账面摊余价值,其差额应调整低值易耗品的摊销额,或增加"管理费用——低值易耗品摊销"账户数额。

【例 6-23】 承[例 6-22],若该批储物柜以 800 元出售,编制会计分录如下:

借:银行存款	904	
贷:其他业务收入		800
应交税费——应交增值税(销项税额)		104

同时结转成本:

借:其他业务成本(成本=售价)	800	
低值易耗品——摊销(已摊销的价值)	1 000	
管理费用——低值易耗品摊销(差额)	200	
贷:低值易耗品——在用(原始价值)		2 000

7. 低值易耗品清查的账务处理

对于低值易耗品清查盘点中的盘盈和盘亏,企业要及时进行账面数字调整,将其转入"待处理财产损溢——待处理流动资产损溢"账户,查明原因,经批准后,分别情况,予以转账。属于溢余的,作为企业收益,冲减"管理费用"账户;属于短缺责任事故造成的,由责任人赔偿,以"其他应收款"处理;原因不明的,作为企业损失,以增加"管理费用"处理。

第三节 原材料的核算

商品流通企业的原材料是指用于业务经营、设备维修、劳动保护、办公、生活等方面的材料、物品、燃料、饲料、药剂等。这些材料是保证企业经营活动所不可缺少的物质条件。

一、原材料账户的设置

原材料的核算是通过"原材料"账户进行的。它是资产类账户,用来核算企业除包装物、低值易耗品和在建工程用的原材料以外的各种材料、用品的实际成本。借方登记企业购入并已入库的原材料的实际成本及盘盈原材料的增加数;贷方登记原材料由于领用、出售、盘亏等产生的减少数,其借方余额表示结存原材料的实际成本。

二、原材料的账务处理

(一) 原材料购入的账务处理

企业购进的原材料应按实际成本入账。原材料的实际成本包括进价、购进原材料时的运杂费等。如果购进多种原材料所发生的运杂费数额较小且又不易划分品种，也可直接作为费用开支。

【例 6-24】 华夏公司向华美公司购入甲材料一批用于生产经营。价款 1 000 元，进项税额 130 元，发生运杂费 100 元。材料已验收入库，款项尚未支付。编制会计分录如下：

借：原材料——甲材料　　1 100
　　应交税费——应交增值税(进项税额)　　130
　　贷：应付账款——华美公司　　1 230

日后，华夏公司向华美公司以转账支票支付上述款项款。编制会计分录如下：

借：应付账款——华美公司　　1 230
　　贷：银行存款　　1 230

(二) 原材料领用的账务处理

企业内部有关部门领用原材料，应填制一式数联“原材料领用单”，其中一联交原材料保管部门据以减少结存数量；一联交财会部门根据原材料用途分别记入“销售费用”“管理费用”或其他有关账户。领用的原材料可按“先进先出法”“加权平均法”“移动加权平均法”“个别计价法”等方法计算成本和转账。

6-5 视频：原材料的核算

延伸阅读 6-3

存货的计价方法

1. 先进先出法

先进先出法是以先购入的存货应先发出(销售或耗用)这样一种存货实物流动假设为前提，对发出存货进行计价的方法。采用这种方法，先购入的存货成本在后购入存货成本之前转出，即先购入存货的成本先转出，企业据此确定发出存货和期末存货的成本。

2. 月末一次加权平均法

月末一次加权平均法是指以当月全部进货数量加上月初存货数量作为权数，去除当月全部进货成本加上月初存货成本，计算出存货的加权平均单位成本，以此为基础计算当月发出存货的成本和期末存货的成本的方法。

3. 移动加权平均法

移动加权平均法是指以每次进货的成本加上原有库存存货的成本，除以每次进货数量与原有库存存货的数量之和，据以计算移动加权平均单位成本，作为在下次进货前计算各次发出存货成本的依据的方法。

4. 个别计价法

个别计价法亦称个别认定法、具体辨认法、分批实际法，是指逐一辨认各批发出存货和期末存货所属的购进批别或生产批别，分别按其购入或生产时所确定的单位成本计算各批发出存货和期末存货的成本的方法。即把每一种存货的实际成本作为计算发出存货成本和期末存货成本的基础，达到了存货的成本流转与实物流转完全一致。

【例 6-25】 华夏公司管理部门领用甲材料一批用于维修，价值 500 元。编制会计分录如下：

借：管理费用——修理费　　500
　　贷：原材料——甲　　500

(三) 原材料出售的账务处理

企业购进的原材料如有多余或不需用部分，为避免积压，可以对外出售。对外出售的收入应通过"其他业务收入"账户处理，其销售成本应通过"其他业务成本"账户处理。

【例 6-26】 华夏公司出售给华丽公司甲材料一批，账面价值 500 元，售价 600 元。增值税税率 13%，款项全部收到存入银行，编制会计分录如下。

收到价款时：

借：银行存款　　678
　　贷：其他业务收入　　600
　　　　应交税费——应交增值税（销项税额）　　78

结转材料销售成本：

借：其他业务成本　　500
　　贷：原材料——甲材料　　500

(四) 原材料清查的账务处理

企业应加强对原材料的管理，建立健全原材料收、发、领用及核算制度。财会部门设置原材料的总分类账和按类别、品种、规格等分户的明细分类账，采用数量金额进行核算，物资保管部门要建立数量保管账，并定期进行清查盘点。盘点时，财会部门要对总账与明细账、明细账与物资保管部门的保管账、保管账与实物进行核对，以达到账账、账实相符。

在清查盘点中发生的盘盈和盘亏数，要及时转入"待处理财产损溢"账户，并查明原因，及时处理。

6-6 扫一扫看课件

本章小结

本章主要学习商品流通企业非商品流动资产的核算，包括包装物、低值易耗品和原材料核算，这些都是开展商品经营活动的物质基础。

本章重要概念

包装物　低值易耗品　一次转销法　分次摊销　原材料

推荐阅读资料

[1]《企业会计准则——基本准则》(2018).
[2] 李海波，蒋瑛. 新编商业会计——商品流通企业会计[M]. 9 版. 上海：立信会计出版社，2017.
[3] ATEP 项目组. 商业会计实务[M]. 北京：清华大学出版社，2013.

第七章　固定资产、无形资产及其他资产

内容简介

本章主要讲述固定资产的含义、特征及分类、固定资产的初始计量、固定资产的折旧、固定资产后续支出、固定资产处置、固定资产盘盈盘亏的会计处理。无形资产的含义，外购、投资者投入、内部研究开发取得无形资产的会计处理，以及无形资产后续摊销和处置的会计处理。其中固定资产的初始计量、固定资产后续支出及固定资产处置，取得无形资产的会计处理、后续摊销和处置的会计处理是本章需要掌握的重难点。

学习目的和要求

通过学习本章，学生应掌握商品流通企业通过外购、自行建造、投资转入、接受捐赠等方式取得固定资产的会计处理，固定资产折旧，固定资产处置，固定资产盘盈盘亏的会计处理；掌握外购、投资者投入、内部研究开发取得无形资产的会计处理，无形资产摊销、出售、报废业务的会计处理；了解固定资产的含义、特征与分类，固定资产的后续支出；了解无形资产初始计量、后续计量及无形资产处置等问题的有关会计规定。

引例　土地使用权是否都属于无形资产?

土地使用权不一定都属于无形资产，企业应根据使用的目的不同采用不同的处理方法。

(1) 企业通过外购方式取得的土地使用权通常应确认为无形资产。

(2) 土地使用权用于自行开发建造厂房等地上建筑物时，土地使用权的账面价值不与地上建筑物合并计算，土地使用权仍作为无形资产进行核算，对土地使用权与地上建筑物分别进行摊销和提取折旧。即土地使用权记入“无形资产”账户，地上建筑物最终记入“固定资产”账户。

(3) 房地产开发企业取得的土地使用权用于建造对外出售的房屋建筑物时，相关的土地使用权应当计入所建造的房屋建筑物成本。

(4) 企业外购房屋建筑物，实际支付的价款中包括土地以及建筑物的价值，则应当对支付的价款按照合理的方法(例如，公允价值)在土地和地上建筑物之间进行分配；如果确实无法在地上建筑物与土地使用权之间进行合理分配，应当将地上建筑物与土地使用权全部作为固定资产核算。

(5) 企业改变土地使用权的用途，将其用于出租或增值目的时，应将其转为“投资性房地产”。

第一节 固定资产概述

一、固定资产的含义及确定标准

（一）固定资产的含义

《企业会计准则第 4 号——固定资产》规范了固定资产的确认、计量和相关信息的披露。

固定资产准则规定，固定资产是指同时具有下列特征的有形资产。

1. 固定资产是企业为生产商品、提供劳务、出租或经营管理而持有的

企业持有固定资产的目的是生产商品、提供劳务、出租或经营管理，这意味着，企业持有的固定资产是企业的劳动工具或手段，而不是直接用于出售的产品。其中“出租”的固定资产，是指用于出租的机器设备类固定资产，不包括以经营租赁方式出租的建筑物，后者属于企业的投资性房地产，不属于固定资产。

2. 固定资产使用寿命超过一个会计年度

固定资产的使用寿命，是指企业使用固定资产的预计时间，或者该固定资产所能生产产品或提供劳务的数量。通常情况下固定资产的使用寿命是指使用固定资产的预计期间，如自用房屋建筑物的使用寿命或使用年限。某些机器设备或运输设备等固定资产，其使用寿命往往以该固定资产所能生产产品或提供劳务的数量来表示。例如，发电设备按其预计发电量估计使用寿命，汽车或飞机等按其预计行驶里程估计使用寿命。固定资产使用寿命超过一个会计年度，意味着固定资产属于长期资产，随着固定资产的使用和磨损，企业通过计提折旧方式逐渐减少其账面价值。对固定资产计提折旧，是对固定资产进行后续计量的重要内容。

3. 固定资产为有形资产

固定资产具有实物特征，这一特征将固定资产与无形资产区别开来。有些无形资产可能同时符合固定资产的其他特征，如一些无形资产是企业为生产商品、提供劳务而持有的，其使用寿命超过一个会计年度，但是，由于其没有实物形态，所以不属于固定资产。

（二）固定资产的确定标准

根据固定资产准则的规定，按固定资产是否属于生产经营主要设备的物品，其确定的标准分别如下。

（1）属于生产经营主要设备的物品，需满足使用寿命超过一个会计年度的条件（无单位价值的要求）。

（2）不属于生产经营主要设备的物品，需同时满足以下两个条件：① 单位价值在 2 000 元以上；② 使用寿命超过 2 年。

商品流通企业在遵循固定资产准则的前提下，需根据本企业的实际情况，制定适合本企业的固定资产确定标准。例如，A 公司的规模相对较大，它可以将用于生产经营主要设备、寿命超过一个会计年度、单位价值在 3 000 元以上的物品确认为本公司的固定资产。B 公司的规模相对较小，它可以将用于生产经营主要设备、寿命超过一个会计年度、单位价值在 1 000 元以上的物品确认为本公司的固定资产。固定资产标准一旦确定，不得随意改变。

二、固定资产的分类

由于固定资产的数量繁多，为了便于固定资产的实物管理和价值核算，企业需要对固定资产进行科学、合理的分类。

固定资产可以按经济用途、使用情况、所有权归属、性能、来源渠道等进行分类。以下仅对按经济用途和使用情况的分类加以说明。

（一）固定资产按经济用途分类

商品流通企业的固定资产按照经济用途可以划分为经营用固定资产和非经营用固定资产。

（1）经营用固定资产是指直接参加或者直接服务于生产经营过程的各种固定资产，如用于企业生产经营的房屋、建筑物、机器设备、运输设备、工具器具等。

（2）非经营用固定资产是指不直接服务于生产经营过程的各种固定资产，如用于职工住宿、公共福利、文化娱乐、卫生保健等方面的房屋、建筑物、设施和器具等。

（二）按照使用情况分类

固定资产按照使用情况可以划分为使用中固定资产、未使用固定资产、出租固定资产、不需用固定资产四大类。

（1）使用中的固定资产是指商品流通企业正在使用的经营用和非经营用固定资产。

需要注意的是，以下固定资产也属于使用中的固定资产：① 商品流通企业的房屋及建筑物无论是否在实际使用中，都为使用中固定资产；② 由于季节性生产经营或者大修理等原因而暂时停止使用以及存放在生产车间或者经营场所用于备用、轮换使用的固定资产，也属于使用中的固定资产。

以上①与②所指的固定资产照提折旧。

（2）未使用固定资产是指已购建完成但尚未交付使用的新增固定资产以及进行改建、扩建等暂时脱离生产经营过程的固定资产。

（3）出租固定资产是指企业根据租赁合同的规定，以经营租赁的方式出租给其他企业临时使用的固定资产。

（4）不需用固定资产是指本企业多余或者不适用、待处置的固定资产。

第二节 固定资产的初始计量

一、固定资产的计价

从取得固定资产的角度而言，固定资产成本的计量就是以货币为计量单位计算固定资产的价值额。

1. 原始价值

原始价值简称原价或原值，也称实际成本、历史成本等，是指取得某项固定资产时和直至使该项固定资产达到预定可使用状态前所实际支付的各项必要的、合理的支出。一般包括买价、进口关税、运输费、场地整理费、装卸费、安装费、专业人员服务费和其他税费等。

2. 净值

净值是固定资产的原始价值减去累计折旧、减值后的余额。

3. 重置完全价值

重置完全价值是指在现在的生产技术和市场条件下，重新购置同样的固定资产所需支付的全部代价。重置完全价值所反映的是固定资产的现时价值。

重置完全价值本身具有经常变化的特点，因此其在会计实务中的可操作性受到一定限制。实务中，企业在无法取得固定资产的原始价值时，才会以重置完全价值对固定资产的成本进行计量，如盘盈固定资产、接受捐赠固定资产（捐赠方没有提供有关凭据时）。

二、取得方式不同的固定资产的初始计量

固定资产的初始计量是指商品流通企业最初取得固定资产时对其入账价值的确定。固定资产的来源渠道不同，其入账价值的构成内容、账务处理程序也会有所不同。

（一）外购的固定资产

商品流通企业外购固定资产的成本，包括购买价款、相关税费、使固定资产达到预定可使用状态前所发生的可归属于该项资产的运输费、装卸费、安装费和专业人员服务费等。

7-1 视频：外购固定资产

外购固定资产按是否达到预定可使用状态，分为不需安装固定资产及需安装固定资产两类。

1. 外购不需安装的固定资产

7-2 扫一扫练一练

(1) 账户设置。企业应设置“固定资产”账户。

(2) 外购不需安装固定资产的会计核算。商品流通企业购入不需安装的固定资产时，按其入账价值借记“固定资产”账户，根据可以抵扣的进项税额借记“应交税费——应交增值税（进项税额）”，贷记“银行存款”等账户。

7-3 练一练参考答案

具体会计分录如下：

借：固定资产
　　应交税费——应交增值税（进项税额）
　　贷：银行存款等账户

如果是小规模纳税人购进固定资产，则增值税不可以抵扣，直接计入固定资产的初始入账成本：

借：固定资产
　　贷：银行存款等账户

【例 7-1】 华夏商贸公司购入一台不需要安装即可投入使用的运输设备，取得的增值税专用发票上注明的设备价款为 20 000 元，增值税税额为 2 600 元，另支付运杂费 200 元，款项以银行存款支付。

① 如果华夏商贸公司为增值税的一般纳税人，则增值税可以抵扣。

借：固定资产	20 200	
应交税费——应交增值税（进项税额）	2 600	
贷：银行存款		22 800

② 如果华夏商贸公司为小规模纳税人，则增值税不可以抵扣，需计入固定资产的初始入账成本。

借：固定资产	22 800	
贷：银行存款		22 800

2. 外购需安装的固定资产

外购需安装的固定资产时，从固定资产运抵企业到交付使用，尚需经过安装和调试过程，并会发生安装调试成本。因此外购需安装固定资产的成本除了包括购买价款、相关税费、运输费、装卸费等还包括安装费和专业人员服务费等。即固定资产达到预定可使用状态前的合理的支出均应计入固定资产的初始成本中。

(1) 账户设置。商品流通企业应设置“在建工程”账户，反映企业期末各项未完工程的实际支出，包括需交付安装的设备价值、未完建筑工程已经耗用的材料、工资和费用支出、预付出包工程的价款等。

(2) 外购需安装固定资产的会计核算。外购需要安装的固定资产先通过“在建工程”账户核算购置固定资产所支付的价款、运输费和安装成本等，待固定资产安装完毕并达到预定可使用状态后，再将“在建工程”账户归集的成本一次转入“固定资产”账户。

编制会计分录如下。

① 购入需要安装的固定资产：

借：在建工程
　应交税费——应交增值税（进项税额）
　贷：银行存款

② 在安装的过程中发生的安装调试等费用：

借：在建工程
　贷：银行存款

③ 安装结束，固定资产达到预定使用状态，将“在建工程”账户收集的成本转入“固定资产”账户：

借：固定资产
　贷：在建工程

【例 7-2】 华夏商贸公司于 2×22 年 10 月 5 日购入一台需要安装的打印机，发票上注明设备价款 10 000 元，增值税税额 1 300 元（可以抵扣），支付的运杂费、装卸费等合计 900 元，10 月 30 日支付安装费 1 000 元，以上款项均通过银行支付。11 月 10 日该专用设备达到预定可使用状态。其账务处理如下。

① 10 月 5 日，购入：

借：在建工程	10 900	
应交税费——应交增值税（进项税额）	1 300	
贷：银行存款		12 200

② 10 月 30 日，支付安装费：

借：在建工程　　1 000

　　贷：银行存款　　1 000

③ 11 月 10 日，该专用设备达到预定可使用状态：

借：固定资产　　11 900

　　贷：在建工程　　11 900

（二）自行建造的固定资产

固定资产准则规定，自行建造固定资产的成本由建造该项资产达到预定可使用状态前所发生的必要支出构成。其包括工程用物资成本、人工成本、缴纳的相关税费、应予资本化的借款费用以及应分摊的间接费用等。

自行建造固定资产应先通过“在建工程”账户核算，当工程达到预定可使用状态时，再从“在建工程”账户转入“固定资产”账户。

在建工程发生减值的，应根据所确认的资产减值金额，借记“资产减值损失”账户，贷记“在建工程减值准备”账户。

7-4 视频：自行建造的固定资产

商品流通企业自行建造固定资产包括自营建造和出包建造两种方式。无论采用何种方式，所建工程都应当按照实际发生的支出确定其工程成本。

自行建造固定资产采用的方式不同，其会计处理也有所不同。

7-5 扫一扫练一练

1. 自营方式建造固定资产

自营方式建造固定资产，是指商品流通企业自行组织工程物资采购、自行组织施工人员从事工程施工完成固定资产建造。

实务中，商品流通企业较少采用自营方式建造固定资产，多数情况下采用出包方式。如果商品流通企业采用自营方式建造固定资产，也多指自制专用设备等有形动产。

7-6 练一练参考答案

商品流通企业如有以自营方式建造固定资产的情况，其成本应当按照直接材料、直接人工、直接机械施工费等计量。

1）账户设置

（1）设置“工程物资”账户，核算工程物资的采购成本，该账户属于资产类账户。商品流通企业为建造固定资产准备的各种物资应当按照实际支付的买价、运输费、保险费等相关税费作为实际成本，并按照各种专项物资的种类进行明细核算。

资产负债表中“工程物资”项目，反映企业尚未使用的各项工程物资的实际成本。本项目根据“工程物资”账户的期末余额填列。

（2）设置“在建工程”账户，企业发生的工程成本应通过“在建工程”账户核算，工程完工达到预定可使用状态时，将收集的成本从“在建工程”账户转入“固定资产”账户。

2）自营方式建造固定资产的会计处理

【例 7-3】 华夏商贸公司利用剩余生产能力自行制造一台运输设备，购入工程物资 58 500 元，其中价款 50 000 元，增值税额 6 500 元，工程物资验收入库，银行存款支付。

会计处理如下：

借：工程物资　　50 000

　　应交税费——应交增值税（进项税额）　　6 500

　　贷：银行存款　　56 500

7-7 扫一扫练一练

7-8 练一练参考答案

2. 出包方式建造固定资产

出包工程是指企业委托建筑公司等其他单位进行的固定资产建造工程。企业的新建、改建、扩建等建设项目,通常均采用出包方式。

1）出包工程的成本构成

商品流通企业以出包方式建造的固定资产,其成本由建造该项固定资产达到预定可使用状态前所发生的必要支出构成,包括发生的建筑工程支出、安装工程支出以及需分摊计入各固定资产价值的待摊支出。

2）出包工程的账务处理

商品流通企业应设置“在建工程”账户,核算企业与建造承包商办理工程价款的结算业务。

具体业务如下：

(1) 商品流通企业支付给建造承包商的工程价款作为工程成本。商品流通企业应按合理估计的工程进度和合同规定支付进度,款进行账务处理,借记“在建工程——建筑工程——××工程”“在建工程——安装工程——××工程”等账户,贷记“银行存款”等账户。

(2) 工程完成时,按合同规定补付工程款时,借记“在建工程”账户,贷记“银行存款”等账户。

(3) 当商品流通企业将需安装设备运抵现场安装时,借记“在建工程——在安装设备——××”账户,贷记“工程物资——××设备”账户。

(4) 商品流通企业为建造固定资产发生的待摊支出,借记“在建工程——待摊支出”账户,贷记“银行存款”“应付职工薪酬”“长期借款”等账户。

(5) 工程达到预定可使用状态时,结转出包工程的成本,借记“固定资产”账户,贷记“在建工程——建筑工程”“在建工程—安装工程”“在建工程—待摊支出”等账户。

【例 7-4】 华夏商贸公司将一幢营业用房的建造工程出包给丙公司承建,2×22 年 4 月 3 日按合理估计的发包工程进度和合同规定与丙公司结算进度款 600 000 元,增值税税率为 9%,增值税税额 54 000 元。12 月 22 日工程完工后,收到丙公司有关工程结算单据,补付工程款 400 000 元,增值税税率为 9%,增值税税额 36 000 元。12 月 31 日工程完工并达到预定可使用状态。该企业会计处理如下。

① 4 月 3 日,按合理估计的发包工程进度和合同规定支付进度款向丙公司结算进度款时：

借：在建工程　600 000
　　应交税费——应交增值税(进项税额)　54 000
　　贷：银行存款　654 000

② 12 月 22 日,补付工程款时：

借：在建工程　400 000
　　应交税费——应交增值税(进项税额)　36 000
　　贷：银行存款　436 000

③ 12 月 31 日,工程完工并达到预定可使用状态时：

借：固定资产　1 000 000
　　贷：在建工程　1 000 000

(三) 投资转入的固定资产

接受固定资产投资的商品流通企业，在办理了固定资产移交手续之后，应按投资合同或协议约定的价值加上应支付的相关税费作为固定资产的入账价值，但合同或协议约定价值不公允的除外。

1. 账户设置

(1) "实收资本"或"股本"账户按投入资本在注册资本或股本中所占的份额计入。一般商品流通企业(指除股份有限公司以外的企业)接受投资，记入"实收资本"账户；股份有限公司接受投资，记入"股本"账户。

接受投资方按投资人或股东设明细账户核算，如"实收资本——A公司""股本——B股东"。

(2) "资本公积"账户用于核算"固定资产"的入账价值与"实收资本/股本"之间的差额。一般企业将差额记入"资本公积——资本溢价"账户；股份有限公司将差额记入"股本——股本溢价"账户。

2. 会计核算

按取得固定资产的入账价值，借记"固定资产"账户，可以抵扣的进项税额，借记"应交税费——应交增值税(进项税额)"账户，贷记"实收资本"或"股本"账户，差额部分记入"资本公积——资本溢价"或"资本公积——股本溢价"账户。即：

借：固定资产
　　应交税费——应交增值税(进项税额)
　　贷：实收资本/股本
　　　　资本公积——资本溢价/股本溢价

【例 7-5】 2×22 年 5 月，华夏商贸公司根据投资各方达成的协议，以合同约定的价值作为投资各方投入资本的入账价值。在各方的投资中，A 股东以一台不需安装的设备作为投资，并收到增值税专用发票，价款 1 000 000 元，增值税额 130 000 元，按协议可折换成每股面值为 1 元、数量为 800 000 股股票的股权。B 股东以一栋厂房作为投资，合同约定价值为 2 000 000 元，按协议可折换成每股面值为 1 元、数量为 1 600 000 股股票的股权。

会计处理如下。

① 接受 A 股东投入设备：

借：固定资产	1 000 000	
应交税费——应交增值税(进项税额)	130 000	
贷：股本——A 股东		800 000
资本公积——股本溢价		330 000

② 接受 B 股东投入厂房：

借：固定资产	2 000 000	
贷：股本——B 股东		1 600 000
资本公积——股本溢价		400 000

(四) 接受捐赠的固定资产

企业接受捐赠的固定资产，应根据具体情况合理确定其入账价值，其会计处理流程如

图 7-1 所示。

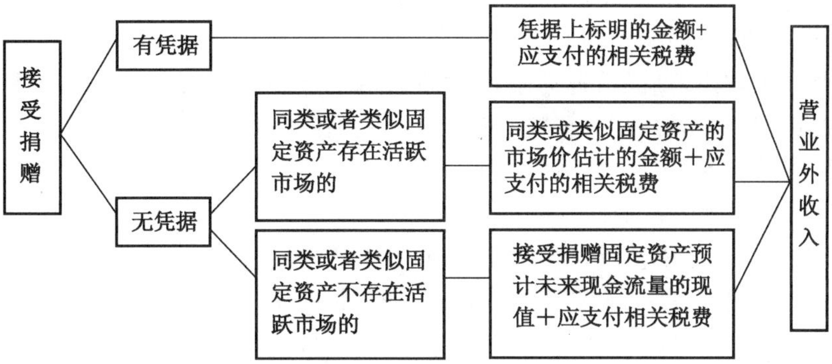

图 7-1　接受捐赠的固定资产的会计处理流程图

捐赠利得是指商品流通企业接受外部现金或非现金资产捐赠而获得的利得，应记入“营业外收入——捐赠利得”账户；接受捐赠的固定资产，如可以抵扣进项税额的，应借记“应交税费——应交增值税（进项税额）”账户。

【例 7-6】 华夏商贸公司接受 A 公司一台设备的捐赠，捐赠者提供的有关凭据上标明的价款为 10 000 元，增值税税额为 1 300 元，办理产权过户手续时支付相关税费 500 元。

借：固定资产	10 500	
应交税费——应交增值税（进项税额）	1 300	
贷：营业外收入——捐赠利得		11 300
银行存款		500

第三节｜固定资产的后续计量

固定资产的后续计量是指确定固定资产在其后期存续过程中变化的价值金额以及最终价值额。

后续计量主要包括固定资产折旧的计提、减值损失的确定，以及后续支出的计量。

一、固定资产折旧

（一）固定资产折旧的含义

固定资产折旧是指在固定资产使用寿命内按照确定的方法对应计折旧额进行系统分摊。

商品流通企业取得固定资产是由于固定资产能够在未来给企业带来一定的经济利益，商品流通企业的固定资产可以长期参加生产经营活动而仍保持其原有实物形态，其价值随着固定资产的使用而逐渐转移到生产的产品中或构成企业的费用，并通过销售产品收回货款将这部分价值损耗得到补偿，这部分随固定资产损耗而逐渐转移的价值即为固定资产的折旧。

固定资产折旧的过程，实际上是一个持续的成本分配过程。折旧就是企业采用合理而系统的分配方法将固定资产的取得成本在固定资产的经济使用年限内进行合理分配，使之与企业各期的收入相配比,以正确确认企业的损益。

(二)固定资产折旧范围及影响折旧的因素

1. 固定资产的折旧范围

固定资产准则规定,商品流通企业应对所有的固定资产计提折旧,通常情况下,以下固定资产不计提折旧。

(1)已足额提取折旧但仍继续使用的固定资产。

(2)单独估价作为固定资产入账的土地。

企业在确定计提折旧的范围时还应注意,固定资产应当按月计提折旧。当月增加的固定资产,当月不计提折旧,从下月起计提折旧;当月减少的固定资产,当月仍计提折旧,从下月起不计提折旧。

2. 影响固定资产折旧的因素

影响固定资产折旧的因素主要有以下几个方面。

(1)固定资产的原始价值。原始价值指固定资产的实际取得成本,也称为折旧基数。以原始价值作为计算折旧的基数,可以使折旧的计算建立在客观的基础上,不容易受会计人员主观因素的影响。

(2)固定资产的预计净残值。预计净残值指假定固定资产预计使用寿命已满并处于使用寿命终了时,企业能够从该项固定资产处置中获得的扣除预计处置费用后的金额。

实务中,企业一般通过固定资产报废清理时的预计残值收入扣除预计清理费用后的净值来确定预计净残值。其中预计残值收入指固定资产报废清理时预计可收回的器材、零件、材料等残料价值收入;预计清理费用指固定资产报废清理时预计发生的拆卸、整理、搬运等费用。我国《企业所得税法》规定了固定资产净残值比例标准,即固定资产净残值比例应在其原价的5%以内,具体比例由企业自行确定。固定资产原始价值减去预计净残值之后的数额为固定资产应计提折旧总额。

(3)固定资产的减值准备。固定资产减值准备指固定资产已计提的减值准备的累计金额。固定资产计提减值准备后,企业应当在其剩余使用寿命内根据调整后的固定资产账面价值(固定资产账面余额扣减累计折旧和累计减值准备后的金额)和预计净残值重新计算确定折旧率和折旧额。

(4)固定资产的使用寿命。固定资产的使用寿命指企业预计使用固定资产的时间,或者该固定资产所能生产产品或提供劳务的数量。

固定资产的使用寿命取决于固定资产的预计经济使用年限,也称折旧年限,指的是实际使用年限,即经济使用寿命。如电脑的最长使用年限为5年,但由于科学技术的不断进步,更新换代迅速,电脑的实际使用年限可能只有3年,那么其折旧的计提年限应按3年进行。

固定资产的使用寿命一经确定,不得随意变更。

延伸阅读7-1

税法规定的固定资产的最短折旧年限

除国务院财政、税务主管部门另有规定外,固定资产计算折旧的最短折旧年限如下:

(1)房屋、建筑物,为20年;

(2)飞机、火车、轮船、机器、机械和其他生产设备,为10年;

(3) 与生产经营活动有关的器具、工具、家具等,为 5 年;

(4) 火车、轮船以外的运输工具,为 4 年;

(5) 电子设备,为 3 年。

商品流通企业至少应当于每年年度终了,对固定资产的使用寿命、预计净残值和折旧方法进行复核。使用寿命预计数与原先估计数有差异的,应当调整固定资产使用寿命;净残值预计数与原先估计数有差异的,应当调整预计净残值;与固定资产有关的经济利益预期实现方式有重大改变的,应当改变固定资产折旧方法;固定资产使用寿命、预计净残值和折旧方法的改变应当作为会计估计变更。

(三) 固定资产折旧方法

固定资产折旧方法是指将应计提折旧总额在固定资产各使用期间进行分配所采用的具体计算方法。

商品流通企业选用不同的固定资产折旧方法,将影响固定资产使用寿命期间内不同时期的折旧费用,从而影响各年的净收益和所得税。因此,固定资产的折旧方法一经确定,不得随意变更。如需变更,应按规定的程序报经批准后备案,并在会计报表附注中予以说明。

商品流通企业应当根据与固定资产有关的经济利益的预期实现方式合理选择折旧方法。可选用的折旧方法包括年限平均法、工作量法、双倍余额递减法和年数总和法等,如图 7-2 所示。

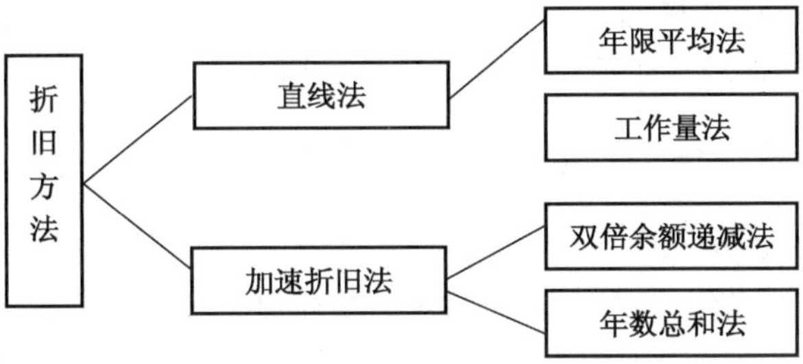

图 7-2 固定资产的折旧方法图

下面主要对以下折旧方法进行逐一说明。

1. 年限平均法

年限平均法又称直线法,是指将固定资产的应计折旧额均衡地分摊到固定资产预计使用寿命内的一种方法。

采用这种方法计算的每期折旧额均相等,计算简便、容易理解,在实务中应用较为广泛。但该方法只注重固定资产的使用时间,忽视了其使用状况,无论固定资产使用强度如何,各期计提的折旧相同,难以实现收入与费用的正确配比。所以这种方法适用于各个时期使用程度和使用效率大致相同的固定资产。

采用年限平均法,可按以下步骤进行计算:

① 年折旧额=(固定资产原值-预计净残值)÷预计折旧年限

=固定资产原值×(1-预计净残值率)÷预计折旧年限

② 月折旧额=年折旧额÷12

【例 7-7】 华夏商贸公司有一幢厂房，原价为 5 000 000 元，预计可使用 20 年，预计净残值率为 4%，采用年限平均法计算月折旧额。

① 年折旧额=5 000 000×(1-4%)÷20=240 000(元)

② 月折旧额=240 000÷12=20 000(元)

2. 工作量法

(1) 工作量法的含义。工作量法是以固定资产预计可完成的工作总量为分摊标准，根据每期实际工作量计算应提折旧额的一种方法。工作量法实际上是年限平均法的一种演变，即将分配折旧的标准由使用年限改为了工作量，因此工作量法也被归类为直线法。

在这种折旧方法下，各期计提的折旧额随着当期工作量的变动而变动，比较简单实用，考虑了固定资产的实际使用状况，各期折旧额与固定资产的使用程度呈正比例关系，体现了收入与费用相配比的原则。但在这种折旧方法下，如果企业不使用固定资产，则不会发生折旧，即该方法只考虑了固定资产的有形损耗，而未考虑无形损耗。工作量法适用于使用情况很不均衡，使用的季节性较为明显的大型机器设备、大型施工机械以及运输单位或其他企业专业车队的客、货运汽车等折旧的计算。

不同的固定资产应按不同的工作量标准计算折旧，如机器设备应按工作小时计算折旧，运输工具应按行驶里程计算折旧等。

(2) 工作量法的计算。工作量法的基本计算步骤如下：

① 单位工作量折旧额=固定资产原价×(1-预计净残值率)÷预计总工作量

② 某项固定资产月折旧额=该项固定资产当月工作量×单位工作量折旧额

【例 7-8】 华夏商贸公司的一辆运货卡车的原价为 600 000 元，预计总行驶里程为 500 000 千米，预计报废时的净残值率为 5%，本月行驶 4 000 千米。该辆汽车的当月折旧额计算如下：

单位里程折旧额=600 000×(1-5%)÷500 000=1.14(元/千米)

本月折旧额=4 000×1.14=4 560(元)

3. 双倍余额递减法

双倍余额递减法属于加速折旧的方法。

我国会计准则规定允许企业采用的加速折旧方法是双倍余额递减法和年数总和法两种。

加速折旧法又称递减折旧费用法，是指固定资产的折旧费用在固定资产使用早期计提得较多，在使用后期计提得较少的方法。固定资产的效能在使用期内呈现递减趋势，而固定资产的维修保养等费用却呈现逐期递增趋势，因而在固定资产的使用早期多计提折旧，在后期少计提折旧，以使固定资产的大部分成本在使用早期尽快得到补偿。

不论采用直线法还是加速折旧法，在整个折旧期内，固定资产计提的折旧总额是相等的。只不过加速折旧法计提每期的折旧呈递减的趋势。

双倍余额递减法是指在不考虑固定资产预计净残值的情况下，根据每期期初固定资产原价减去累计折旧后的余额和双倍的直线法折旧率计算固定资产折旧的一种方法。

“双倍”是指双倍的直线折旧率，即每期的折旧率不变；“余额”是指每期期初固定资产的账面净值(折余价值:原值减累计折旧)，此数据是变化的，且逐年递减。因此双倍余额递减法下每期计提的折旧呈递减的趋势。

企业应用这种方法计算折旧额时，由于每年年初固定资产净值没有扣除预计净残值，所以在计算固定资产折旧额时，应在其折旧年限到期前2年内，将固定资产净值扣除预计净残值后的余额平均摊销。

双倍余额递减法的计算步骤如下：

① 年折旧率＝2÷预计使用寿命(年)×100％

月折旧率＝年折旧率÷12

② 某年年折旧额＝该年年初固定资产账面净值×年折旧率

月折旧额＝每月月初固定资产账面净值×月折旧率

③ 最后2年每1年的折旧额＝(倒数第2年年初固定资产账面净值—预计净残值)÷2

最后2年每个月的折旧额＝最后2年每1年的折旧额÷12

【例7-9】 华夏商贸公司购入的一项生产经营用家具，原价为100 000元，预计使用年限为5年，预计净残值率为4％，按双倍余额递减法计提折旧，每年的折旧额计算如下：

① 年折旧率＝2÷5×100％＝40％

预计净残值＝100 000×4％＝4 000(元)

② 第1年应计提的折旧额＝100 000×40％＝40 000(元)

第2年应计提的折旧额＝(100 000－40 000)×40％＝24 000(元)

第3年应计提的折旧额＝(100 000－40 000－24 000)×40％＝14 400(元)

③ 最后2年的折旧额：

从第4年起改用年限平均法(直线法)计提折旧。

第4年、第5年的年折旧额＝[(100 000－40 000－24 000－14 400)－4 000]÷2

＝8 800(元)

4. 年数总和法

年数总和法又称年限合计法，是指将固定资产的原价减去预计净残值后的余额，乘以一个以固定资产尚可使用寿命为分子、以预计使用寿命逐年数字之和为分母的逐年递减的分数计算每年的折旧额的方法。

年数总和法计算公式如下：

① 年折旧率＝尚可使用年限÷预计使用寿命的年数总和

② $\text{某年的折旧额} = \text{应计提折旧总额} \times \text{年折旧率} = \left(\text{固定资产原价} - \text{预计净残值}\right) \times \text{年折旧率}$

【例 7-10】 承[例 7-9],假如采用年数总和法,计算各年折旧额。

应计提折旧总额=原价-预计净残值=100 000×(1-4%)=96 000(元)

第 1 年的折旧额=96 000×5÷15=32 000(元)

第 2 年的折旧额=96 000×4÷15=25 600(元)

第 3 年的折旧额=96 000×3÷15=19 200(元)

第 4 年的折旧额=96 000×2÷15=12 800(元)

第 5 年的折旧额=96 000×1÷15=6 400(元)

通过此例题可知,采用年数总和法计提折旧,各年的折旧额呈现逐年递减的趋势。

(四) 固定资产折旧的核算

在会计实务中,企业一般都是按月计提固定资产折旧的。当月开始使用的固定资产,当月不计提折旧,从下月起计提折旧;当月减少或停用的固定资产,当月仍计提折旧,从下月起停止计提折旧。

1. 账户设置

商品流通企业应设置"累计折旧"账户核算企业的累计折旧,该账户属于资产类账户,为"固定资产"账户的备抵账户。贷方登记企业按月计提的固定资产折旧,借方登记因各种原因减少的固定资产折旧,期末贷方余额反映固定资产的累计折旧额。

2. 会计核算

商品流通企业根据固定资产的受益对象按月计提折旧,计入相关资产的成本或者当期损益,贷记"累计折旧"账户,借记相关账户,如表 7-1 所示。

表 7-1 固定资产折旧的会计处理

属用部门	借记账户	备注
管理部门	管理费用	
未使用的固定资产		如未使用房屋建筑物计提的折旧
内设销售机构		
生产部门	制造费用	如生产设备、厂房的折旧
专设销售机构	销售费用	如售后服务网点、销售网点的固定资产折旧
经营性出租	其他业务成本	如经营性出租设备的折旧
用于自行建造其他固定资产	在建工程	如用于自行建造办公楼的货车折旧
用于内部研发其他无形资产,开发阶段符合资本化条件的	研发支出——资本化支出	如用于 B 专利权研发的 A 设备的折旧

编制会计分录如下:

借:管理费用/销售费用/制造费用等

　　贷:累计折旧

【例 7-11】 华夏商贸公司采用年限平均法对固定资产计提折旧。2×22 年 8 月份根据"固定资产折旧计算表",确定的折旧额如下:

甲车间 12 000 元、乙车间 15 000 元、管理部门 8 000 元、外设销售机构 3 000 元、经营性出租固定资产折旧 1 600 元、用于自行建造厂房的货车折旧 2 400 元。

编制会计分录如下：

借：制造费用——甲车间——折旧费	12 000	
——乙车间——折旧费	15 000	
管理费用——折旧费	8 000	
销售费用——折旧费	3 000	
其他业务成本	1 600	
在建工程	2 400	
贷：累计折旧		42 000

延伸阅读 7-2

财税[2014]75 号《关于完善固定资产加速折旧企业所得税政策的通知》

1. 对所有行业企业 2014 年 1 月 1 日后新购进的专门用于研发的仪器、设备，单位价值不超过 100 万元的，允许一次性计入当期成本费用，在计算应纳税所得额时扣除，不再分年度计算折旧；单位价值超过 100 万元的，可缩短折旧年限(不得低于最低折旧年限的 60%)或采取加速折旧的方法。

2. 对所有行业企业持有的单位价值不超过 5 000 元的固定资产，允许一次性计入当期成本费用，在计算应纳税所得额时扣除，不再分年度计算折旧。

二、固定资产的减值

(一) 固定资产减值的判断

由于发生损坏、技术陈旧或者其他经济原因，固定资产可收回金额可能低于其账面价值，这种情况称为固定资产减值。根据会计核算的稳健性原则，企业至少在年度终了时要对各项固定资产进行全面检查，合理预计可能发生的损失，当存在下列情况之一时，应当计提固定资产减值准备。

(1) 固定资产市价大幅度下跌，其跌幅大大高于因时间推移或正常使用而预计的下跌，并且预计暂时不可能恢复。

(2) 企业所处经营环境，如技术、市场、经济或法律环境，或者产品营销市场在发生或将发生重大变化，并对企业产生负面影响。

(3) 同期市场利率等大幅度提高，进而很可能影响企业计算固定资产可收回金额的折现率，并导致固定资产可收回金额大幅度降低。

(4) 固定资产陈旧过时或发生实体损坏等。

(5) 固定资产预计使用方式发生重大不利变化，如企业计划终止或重组该资产所属的经营业务、提前处置资产等，从而对企业产生负面影响。

(6) 其他有可能表明资产已发生减值的情况。

(二) 固定资产减值准备的账务处理

固定资产减值准备是通过“固定资产减值准备”账户进行核算，该账户是“固定资产”账户的抵减账户。会计准则规定，企业的固定资产应当在期末时按照账面价值与可收回金额孰低计量，对可收回金额低于账面价值的差额，企业应计提固定资产减值准备，借记“资产减值损失”账户，贷记“固定资产减值准备”账户。如果账面价值小于可收回金额，则无需计提资产减值准备。

考虑到固定资产发生减值后，价值回升的可能性比较小，通常属于永久性减值。同时，从会计信息的谨慎性要求考虑，为了避免确认资产重估增值和操纵利润，资产减值准则规定，资产减值损失一经确认，在以后会计期间不得转回。以前期间计提的资产减值准备，在资产处置、出售、对外投资、以非货币性资产交换方式换出、债务重组抵偿债务等时候才可予以转出。

【例 7-12】 华夏商贸公司自 2×22 年年初开始对专设销售部门用的设备提取折旧，该设备的原价为 108 万元，预计净残值为 8 万元，折旧期为 4 年，采用直线法提取折旧；2×22 年年末该设备的可收回价值为 71 万元。

要求：假定设备的净残值保持不变，编制相关的会计分录。

(1) 2×22 年设备的折旧额为(108－8)÷4＝25(万元)，会计处理如下：

借：销售费用	250 000	
贷：累计折旧		250 000

(2) 2×22 年年末计提折旧前设备的账面价值为 83(108－25)万元，2×22 年年末设备的可收回金额为 71 万元。设备的账面价值大于可收回金额，设备发生减值，减值金额为 83－71＝12(万元)，会计处理如下：

借：资产减值损失	120 000	
贷：固定资产减值准备		120 000

相关思考 7-1

会计、税法关于固定资产减值准备的规定存在的差异该如何处理

按照会计准则规定，企业应在期末资产负债表日对固定资产逐项进行检查，对由于市价大幅度下跌，有证据表明资产已经陈旧过时或者实体已经损坏，或者已经被闲置、终止使用或者计划提前处置等，其可收回金额低于账面价值，企业应当将资产的账面价值减记至可收回金额，减记的金额确认为资产减值损失，计入当期损益，同时计提相应的资产减值准备。依照税法相关规定，对企业所得税前允许扣除的项目，企业必须遵循真实发生的据实扣除原则。除国家税收法规规定外，企业根据财务会计制度规定提取的任何形式的准备金(包括固定资产减值准备)不得在企业所得税前扣除。比较会计准则和税法的相关规定，计提固定资产减值准备的期间与允许在计算应纳税所得额时扣除的资产损失的期间不同，产生了差异，该差异应如何处理？

相关思考解析 7-1：

该差异作为可抵减暂时性差异，即作为未来可抵减应纳税所得额的时间性差异，在计算当期应纳税所得额时，进行纳税调增。“当期应纳税所得额＝当期会计利润＋计提的固定资产减值准备”。

三、固定资产后续支出

1. 固定资产后续支出的定义

固定资产的后续支出是指固定资产使用过程中发生的更新改造支出、修理费用等，如固定资产的增置、改良与改善、换新、修理、重新安装等。

2. 固定资产后续支出的分类

固定资产后续支出按支出的性质可分为资本化的后续支出和费用化的后续支出。

(1) 资本化的后续支出。固定资产发生可资本化的后续支出时，商品流通企业一般应将该固定资产的原价、已计提的累计折旧和减值准备转销，将固定资产的账面价值转入在建工程，并停止计提折旧。企业发生的后续支出，通过“在建工程”账户核算，在固定资产发生的后续支出完工并达到预定可使用状态时，再从在建工程转为固定资产，并按重新确定的使用寿命、预计净残值和折旧方法计提折旧。

商品流通企业发生的一些固定资产后续支出可能涉及替换原固定资产的某组成部分，当发生的后续支出符合固定资产确认条件时，应将其计入固定资产成本，同时将被替换部分的账面价值扣除。这样可以避免将替换部分的成本和被替换部分的成本同时计入固定资产成本，导致固定资产成本重复计算。

(2) 费用化的后续支出。与固定资产有关的修理费用等后续支出，不符合固定资产确认条件的，应当根据不同情况分别在发生时计入当期管理费用或销售费用。

在固定资产后续支出的问题上，这里特别强调一下修理的内容。

一般情况下，固定资产投入使用之后，固定资产磨损、各组成部分耐用程度不同可能导致固定资产的局部损坏，为了维护固定资产的正常运转和使用，充分发挥其使用效能，企业将对固定资产进行必要的维护。

固定资产的修理按其修理范围大小、费用支出多少、修理间隔时间长短等，分为日常修理和大修理。

固定资产的日常修理费用在发生时应直接计入当期损益。商品流通企业生产车间(部门)和行政管理部门等发生的固定资产修理费用等后续支出计入管理费用；企业专设销售机构的，其发生的与专设销售机构相关的固定资产修理费用等后续支出，计入销售费用。

商品流通企业对固定资产进行定期检查发生的大修理费用，有确凿证据表明符合固定资产确认条件的部分，可以计入固定资产成本；不符合固定资产的确认条件的应当费用化，计入当期损益。固定资产在定期大修理间隔期间，照提折旧。

延伸阅读 7-3

固定资产大修理的标准

企业所得税法第十三条第(三)项所称固定资产的大修理支出，是指同时符合下列条件的支出。

(1) 修理支出达到取得固定资产时的计税基础 50%以上。

(2) 修理后固定资产的使用年限延长 2 年以上。

第四节 固定资产的处置

一、固定资产终止确认的条件

固定资产满足下列条件之一的，应当予以终止确认。

(1) 该固定资产处于处置状态。固定资产处置包括固定资产的出售、转让、报废或毁损、对外投资、非货币性资产交换、债务重组等。处于处置状态的固定资产不再用于生产商品、提供劳务、出租或经营管理，因此不再符合固定资产的定义，应予以终止确认。

(2) 该固定资产预期通过使用或处置不能产生经济利益。固定资产的确认条件之一是"与该固定资产有关的经济利益很可能流入企业"，如果一项固定资产预期通过使用或处置不能产生经济利益，就不再符合固定资产的定义和确认条件，应予以终止确认。

可见，固定资产的处置是指由于各种原因，企业的固定资产退出生产经营过程，企业对其予以终止确认的处理活动。

二、固定资产处置的会计处理

7-9 视频：固定资产处置

(一) 账户设置

商品流通企业应设置"固定资产清理"账户，核算企业因出售、报废、毁损、对外投资、非货币性资产交换、债务重组等原因转入清理的固定资产的账面价值，以及清理过程中发生的清理税费和清理收入。借方登记处置的固定资产账面价值、清理过程中发生的清理费用等；贷方登记取得的出售固定资产的价款、残料价值和变价收入以及保险公司或过失人赔款等。

借方与贷方的差额即为固定资产处置净损益，期末余额在借方表示固定资产处置的净损失，清理完毕，净损失将由"固定资产清理"账户的贷方转入"营业外支出"账户的借方；期末余额在贷方则表示固定资产处置的净收益，清理完毕，净收益将由"固定资产清理"账户的借方转入"营业外收入"(贷方)账户的贷方。

(二) 会计处理步骤

商品流通企业出售、转让、报废固定资产或发生固定资产毁损，应当将处置收入扣除账面价值和相关税费后的金额计入当期损益。固定资产处置一般通过"固定资产清理"账户进行核算。

商品流通企业因出售、报废或毁损、对外投资、非货币性资产交换、债务重组等处置固定资产，其会计处理一般经过以下几个步骤。

固定资产的毁损有的是由于自然灾害等不可抗因素造成的，有的是由于责任事故等人为因素造成的。不论何种原因导致的毁损，其对企业的影响都是负面的。固定资产毁损的净损失是指毁损的固定资产的账面价值，加上发生的清理费用，扣除残料变价收入以及保险赔偿、责任人赔偿后的净额。

1. 固定资产转入清理，注销固定资产的账面价值

固定资产转入清理时，按固定资产账面价值，借记"固定资产清理"账户；按已计提的累计折旧，借记"累计折旧"账户；按已计提的减值准备，借记"固定资产减值准备"账户；按固定资产账面余额，贷记"固定资产"账户。

借：固定资产清理
　　累计折旧
　　固定资产减值准备
　　贷：固定资产

2. 清理过程

(1) 发生清理税费。固定资产清理过程中发生的有关费用以及应支付的相关税费，借记"固定资产清理"账户，贷记"银行存款"等账户。

借：固定资产清理
　　贷：银行存款/应付职工薪酬等

(2) 出售收入、残料、保险或过失人赔偿等。商品流通企业收回出售固定资产的价款、残料价值和变价收入、企业计算或收到应由保险公司或过失人赔偿的损失等，应冲减清理支出。按实际收到的出售价款、残料变价收入、赔偿损失等，借记"银行存款""原材料""其他应收款"等账户，贷记"固定资产清理"账户。

借：银行存款/原材料/其他应收款等
　　贷：固定资产清理

通常情况下，出售固定资产会涉及增值税，如出售有形动产(设备等)涉及增值税，因此当收到出售收入时，应同时计算应纳税额，编制会计分录如下：

借：银行存款
　　贷：固定资产清理
　　　　应交税费

3. 清理净损益的处理

(1) 清理完毕，"固定资产清理"账户余额如在借方，表示固定资产处置的净损失，则由"固定资产清理"的贷方转出，转入"资产处置损益"账户的借方。

① 属于生产经营期间正常的处理损失，借记"资产处置损益"账户，贷记"固定资产清理"账户：

借：资产处置损益
　　贷：固定资产清理

② 属于生产经营期间由于自然灾害等非正常原因造成的，借记"营业外支出——非常损失"账户，贷记"固定资产清理"账户：

借：营业外支出——非常损失
　　贷：固定资产清理

(2) 清理完毕，"固定资产清理"账户余额如在贷方，表示固定资产处置的净收益，则由"固定资产清理"的借方转出，转入"资产处置损益"账户的借方：

借：固定资产清理
　　贷：资产处置损益——处置非流动资产利得

(三) 固定资产的出售、报废、毁损的会计处理

1. 固定资产的出售

因某种原因不再适合企业继续使用的固定资产，如企业多余闲置、影响本企业生产的固定资产，应及时出售给其他需要的企业，以收回资金，避免资源的浪费。

1）涉及的税费

（1）出售使用过的有形动产，涉及增值税，计算原则如表 7-2 所示。

表 7-2　出售使用过的有形动产的增值税计算原则

时间点	是否抵扣进项税额	计算原则
初始取得时	已抵扣了进项税额	按售价×13%
	未抵扣进项税额	售价÷(1+3%)×2%

（2）出售使用过的不动产（房屋、建筑物），按售价的 9%计算缴纳增值税。

2）固定资产出售的会计处理

【例 7-13】 2×22 年 4 月 1 日，华夏商贸公司因生产经营管理的需要，将一台 2×20 年 10 月 15 日购买的设备出售，出售的价款为 200 000 元。被出售设备的原值为 300 000 元，已计提累计折旧 28 500 元，已计提减值准备 10 000 元。出售时发生清理费用 2 000 元。

本例中，企业出售已使用过的属于有形动产的固定资产，需计算缴纳增值税，由于该有形动产是 2×20 年购买的，购入时已抵扣了进项税额，因此出售时，适用的增值税税率为 13%，应交增值税 26 000 元（200 000×13%）。

（1）将设备转入清理，注销设备的账面价值。

借：固定资产清理	261 500	
累计折旧	28 500	
固定资产减值准备	10 000	
贷：固定资产		300 000

（2）清理过程。

① 发生清理费用：

借：固定资产清理	2 000	
贷：银行存款		2 000

② 收到出售价款：

应交增值税＝200 000×13%＝26 000(元)

借：银行存款	226 000	
贷：固定资产清理		200 000
应交税费——应交增值税(销项税额)		26 000

（3）结转净损益：

借：资产处置损益	63 500	
贷：固定资产清理		63 500

2. 固定资产的报废

固定资产的报废分为提前报废、正常报废和超龄报废。

固定资产报废的会计处理同样是按固定资产转入清理、清理过程的收支、结转处置净损益的步骤进行。

【例 7-14】 2×22 年 6 月，华夏商贸公司现有一台运输设备，由于技术落后，企业决定提前报废。该设备的原价 120 000 元，已计提折旧 45 600 元，已计提减值准备 20 000 元。清理过程中发生清理费用 2 500 元，以银行存款支付，残料作价 5 000 元，以原材料入库。

(1) 将设备转入清理，注销设备的账面价值。

借：固定资产清理	54 400	
累计折旧	45 600	
固定资产减值准备	20 000	
贷：固定资产		120 000

(2) 清理过程。

① 发生清理费用：

借：固定资产清理	2 500	
贷：银行存款		2 500

② 残料作价，以原材料入库：

借：原材料	5 000	
贷：固定资产清理		5 000

(3) 结转净损益。

借：资产处置损益	51 900	
贷：固定资产清理		51 900

3. 固定资产的毁损

固定资产毁损是指自然灾害或意外责任事故造成的毁坏和损失。

固定资产毁损的净损失是指固定资产的账面价值，加上发生的清理费用，扣除残料变价收入以及保险赔款、责任人赔款后的净额。

固定资产报废的会计处理也是按固定资产转入清理、清理过程的收支、结转处置净损益的步骤进行。

对于由于自然灾害等非常原因造成的毁损损失，记入“营业外支出——非常损失”账户。

【例 7-15】 华夏商贸公司因发生火灾而毁损 10 辆运输车，原价 1 500 000 元，已计提折旧 712 500 元、减值准备 40 000 元。清理过程中发生清理费 9 000 元，以银行存款支付，残料作价 7 000 元，以原材料入库。经中国平安保险公司核定应赔偿 350 000 元，款项尚未收到，由责任人王兵赔偿 10 000 元，以现金收讫。

(1) 将车辆转入清理，注销其账面价值。

借：固定资产清理	747 500	
累计折旧	712 500	
固定资产减值准备	40 000	
贷：固定资产		1 500 000

(2) 清理过程。

① 发生清理费用：

借：固定资产清理　　9 000
　　贷：银行存款　　9 000

② 残料作价，以原材料入库：

借：原材料　　7 000
　　贷：固定资产清理　　7 000

③ 应收保险赔款及收到责任人赔款：

借：其他应收款——应收保险赔款——中国平安保险公司　　350 000
　　库存现金　　10 000
　　贷：固定资产清理　　360 000

(3) 结转净损益。

借：营业外支出——非常损失　　389 500
　　贷：固定资产清理　　389 500

第五节　固定资产的清查

一、固定资产清查概述

固定资产是一种单位价值较高、使用期限较长的有形资产，因此，对于管理规范的企业而言，盘盈、盘亏的固定资产较为少见。

商品流通企业应当健全制度，加强管理，定期或者至少于每年年末对固定资产进行清查盘点，以保证固定资产核算的真实性和完整性。如果清查中发现固定资产损溢，应及时查明原因，在期末结账前处理完毕。

二、固定资产盘盈、盘亏的会计处理

(一) 固定资产盘盈

商品流通企业通过固定资产盘点清查，如发现固定资产实物存在，但固定资产账簿上没有相应记录，则为固定资产盘盈。

1. 账户设置

商品流通企业在财产清查中盘盈的固定资产，作为前期差错处理，通过"以前年度损益调整"账户核算。

2. 会计核算

盘盈固定资产入账价值的确定方法如下。

(1) 如果同类或类似固定资产存在活跃市场，应按同类或类似固定资产的市场价格(指全新的)减去按该固定资产的新旧程度估计的损耗后的余额确定。

如商品流通企业在固定资产清查中发现盘盈一台电脑，市场上新的同型号电脑价格为8 000元，盘盈的电脑有八成新，则其入账价值为6 400元。

(2) 如果同类或类似固定资产不存在活跃市场,应按盘盈固定资产的预计未来现金流量的现值计价入账。

会计分录如下:

借:固定资产
　　贷:以前年度损益调整

【例 7-16】 华夏商贸公司在固定资产清查中发现一台设备没有在账簿中记录。该设备当前市场价格 50 000 元,根据其新旧程度估计的价值损耗为 10 000 元,则:

借:固定资产　　40 000
　　贷:以前年度损益调整　　40 000

(二) 固定资产盘亏

企业通过固定资产盘点清查,如发现账簿上有固定资产记录,但固定资产实物不存在,则为固定资产盘亏。

1. 账户设置

企业对财产清查中盘亏的固定资产通过"待处理财产损溢——待处理固定资产损溢"账户核算;盘亏造成的损失通过"营业外支出——盘亏损失"账户核算,应当计入当期损益。

2. 会计核算

(1) 企业对盘亏的固定资产,在未经批准前先将其账面价值(原值、累计折旧、减值准备)注销,同时按账面价值借记"待处理财产损溢——待处理固定资产损溢"账户。编制会计分录如下:

借:待处理财产损溢——待处理固定资产损溢
　　累计折旧
　　固定资产减值准备
　　贷:固定资产

(2) 在经批准后,按可收回的保险赔款或过失人赔款,借记"其他应收款""银行存款"等账户,按盘亏造成的净损失,借记"营业外支出——盘亏损失"账户,贷记"待处理财产损溢——待处理固定资产损溢"(按原借记的金额)账户。

编制会计分录如下:

借:其他应收款/银行存款等账户
　　营业外支出——盘亏损失
　　贷:待处理财产损溢——待处理固定资产损溢

会计处理完毕后,"待处理财产损溢——待处理固定资产损溢"账户无余额。

【例 7-17】 华夏商贸公司在进行固定资产盘点时发现盘亏一台电脑,固定资产账簿上记录其原价为 7 500 元,已计提折旧 4 750 元,已计提减值准备 1 500 元,收到保险公司赔偿 1 000 元。

会计处理如下。

(1) 在未报批准处理前,注销电脑的账面价值。

借：待处理财产损溢——待处理固定资产损溢	1 250	
累计折旧	4 750	
固定资产减值准备	1 500	
贷：固定资产		7 500

（2）经批准后。

借：银行存款	1 000	
营业外支出——盘亏损失	250	
贷：待处理财产损溢——待处理固定资产损溢		1 250

第六节 无形资产

一、无形资产的含义

无形资产，是指企业拥有或者控制的没有实物形态的可辨认非货币性资产。这是我国《企业会计准则第 6 号——无形资产》对无形资产所表述的定义。无形资产通常包括专利权、非专利技术、商标权、著作权、特许权、土地使用权等。

相对于其他资产，无形资产具有以下特征。

1. 无形资产不具有实物形态

无形资产通常表现为某种权利、某项技术或是某种获取超额利润的综合能力，它们不具有实物形态，如土地使用权、非专利技术等。企业的有形资产，如固定资产，虽然也能为企业带来经济利益，但其为企业带来经济利益的方式与无形资产不同，固定资产是通过实物价值的磨损和转移为企业带来未来经济利益，而无形资产在很大程度上是通过自身所具有的技术等优势为企业带来未来经济利益。

2. 无形资产具有可辨认性

无形资产能够从企业中分离或者划分出来，并能单独用于出售或转让。商誉存在无法与企业自身相分离而不具有可辨认性的特征，因此商誉不属于无形资产。

3. 无形资产属于非货币性资产

非货币性资产是指企业持有的货币资金和将以固定或可确定的金额收取的资产以外的其他资产。无形资产由于没有发达的交易市场，一般不容易转化成现金，其为企业带来未来经济利益的情况不确定，不属于以固定或可确定的金额收取的资产，属于非货币性资产。

二、无形资产的初始计量

商品流通企业的无形资产根据来源不同分为外购的无形资产、投资者投入的无形资产和自行研发的无形资产。

7-10 视频：无形资产的初始计量

（一）外购的无形资产

1. 外购的无形资产的成本

外购的无形资产成本包括购买价款、相关税费以及直接归属于使该项资产达到预定用途所发生的其他支出。其中，直接归属于使该项资产达到预定用途所发生的其他支出包括使无形资产达到预定用途所发生的专业服务费用、测试无形资产是否能够正常发挥作用的费用等。

为引入新产品，进行宣传发生的广告费、管理费用及其他间接费用，无形资产已经达到预定用途以后发生的费用都不属于外购无形资产的成本。

2. 账户的设置

商品流通企业应设置“无形资产”账户进行无形资产的总分类核算，并在“无形资产”总账账户下按其内容及无形资产的具体名称分设明细账户，如“无形资产——专利权——A专利权”“无形资产——商标权——甲商标权”。

“无形资产”账户核算企业持有无形资产的成本。借方记录取得无形资产的成本，贷方记录减少无形资产的成本，余额在借方，反映企业持有的无形资产的成本。

3. 外购无形资产的核算

商品流通企业外购取得的无形资产，应按归属成本的金额，借记“无形资产”账户，贷记“银行存款”等账户。

【例 7-18】 2×22 年 12 月 6 日，华夏商贸公司因生产产品的需要，购入一项专利技术，支付专利转让费及相关手续费 400 000 元，企业用银行存款支付。

借：无形资产——专利权	400 000	
贷：银行存款		400 000

（二）投资者投入的无形资产

投资者投入的无形资产的成本应当按照投资合同或协议约定的价值确定，在投资合同或协议约定价值不公允的情况下，应按无形资产的公允价值入账。

无形资产的入账价值与折合资本额之间的差额，作为资本溢价，计入资本公积。

【例 7-19】 2×22 年 9 月 16 日，华夏商贸公司因业务发展的需要，接受乙公司一项专利权投资。根据投资双方签订的投资合同，该专利权的价值为 150 000 元，折合为公司面值 1 元的股票 100 000 股。

借：无形资产——专利权	150 000	
贷：股本——乙公司		100 000
资本公积——股本溢价		50 000

（三）自行研发的无形资产

商品流通企业对内部研究开发项目的支出要区分研究阶段与开发阶段两个部分分别进行核算。

1. 研究阶段和开发阶段的划分

研究是指为获取新的技术和知识等进行的有计划的调查。研究活动的例子包括：意于获取知识而进行的活动；研究成果或其他知识的应用研究、评价和最终选择；材料、设备、产品、工序、系统或服务替代品的研究，以及新的或经改进的材料、设备、产品、工序、系统或服务的可能替代品的设计、评价和最终选择。

开发是指在进行商业性生产或使用前，将研究成果或其他知识应用于某项计划或设计，以生产出新的或具有实质性改进的材料、装置、产品等。开发活动的例子包括：生产前或使用前的原型和模型的设计、建造和测试；含新技术的工具、夹具、模具和冲模的设计；不具有商业性生产经济规模的试生产设施的设计、建造和运营；新的或经改进的材料、设备、产品、工序、系统或服务所选定的替代品的设计、建造和测试等。

2. 账户的设置

商品流通企业应设置“研发支出”账户以反映企业内部在研发过程中发生的支出。“研发支出”账户应当按照研发项目分别“费用化支出”与“资本化支出”进行明细核算。

(1) “研发支出——费用化支出”。本明细账户核算研究阶段及开发阶段不符合资本化条件的支出，期末(月末)将“研发支出——费用化支出”账户的借方余额转入“管理费用”账户，该明细账户结转后无余额。

(2) “研发支出——资本化支出”。本明细账户核算开发阶段符合资本化条件的支出，发生时借记本明细账户，贷记“原材料”“银行存款”“应付职工薪酬”等账户。待研究开发项目达到预定用途形成无形资产时，企业应在达到预定用途的当期，将此明细账户的余额转入“无形资产”账户，即：借记“无形资产”账户，贷记“研发支出——资本化支出”账户。本明细账户期末(月末)借方余额，反映企业正在进行中的研究开发项目中符合资产化条件的支出。在资产负债表中，应填列在“开发支出”项目。

3. 内部研究开发费用的账务处理

(1) 研究阶段的支出。企业对研究阶段的支出应先通过“研发支出——费用化支出”账户进行核算，在期末再转入“管理费用”账户，结转后“研发支出——费用化支出”账户无余额。

(2) 开发阶段的支出。不符合资本化条件的支出先通过“研发支出——费用化支出”账户进行核算，在期末再转入“管理费用”账户(同研究阶段支出的账务处理)；开发阶段的支出符合资本化条件的，先通过“研发支出——资本化支出”账户进行核算，直到达到预定可使用状态的当期才将“研发支出——资本化支出”账户累计发生的金额(即此明细账户的余额)转入“无形资产”账户。

如果确实无法区分研究阶段的支出和开发阶段的支出，企业应将所发生的研发支出全部费用化。

内部研究开发费用账务处理流程如图 7-3 所示。

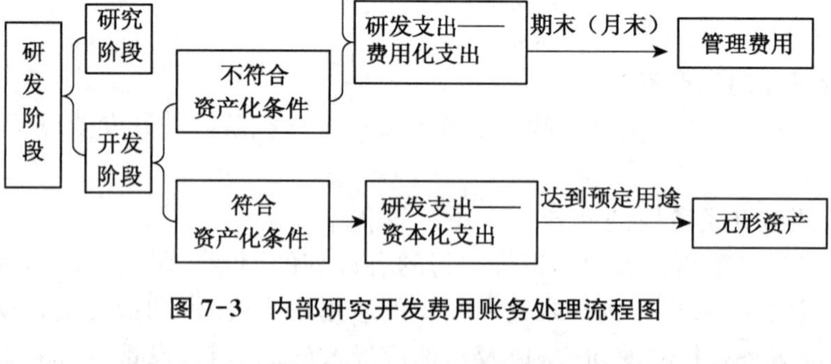

图 7-3　内部研究开发费用账务处理流程图

【例 7-20】 2×22 年 1 月 1 日，华夏商贸公司经董事会批准公司研发某项软件，该公司董事会认为，研发该项目具有可靠的技术和财务等资源的支持，并且一旦研发成功将降低该公司配货成本。

2×22 年 2 月发生研究阶段相关支出 20 万元，用银行存款支付；

2×22 年 6 月开发阶段发生材料费 50 万元、人工工资 20 万元，其中符合资本化条件的支出为 60 万元；

2×22 年 8 月 31 日，该专利技术已经达到预定使用用途。

请编制相关会计分录。

(1) 2×22 年 2 月。

① 发生时：

借：研发支出——费用化支出　　200 000

　贷：银行存款　　200 000

② 2 月月末：

借：管理费用　　200 000

　贷：研发支出——费用化支出　　200 000

(2) 2×22 年 6 月。

① 发生时：

借：研发支出——费用化支出　　100 000

　　　　　——资本化支出　　600 000

　贷：原材料　　500 000

　　应付职工薪酬　　200 000

② 6 月月末：

借：管理费用　　100 000

　贷：研发支出——费用化支出　　100 000

(3) 2×22 年 8 月 31 日，达到预定使用用途。

借：无形资产　　600 000

　贷：研发支出——资本化支出　　600 000

三、无形资产的后续计量

无形资产的后续计量主要包括无形资产的摊销、无形资产减值损失的确定。本节重点介绍无形资产的摊销。

确定无形资产在使用过程中的累计摊销额的基础是估计其使用寿命。只有使用寿命确定的无形资产的价值才需要在估计的使用寿命内进行摊销；对于使用寿命不确定的无形资产，不需要进行摊销，但每年应当进行减值测试。

(一) 使用寿命确定的无形资产

企业对使用寿命确定的无形资产应在其预计的使用寿命内采用系统合理的方法进行摊销。其中应摊销金额是指无形资产的成本扣除残值后的金额。

企业对无形资产的摊销普遍采用的是直线法。

无形资产的残值一般为零，除非有第三方承诺在无形资产使用寿命结束时愿意以一定的价格购买该项无形资产；或者存在活跃的市场，企业通过市场可以得到无形资产使用寿命结束时的残值信息，并且从目前情况看，在无形资产使用寿命结束时该市场还可能存在。

当月增加的无形资产，当月进行摊销；当月减少的无形资产，当月不再进行摊销。

1. 账户的设置

商品流通企业应设置“累计摊销”账户，本账户为资产负债表中“无形资产”项目的备抵账户，反映因摊销而减少的无形资产价值。商品流通企业按月计提无形资产摊销额时，借记“管理费用”“其他业务成本”“在建工程”等账户，贷记“累计摊销”账户，本账户期末贷方余额表示企业无形资产的累计摊销额。

2. 无形资产摊销的账务处理

【例7-21】 2×22年8月1日，华夏商贸公司购入专利权A，购买成本为240 000元，根据相关法律规定，购买时该项专利权的使用寿命为10年，企业采用直线法按10年期限进行摊销。

请编制当月专利权A摊销的会计分录。

本题需要注意的是，在实务中，无形资产的摊销是按月进行的。

(1) 2×22年8月1日，购买专利权A。

借：无形资产——A专利权	240 000	
贷：银行存款		240 000

(2) 2×22年8月31日，对A专利权进行摊销。

A专利权当月应摊销额＝240 000÷10÷12＝2 000(元)

借：管理费用	2 000	
贷：累计摊销		2 000

相关思考7-2

无形资产发生了减值，后续的摊销额如何计算？

相关思考解析7-2：

资产减值损失确定后，企业对减值资产的摊销费用应当在未来期间作相应调整，以在该资产剩余使用寿命内，系统地分摊调整后的新账面价值。

即无形资产如发生减值，应当按照新的无形资产的账面价值为基础进行每期的摊销，新的账面价值为无形资产账面余额减去减值准备、累计摊销和净残值(如有)之后的余额。

(二) 使用寿命不确定的无形资产

有确凿证据表明无法合理估计其使用寿命的无形资产，企业才能将其作为使用寿命不确定的无形资产。企业不得随意判断使用寿命不确定的无形资产。按照无形资产准则规定，企业对使用寿命不确定的无形资产不需要进行摊销，如果期末复核后使用寿命仍为不确定的，应当在每个会计期间进行减值测试，严格按照《企业会计准则第8号——资产减值》的规定，需要计提减值准备的，相应计提有关的减值准备。资产减值准则规定，无形资产资产减值损失一经确认，在以后会计期间不得转回，即使在之后已减值资产的价值有所恢复，也不允许反调。

四、无形资产的处置

无形资产的处置是指无形资产出售、对外出租、对外捐赠，或者是无形资产无法为企业带来未来经济利益时企业将其予以转销并终止确认。

(一) 无形资产的出售

商品流通企业出售无形资产实质上是将对无形资产的占有、使用、收益及处置的权利转让给受让方，表明企业放弃无形资产的所有权。

商品流通企业持有无形资产的目的是自用，出售无形资产并非企业的日常活动，从而所发生的出售损益不属于收入与费用，而应确认为利得或损失，作为营业外收支处理。

无形资产准则规定，企业出售无形资产时，应将所取得的价款与该无形资产账面价值的差额作为资产处置利得或损失(营业外收入或营业外支出)，与固定资产处置性质相同，计入当期损益。

1. 账户设置

商品流通企业应设置“营业外收入”“营业外支出”账户，用来核算出售无形资产的净损益。

2. 无形资产出售的账务处理

按现行税法的规定，企业出售无形资产还应按实际转让收入的6%计算缴纳增值税。企业出售无形资产时，应将无形资产的账面价值全部注销。应按实际收到的金额，借记“银行存款”等账户；按已摊销的累计摊销额，借记“累计摊销”账户；原已计提减值准备的，借记“无形资产减值准备”账户；按应支付的相关税费，贷记“应交税费”等账户；按其账面余额，贷记“无形资产”账户；按其差额，贷记“资产处置损益——处置非流动资产利得”账户或借记“资产处置损益——处置非流动资产损失”账户。

【例 7-22】 华夏商贸公司为增值税一般纳税人，2×22 年 5 月 20 日，将拥有的一项非专利技术出售，取得收入 80 000 元，应交增值税为 4 800 元。该非专利技术的账面余额为 70 000 元，累计摊销额为 35 000 元，已计提的减值准备为 10 000 元。请编制企业出售非专利技术的会计分录：

借：银行存款	80 000	
累计摊销	35 000	
无形资产减值准备	10 000	
贷：无形资产——非专利技术		70 000
应交税费——应交增值税(销项税额)		4 800
资产处置损益——处置非流动资产利得		50 200

(二) 无形资产的出租

无形资产出租是指根据租赁合同或协议，企业允许他人使用本企业的无形资产，并收取使用费。企业出租无形资产转让的是使用权。

商品流通企业将所拥有的无形资产的使用权让渡给他人并收取的租金属于与企业日常活动相关的其他经营活动取得的收入，在满足收入准则规定的确认标准的情况下，企业应确认相关的收入及成本。

1. 账户设置

企业核算无形资产出租业务需设置“其他业务收入”“其他业务成本”“应交税费——应交增

值税”等账户。

“其他业务收入”账户核算企业取得的租金收入,“其他业务成本”账户核算企业出租无形资产的摊销金额和发生的其他费用支出,“应交税费——应交增值税”账户核算应缴纳的增值税。

2. 无形资产出租的账务处理

按现行税法的规定,企业出租无形资产还应按实际租金收入的6%计算缴纳增值税。出租无形资产时,按取得的租金收入,借记“银行存款”等账户,贷记“其他业务收入”“应交税费——应交增值税”等账户;摊销出租无形资产的成本并发生与转让有关的各种费用支出时,借记“其他业务成本”账户,贷记“累计摊销”等账户。

【例7-23】 华夏商贸公司为增值税一般纳税人,2×22年5月3日,将一项专利技术出租给乙公司使用,该专利技术账面余额为240 000元,摊销期为10年,出租合同规定每年专利技术使用费为36 000元,租期为5年,华夏商贸公司按月收取租金,并存入银行。

编制2×22年5月份华夏商贸公司取得租金、缴纳增值税及无形资产当月摊销的会计分录:

当月收到租金=36 000÷12=3 000(元)

当月应缴纳的增值税=3 000×6%=180(元)

当月摊销金额=240 000÷10÷12=2 000(元)

(1) 收取租金。

借:银行存款	3 180	
贷:其他业务收入		3 000
应交税费——应交增值税(销项税额)		180

(2) 当月摊销。

借:其他业务支出	2 000	
贷:累计摊销		2 000

(三) 无形资产的报废

如果无形资产预期不能为企业带来未来经济利益,不再符合无形资产的定义,应将其转销,如无形资产已被其他新技术所替代,不能为企业带来经济利益;或者无形资产不再受到法律保护,且不能给企业带来经济利益等。例如,甲企业某项无形资产的法律保护期限已过,用其生产的产品没有市场,则说明该无形资产无法为企业带来未来经济利益,应予转销。

无形资产预期不能为企业带来经济利益的,企业应将其账面价值转销,即应按已计提的累计摊销额,借记“累计摊销”账户;已计提减值准备的,借记“无形资产减值准备”账户;按其账面余额,贷记“无形资产”账户;按其差额,借记“营业外支出”账户。即将报废无形资产的账面价值作为非流动资产处置损失,予以转销,记入“营业外支出——处置非流动资产损失”明细账户。

编制会计分录如下:

借:营业外支出——处置非流动资产损失

　　累计摊销

　　无形资产减值准备

　　贷:无形资产——××

【例 7-24】 2×22 年 6 月，华夏商贸公司拥有的一项专利权，用其生产的产品已经没有市场，于是华夏商贸公司决定将其作报废处理。报废时：实际成本 400 000 元，已累计摊销 320 000 元，累计计提减值 20 000 元。不考虑其他相关情况。

编制 2×22 年 6 月华夏商贸公司报废专利权的会计分录如下：

借：营业外支出——处置非流动资产损失	60 000	
累计摊销	320 000	
无形资产减值准备	20 000	
贷：无形资产——专利权		400 000

第七节 其他资产

商品流通企业除了流动资产、非流动资产外，还有一种具有递延性质的其他资产，即不能计入当期损益、应当在以后年度分期摊销的长期待摊费用。

一、长期待摊费用

长期待摊费用是指企业已经支出，但摊销期限在 1 年以上(不含 1 年)的各项费用，包括以经营租赁方式租入固定资产的改良支出、固定资产大修理支出以及摊销期在 1 年以上的其他各项待摊费用，如股票发行费用等。应当由本期负担的借款利息、租金等不得作为长期待摊费用处理。

二、长期待摊费用的摊销

长期待摊费用应单独核算，在费用项目受益期限内分期平均摊销。

以租入固定资产的改良支出，在租赁期限与预计可使用年限两者中较短的期限内平均摊销。

固定资产大修理支出采用待摊方式的，应当将发生的大修理费用在下一次大修理前平均摊销。

其他长期待摊费用应当在受益期限内平均摊销。股票发行费用在不超过 2 年的期限内平均摊销。

商品流通企业在筹建期发生的开办费，包括人员工资、办公费、培训费、差旅费、印刷费、注册登记费以及不计入固定资产和无形资产成本的汇兑损益和利息等支出，应当在开始生产经营的当月起一次摊销计入当期损益。

三、长期待摊费用的核算

商品流通企业发生长期待摊费用，借记“长期待摊费用”账户，贷记“银行存款”“原材料”等账户。摊销长期待摊费用，借记“管理费用”“销售费用”等账户，贷记“长期待摊费用”账户。

【例 7-25】 2×22 年，华夏商贸企业租入一项固定资产，租赁期限为 5 年，该项固定资产尚可使用年限为 10 年。为了提高该项固定资产的生产效率，该企业于购进时对租赁资产进行了改良，并支出了 96 000 元的改良费用。

（1）发生改良支出时：

借：长期待摊费用　　96 000

　　贷：银行存款　　96 000

（2）每年摊销时：

在租赁期限与预计可使用年限两者孰短的期限，即 5 年内摊销。

借：管理费用　　19 200

　　贷：长期待摊费用　　19 200

7-11 扫一扫看课件

本章小结

本章主要讲述了商品流通企业固定资产的含义、特征及分类，不同来源固定资产的初始计量的会计核算，固定资产折旧的计算方法及会计核算、固定资产的后续支出、固定资产处置、固定资产清查的会计核算；无形资产的初始计量、摊销及处置的会计核算。其中，固定资产、无形资产的初始计量、后续计量及处置是本章中需要掌握的重难点，在学习中要特别注意。

本章重要概念

固定资产　重置完全价值　净值　固定资产折旧　预计净残值　无形资产　研究阶段　开发阶段　累计摊销

推荐阅读资料

[1]《企业会计准则第 4 号——固定资产》(2018).

[2] 中国注册会计师协会. 会计[M]. 北京：中国财政经济出版社，2022.

[3] 刘永泽，陈立军. 中级财务会计(精编版)[M]. 7 版. 大连：东北财经大学出版社，2021.

[4]《企业会计准则第 6 号——无形资产》(2018).

[5] 杨有红，欧阳爱平. 中级财务会计[M]. 4 版. 北京：北京大学出版社，2022.

第八章　对 外 投 资

- 内容简介
- 学习目的和要求
- 引例
- 第一节　对外投资概述
- 第二节　交易性金融资产
- 第三节　债权投资
- 第四节　其他债权投资和其他权益工具投资
- 第五节　长期股权投资
- 本章小结
- 本章重要概念
- 推荐阅读资料

内容简介

本章主要阐述商品流通企业对外投资的核算。对外投资是企业在其本身经营的主要业务以外,以各种方式将资产让渡给其他单位使用,以期在未来获得投资收益的经济行为。本章具体介绍了交易性金融资产、债权投资、其他债权投资和其他权益工具投资的初始计量、后续计量以及处置的会计处理。本章的重点是交易性金融资产和债权投资的核算。

学习目的和要求

通过学习本章,学生应了解对外投资的含义及分类,掌握交易性金融资产和债权投资的核算,理解并简单掌握其他金融资产的主要会计处理。

引例　南京新百并购弗雷泽百货

南京新百前身为南京市新街口百货商店,成立于1952年,是中国十大百货商店之一和南京市第一家商业企业上市公司,1992年改制为南京新街口百货商店股份有限公司。2014年南京新百获得江苏省发改委、商务部以及中国证监会核准批文,以约1.55亿英镑收购英国历史最悠久的百货公司弗雷泽百货商店集团(House of Fraser,HOF)约89%的股权。这次跨境并购构成了南京新百的重大资产重组,交易对方涉及分布于欧洲多个国家的几十个股东,交易涉及多个国家的法律程序、境内外的披露要求。在各方的紧密配合下,项目于签约后的约4个月时间内完成所有境内外程序,于2014年9月初顺利交割,交易完美收官。这次并购被称为"中国A股有史以来最大的一笔零售业上市公司境外直接收购,同时也是中国企业有史以来最大的零售业境外投资"。

南京新百并购弗雷泽百货商店集团的过程涉及复杂的程序,会计上将此交易作为一项长期股权投资核算。长期股权投资属于企业对外投资方式的一种,本章将就企业的对外投资业务进行介绍。

资料来源:www.cggthinktank.com。

第一节　对外投资概述

一、对外投资的含义

企业对外投资是相对于对内投资而言。所谓对外投资就是企业在其本身经营的主要业务以外，以现金、实物资产、无形资产等方式，或者以购买股票、债券等有价证券方式向境内外的其他单位进行投资，以期在未来获得投资收益的经济行为。

二、对外投资的分类

对外投资按照不同的标准有不同的分类方式。

1. 按对外投资投出资金的回收期限分类

对外投资按投出资金的回收期限分为短期投资和长期投资。

短期投资是指企业购入的能够随时变现且持有时间不超过1年(含1年)的有价证券以及持有时间不超过1年(含1年)的其他投资，企业进行短期投资的目的在于利用生产经营中暂时闲置不用的资金谋求收益。

长期投资是指短期投资之外的、企业不准备在1年或长于1年的经营周期之内转变为现金的投资，企业进行长期投资的目的在于持有而不在于出售，这是与进行短期投资的一个重要区别。

2. 按对外投资形成的权益不同分类

对外投资按形成的企业权益不同分为股权投资和债权投资。

股权投资指通过购买其他企业的股票或以货币资金、无形资产和其他实物资产直接投资于其他单位而拥有被投资单位的股权，如购买上市公司的股票、兼并投资、联营投资。

债权投资是指为取得债权所进行的投资。企业进行这种投资是为了获取高于银行存款利率的利息，并保证按期收回本息，如购买公司债券、购买国库券等。

3. 按管理金融资产的业务模式和金融资产的合同现金流量特征分类

金融资产的分类是确认和计量的基础。企业应当根据其管理金融资产的业务模式和金融资产的合同现金流量特征，将金融资产划分为以下三类：①以摊余成本计量的金融资产；②以公允价值计量且其变动计入其他综合收益的金融资产；③以公允价值计量且其变动计入当期损益的金融资产。

第二节 交易性金融资产

一、交易性金融资产的含义

以公允价值计量且其变动计入当期损益的金融资产可以进一步划分为交易性金融资产和直接指定为以公允价值计量且其变动计入当期损益的金融资产。本书只涉及交易性金融资产。

交易性金融资产是企业为了在近期内出售而持有的金融资产，如企业以赚取差价为目的从二级市场购买的股票、债券、基金等。

二、交易性金融资产的会计处理

(一) 核算账户

企业应设置“交易性金融资产”“公允价值变动损益”“投资收益”等账户全面反映交易性金融资产的取得、持有以及出售的情况，具体如表8-1所示。

表 8-1 与交易性金融资产核算有关的会计账户

核算账户	账户性质	核算内容
交易性金融资产——成本	资产类	核算交易性金融资产的成本
交易性金融资产——公允价值变动	资产类	核算交易性金融资产在持有期间的公允价值变动金额
公允价值变动损益	损益类	核算企业交易性金融资产等公允价值变动而形成的应计入当期损益的利得或损失
投资收益	损益类	核算企业持有交易性金融资产等期间取得的投资收益以及处置交易性金融资产等实现的投资收益或投资损失

（二）会计处理

金融资产的会计处理涉及取得、持有期间以及出售。

1. 交易性金融资产的取得

企业取得交易性金融资产时按其公允价值，借记“交易性金融资产——成本”账户；按发生的交易费用，借记“投资收益”账户；对于支付的价款中包含的已到付息期但尚未领取的债券利息或已宣告但尚未发放的现金股利，借记“应收利息”或“应收股利”账户；按实际支付的金额，贷记“其他货币资金”等账户。

其中，交易费用是指可直接归属于购买、发行或处置金融工具新增的外部费用，包括支付给代理机构、咨询公司、券商等的手续费和佣金及其他必要支出。

8-1 视频：取得交易性金融资产的核算

8-2 扫一扫练一练

8-3 扫一扫练一练答案

2. 交易性金融资产的持有期间

（1）企业在持有交易性金融资产期间取得的利息或现金股利，应当确认为投资收益。企业持有交易性金融资产期间对于被投资单位宣告发放的现金股利或企业在资产负债表日按分期付息、一次还本债券投资的票面利率计算的利息收入，应借记“应收股利”或“应收利息”账户，贷记“投资收益”账户。待实际收到现金股利或债券利息时，借记“其他货币资金”等账户，贷记“应收股利”或“应收利息”账户。

（2）资产负债表日，交易性金融资产按公允价值计量，交易性金融资产公允价值变动计入当期损益。资产负债表日，交易性金融资产的公允价值高于其账面余额的差额，借记“交易性金融资产——公允价值变动”账户，同时确认公允价值上升收益，贷记“公允价值变动损益”账户；按公允价值低于其账面余额的差额，编制相反的会计分录。

3. 交易性金融资产的出售

处置交易性金融资产时，将处置时金融资产的公允价值与账面余额之间的差额确认为投资收益。

企业出售交易性金融资产，应按实际收到的金额，借记“其他货币资金”等账户，按该项交易性金融资产的成本，贷记“交易性金融资产——成本”账户；按该项交易性金融资产的公允价值变动，贷记或借记“交易性金融资产——公允价值变动”账户；按其差额，贷记或借记“投资收益”账户。

4. 转让金融商品应交增值税的核算

转让金融商品按照卖出价扣除买入价（不需要扣除已宣告未发放的现金股利和已到付息期未领取的利息）后的余额作为销售额计算增值税，即转让金融商品按盈亏相抵后的余额为销售额。若相抵后出现负差，可结转至下一纳税期，与下一期转让金融商品销售额互抵，但年末时仍出现负差的，不得转入下一会计年度。

8-4 视频：转让金融商品应交增值税的财务处理

企业转让金融资产当月月末，如产生转让收益，则按应纳税额，借记“投资收益”等账户，贷记“应交税费——转让金融商品应交增值税”账户；如产生转让损失，则按可结转下月抵扣税额，借记“应交税费——转让金融商品应交增值税”账户，贷记“投资收益”等账户。年末，如果“应交税费——转让金融商品应交增值税”账户有借方余额，说明本年度的金融商品转让损失无法弥补，且本年度的金融资产转让损失不可转入下一年度继续抵减转让金融资产的收益，因此，应借记“投资收益”等账户，贷记“应交税费——转让金融商品应交增值税”账户，将“应交税费——转让金融商品应交增值税”账户的借方余额转出。

【例 8-1】 2×22 年 4 月 1 日，华夏商贸公司按每股 4.2 元的价格从二级市场购入 A 公司股票 10 000 股作为交易性金融资产，另支付手续费 4 000 元。股票购买价格中包含每股 0.2 元已宣告但尚未发放的现金股利，该现金股利于 2×22 年 4 月 5 日发放。2×22 年 6 月 30 日，A 公司股票市价为每股 5 元。2×22 年 8 月 1 日，华夏商贸公司将 A 公司股票全部售出，市价为每股 6 元。

(1) 2×22 年 4 月 1 日，购入 A 公司股票成本为每股 4(4.2－0.2)元：

借：交易性金融资产——成本　　40 000
　　应收股利　　2 000
　　投资收益　　4 000
　　贷：其他货币资金　　46 000

(2) 2×22 年 4 月 5 日，收到发放的现金股利 2 000 元(10 000×0.2)：

借：其他货币资金　　2 000
　　贷：应收股利　　2 000

(3) 2×22 年 6 月 30 日，A 公司股票市价为每股 5 元，每股公允价值上升为 1(5－4)元：

借：交易性金融资产——公允价值变动　　10 000
　　贷：公允价值变动损益　　10 000

(4) 2×22 年 8 月 1 日，华夏商贸公司将 A 公司股票全部售出。

确认售价与账面余额的差额：

借：其他货币资金　　60 000
　　贷：交易性金融资产——成本　　40 000
　　　　交易性金融资产——公允价值变动　　10 000
　　　　投资收益　　10 000

(5) 计算该项业务转让金融商品应交增值税。

$$\text{转让金融商品应交增值税}=\frac{(60\,000-42\,000)}{1+6\%}\times 6\%=1\,018.87(\text{元})$$

借：投资收益　　1 018.87
　　贷：应交税费——转让金融商品应交增值税　　1 018.87

【例 8-2】 2×22 年 7 月 1 日，华夏商贸公司支付价款 512 500 元，从二级市场购入乙公司于2×22年1月1日发行的面值为500 000元、期限为3年、票面利率为5%、每半年付息、到期还本的债券作为交易性金融资产，另支付交易费用10 000元。债券购买价格中包含已到付息期但尚未支付的利息12 500元。2×22年7月5日，收到该债券上半年的利息12 500元。2×22年12月31日，该债券的公允价值为550 000元。2×23年1月5日，收到该债券下半年的利息12 500元。2×23年1月10日，华夏商贸公司将该债券售出，收到价款600 000元。

(1) 2×22年7月1日，购入乙公司债券成本为500 000元：

借：交易性金融资产——成本	500 000	
应收利息	12 500	
投资收益	10 000	
贷：其他货币资金		522 500

(2) 2×22年7月5日，收到债券上半年的利息12 500元：

借：其他货币资金	12 500	
贷：应收利息		12 500

(3) 2×22年12月31日，债券的公允价值为550 000元，公允价值上升为50 000(550 000－500 000)元：

借：交易性金融资产——公允价值变动	50 000	
贷：公允价值变动损益		50 000

(4) 2×22年12月31日，确认债券下半年利息12 500元：

借：应收利息	12 500	
贷：投资收益		12 500

(5) 2×23年1月5日，收到债券下半年的利息12 500元：

借：其他货币资金	12 500	
贷：应收利息		12 500

(6) 2×23年1月10日，华夏商贸公司将该债券售出。

确认售价与账面余额的差额：

借：其他货币资金	600 000	
贷：交易性金融资产——成本		500 000
交易性金融资产——公允价值变动		50 000
投资收益		50 000

(7) 计算该项业务转让金融资产应交增值税。

$$转让金融商品应交增值税=\frac{(600\ 000-512\ 500)}{1+6\%}\times 6\%=4\ 952.83$$

借：投资收益	4 952.83	
贷：应交税费——转让金融商品应交增值税		4 952.83

相关思考 8-1

企业取得交易性金融资产时，相关税费的处理方式与存货一致吗？

相关思考解析 8-1：

企业取得交易性金融资产时，相关的交易费用冲减投资收益。为取得存货发生的相关税费一般计入存货成本，而不计当期损益。

第三节 债 权 投 资

一、债权投资的核算原则

8-5 视频：债权投资概述及核算账户

债权投资属于以摊余成本计量的金融资产，如企业从二级市场上购入的固定利率国债、浮动利率公司债券等。

企业对债权投资进行初始确认时，应当按照公允价值和相关交易费用之和作为初始入账金额，实际支付的价款中包含的已到付息期但尚未领取的债券利息，应单独确认为应收项目。

企业应当采用实际利率法，按照摊余成本对债权投资进行后续计量。

处置债权投资时，应将所取得的价款与债权投资账面价值之间的差额计入当期损益。

二、债权投资的会计处理

（一）核算账户

核算债权投资的有关会计账户如表 8-2 所示。

表 8-2　与债权投资核算有关的会计账户

核　算　账　户	账户性质	核　算　内　容
债权投资——成本	资产类	核算债权投资的面值
债权投资——利息调整	资产类	核算债权投资初始确认金额与其面值的差额，以及按照实际利率法分期摊销该差额后的摊余金额
债权投资——应计利息	资产类	核算到期一次还本付息债券利息
债权投资减值准备	资产类	核算债权投资发生减值时计提的减值准备
其他综合收益	所有者权益类	核算直接计入所有者权益的利得和损失

（二）会计处理

1. 债权投资的取得

企业对债权投资进行初始确认时，应当按照公允价值和相关交易费用之和作为初始入账金额，实际支付的价款中包含的已到付息期但尚未领取的债券利息，应单独确认为应收项目。

企业取得债权投资，应按该投资的面值，借记“债权投资——成本”账户；按支付的价款中包含的已到付息期但尚未领取的利息，借记“应收利息”等账户；按实际支付的价款，贷记“其他货币资金”等账户；按其差额，借记或贷记“债权投资——利息调整”账户。

延伸阅读8-1

债券的发行方式

投资者购买债券时支付的价款与债券的面值不一定相同，即债券的发行方式有三种：平价、溢价和折价。之所以有不同的发行方式，是由于企业购入债券时票面利率和市场利率不同。债券的票面利率是事先确定好的，但等到债券发行时利率有可能发生了变化，发行当天的市场利率是实际利率。若票面利率与市场利率相等，则债券的价格与票面价值相等，即平价发行；若票面利率高于市场利率，投资者未来可以获得更多的利息，则现时只能按高于票面价值的价格购入，作为以后多收取利息的代价，这时称为溢价发行；若票面利率低于市场利率，投资者未来将获得更少的利息，则现时必须按低于票面价值的价格购入，作为以后少收取利息的补偿，这时称为折价发行。

资料来源：高杉主编：《中级财务会计》，立信会计出版社2020年版，第四章第三节。

2. 债权投资持有收益的核算

企业应当采用实际利率法，按照摊余成本对债权投资进行后续计量。实际利率法，是指按照金融资产或金融负债的实际利率计算其摊余成本及各期利息收入或利息费用的方法。其中摊余成本是指该金融资产的初始确认金额经下列调整后的结果：

① 扣除已偿还的本金；

② 加上或减去采用实际利率法将该初始确认金额与到期日金额之间的差额进行摊销形成的累计摊销额；

③ 扣除已发生的减值损失。

即：

$$\text{期末摊余成本}=\text{期初摊余成本}+\text{本期计提利息}-\text{本期收回利息}-\text{本期收回本金}-\text{本期计提减值准备}$$

$$=\text{期初摊余成本}+\text{利息调整摊销额}-\text{本期收回本金}-\text{本期计提减值准备}$$

资产负债表日，债权投资为分期付息、一次还本债券投资的，企业应按面值和票面利率计算确定的应收未收利息，借记“应收利息”账户；按债权投资摊余成本和实际利率计算确定的利息收入，贷记“投资收益”账户；按其差额，借记或贷记“债权投资——利息调整”账户。收到债券利息时，借记“其他货币资金”等账户，贷记“应收利息”账户。

债权投资为到期一次还本付息债券投资的，企业应于资产负债表日按票面利率计算确定的应收未收利息，借记“债权投资——应计利息”账户；按债权投资摊余成本和实际利率计算确定的利息收入，贷记“投资收益”账户；按其差额，借记或贷记“债权投资——利息调整”账户。债券到期收回债券利息时，借记“其他货币资金”等账户，贷记“债权投资——应计利息”账户。

3. 债权投资的出售

企业处置债权投资时，应将所取得的价款与债权投资账面价值之间的差额计入当期损益。如果对债权投资计提了减值准备，还应同时结转减值准备。

出售债权投资时应按实际收到的金额，借记“其他货币资金”等账户。已计提减值准备的，借记“债权投资减值准备”账户，按其账面余额，贷记“债权投资——成本/应计利息”账户，贷记或借记"债权投资——利息调整"账户，按其差额，贷记或借记"投资收益"账户。

【例 8-3】 华夏商贸公司为一上市的商品流通企业，2×22 年 1 月 1 日，支付价款 20 837 元(包含相关税费)购入当日发行的面值为 20 000 元、期限为 5 年、票面利率为 7%、每年 12 月 31 日付息、到期还本的 A 公司债券作为债权投资。华夏公司在取得债券时确定的实际利率为 6%。要求作出华夏商贸公司取得债券，每年年末确认利息收入、收回利息以及到期收回本金的会计分录。

债券持有期间采用实际利率法确认摊余成本及利息收入的过程如表 8-3 所示。

[说明：注意表 8-3 中几个数据之间的关系：a. 最早一期(2×22 年 12 月 31 日)债券的期初摊余成本为初始确认金额，最后一期(2×26 年 12 月 31 日)债券的期末摊余成本为债券的面值。即：债券持有期间的摊余成本是从初始确认金额摊销到债券的面值(在不考虑减值因素的情况下)；b. 利息调整摊销额的合计数为最初形成的溢价金额，所以最后一期的利息调整摊销额为倒挤金额(182=837-150-159-168-178)]

表 8-3 利息收入与摊余成本计算表 单位：元

计息日期	期初摊余成本	实际利率	利息收入	应收利息	利息调整摊销额	期末摊余成本
	1	2	3=1×2	4=面值×票面利率	5=3-4	6=1+3-4
2×22 年 1 月 1 日						20 837
2×22 年 12 月 31 日	20 837	6%	1 250	1 400	150	20 687
2×23 年 12 月 31 日	20 687	6%	1 241	1 400	159	20 528
2×24 年 12 月 31 日	20 528	6%	1 232	1 400	168	20 360
2×25 年 12 月 31 日	20 360	6%	1 222	1 400	178	20 182
2×26 年 12 月 31 日	20 182	6%	1 218	1 400	182	20 000
合　　计	—	—	6 163	7 000	837	—

(1) 2×22 年 1 月 1 日，购入债券：

借：债权投资——成本　　20 000
　　　　　——利息调整　　837
　贷：其他货币资金　　20 837

(2) 各年年末确认债券利息的会计分录如下：

① 2×22 年 12 月 31 日：

借：应收利息　　1 400
　贷：债权投资——利息调整　　150
　　　投资收益　　1 250

② 2×23 年 12 月 31 日：

借：应收利息　　1 400
　贷：债权投资——利息调整　　159
　　　投资收益　　1 241

③ 2×24 年 12 月 31 日：

借：应收利息　　1 400
　　贷：债权投资——利息调整　　168
　　　　投资收益　　1 232

④ 2×25 年 12 月 31 日：

借：应收利息　　1 400
　　贷：债权投资——利息调整　　178
　　　　投资收益　　1 222

⑤ 2×26 年 12 月 31 日：

借：应收利息　　1 400
　　贷：债权投资——利息调整　　182
　　　　投资收益　　1 218

各年收到债券利息的分录：

借：其他货币资金　　1 400
　　贷：应收利息　　1 400

(3) 债券到期时收回本金的分录：

借：其他货币资金　　20 000
　　贷：债权投资——成本　　20 000

【例 8-4】 华夏商贸公司为一上市的商品流通企业，2×22 年 1 月 1 日，购入 B 公司当日发行的面值为 12 500 元、期限为 5 年、票面利率为 4.72%的到期一次还本付息债券作为债权投资，实际支付的价款(含交易费用)为 10 000 元。华夏商贸公司在取得债券时确定的实际利率为 9.05%。债券持有期间采用实际利率法确认摊余成本及利息收入的过程如表 8-4 所示。

表 8-4　利息收入与摊余成本计算表　　单位：元

计息日期	期初摊余成本	实际利率	利息收入	应收利息	利息调整摊销额	期末摊余成本
	1	2	3=1×2	4=面值×票面利率	5=3−4	6=1+3
2×22 年 1 月 1 日						10 000
2×22 年 12 月 31 日	10 000	9.05%	905	590	315	10 905
2×23 年 12 月 31 日	10 905	9.05%	987	590	397	11 892
2×24 年 12 月 31 日	11 892	9.05%	1 076	590	486	12 968
2×25 年 12 月 31 日	12 968	9.05%	1 174	590	584	14 142
2×26 年 12 月 31 日	14 142	9.05%	1 308	590	718	15 450
合计	—	—	5 450	2 950	2 500	—

［说明：注意表 8-4 中几个数据之间的关系：a. 最早一期（2×22 年 12 月 31 日）债券的期初摊余成本为初始确认金额，最后一期（2×26 年 12 月 31 日）债券的期末摊余成本为债券的面值与各年利息之和；b. 利息调整摊销额的合计数为最初形成的溢价金额，所以最后一期的利息调整摊销额为倒挤金额（718＝2 500－315－397－486－584）］

（1）2×22 年 1 月 1 日，购入债券：

	借方	贷方
借：债权投资——成本	12 500	
贷：其他货币资金		10 000
债权投资——利息调整		2 500

（2）各年年末确认债券利息的会计分录：

① 2×22 年 12 月 31 日：

	借方	贷方
借：债权投资——应计利息	590	
——利息调整	315	
贷：投资收益		905

② 2×23 年 12 月 31 日：

	借方	贷方
借：债权投资——应计利息	590	
——利息调整	397	
贷：投资收益		987

③ 2×24 年 12 月 31 日：

	借方	贷方
借：债权投资——应计利息	590	
——利息调整	486	
贷：投资收益		1 076

④ 2×25 年 12 月 31 日：

	借方	贷方
借：债权投资——应计利息	590	
——利息调整	584	
贷：投资收益		1 174

⑤ 2×26 年 12 月 31 日：

	借方	贷方
借：债权投资——应计利息	590	
——利息调整	718	
贷：投资收益		1 308

8-6 扫一扫练一练

8-7 扫一扫练一练答案

（3）债券到期时收回本金和利息的分录：

	借方	贷方
借：其他货币资金	15 450	
贷：债权投资——成本		12 500
——应计利息		2 950

第四节 其他债权投资和其他权益工具投资

一、其他债权投资和其他权益工具投资的核算原则

其他债权投资和其他权益工具投资均属于以公允价值计量且其变动计入其他综合收益的金融资产。

企业对其他债权投资和其他权益工具投资初始确认时，应当按照公允价值和相关交易费用之和作为初始入账金额，实际支付的价款中包含的已到付息期但尚未领取的债券利息或者已宣告但尚未发放的现金股利，应单独确认为应收项目。

企业在其他债权投资持有期间取得的利息，以及在其他权益工具投资持有期间取得的现金股利，应当确认为投资收益。

资产负债表日，其他债权投资和其他权益工具投资应按公允价值计量，公允价值变动应计入其他综合收益。

企业处置其他债权投资和其他权益工具投资时，应将所取得的价款与投资账面价值之间的差额计入当期损益；同时，将原直接计入其他综合收益的累计公允价值变动额转出，计入投资收益。

二、其他债权投资和其他权益工具投资

（一）其他债权投资和其他权益工具投资的取得

1. 其他债权投资

企业取得其他债权投资时，应按债券的面值，借记“其他债权投资——成本”账户；按支付的价款中包含的已到付息期但尚未领取的利息，借记“应收利息”账户；按实际支付的金额，贷记“其他货币资金”等账户；按其差额，借记或贷记“其他债权投资——利息调整”账户。

2. 其他权益工具投资

企业取得其他权益工具投资时，按其公允价值和发生的交易费用之和，借记“其他权益工具投资——成本”账户；按支付的价款中包含的已宣告但尚未发放的现金股利，借记“应收股利”账户；按实际支付的金额，贷记“其他货币资金”等账户。

相关思考 8-2

交易费用都计入成本吗？

交易性金融资产、债权投资、其他债权投资和其他权益工具投资四项金融资产在初始取得时交易费用都计入相关资产的成本吗？

相关思考解析 8-2：

企业在初始取得交易性金融资产时，交易费用冲减投资收益，不计入相关资产的成本。取得其他三项金融资产时的交易费用计入资产的初始入账金额。

（二）其他债权投资和其他权益工具投资的持有期间

其他债权投资和其他权益工具投资持有期间的会计核算主要涉及二部分：一是持有收

益的确认；二是资产负债表日反映公允价值变动。

（1）企业在其他债权投资和其他权益工具投资持有期间取得的现金股利或利息，应当确认为投资收益。企业应于被投资单位宣告发放现金股利时，按应享有的其他权益工具投资份额，借记“应收股利”账户，贷记“投资收益”账户。

其他债权投资为分期付息、一次还本债券投资的，企业应按面值和票面利率计算确定的应收未收利息，借记“应收利息”账户；按其他债权投资资产摊余成本和实际利率计算确定的利息收入，贷记“投资收益”账户；按其差额，借记或贷记“其他债权投资——利息调整”账户。收到债券利息时，借记“其他货币资金”账户，贷记“应收利息”账户。

其他债权投资为一次还本付息债券投资的，企业应按票面利率计算确定的应收未收利息，借记“其他债权投资——应计利息”账户；按其他债权投资摊余成本和实际利率计算确定的利息收入，贷记“投资收益”账户；按其差额，借记或贷记“其他债权投资——利息调整”账户。债券到期，企业收回债券利息时，借记“其他货币资金”账户，贷记“其他债权投资——应计利息”账户。

（2）资产负债表日，其他债权投资和其他权益工具投资应按公允价值计量，公允价值变动应计入所有者权益。公允价值高于其账面余额差额的，借记“其他债权投资——公允价值变动”账户或“其他权益工具投资——公允价值变动”账户，贷记“其他综合收益”账户；公允价值低于其账面余额差额的，编制相反的会计分录。

（三）其他债权投资和其他权益工具投资的出售

企业出售其他债权投资或其他权益工具投资时，应按实际收到的金额，借记“其他货币资金”等账户；按其账面余额，贷记“其他债权投资——成本”“应计利息”等账户；按应从所有者权益中转出的公允价值累计变动额，借记或贷记“其他综合收益”账户；按其差额，贷记或借记“投资收益”账户。

【例 8-5】 华夏商贸公司于 2×22 年 1 月 1 日购入 D 公司股票 10 000 股，每股市价为 19.6 元，另发生交易费用 4 000 元，款项均以其他货币资金支付，华夏商贸公司将其作为其他权益工具投资进行核算。2×22 年 6 月 30 日，该股票市价为每股 17 元。2×23 年 3 月 1 日，华夏商贸公司以每股 16.5 元的价格将其出售，款项存入银行。

（1）2×22 年 1 月 1 日，购入股票：

借：其他权益工具投资——成本	200 000	
贷：其他货币资金		200 000

（2）2×22 年 6 月 30 日，确认公允价值变动：

借：其他综合收益	30 000	
贷：其他权益工具投资——公允价值变动		30 000

（3）2×23 年 3 月 1 日，将股票售出：

借：其他货币资金	165 000	
其他权益工具投资——公允价值变动	30 000	
投资收益	5 000	
贷：其他权益工具投资——成本		200 000

同时：

借：投资收益　　30 000

　　贷：其他综合收益　　30 000

【例 8-6】 华夏商贸公司于 2×22 年 1 月 1 日从证券市场上购入 E 公司于 2×21 年 1 月 1 日发行的债券作为其他债权投资，该债券期限为 3 年，票面年利率为 5%，每年 1 月 5 日支付上年度的利息。到期日为 2×25 年 1 月 1 日，一次归还本金和最后一次利息，实际利率为 4%。华夏商贸公司购入债券的面值 1 000 万元，实际支付 1 086.3 万元。2×22 年 12 月 31 日，该债券的公允价值为 1 030 万元。2×23 年 12 月 31 日，该债券的公允价值为 1 020 万元。

(1) 2×22 年 1 月 1 日，从证券市场上购入债券：

借：其他债权投资——成本　　10 000 000

　　应收利息　　500 000

　　其他债权投资——利息调整　　363 000

　　贷：其他货币资金　　10 863 000

(2) 2×22 年 1 月 5 日，收到利息：

借：其他货币资金　　500 000

　　贷：应收利息　　500 000

(3) 2×22 年年末，计算债券利息收入 41.45 万元(1 036.3×4%)：

借：应收利息　　500 000

　　贷：投资收益　　414 500

　　　　其他债权投资——利息调整　　85 500

收到利息时：

借：其他货币资金　　500 000

　　贷：应收利息　　500 000

(4) 2×22 年 12 月 31 日，债券账面余额为 1 027.75(1 000+36.3−8.55)万元，公允价值为 1 030 万元，公允价值变动为 2.25(1 030−1 027.75)万元：

借：其他债权投资——公允价值变动　　22 500

　　贷：其他综合收益　　22 500

(5) 2×23 年年末，计算债券利息收入 41.11(1 027.75×4%)万元：

借：应收利息　　500 000

　　贷：投资收益　　411 100

　　　　其他债权投资——利息调整　　88 900

(6) 2×23 年 12 月 31 日，债券的账面余额为 1 021.11(1 027.75+2.25−8.89)万元，2×23 年年末，公允价值为 1 020 万元，则应确认公允价值变动金额为 1.11(1 021.11−1 020)万元：

借：其他综合收益　　11 100

　　贷：其他债权投资——减值准备　　11 100

第五节　长期股权投资

8-8 视频：长期股权投资概述

一、长期股权投资概述

（一）长期股权投资的含义

长期股权投资是指投资企业对被投资单位实施控制、重大影响的权益性投资，以及对其合营企业的权益性投资。除此之外，其他权益性投资不作为长期股权投资进行核算，而应当按照《企业会计准则第 22 号——金融工具确认和计量》的规定进行会计核算。

企业能够对被投资单位实施控制的，被投资单位为本企业的子公司。控制是指投资方拥有对被投资方的权力，通过参与被投资方的相关活动而享有可变回报，并且有能力运用对被投资方的权力影响其回报金额。在股权数量方面，投资方对子公司的持股比例一般大于 50%。

企业与其他方对被投资单位实施共同控制的，被投资单位为本企业的合营企业。共同控制是指按照相关约定对某项安排所共有的控制，并且该安排的相关活动必须经过分享控制权的参与方一致同意后才能决策。在股权数量方面，投资方对合营企业的持股比例一般等于 50%。

企业能够对被投资单位施加重大影响的，被投资单位为本企业的联营企业。重大影响是指投资企业对被投资单位的财务和经营政策有参与决策的权力，但并不能够控制或者与其他方一起共同控制这些政策的制定。在股权数量方面，投资方对联营企业的持股比例为 20%～50%。

（二）长期股权投资的核算方法

长期股权投资的核算方法有两种：一是成本法；二是权益法。

1. 成本法核算的长期股权投资的范围

成本法是指对长期股权投资的价值通常按初始投资成本计量，除追加或收回投资外，一般不对长期股权投资的账面价值进行调整的一种会计处理方法。

企业能够对被投资单位实施控制的长期股权投资，即企业对子公司的长期股权投资，应当采用成本法核算。

2. 权益法核算的长期股权投资的范围

权益法是指在取得长期股权投资时以投资成本计量，在投资持有期间则要根据投资企业应享有被投资企业所有者权益份额的变动，对长期股权投资的账面价值进行相应调整的一种会计处理方法。

企业对被投资单位具有共同控制或者重大影响时，长期股权投资应当采用权益法核算：

（1）企业对被投资单位具有共同控制的长期股权投资，即企业对其合营企业的长期股权投资。

（2）企业对被投资单位具有重大影响的长期股权投资，即企业对其联营企业的长期股权投资。

长期股权投资的持股比例及核算方法如图 8-1 所示。

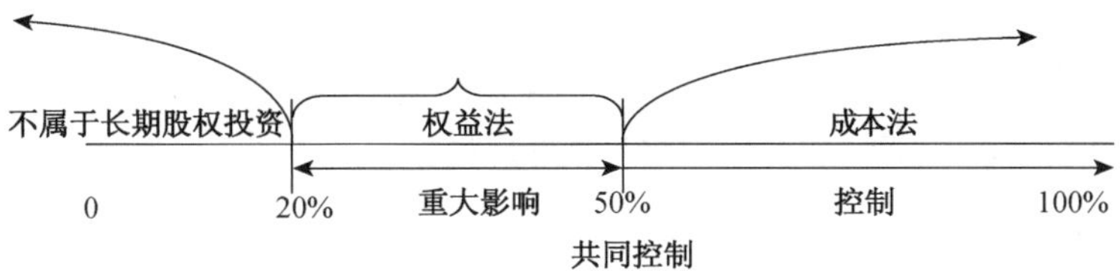

图 8-1 长期股权投资的持股比例及核算方法

二、采用成本法核算的长期股权投资

(一) 核算账户

在成本法下,企业设置“长期股权投资”账户核算长期股权投资。

(二) 会计处理

1. 长期股权投资的取得

除企业合并形成的长期股权投资以外,企业以支付现金取得的长期股权投资应当按照实际支付的购买价款作为初始投资成本。企业所发生的与取得长期股权投资直接相关的费用、税金及其他必要支出应计入长期股权投资的初始投资成本。实际支付的价款或对价中包含的已宣告但尚未发放的现金股利或利润,作为应收项目处理,不构成长期股权投资的成本。

企业取得长期股权投资时,应按照初始投资成本,借记“长期股权投资”账户;按实际支付的价款中包含有已宣告但尚未发放的现金股利或利润,借记“应收股利”账户;按实际支付的价款,贷记“其他货币资金”等账户。

2. 持有长期股权投资期间被投资单位宣告分派现金股利或利润

企业持有长期股权投资期间被投资单位宣告发放现金股利或利润时,投资企业按应享有的部分确认投资收益,借记“应收股利”账户,贷记“投资收益”账户。收到现金股利时,应借记“其他货币资金”等账户,贷记“应收股利”账户。

3. 长期股权投资的出售

处置长期股权投资时,按实际取得的价款与长期股权投资账面价值的差额确认投资损益,并应同时结转已计提的长期股权投资减值准备。

企业处置长期股权投资时,按实际收到的金额,借记“其他货币资金”等账户;按原已计提的减值准备,借记“长期股权投资减值准备”账户;按该项长期股权投资的账面余额,贷记“长期股权投资”账户;按其差额,贷记或借记“投资收益”账户。

【例 8-7】 华夏商贸公司 2×22 年 1 月 1 日在上海证券交易所购买诚远股份有限公司的股票 100 000 股作为长期股权投资,每股买入价为 10 元,每股价格中包含有 0.2 元已宣告但尚未分派的现金股利,另支付相关税费 7 000 元;华夏商贸公司于 2×22 年 1 月 10 日收到购入该股票时已宣告的现金股利。2×22 年 6 月 20 日,诚远股份有限公司宣告发放现金股利,华夏商贸公司应分得现金股利 5 000 元。2×23 年 1 月 1 日,华夏商贸公司以每股 15 元的价格将该股票卖出,款项已收妥。

（1）华夏商贸公司 2×22 年 1 月 1 日购入股票：

借：长期股权投资　　987 000
　　应收股利　　20 000
　　贷：其他货币资金　　1 007 000

（2）华夏商贸公司 2×22 年 1 月 10 日收到股利：

借：其他货币资金　　20 000
　　贷：应收股利　　20 000

（3）华夏商贸公司 2×22 年 6 月 20 日确认投资收益：

借：应收股利　　5 000
　　贷：投资收益　　5 000

实际收到该现金股利时：

借：其他货币资金　　5 000
　　贷：应收股利　　5 000

（4）华夏商贸公司 2×23 年 1 月 1 日出售股票：

借：其他货币资金　　1 500 000
　　贷：长期股权投资　　987 000
　　　　投资收益　　513 000

三、采用权益法核算的长期股权投资

（一）核算账户

与长期股权投资核算有关的会计账户如表 8-5 所示。

表 8-5　与长期股权投资核算有关的会计账户

核　算　账　户	账户性质	核　算　内　容
长期股权投资——投资成本	资产类	核算长期股权投资的初始投资成本以及初始投资成本的调整
长期股权投资——损益调整	资产类	核算投资企业应享有或应分担的被投资企业实现的净损益的份额，以及被投资企业分派的现金股利或利润中投资企业应获得的份额
长期股权投资——其他综合收益	资产类	核算投资企业应享有或应分担被投资单位实现其他综合收益的份额
长期股权投资——其他权益变动	资产类	核算投资企业对于被投资单位除净损益、其他综合收益和利润分配外所有者权益的其他变动，按照持股比例计算应享有的份额

8-9　扫一扫练一练

8-10　扫一扫练一练答案

（二）会计处理

1. 长期股权投资的取得

长期股权投资的初始投资成本大于投资时应享有被投资单位可辨认净资产公允价值份额的，该部分差额是投资企业在取得投资的过程中通过作价体现出的与所取得股权相对应的商誉的价值，不调整已确认的初始投资成本，借记“长期股权投资——投资成本”账户，贷记“其他货币资金”等账户。

长期股权投资的初始投资成本小于投资时应享有被投资单位可辨认净资产公允价值份额的，该部分差额体现为双方在交易作价过程中转让方的让步，该部分经济利益流入应计入取得长期股权投资当期的营业外收入，同时调增长期股权投资的成本，借记“长期股权投资——投资成本”账户，贷记“其他货币资金”等账户，按其差额，贷记“营业外收入”账户。

【例 8-8】 华夏商贸公司 2×22 年 1 月 20 日在上海证券交易所购买东方股份有限公司发行的股票 50 000 000 股准备长期持有，占东方股份有限公司股份的 30%。每股买入价为 6 元，另外，购买该股票时发生相关税费 500 000 元，款项已由银行存款支付。当日，东方股份有限公司可辨认净资产的公允价值为 1 000 000 000 元。

长期股权投资初始投资成本为：50 000 000×6＋ 500 000＝300 500 000(元)。

应享有被投资单位可辨认净资产公允价值份额为：1 000 000 000 × 30% ＝ 300 000 000(元)。

长期股权投资的初始投资成本大于应享有被投资单位可辨认净资产公允价值份额，不调整已确认的初始投资成本。

购入股票的会计分录：

借：长期股权投资——投资成本	300 500 000	
贷：银行存款		300 500 000

2. 长期股权投资持有期间被投资单位实现净利润或发生净亏损

(1) 被投资单位实现净利润。被投资单位实现净利润时，投资企业应按其在被投资单位实现的净利润中应享有的份额，借记“长期股权投资——损益调整”账户，贷记“投资收益”账户。需要注意的是，被投资单位实现的净利润应以取得投资时被投资单位可辨认净资产的公允价值为基础计算。

(2) 被投资单位发生净亏损。被投资单位发生净亏损时，投资企业应按其在被投资单位发生的净亏损中应享有的份额，借记“投资收益”账户，贷记“长期股权投资——损益调整”账户。这里被投资单位发生的净亏损同样应以取得投资时被投资单位可辨认净资产的公允价值为基础计算。

被投资单位发生超额亏损时，投资单位确认的损失应以“长期股权投资”账面价值的份额减记至零为限；还需要承担的投资损失，应将其他实质上构成对被投资单位净投资的“长期应收款”等长期债权的账面价值减记至零为限。除按照以上步骤确认的投资损失外，按照投资合同或协议约定将承担的损失，应确认为预计负债。如果经过上列顺序确认应分担的亏损额后，仍有未确认的亏损分担额，投资企业应先在备查账簿中记录，待被投资企业以后年度实现盈利时，再按应享有的收益份额，先扣除未确认的亏损分担额，然后按与上述相反的顺序进行处理。

上述以长期股权投资账户账面价值减记至零为限是指“长期股权投资——投资成本”“长期股权投资——损益调整”“长期股权投资——其他综合收益”“长期股权投资——其他权益变动”四个明细账户合计为零。长期应收款通常是指投资企业对被投资单位的长期债权，不包括投资企业与被投资单位之间因销售商品、提供劳务等日常活动所产生的长期债权。

【例 8-9】 2×22 年，东方股份有限公司实现净利润 10 000 000 元。华夏商贸公司按照持股比例确认投资收益 3 000 000 元。

华夏商贸公司确认投资收益时：

借：长期股权投资——损益调整　　3 000 000
　　贷：投资收益　　3 000 000

3. 长期股权投资持有期间被投资单位宣告分派现金股利或利润

被投资单位宣告分派现金股利或利润时，投资企业计算应分得的部分，借记"应收股利"账户，贷记"长期股权投资——损益调整"账户。以后收到现金股利时，借记"其他货币资金"等账户，贷记"应收股利"账户。

需要说明的是，被投资方宣告分派股票股利时，投资企业应于除权日在备查账簿中记录，只调整持股数量，反映股份的变化情况，不作账务处理。

【例 8-10】 2×22 年 5 月 15 日，东方股份有限公司已宣告发放现金股利，每 10 股派 0.3 元，华夏商贸公司可分派到 1 500 000 元。2×22 年 6 月 15 日，华夏商贸公司收到东方股份有限公司分派的现金股利。

东方股份有限公司宣告发放现金股利时：

借：应收股利　　1 500 000
　　贷：长期股权投资——损益调整　　1 500 000

收到东方股份有限公司宣告发放的现金股利时：

借：银行存款　　1 500 000
　　贷：应收股利　　1 500 000

4. 长期股权投资持有期间被投资单位其他综合收益的变动

长期股权投资持有期间，被投资单位其他综合收益变动的，投资企业按照应享有或应分担的份额，借记或贷记"长期股权投资——其他综合收益"账户，贷记或借记"其他综合收益"账户。这里的其他综合收益是指根据其他准则的规定未在当期损益中确认的各项利得与损失。

【例 8-11】 2×22 年，东方股份有限公司其他债权投资的公允价值增加了 4 000 000 元。华夏商贸公司按照持股比例确认相应的其他综合收益 1 200 000 元。

借：长期股权投资——其他综合收益　　1 200 000
　　贷：其他综合收益　　1 200 000

5. 长期股权投资持有期间被投资单位所有者权益的其他变动

对于被投资单位除净损益、其他综合收益和利润分配以外所有者权益的其他变动，企业按持股比例计算应享有或应分担的份额，借记或贷记"长期股权投资——其他权益变动"账户，贷记或借记"资本公积——其他资本公积"账户。

6. 长期股权投资的出售

企业处置长期股权投资时，按实际取得的价款与长期股权投资账面价值的差额确认投资收益，并按相应比例对原计入其他综合收益的部分进行会计处理，同时按比例结转"资本公积——其他资本公积”账户的相应金额。如果对长期股权投资计提了减值准备，还应同时结转已计提的长期股权投资减值准备。

企业处置长期股权投资时，应按实际收到的金额，借记“其他货币资金”等账户；按原已计提的减值准备，借记“长期股权投资减值准备”账户；按该长期股权投资的账面余额，贷记“长期股权投资——投资成本”，贷记或借记“长期股权投资——损益调整”“长期股权投资——其他综合收益”等账户；按尚未领取的现金股利或利润，贷记“应收股利”账户；按其差额，贷记或借记“投资收益”账户。

同时，还应结转原计入其他综合收益的相关金额，借记或贷记“其他综合收益”账户，贷记或借记“投资收益”账户。

对于原计入资本公积的相关金额，借记或贷记“资本公积——其他资本公积”账户，贷记或借记“投资收益”账户。

【例 8-12】 承[例 8-11]，2×23 年 7 月 20 日，华夏商贸公司出售所持有东方股份有限公司的股票 50 000 000 股，每股出售价为 10 元，款项已收回。

借：其他货币资金　　500 000 000
　　贷：长期股权投资——投资成本　　300 500 000
　　　　　　　　　　——损益调整　　1 500 000
　　　　　　　　　　——其他综合收益　　1 200 000
　　　　投资收益　　196 800 000

同时：

借：其他综合收益　　1 200 000
　　贷：投资收益　　1 200 000

四、长期股权投资的减值

在资产负债表日，如果长期股权投资的账面价值大于应享有被投资单位净资产账面价值的份额，则投资企业应当按照《企业会计准则第 8 号——资产减值》的规定对长期股权投资进行减值测试，并确定是否计提长期股权投资减值准备。

长期股权投资的可收回金额低于账面价值的，企业应当将该长期股权投资的账面价值减记至可收回金额，减记的金额确认为减值损失，计入当期损益，同时计提相应的资产减值准备，借记“资产减值损失”账户，贷记“长期股权投资减值准备”账户。长期股权投资减值损失一经确认，在以后会计期间不得转回。

本章小结

8-11 扫一扫看课件

本章主要学习了对外投资的分类；交易性金融资产的特点及账务处理；债权投资的特点及账务处理；其他债权投资及其他权益工具投资的特征及账务处理；长期股权投资的含义、分类及账务处理。

本章重要概念

交易性金融资产　债权投资　其他债权投资　其他权益工具投资　长期股权投资　摊余成本　实际利率法

推荐阅读资料

[1] 财政部会计资格评估中心.初级会计实务[M].北京:经济科学出版社,2022.

[2] 中国注册会计师协会.会计[M].北京:中国财政经济出版社,2022.

[3] 李海波,蒋瑛.新编商业会计——商品流通企业会计[M].9版.上海:立信会计出版社,2017.

[4] 史玉光.新会计准则下商品流通企业会计实务[M].2版.北京:电子工业出版社,2022.

第九章 负 债

- 内容简介
- 学习目的和要求
- 引例
- 第一节 负债概述
- 第二节 流动负债
- 第三节 非流动负债
- 本章小结
- 本章重要概念
- 推荐阅读资料

内容简介

本章主要阐述商品流通企业负债的核算。负债是企业的一项重要资金来源，是债权人对企业资产的要求权。本章主要包括流动负债和非流动负债的核算，具体是从每个负债项目的含义、分类、会计处理几个方面展开的。本章的重点是各项负债项目的账户设置和账务处理。

学习目的和要求

通过学习本章，要求了解负债的含义和特征，明确流动负债和非流动负债之间的区别，掌握短期借款、应付账款、应付票据、预收账款、应交税费和应付职工薪酬等重要的流动负债项目和长期借款、应付债券等非流动负债项目的核算。

引例 长期负债经营使公司破产

仪科惠光公司成立于1997年，以代理经营IBM产品为主，主要面对中小经销商。该公司主要为中小企业提供信息化服务，并以连锁的方式迅速扩张，销售额直线上升，高速扩张为企业带来了巨大的发展。但是由于公司自身资金积累不足，如果要保持持续快速的发展，公司就要不断地举债，因此公司长期处于负债经营状态。仪科惠光公司也在尝试解决资金问题，但就在此时，一家供应商由于仪科惠光公司拖欠货款的问题，将它告上了法庭。这无疑让公司雪上加霜，债务链开始断裂，供应商停止为公司供货并要求偿还欠款，公司立刻陷入停顿的状态。2001年8月13日，仪科惠光被查封，总裁林晓志失踪。

从仪科惠光的经营实践来看，其最终亏损的主要原因是长期、过度负债经营。负债经营就像是一把"双刃剑"，负债既是企业一项重要的、成本较低的资金来源，也会为企业带来很大的风险。本章将对企业生产经营各个环节的负债项目进行详细介绍。

资料来源：https://wenku.so.com。

第一节 负债概述

一、负债的含义及特征

负债是指由企业过去的交易或者事项形成的、预期会导致经济利益流出企业的现时义务。它和所有者权益一样，都是对一个企业的资产提出主张和要求的权利，负债和所有者权益统称为"权益"。

负债通常具有以下几个特征。

1. 负债是基于企业过去的交易或事项而产生

只有过去的交易或者事项才形成负债，即导致负债的交易或事项必须已经发生。例如，企业向供应商购买货物会产生应付款，从银行借入款项则会产生还款的义务等。企业正在筹划的未来交易或事项，如借款计划、未来发生的承诺、签订的合同等，并不会产生负债。

2. 负债是企业承担的现时义务

所谓现时义务，是指企业在现行条件下已承担的义务，一般是基于具有约束力的合同或因法定要求等而产生。未来发生的交易或事项形成的义务不属于现时义务，因此也不属于负债。

3. 负债的清偿预期会导致经济利益流出企业

只有企业在履行时会导致经济利益流出企业的义务，才符合负债的定义，如果不会导致企业经济利益流出的，该义务不符合负债的定义。企业在履行现时义务清偿负债时，经济利益流出企业的形式多种多样。例如，用现金偿还或以实物资产形式偿还、以提供劳务形式偿还、将负债转为资本等。

二、负债的分类

在商业企业中，负债是一项重要的资金来源。负债按其流动性可以划分为流动负债和非流动负债。

1. 流动负债

流动负债是指预计在一个正常营业周期中清偿，或者主要为交易目的而持有，或者自资产负债表日起 1 年内（含 1 年）到期，或者企业无权自主地将清偿推迟至资产负债表日后 1 年以上的负债。

商业企业的流动负债主要包括短期借款、应付票据、应付账款、预收账款、应付职工薪酬、应交税费、应付利息、应付股利、其他应付款等。

2. 非流动负债

非流动负债是指流动负债以外的负债，主要包括长期借款、应付债券和长期应付款等。

第二节　流动负债

一、短期借款

（一）短期借款概述

短期借款是指企业向银行或其他金融机构等借入的期限在 1 年以下（含 1 年）的各种借款，企业借入短期供款通常是为了满足正常生产经营的需要。根据借款用途不同，商品流通企业的短期借款可以分为临时借款、网点借款、项目借款、预购定金借款等。

（二）短期借款的会计处理

企业应通过“短期借款”账户核算短期借款的取得及偿还业务。该账户贷方登记取得借款的本金数额，借方登记偿还借款的本金数额，期末余额在贷方，表示尚未偿还的短期借款。该账户可按借款种类、贷款人和币种进行明细核算。

短期借款一般期限不长，企业通常在取得借款日按取得的金额入账。企业从银行或其他金融机构取得短期借款时，借记“银行存款”账户，贷记“短期借款”账户。

企业借入短期借款应当支付利息。短期借款利息支出，是企业在生产经营中为筹集资金而发生的耗费，应作为一项财务费用计入当期损益。利息的支付方式不同，其会计核算也不完全一样。

(1) 若短期借款的利息按月计收，或还本付息一次进行，并且利息数额不大，利息费用可直接计入当期损益。企业在实际支付利息时，借记“财务费用”账户，贷记“银行存款”账户。

(2) 若短期借款的利息按季计收，或还本付息一次进行，但利息数额较大，企业则可采用预提的方式按月确认费用。企业预提利息时，借记“财务费用”账户，贷记“应付利息”账户。实际支付利息时，根据已预提的利息，借记“应付利息”账户，根据应计利息，借记“财务费用”账户；根据应付利息总额，贷记“银行存款”账户。

企业偿还短期借款到期本金时，借记“短期借款”账户，贷记“银行存款”账户。

9-1 视频：短期借款利息费用的核算

9-2 扫一扫练一练

9-3 扫一扫练一练答案

【例 9-1】 华夏商贸公司因购进商品需要于 2×22 年 1 月 1 日向银行借入临时借款，共计 120 000 元，期限为 9 个月，年利率为 4%。根据借款协议，该项借款的本金到期后一次归还，利息按季支付。

(1) 1 月 1 日，借入短期借款：

借：银行存款	120 000	
贷：短期借款		120 000

(2) 1 月月末，计提 1 月份应计利息：120 000×4%÷12＝400(元)：

借：财务费用	400	
贷：应付利息		400

2 月月末，计提 2 月份利息费用的会计处理与 1 月份相同。

(3) 3 月月末，支付第一季度银行借款利息：

借：财务费用(3 月份利息)	400	
应付利息(1～2 月份利息)	800	
贷：银行存款		1 200

第二、第三季度的会计处理同上。

(4) 10 月 1 日，偿还银行借款本金：

借：短期借款	120 000	
贷：银行存款		120 000

二、应付票据

(一) 应付票据概述

应付票据是指企业因购买材料、商品和接受劳务供应等而开出、承兑的商业汇票。商业汇票是指收款人或付款人(或承兑申请人)签发的，由承兑人承兑，并于到期日向收款人或被背书人支付款项的票据。

商业汇票按承兑人不同分为商业承兑汇票和银行承兑汇票。承兑人是银行的票据为银行承兑汇票；承兑人为购货单位的票据则为商业承兑汇票。

商业汇票按是否带息分为带息票据和不带息票据。带息票据是指承兑人需要按票据上标明的利率支付票据票面金额上加上利息的票据，所以在票据到期时，承兑人除支付票面金额外，还要支付利息。不带息票据是指承兑人在到期时按面值支付，票据上无利息的票据。

我国商业汇票的付款期限最长不超过 6 个月，因此会计上将商业汇票作为流动负债管理和核算。由于应付票据的偿付时间较短，企业一般按照开出、承兑的应付票据的面值入账。

（二）应付票据的会计处理

企业应设置"应付票据"账户，核算应付票据的发生、偿付情况。该账户贷方登记开出、承兑汇票的面值及带息票据的预提利息，借方登记到期支付票据的金额。期末余额在贷方，表示企业持有的尚未到期的应付票据的票面金额。

企业同时应设置"应付票据备查簿"，详细登记每一笔商业汇票的种类、号数、出票日期、到期日、票面余额、交易合同号、收款人姓名或单位名称、付款日期、金额等资料。应付票据到期结清时，企业应当在备查簿内予以注销。

1. 应付票据的签发

企业因购买材料、商品和接受劳务供应等而开出、承兑商业汇票，应当按其票面金额借记"库存商品""应付账款""应交税费——应交增值税（进项税额）"等账户，贷记"应付票据"账户。

因开具银行承兑汇票而支付的银行承兑汇票手续费应当计入当期财务费用，借记"财务费用"账户，贷记"银行存款"账户。

【例 9-2】 华夏商贸公司于 2×22 年 1 月 5 日开出一张面值为 22 600 元、期限 5 个月的经开户银行承兑的不带息的银行承兑汇票，用来采购一批商品，增值税专用发票上注明的商品价款为 20 000 元，增值税税额为 2 600 元，华夏商贸公司已向开户银行缴纳承兑手续费 11.3 元。

借：库存商品	20 000	
应交税费——应交增值税（进项税额）	2 600	
贷：应付票据		22 600
借：财务费用	11.3	
贷：银行存款		11.3

2. 带息应付票据按月计提利息

对于带息应付票据，企业应于每月月末计提由本月承担的利息费用，借记"财务费用"账户，贷记"应付票据"账户。

3. 应付票据的偿还

应付票据到期，企业支付票款时，应按账面余额予以结转，借记"应付票据"账户，贷记"银行存款"账户。

【例 9-3】 承[例 9-2]，2×22 年 6 月 5 日，华夏商贸公司于 1 月 5 日开出的银行承兑汇票到期。华夏商贸公司通知其开户银行以银行存款支付票款。

借：应付票据　　23 400
　贷：银行存款　　23 400

4. 应付票据的转销

应付银行承兑汇票到期，企业如无力支付票款，应将应付票据的账面余额转作短期借款，借记“应付票据”账户，贷记“短期借款”账户。

应付商业承兑汇票到期，企业如无力支付票款，应将应付票据的账面余额转作应付账款，借记“应付票据”账户，贷记“应付账款”账户。

【例 9-4】 承[例 9-2]，假设上述汇票到期时华夏商贸公司无力支付票款。

借：应付票据　　23 400
　贷：短期借款　　23 400

【例 9-5】 承[例 9-2]，假设该汇票为商业承兑汇票，上述汇票到期时华夏商贸公司无力支付票款。

借：应付票据　　23 400
　贷：应付账款　　23 400

三、应付账款

(一) 应付账款概述

应付账款是指企业因购买材料、商品或接受劳务供应等经营活动应支付的款项。它主要是企业在购销活动中由于取得货物与支付货款的时间不一致而产生的一项负债。

(二) 应付账款的会计处理

企业应设置“应付账款”账户，核算应付账款的发生、偿还及转销情况。该账户贷方登记应付账款的发生，借方登记应付账款的偿还或转销，其期末余额一般在贷方，表示企业尚未支付的应付账款余额。特殊情况下它也可能存在借方余额，表示预付账款的结余数。本账户一般应按照债权人设置明细账户进行明细核算。

1. 发生应付账款

企业购入材料、商品等并验收入库，但尚未支付货款时应根据有关发票凭证，借记“库存商品”“在途物资”等账户，按可抵扣的增值税额，借记“应交税费——应交增值税(进项税额)”账户，按应付的价款，贷记“应付账款”账户。企业接受供应单位提供的劳务而发生的应付未付款项，根据供应单位的发票账单，借记“生产成本”“管理费用”等账户，贷记“应付账款”账户。

【例 9-6】 华夏商贸公司为增值税一般纳税人。2×22 年 4 月 1 日，华夏商贸公司从 B 公司购入一批商品，货款 10 000 元，增值税税额为 1 300 元，对方代垫运杂费 1 000 元。商品已运到并验收入库。

借：库存商品　　11 000
　　应交税费——应交增值税(进项税额)　　1 300
　贷：应付账款　　12 300

应付账款附有现金折扣的，按照《企业会计准则第 14 号——收入》的规定，现金折扣应作为可变对价处理。

9-4 含有现金折扣的应付账款的核算

【例 9-7】 华夏商贸公司于 2×22 年 4 月 1 日从 C 公司购入一批产品并已验收入库。增值税专用发票上列明，该批家电的价款为 300 000 元，增值税税额为 39 000 元。按照购货协议的规定，华夏商贸公司如在 10 天内付清货款，将获得 2%的现金折扣，假定计算现金折扣时不需考虑增值税。假设华夏商贸公司估计很可能无法享受现金折扣。

借：库存商品	300 000	
应交税费——应交增值税(进项税额)	39 000	
贷：应付账款		339 000

2. 偿还应付账款

企业偿还应付账款时应借记“应付账款”账户，贷记“银行存款”账户。企业开出商业汇票抵付应付账款时应借记“应付账款”账户，贷记“应付票据”账户。

【例 9-8】 承[例 9-7]，华夏商贸公司于 2×22 年 4 月 9 日用银行存款付清了所欠 C 公司货款。

由于在 10 天内付款，华夏商贸公司可以享受到的折扣金额为：300 000 × 2% = 6 000(元)。

借：应付账款	339 000	
贷：银行存款		333 000
库存商品		6 000

3. 转销应付账款

企业清理应付账款时发现确实无法支付，对因债权人撤销等原因而产生的无法支付的应付账款，应将其按账面余额转出，将其确认为企业的一项利得，借记“应付账款”账户，贷记“营业外收入”账户。

【例 9-9】 2×22 年 12 月 31 日，华夏商贸公司确定一笔应付账款 6 800 元为无法支付的款项，应予以转销。

借：应付账款	6 800	
贷：营业外收入		6 800

9-5 延伸阅读：合同负债与预收账款

四、预收账款

(一) 预收账款概述

预收账款是指企业按照合同规定预收的款项。应付账款也是商品或劳务交易形成的负债，但应付账款形成的负债以货币偿还，而预收账款所形成的负债以服务偿付。

(二) 预收账款的会计处理

企业应通过“预收账款”账户核算预收账款的取得、偿付等情况。企业在收到款项时，相关合同尚未履行，因而不能作为收入入账，只能确认为一项负债，即贷记“预收账款”账户。企业按合同规定提供服务后，再根据合同的履行情况，逐期将未实现收入转成已实现收入，即借记“预收账款”账户，贷记有关收入账户。“预收账款”账户期末余额一般在贷方，反映企业向购货单位预收款项但尚未提供服务的数额，如为借方余额，表示尚未转销的款项。企业应当按照客户设置明细账户进行明细核算。对于预收账款业务不多的企业，也可以不设“预收账款”账户，而将其记入“应收账款”账户的贷方，但期末在资产负债表上应分开列示。

企业采用预收款方式提供服务的过程分为三步：收款—提供服务—多退少补。

1. 收款

企业向购买服务方预收款项时，应按照实际收到的金额借记“银行存款”等账户，贷记“预收账款”账户。

2. 提供服务

企业采用预收款方式提供服务的，应在提供服务时确认收入。销售实现时，按实现的收入和应交的增值税销项税额，借记“预收账款”账户；按照实现的收入，贷记“主营业务收入”账户；按照增值税专用发票上注明的增值税额，贷记“应交税费——应交增值税（销项税额）”等账户。

3. 收到对方补付或退回多余价款

（1）如果客户预付账款金额不足支付时，企业收到客户补付的款项，借记“银行存款”账户，贷记“预收账款”账户。

（2）如果客户预付账款金额超过企业提供服务的价值，企业向客户退回其多付的款项时，借记“预收账款”账户，贷记“银行存款”账户。

【例 9-10】 华夏商贸公司为增值税一般纳税人，适用的增值税税率为 13%。2×22 年 7 月 1 日，华夏商贸公司与甲公司签订经营租赁（非主营业务）吊车合同，向甲公司出租吊车 3 台，期限为 6 个月，3 台吊车租金（含税）共计 135 600 元。合同约定，合同签订日预付租金（含税）45 200 元，合同到期结清全部租金余款。合同签订日，华夏商贸公司收到租金并存入银行，开具的增值税专用发票注明租金 40 000 元、增值税 5 200 元。租赁期满日，华夏商贸公司收到租金余款及相应的增值税。

（1）收到甲公司预付租金，并开具发票。

借：银行存款	45 200	
贷：预收账款——甲公司		40 000
应交税费——应交增值税（销项税额）		5 200

（2）每月末确认租金收入。

借：预收账款——甲公司	20 000	
贷：其他业务收入		20 000

（3）租赁期满时，收到租金余款及增值税。

借：银行存款	90 400	
贷：预收账款——甲公司		80 000
应交税费——应交增值税（销项税额）		10 400

五、应交税费

应交税费是指企业对一定时期内取得的营业收入及实现的利润按照现行税法规定，采用一定的计税方法计算应交的各项税费。这些税费在尚未上缴之前暂时留在企业，但企业应按照权责发生制原则对其进行确认、计量，从而形成一项负债。

应交税费包括企业依法缴纳的增值税、消费税、城市维护建设税、资源税、企业所得税、土地增值税、房产税、城镇土地使用税、车船税、教育费附加、矿产资源补偿费等税费，以及在上缴国家之前由企业代收代缴的个人所得税等。

企业应设置"应交税费"账户，总括反映各种税费的缴纳情况，并按照应交税费项目进行明细核算。该账户贷方登记应缴纳的各种税费等，借方登记实际缴纳的税费；期末余额一般在贷方，反映企业尚未缴纳的税费，期末余额如在借方，反映企业多交或尚未抵扣的税费。其会计处理详见本书十一章有关内容。

六、应付职工薪酬

（一）职工薪酬的内容

职工薪酬是指企业为获得职工提供的服务或与职工解除劳动关系而给予的各种形式的报酬或补偿。职工薪酬包括短期薪酬、离职后福利、辞退福利和其他长期职工福利。企业提供给职工配偶、子女、受赡养人、已故员工遗属及其他受益人等的福利，也属于职工薪酬。

这里所称的"职工"，主要包括三类人员：① 与企业订立劳动合同的所有人员，含全职、兼职和临时职工；② 未与企业订立劳动合同但由企业正式任命的企业治理层和管理层人员，如董事会成员、监事会成员等；③ 在企业的计划和控制下，虽未与企业订立劳动合同或未由其正式任命，但向企业所提供服务与职工所提供服务类似的人员，包括通过企业与劳务中介公司签订用工合同而向企业提供服务的人员。

1. 短期薪酬

短期薪酬是指企业在职工提供相关服务的年度报告期间结束后 12 个月内需要全部予以支付的职工薪酬，因解除与职工的劳动关系给予的补偿除外。短期薪酬包括以下几项：

（1）职工工资、奖金、津贴和补贴。职工工资、奖金、津贴和补贴是指按照国家统计局《关于职工工资总额组成的规定》，构成工资总额的计时工资、计件工资、支付给职工的超额劳动报酬和增收节支的劳动报酬，为了补偿职工特殊或额外的劳动消耗和因其他特殊原因支付给职工的津贴，以及为了保证职工工资水平不受物价影响支付给职工的物价补贴等。

（2）职工福利费。职工福利费是指企业向职工提供的生活困难补助、丧葬补助费、抚恤费、职工异地安家费、防暑降温费等。

（3）医疗保险、工伤保险等社会保险费。医疗保险、工伤保险等社会保险费是指企业按照国家规定的比例和基准计算，向社会保险经办机构缴纳的医疗保险费、工伤保险费和生育保险费。

需要注意的是，这里的社会保险费不包括养老保险费和失业保险费。养老保险费和失业保险费属于长期薪酬中的离职后福利。

（4）住房公积金。住房公积金是指企业按照国家规定的比例和基准计算，向住房公积金管理机构缴存的住房公积金。

（5）工会经费和职工教育经费。工会经费和职工教育经费，是指企业为了改善职工文化生活、提高职工业务素质，用于开展工会活动、职工教育及职业技能培训等相关支出。

（6）短期带薪缺勤。短期带薪缺勤是指职工虽然缺勤但企业仍向其支付报酬的安排，包括年休假、病假、产假、婚假、丧假和探亲假。长期带薪缺勤属于其他长期职工福利。

（7）短期利润分享计划。短期利润分享计划是指因职工提供服务而与职工达成的基于利润或其他经营成果提供薪酬的协议。长期利润分享计划属于其他长期职工福利。

（8）其他短期薪酬。其他短期薪酬是指除上述薪酬以外的其他为获得职工提供的服务而给予的短期薪酬。

2. 离职后福利

离职后福利是指企业为获得职工提供的服务而在职工退休或与企业解除劳动关系后，提供的各种形式的报酬和福利，短期薪酬和辞退福利除外。离职后福利分类为设定提存计划和设定受益计划。

设定提存计划是指向独立的基金缴存固定费用后，企业不再承担进一步支付义务的离职后福利计划，养老保险费和失业保险费属于设定提存计划。设定受益计划是指除设定提存计划以外的离职后福利计划。

3. 辞退福利

辞退福利是指企业因在职工劳动合同到期之前解除与职工的劳动关系，或者为鼓励职工自愿接受裁减而给予职工的补偿。

4. 其他长期职工福利

其他长期职工福利是指除短期薪酬、离职后福利、辞退福利之外所有的职工薪酬，包括长期带薪缺勤、长期残疾福利、长期利润分享计划等。

（二）应付职工薪酬的账户设置

企业应当通过“应付职工薪酬”账户核算应付职工薪酬的提取、结算、使用等情况。该账户贷方登记已分别计入有关成本费用项目的职工薪酬的数额，借方登记实际发放职工薪酬的数额；该账户期末余额在贷方，反映企业应付未付的职工薪酬。

“应付职工薪酬”账户应当按照“工资、奖金、津贴和补贴”“职工福利费”“非货币性福利”“社会保险费”“住房公积金”“工会经费和职工教育经费”“带薪缺勤”“利润分享计划”“设定提存计划”“设定受益计划义务”“辞退福利”等应付职工薪酬项目设置明细账户，进行明细核算。

（三）短期薪酬的会计处理

1. 货币性职工薪酬

1）工资、奖金、津贴和补贴

9-6 工资、奖金、津贴和补贴的核算

（1）工资、奖金、津贴和补贴的确认。对于职工工资、奖金、津贴和补贴等货币性职工薪酬，企业应当在职工为其提供服务的会计期间，将实际发生的工资、奖金、津贴和补贴等，根据职工提供服务的受益对象和应确认的职工薪酬，借记“生产成本”“制造费用”“管理费用”等账户，贷记“应付职工薪酬——工资、奖金、津贴和补贴”账户。

（2）工资、奖金、津贴和补贴的发放。企业按照有关规定向职工支付工资、奖金、津贴和补贴时，借记“应付职工薪酬——工资、奖金、津贴和补贴”账户，贷记“库存现金”“银行存款”等账户；企业从应付职工薪酬中扣除的各种款项，如代垫的家属医药费、代扣的个人所得税、代扣的社会保险费和住房公积金，贷记“其他应收款”“应交税费——应交个人所得税”“其他应付款”等账户。

【例 9-11】 华夏商贸公司本月应付工资总额 231 000 元，工资费用分配汇总表中列示生产车间生产工人工资为 160 000 元，车间管理人员工资为 35 000 元，企业行政管理人员工资为 30 200 元，专设销售机构销售人员工资为 5 800 元。华夏商贸公司的有关会计分录如下：

借：生产成本　　160 000
　　制造费用　　35 000
　　管理费用　　30 200
　　销售费用　　5 800
　　贷：应付职工薪酬——工资、奖金、津贴和补贴　　231 000

【例 9-12】 承[例 9-11]，华夏商贸公司实际发放工资时，应付工资总额为 231 000 元，其中代扣代缴的个人所得税为 4 000 元，代扣代缴的应由职工个人负担的各种社会保险为 8 100 元。实际支付部分以银行存款转账支付。

借：应付职工薪酬——工资、奖金、津贴和补贴　　231 000
　　贷：银行存款　　218 900
　　　　应交税费——应交个人所得税　　4 000
　　　　其他应付款　　8 100

2）职工福利费

（1）职工福利费的确认。对于职工福利费，企业应当将实际发生额计入当期损益或相关资产成本，借记“生产成本”“制造费用”“管理费用”等账户，贷记“应付职工薪酬——职工福利费”账户。

（2）职工福利费的发放。企业按照有关规定向职工支付职工福利费时，借记“应付职工薪酬——职工福利费”账户，贷记“库存现金”“银行存款”等账户。

3）国家规定计提标准的职工薪酬

对于国家规定了计提基础和计提比例的医疗保险费、工伤保险费等社会保险费和住房公积金，以及按规定计提的工会经费和职工教育经费，企业应当在其提供服务的会计期间，根据规定的计提基础和计提比例确定相应的职工薪酬金额，将其确认为负债，并按照受益对象计入当期损益或相关资产成本，借记“生产成本”“制造费用”“管理费用”等账户，贷记“应付职工薪酬——×××”账户。

【例 9-13】 承[例 9-12]，根据国家规定的计提标准计算，华夏商贸公司本月应向社会保险经办机构缴纳职工医疗保险费共计 46 200 元，其中，应计入基本生产车间生产成本的金额为 32 000 元，应计入制造费用的金额为 7 000 元，应计入管理费用的金额为 6 040 元，应计入销售费用的金额为 1 160 元。

借：生产成本　　32 000
　　制造费用　　7 000
　　管理费用　　6 040
　　销售费用　　1 160
　　贷：应付职工薪酬——社会保险费（医疗保险费）　　46 200

9-7 扫一扫，练一练

9-8 扫一扫，练一练答案

【例 9-14】 承[例 9-12][例 9-13]，华夏商贸公司以银行存款缴纳参加职工医疗保险的医疗保险费 50 820 元，其中由企业负担的部分为 46 200 元，由职工个人负担的部分为 4 620 元。

借：应付职工薪酬——社会保险费（医疗保险费）　　46 200
　　其他应付款　　4 620
　　贷：银行存款　　50 820

4）短期带薪缺勤

企业应当根据其性质及职工享有的权利，将短期带薪缺勤分为累积带薪缺勤和非累积带薪缺勤，企业应当对累计带薪缺勤和非累积带薪缺勤分别进行会计处理。

（1）累积带薪缺勤。累积带薪缺勤，是指带薪权利可以结转下期的带薪缺勤，本期尚未用完的带薪缺勤权利可以在未来期间使用。企业应当在职工提供服务从而增加了其未来享有的带薪缺勤权利时，确认与累积带薪缺勤相关的职工薪酬，并以累积未行使权利而增加的预期支付的金额计量。确认累积带薪缺勤权利时，借记"管理费用"等账户，贷记"应付职工薪酬——带薪缺勤——短期带薪缺勤——累积带薪缺勤"账户。

（2）非累积带薪缺勤。非累积带薪缺勤，是指带薪权利不能结转下期的带薪缺勤，即本期尚未用完的带薪缺勤权利将被取消，并且职工离开企业时也无权获得现金支付。我国企业职工休婚假、产假、丧假、探亲假、病假期间的工资通常属于非累积带薪缺勤。企业确认职工享有的与非累积带薪缺勤权利相关的薪酬，视同职工出勤确认当期损益或相关资产成本，不必额外作相应的账务处理。

2. 非货币性职工薪酬

1）以外购商品作为非货币性福利发放给职工

9-9 以自产产品作为非货币性福利发放给职工的核算

（1）职工薪酬的确认。企业以其外购商品作为非货币性福利发放给职工，应当根据受益对象，将该产品的公允价值和相关税费，计入相关资产成本或当期损益，借记"管理费用""销售费用"等账户。同时，确认应付职工薪酬，贷记"应付职工薪酬——非货币性福利"账户。

（2）职工薪酬的发放。企业实际将外购商品发放给职工时，按照该产品的公允价值和相关税费，借记"应付职工薪——非货币性福利"账户，同时按照外购商品的公允价值，贷记"库存商品"账户，按照不可抵扣的进项税额，贷记"应交税费——应交增值税（进项税额）"账户。

【例9-15】 2×22年12月31日，华夏商贸公司将外购商品400件作为职工福利分发给员工。公司现有职工400名，其中340名为销售人员，60名为总部管理人员。该商品原购进时买价为每台1 000元，公司适用的增值税税率为13%。

① 该公司计提非货币性职工薪酬时的账务处理：

借：生产成本　　384 200
　　管理费用　　67 800
　　贷：应付职工薪酬——非货币性福利　　452 000

9-10 扫一扫，练一练

② 该公司实际发放非货币性职工薪酬时的账务处理：

借：应付职工薪酬——非货币性福利　　452 000
　　贷：库存商品　　400 000
　　　　应交税费——应交增值税（进项税额转出）　　52 000

9-11 扫一扫，练一练答案

2）将拥有的房屋等资产无偿提供给职工使用

企业将拥有的房屋等资产无偿提供给职工使用的，应当根据受益对象，将该住房每期应计提的折旧计入相关资产成本或当期损益，同时确认应付职工薪酬，借记“管理费用”“生产成本”“制造费用”等账户，贷记“应付职工薪酬——非货币性福利”账户。

每期对该资产计提折旧时，按照该住房每期应计提的折旧额，借记“应付职工薪酬——非货币性福利”账户，贷记“累计折旧”账户。

3）租赁住房等资产供职工无偿使用

企业租赁住房等资产供职工无偿使用的，应当根据受益对象，将每期应付的租金计入相关资产成本或当期损益，并确认应付职工薪酬，借记“管理费用”“生产成本”“制造费用”等账户，贷记“应付职工薪酬——非货币性福利”账户。

同时，企业按期支付房租时，按照应付的租金，借记“应付职工薪酬——非货币性福利”账户，贷记“银行存款”等账户。

【例 9-16】 华夏商贸公司为总部各部门经理级别以上职工免费提供汽车，同时为副总裁以上高级管理人员每人租赁一套住房。该公司总部共有部门经理以上职工 20 名，每人提供一辆豪华汽车免费使用，假定每辆汽车每月计提折旧 1 000 元；该公司共有副总裁以上高级管理人员 5 名，公司为其每人租赁一套月租金为 6 000 元的公寓。

该公司应确认的应付职工薪酬＝20×1 000＋5×6 000＝50 000(元)

借：管理费用	50 000	
贷：应付职工薪酬——非货币性福利		50 000
借：应付职工薪酬——非货币性福利	50 000	
贷：累计折旧		20 000
其他应付款		30 000

（四）设定提存计划的核算

对于设定提存计划，企业应当根据在资产负债表日为换取职工在会计期间提供的服务而向单独主体缴存的提存金确认相关的负债，并计入当期损益或计入相关资产成本。借记“管理费用”“生产成本”“制造费用”等账户，贷记“应付职工薪酬——设定提存计划”账户。

七、应付股利

应付股利是指企业根据股东大会或类似机构审议批准的利润分配方案确定分配给投资者的现金股利或利润。在实际未支付给投资者之前，形成企业的负债。

企业通过“应付股利”账户核算企业确定或宣告支付但尚未实际支付的现金股利或利润。该账户贷方登记应支付的现金股利或利润，借方登记实际支付的现金股利或利润，期末贷方余额反映企业应付而未付的现金股利或利润。该账户应按照投资者设置明细账户进行明细核算。

企业根据股东大会或类似机构审议批准的利润分配方案，确认应付给投资者的现金股利或利润时，借记“利润分配——应付现金股利或利润”账户，贷记“应付股利”账户；向投资者实际支付现金股利或利润时，借记“应付股利”账户，贷记“银行存款”等账户。

需要说明的是，企业董事会或类似机构通过利润分配方案，拟分配的现金股利或利润时，不作账务处理，但应在附注中披露。同时，企业分配的股票股利也不构成企业的负债，它只会引起所有者权益内部结构的变化，不会引起企业资产和负债的增减，因此不通过“应付股利”账户核算。

八、其他应付款

其他应付款是指企业除应付票据、应付账款、预收账款、应付职工薪酬、应交税费、应付利息、应付股利等经营活动以外的其他各项应付、暂收的款项，具体包括如下几项。

（1）企业发生的存入保证金。

（2）应付短期租赁固定资产租金、应付低价值资产租赁的租金、应付租入包装物租金。

（3）采用售后回购方式融入的资金。

（4）代职工缴纳的由职工个人承担的社会保险费和住房公积金。

企业应通过“其他应付款”账户核算其他应付款的增减变动及其结存情况。该账户贷方登记发生的各种应付、暂收款项，借方登记偿还或转销的各种应付、暂收款项；该账户期末余额在贷方，反映企业应付未付的其他应付款项。该账户应按照其他应付款的项目和对方单位（或个人）设置明细账户进行明细核算。

企业发生其他各种应付、暂收款项时，借记“管理费用”等账户，贷记“其他应付款”账户；支付或退回其他各种应付、暂收款项时，借记“其他应付款”账户，贷记“银行存款”等账户。

9-12 扫一扫，练一练

9-13 扫一扫，练一练答案

第三节 非流动负债

非流动负债是指偿还期在 1 年以上或超过 1 年的一个营业周期以上的债务，主要包括长期借款和应付债券。

一、长期借款

（一）长期借款概述

长期借款是指企业向银行或其他金融机构借入的期限在 1 年以上（不含 1 年）的各种借款。与短期借款相比，长期借款金额大，偿还期限长，商业企业一般将其用于修建大型营业用房、购置大型设备等方面。它是企业长期负债的重要组成部分，必须加强管理与核算。

（二）长期借款的会计处理

企业应通过“长期借款”账户，核算长期借款的借入、归还等情况。该账户可按照贷款单位和贷款种类设置明细账，分“本金”“应计利息”“利息调整”等账户进行明细核算。该账户的贷方登记长期借款本息的增加额，借方登记本息的减少额，贷方余额表示企业尚未偿还的长期借款。

长期借款的核算包括长期借款的取得、利息费用的确认和长期借款的归还三个环节。

1. 长期借款的取得

企业借入长期借款，应按实际收到的金额，借记“银行存款”账户；按借款合同约定的金额，贷记“长期借款——本金”账户；如存在差额，还应借记“长期借款——利息调整”账户。

【例 9-17】 华夏商贸公司于 2×22 年 1 月 1 日从银行借入资金 240 000 元，借款期限为 3 年，年利率为 8%，到期一次还本付息，所借款项已存入银行。

华夏商贸公司用该借款于当日购买运输设备一台，价款 190 000 元，另支付运杂费及保险费 10 000 元，设备已于当日投入使用（假设不考虑增值税）。

（1）华夏商贸公司取得借款时：

借：银行存款　　240 000

　　贷：长期借款——本金　　240 000

（2）华夏商贸公司购入设备时：

借：固定资产　　200 000

　　贷：银行存款　　200 000

2. 长期借款利息费用的确认

企业应当在资产负债表日按照实际利率法计算确定长期借款利息费用，实际利率与合同利率差异较小的，也可以采用合同利率计算确定利息费用。长期借款按合同约定确定的应付未付的利息，属于分期付息的，应记入“应付利息”账户；属于到期一次还本付息的，应记入“长期借款——应计利息”账户。

9-14 长期借款利息费用的确认

长期借款的利息费用，应当按以下原则计入有关成本、费用。

（1）属于筹建期间的，计入管理费用。

（2）属于生产经营期间的，计入财务费用。

（3）如果长期借款用于购建固定资产的，在固定资产尚未达到预定可使用状态前，所发生的应当资本化的利息支出数，计入在建工程成本；固定资产达到预定可使用状态后发生的利息支出，以及按规定不予资本化的利息支出，计入财务费用。

【例 9-18】 承[例 9-17]，华夏商贸公司于 2×22 年 1 月 31 日计提长期借款利息。

长期借款每月利息＝240 000×8%÷12＝1 600(元)

借：财务费用　　1 600

　　贷：长期借款——应计利息　　1 600

华夏商贸公司每月月末预提利息的分录同上。

3. 长期借款的归还

企业归还长期借款的本金时，应按归还的金额，借记“长期借款——本金”账户，贷记“银行存款”账户；归还借款利息时，按归还的利息，借记“应付利息”账户或“长期借款——应计利息”账户，贷记“银行存款”账户。

【例 9-19】 承[例 9-17][例 9-18]，2×24 年 12 月 31 日，华夏商贸公司偿还该笔银行借款本息。

借：长期借款——本金　　240 000

　　　　　　——应计利息　　56 000

　　财务费用　　1 600

　　贷：银行存款　　297 600

二、应付债券

（一）应付债券概述

应付债券是指企业为筹集(长期)资金而发行的债券。通过发行债券取得的资金是企业的一项长期资金来源，构成了非流动负债，企业会在未来某一特定日期按照债券所记载的利率、期限等约定还本付息。企业债券发行价格的高低一般取决于债券票面金额、债券票面利率、发行当时的市场利率以及债券期限的长短因素。债券发行有面值发行、溢价发行和折价发行三种情况。企业债券按其面值出售的，称为按面值发行；按高于其面值的价格出售的，为溢价发行；按低于其面值的价格出售的，为折价发行。债券的溢价或折价并非债券发行方的收益或损失，而是发行债券企业在债券发行期内对利息费用的调整。

（二）应付债券的会计处理

企业应设置“应付债券”账户，并在该账户下设置“面值”“利息调整”“应计利息”等明细账户核算应付债券发行、计提利息费用、还本付息等情况。该账户贷方登记应付债券的本金和利息，借方登记归还的债券本金和利息，期末贷方余额表示企业尚未偿还的长期债券。

债券有按面值发行、溢价发行和折价发行三种方式，本节只对按面值发行的债券进行讲解。

1. 债券的发行

企业按面值发行债券时，应按实际收到的金额，借记“银行存款”等账户；按债券票面金额，贷记“应付利息——面值”账户；存在差额的，还应借记或贷记“应付债券——利息调整”账户。

【例 9-20】　华夏商贸公司于 2×22 年 7 月 1 日发行期限为 3 年、到期一次还本付息、年利率为 4%、面值总额为 4 800 000 元的债券。该债券按面值发行。

华夏商贸公司按面值发行债券的会计分录如下：

借：银行存款　　4 800 000
　贷：应付债券——面值　　4 800 000

2. 债券利息费用的确认

发行长期债券的企业，应按期计提利息。对于按面值发行的债券，企业在每期采用票面利率计提利息时，应当按照与长期借款相一致的原则计入有关成本费用，借记“在建工程”“财务费用”“研发支出”等账户；其中，对于分期付息、到期一次还本的债券，其按票面利率计算确定的应付未付利息记入“应付利息”账户；对于一次还本付息的债券，其按票面利率计算确定的应付未付利息记入“应付债券——应计利息”账户。

【例 9-21】　承[例 9-20]，华夏商贸公司发行债券所筹资金用于建造营业用房，至 2×22 年 12 月 31 日时工程尚未完工，计提本年长期债券利息(假设利息费用按年计提)。

2×22 年应付债券的利息＝4 800 000×4%÷12×6＝96 000(元)

借：在建工程　　96 000
　贷：应付债券——应计利息　　96 000

3. 债券的归还

长期债券到期，企业支付债券本息时，借记“应付债券——面值”和“应付债券——应计利息”或“应付利息”等账户，贷记“银行存款”等账户。

【例 9-22】　承[例 9-20][例 9-21]，2×25 年 7 月 1 日，华夏商贸公司偿还债券本金和利息(假设该营业用房于 2×24 年 12 月 31 日完工)。

借：应付债券——面值　　4 800 000
　　　　　——应计利息　　480 000
　财务费用　　96 000
　贷：银行存款　　5 376 000

9-15　扫一扫，看课件

延伸阅读 9-1

长期应付款

长期应付款，是指企业除长期借款和应付债券以外的其他各种长期应付款项，如以分期付款方式购入固定资产发生的应付款项等。

企业应设置“长期应付款”账户，用以核算企业应付的款项及偿还情况。该账户按长期应付款的种类和债权人进行明细核算。该账户的贷方登记发生的长期应付款，借方登记偿还的应付款项，期末贷方余额反映企业尚未偿还的长期应付款。

企业购买资产有可能延期支付有关价款。如果延期支付的购买价款超过正常信用条件，实质上具有融资性质的，所购资产的成本不能以各期付款额之和直接确定，应当以延期支付购买价款的现值之和为基础确认。固定资产购买价款的现值，应当按各期支付的价款选择适当的折现率进行折现后的金额加以确定。其中，折现率是反映当前市场货币时间价值和延期付款债务特定风险的利率，实质上是供货企业的必要报酬率。各期实际支付的价款之和与其现值之和之间的差额，应当在信用期间内采用实际利率法进行摊销，计入相关资产成本或当期损益。

具体来说，企业购入资产超过正常信用条件延期付款实质上具有融资性质时，应按购买价款的现值之和，借记“固资产”“在建工程”等账户，按应支付的价款总额，贷记“长期应付款”账户，按其差额，借记“未确认融资费用”账户。按期支付价款时，借记“长期应付款”账户，贷记“银行存款”等账户。

资料来源：https：//m. dongao. com。

本章小结

本章主要阐述负债的含义和分类；短期借款、应付账款、预收账款、应付票据、应交税费、应付职工薪酬、长期借款和应付债券的核算。

本章重要概念

流动负债　非流动负债　短期借款　应付账款　预收账款　应付票据　应交税费　应付职工薪酬　长期借款　应付债券

推荐阅读资料

[1] 财政部会计资格评估中心. 初级会计实务[M]. 北京：经济科学出版社，2022.
[2] 中国注册会计师协会. 会计[M]. 北京：中国财政经济出版社，2022.
[3] 李海波，蒋瑛. 新编商业会计——商品流通企业会计[M]. 9 版. 上海：立信会计出版社，2017.
[4] 史玉光. 新会计准则下商品流通企业会计实务[M]. 2 版. 北京：电子工业出版社，2022.

第十章　所有者权益

内容简介

本章主要讲述所有者权益的核算。所有者权益是所有者对企业资产拥有的权利。本章具体介绍了所有者权益具体项目，包括投入资本、资本公积、其他综合收益和留存收益的核算，重点是实收资本及留存收益的核算。

学习目的和要求

通过学习本章，学生应了解所有者权益的概念、分类及特征；掌握投入资本、资本公积、其他综合收益和留存收益的核算。

引例　郑百文的并购重组

郑百文的前身是一个国有百货文化用品批发站。1996 年 4 月，经中国证监会批准，郑百文成为郑州市的第一家上市企业和河南省首家商业上市公司。按照郑百文公布的数据，其 1997 年主营规模和资产收益率等指标在深沪上市的所有商业公司中均排名第一，进入了国内上市企业 100 强。一时间，郑百文声名大噪，成为当地企业界耀眼的改革新星和率先建立现代企业制度的典型。

然而，衰败似乎就发生在一夜之间。在被推举为改革典型的第二年，郑百文即在中国股市创下每股净亏 2.54 元的最高纪录，而上一年它还宣称每股盈利 0.448 元。其实，1998 年企业已举步维艰。在年终出财务报告时，经过一番争论之后，郑百文首次公布了重大亏损的实情。1999 年，郑百文 1 年亏掉 9.8 亿元，再创沪深股市亏损之最。郑百文的大起大落，引起一片哗然。

郑百文利用上市后经营自主权扩大带来的方便，从事违背经济规律甚至违法乱纪的行为。据了解，郑百文上市募集的资金数以亿计地被公司领导以投资、合作为名拆借、挪用出去，10 多家公司拆借了近 2 亿元资金有去无归，使郑百文陷入了一桩又一桩追款讨债的官司中。由于郑百文的账目极为混乱，真实性和完整性不能保证，1998 年和 1999 年度，郑州华为会计师事务所和北京天健会计师事务所连续 2 年拒绝为其年报出具审计意见。

按《公司法》规定，企业不能清偿债务就应该破产，可郑百文却没有进入破产程序。1999 年 12 月，在有关方面的斡旋下，郑百文欠建设银行的 20 多亿元债务被转移到中国信达资产管理公司(简称信达公司)。

作为专门为清理不良资产而设立的资产管理公司，信达公司对接收的债权，既可进行资产重组，也可申请破产清算。信达公司方面要求，郑百文资产重组的前提条件是必须保证信达的资产回收数额不低于 6 亿元，即最大股东郑州市政府要拿出 6 亿元可变现良性资产注入郑百文。按照这一比例，信达公司的资产回收率只有28.2%。而郑州市政府认为,郑百文资不抵债完全是企业行为,银行的资产风险理应由银行自己承担。

由于最大股东未能在信达规定的期限内拿出被认可的重组资产,2010年3月3日,信达公司把郑百文告向法院,申请郑百文破产还债,这是我国四大国有金融资产管理公司提出的首例破产申请。

按照郑百文重组方案,财政部的国有资产利益代表中国信达资产管理公司以对郑百文20亿元难以回收的债权换得山东三联集团6亿元有担保的债权,条件是郑百文非流通股和流通股股东需将所持股票的50%过户给三联集团。这个设计方案首次考虑到非流通的国有股股东的利益,尝试着为非流通股寻找出路。重组方案让非流通股股东享受着与二级市场投资者一样的权利。为了使流通股股东所持股份的50%能够无偿地过户到三联集团名下,郑百文召开临时股东大会作出决议,同意过户的股东可采用默示的方式来表示,反对的则要采用明示的方式(即默示原则)。

郑百文重组案反映了很多问题,包括上市公司的股权分割、内部人控制现象严重、配套法规滞后等。究竟企业的所有者与债权人相比拥有什么样的权利?本章将对所有者权益的内容进行详细介绍。

资料来源:https://wenku.baidu.com。

第一节 所有者权益概述

一、所有者权益的含义

10-1 所有者权益的含义及分类

所有者权益是企业资产扣除负债后由所有者享有的剩余权益,又称股东权益或净资产。所有者权益来源于所有者投入的资本、直接计入所有者的利得和损失、留存收益、其他资本公积等内容。

二、所有者权益的分类

所有者权益按其构成可分为实收资本、资本公积、其他综合收益和留存收益四部分。

1. 实收资本

实收资本是指投资者实际投入企业生产经营活动的各种财产物资。投入资本按照所有者的性质不同,可以分为国家投资、法人投资、个人投资和外商投资。实收资本按照投入资产的形式不同,可以分为货币投资、实物投资和无形资产投资。

在不同类型的企业中,实收资本的表现形式有所不同。在股份有限公司,投入资本表现为实际发行股票的面值,也称为股本;在其他企业,实收资本表现为所有者在注册资本范围内的实际出资额,也称为投入资本。

2. 资本公积

资本公积是指企业收到的投资者出资额超出其在注册资本中所占份额的部分以及其他资本公积等。资本公积包括资本溢价(股本溢价)和其他资本公积。

3. 其他综合收益

其他综合收益是指企业根据企业会计准则规定未在损益中确认的各项利得和损失扣除所得税影响后的净额。

4. 留存收益

留存收益是指企业从历年实现的利润中提取或留存于企业的内部积累,它来源于企业的生产经营活动所实现的净利润,包括企业的盈余公积金和未分配利润两个部分。

所有者权益的构成如图 10-1 所示。

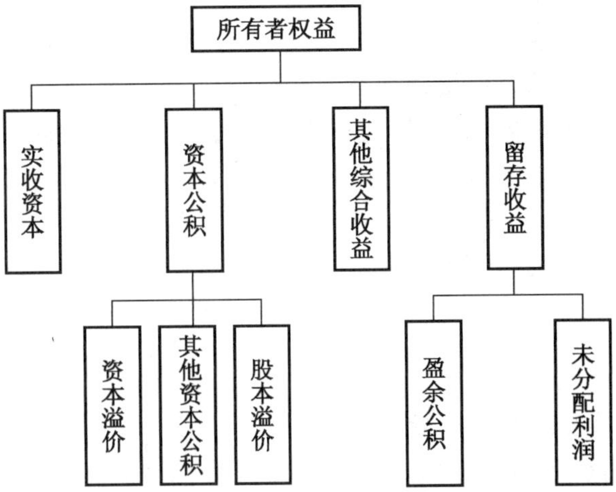

图 10-1　所有者权益的构成

三、所有者权益的特征

所有者权益与债权人权益比较，一般具有以下三个基本特征。

(1) 所有者权益在企业经营期内可供企业长期持续使用，一般不需要返还给投资者，是企业的一项长期资金来源；而负债则须按期返还给债权人，是企业的负担。

(2) 企业所有者凭其对企业投入的资本，可以参与企业的利润分配和经营管理；而债权人只享有按期收回本金和利息的权利，无权参与企业的利润分配和经营管理。

(3) 在企业破产清算时，债权人具有优先求偿权；而所有者权益必须在清偿完所有的负债后才能返还给投资者。

第二节　实收资本

一、实收资本概述

实收资本是指企业按照章程或投资合同、协议约定，接受投资者投入企业的资本。我国有关法律规定，投资者设立企业首先必须投入资本。实收资本的构成比例即投资者的出资比例或股东的股份比例，是确定所有者在企业所有者权益中所占的份额和参与企业财务经营决策的基础，也是企业进行利润分配或股利分配的依据。

除股份有限公司以外，其他各类企业应通过"实收资本"账户，股份有限公司应通过"股本"账户核算投资者投入资本的增减变动情况。

股东可以以货币出资，也可以以实物、知识产权、土地使用权等可以用货币估价并可以依法转让的非货币资产出资。企业收到所有者投入企业的资本后，应根据有关原始凭证，分不同的出资方式进行会计处理。

二、实收资本的会计处理

（一）接受现金资产投资

1. 股份有限公司以外的企业接受现金资产投资

股份有限公司以外的企业应在实际收到投资者投入的现金或将该现金存入企业开户银行时，按实际收到的金额，借记“银行存款”账户；按投入资本在注册资本中所占份额，贷记“实收资本”账户；按其差额，贷记“资本公积——资本溢价”账户。

【例 10-1】 华夏商贸公司收到投资者投入的货币资金 50 万元，存入银行。

借：银行存款	500 000	
贷：实收资本		500 000

2. 股份有限公司接受现金资产投资

10-2 股份有限公司发行股票的核算

股份有限公司发行股票时，既可以按面值（发行价＝面值）发行股票，也可以溢价（发行价＞面值）发行，但我国目前不允许折价（发行价＜面值）发行股票。我国股票面值为每股 1 元。股份有限公司在核定的股本总额及核定的股份总额的范围内发行股票时，应在实际收到现金资产时，按实收金额借记“银行存款”等账户；按发行股票的票面金额，贷记“股本”账户；超过面值的部分，作为股票溢价，记入“资本公积——股本溢价”账户。

10-3 扫一扫，练一练

【例 10-2】 中广商贸公司发行普通股 10 000 000 股，每股面值 1 元，每股发行价格 6 元。假定股票发行成功，股款 60 000 000 元已全部收到，不考虑发行过程中的税费等因素。

借：银行存款	60 000 000	
贷：股本		10 000 000
资本公积——股本溢价		50 000 000

10-4 扫一扫，练一练答案

（二）接受非现金资产投资

1. 接受投入实物资产

企业接受投资者作价投入的存货、房屋、建筑物、机器设备等实物资产，在办理实物产权转移手续时，按投资合同或协议约定的价值确定固定资产的价值（投资合同或协议约定价值不公允的除外），借记“原材料”“固定资产”等账户；按可以抵扣的进项税额，借记“应交税费——应交增值税（进项税额）”账户；按投资比例数额贷记“实收资本”账户。

【例 10-3】 华夏商贸公司接受投资人以库存商品投入的资本，增值税专用发票显示，价款为 300 000 元，增值税税额为 39 000 元。

借：库存商品	300 000	
应交税费——应交增值税（进项税额）	39 000	
贷：实收资本		339 000

2. 接受投入无形资产

企业收到投资者以无形资产方式投入的资本，按投资合同或协议约定价值确定无形资产价值（投资合同或协议约定价值不公允的除外），借记“无形资产”账户，按投资比例数额贷记“实收资本”账户。

【例 10-4】 华夏商贸公司收到投资者投入的一项专利技术，经评估后确认其价值为

600 000 元。

借：无形资产　　600 000

　贷：实收资本　　600 000

（三）实收资本的增减变动

一般情况下，企业的实收资本应相对固定不变，但在某些特定情况下，实收资本也可能发生增减变化。

1. 实收资本或股本的增加

一般企业增加资本主要有三个途径：① 接受投资者追加投资；② 资本公积转增资本；③ 盈余公积转增资本。

需要注意的是，由于资本公积和盈余公积均属于所有者权益，用其转增资本时，应该按照原投资者出资比例相应增加各投资者的出资额。

【例 10-5】 安华公司和深发公司共同投资设立 A 有限责任公司，原注册资本为 4 000 000 元，安华公司和深发公司分别出资 2 400 000 元和 1 600 000 元。为扩大经营规模，经批准，A 公司注册资本扩大 1 000 000 元，两家公司按照原出资比例分别追加投资 600 000 元、400 000 元。A 公司如期收到两家公司追加的现金投资。

借：银行存款　　1 000 000

　贷：实收资本——安华公司　　600 000

　　　　　　——深发公司　　400 000

【例 10-6】 承[例 10-5]，因扩大经营规模需要，经批准，A 公司按原出资比例将资本公积 1 000 000 元转增资本。A 公司编制会计分录如下：

借：资本公积　　1 000 000

　贷：实收资本——安华公司　　600 000

　　　　　　——深发公司　　400 000

【例 10-7】 承[例 10-6]，因扩大经营规模需要，经批准，A 公司按原出资比例将盈余公积 1 000 000 元转增资本。A 公司编制会计分录如下：

借：盈余公积　　1 000 000

　贷：实收资本——安华公司　　600 000

　　　　　　——深发公司　　400 000

10-5 股份有限公司通过回购股票减资的核算

2. 实收资本或股本的减少

企业减少实收资本应按法定程序报经批准。有限责任公司和一般企业返还投资时，按法定程序报经批准减少注册资本的，借记“实收资本”账户，贷记“库存现金”“银行存款”等账户。

10-6 扫一扫，练一练

股份有限公司通过回购股票的方式减资，应通过“库存股”账户核算回购股份的金额。回购股票时，按照实际偿还给股东的现金，借记“库存股”账户，贷记“银行存款”账户；注销股票时，按股票面值和注销股数，借记“股本”账户，按注销库存股的账面余额，贷记“库存股”账户，按两者的差额，借记“资本公积——股本溢价”账户；股本溢价不足冲减的，再冲减盈余公积直至未分配利润，借记“盈余公积”账户，“利润分配——未分配利润”账户。如果购回股票

10-7 扫一扫，练一练答案

支付的价款低于面值总额的，所注销库存股的账面余额与所冲减股本的差额作为增加股本溢价处理，贷记“资本公积——股本溢价”账户。

【例 10-8】 中广商贸公司 2×22 年 12 月 31 日的股本为 1 000 000 股，面值为 1 元，资本公积(股本溢价)300 000 元，盈余公积 400 000 元。经股东大会批准，该公司按每股 3 元以现金回购本公司股票 200 000 股并注销，不考虑其他因素，华夏商贸公司的会计处理如下。

（1）回购本公司股票时：

借：库存股	600 000	
贷：银行存款		600 000

（2）注销本公司股票时：

借：股本	200 000	
资本公积——股本溢价	300 000	
盈余公积	100 000	
贷：库存股		600 000

第三节 资本公积

一、资本公积概述

资本公积是指企业收到的投资者出资额超出其在注册资本中所占份额的部分以及其他资本公积等。资本公积包括资本溢价(股本溢价)和其他资本公积。

1. 资本公积与实收资本的区别

实收资本是投资者按照企业章程或合同协议的约定，实际投入企业并依法进行注册的资本，它体现了所有者对企业的产权关系。同时，它的构成比例是确定所有者参与企业财务经营决策程度的基础，也是企业进行利润分配的依据。

资本公积是投资者的出资额超出其在注册资本中所占份额的部分，以及直接计入所有者权益的利得和损失，它不直接表明所有者对企业的基本产权关系。而且，资本公积不体现所有者的占有比例，也不能作为所有者参与企业财务经营决策和进行利润分配的依据。

2. 资本公积与留存收益的区别

资本公积的来源不是企业实现的利润，主要来自资本溢价等方面。留存收益是企业从历年实现的净利润中提取或形成的留存于企业内部的积累，来源于企业生产经营活动实现的利润。

二、资本公积的会计处理

（一）资本溢价

除股份有限公司外的其他类型的企业在创立时，投资者认缴的出资额与注册资本一致，一般不会产生资本溢价。但在企业重组或有新的投资者加入时，常常会出现资本溢价。因为在企业进行正常生产经营后，其资本利润率通常要高于企业初创阶段。另外，企业有内部积累，新投资者加入企业后，对这些积累也要分享，所以新加入的投资者往往要付出大于原投资者的出资额才能取得与原投资者相同的出资比例。投资者多缴的部分就形成了资本溢价。

【例 10-9】 华夏商贸公司是由两位投资者各出资 200 000 元投资设立的，注册资本为 400 000 元。2 年后，为扩大经营规模，该商贸公司注册资本增加到 600 000 元，并引入第三位投资者加入。按照投资协议，新投资者缴入现金 240 000 元可享有该公司 1/3 的股份。华夏商贸公司已收到该现金投资。

借：银行存款　　240 000
　　贷：实收资本　　200 000
　　　　资本公积——资本溢价　　40 000

相关思考 10-1

在什么情况下会出现资本溢价？

一个企业在什么情况下会出现资本溢价？在初始创建还是股东追加投资时？原有股东还是新股东投资时？

相关思考解析 10-1：

对于一般企业而言，在企业创立时，出资者认缴的出资额即其注册资本，不会出现资本溢价。而当企业重组或有新投资者加入时，为了维护原投资者的权益，新加入的投资者的出资额就不一定全部做实收资本，从而出现资本溢价。

（二）股本溢价

股份有限公司是以发行股票的方式筹集股本的，股票可按面值发行，也可按溢价发行，我国目前不准折价发行。与其他类型的企业不同，股份有限公司在成立时可能会溢价发行股票，因而在成立之初，就可能会产生股本溢价。股本溢价的数额等于股份有限公司发行股票时实际收到的款项超过股票面值总额的部分。

在按面值发行股票的情况下，企业发行股票取得的收入应全部作为股本处理；在溢价发行股票的情况下，企业发行股票取得的收入，等于股票面值部分作为股本处理，超出股票面值的溢价收入应作为股本溢价处理。

如果企业溢价发行股票发行股票相关的手续费、佣金等交易费用，应从溢价中抵扣，冲减资本公积（股本溢价）；无溢价发行股票或溢价金额不足以抵扣的，应将不足抵扣的部分冲减盈余公积和未分配利润。

【例 10-10】 中广商贸公司首次公开发行了普通股 100 000 股，每股面值 1 元，每股发行价格为 8 元。中广商贸公司以银行存款支付发行手续费、咨询费等费用共计 120 000 元。发行收入已全部收到，发行费用已全部支付，不考虑其他因素。

（1）收到发行收入时：

借：银行存款　　800 000
　　贷：股本　　100 000
　　　　资本公积——股本溢价　　700 000

（2）支付发行费用时：

借：资本公积——股本溢价　　120 000
　　贷：银行存款　　120 000

10-8 扫一扫，练一练

10-9 扫一扫，练一练答案

(三) 其他资本公积

本书以因被投资单位除净损益、其他综合收益、利润分配以外的所有者权益的其他变动为例，介绍相关的其他资本公积的核算。

企业对某被投资单位的长期股权投资采用权益法核算的，在持股比例不变的情况下，对因被投资单位除净损益、其他综合收益、利润分配以外的所有者权益的其他变动，应按持股比例计算其应享有或应分担的被投资单位所有者权益的增减份额。在处置长期股权投资时，应转销与该笔投资相关的其他资本公积。

【例 10-11】 华夏商贸公司于 2×22 年 1 月 1 日向 A 公司投资 800 000 元，拥有该公司 30%的股份，并对该公司有重大影响，因而对 A 公司长期股权投资采用权益法核算。2×22 年 12 月 31 日，A 公司净损益、利润分配和其他综合收益之外的所有者权益增加了 200 000 元。A 公司资产的账面价值与公允价值一致，不考虑其他因素。

借：长期股权投资——其他权益变动	60 000	
贷：资本公积——其他资本公积		60 000

第四节 其他综合收益

一、其他综合收益概述

其他综合收益是指直接计入所有者权益的利得和损失。

利得和损失包括直接计入所有者权益的利得和损失，以及直接计入当期损益的利得和损失。直接计入当期损益的利得和损失主要包括营业外收入和营业外支出等，直接计入所有者权益的利得和损失主要指其他综合收益，如图 10-2 所示。

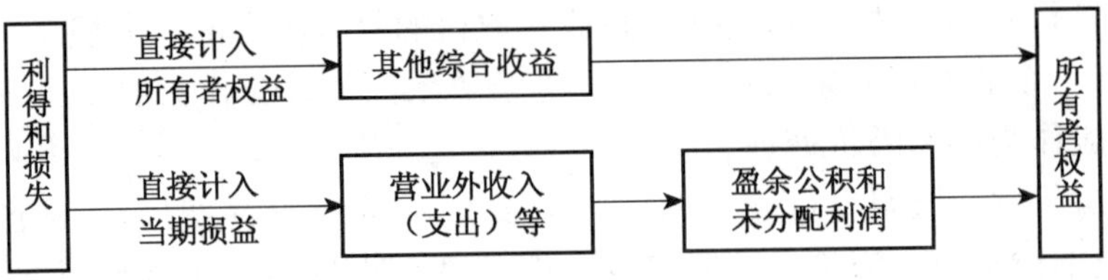

图 10-2　利得与损失

二、其他综合收益的账务处理

其他综合收益主要由以下交易或事项引起：

1. 采用权益法核算的长期股权投资

长期股权投资采用权益法核算的，在持股比例不变的情况下，如果被投资单位其他综合收益变动，企业按持股比例计算应享有的份额。如果是利得，应当增加长期股权投资的账面价值，同时增加其他综合收益；如果是损失，应当编制相反的会计分录。当处置采用权益法核算的长期股权投资时，应当将原计入其他综合收益的相关金额转入投资收益。

【例 10-12】 华夏商贸公司于 2×22 年 1 月 1 日向万光股份有限公司投资 300 000 元，

拥有该公司40%的股份，并对该公司有重大影响，因而对万光股份有限公司长期股权投资采用权益法核算。2×22年12月31日，万光股份有限公司其他综合收益增加了100 000元，假定除此以外，万光股份有限公司的所有者权益没有变化，该公司资产的账面价值与公允价值一致，不考虑其他因素。

华夏商贸公司长期股权投资的具体账务处理如下：

借：长期股权投资——其他综合收益　　40 000
　贷：其他综合收益　　40 000

2. 其他债权投资和其他权益工具投资公允价值的变动

其他债权投资和其他权益工具投资公允价值变动形成的利得，除减值损失和外币货币性金融资产形成的汇兑差额外，借记"其他债权投资——公允价值变动"等账户，贷记"其他综合收益"账户，公允价值变动形成的损失，编制相反的会计分录。

【例10-13】 华夏商贸公司于2×22年7月1日以每股市价15元从二级市场购入股票100 000股，华夏商贸公司将该股票划分为其他权益工具投资。至2×22年12月31日仍持有该股票，该股票当时的市价为20元。

华夏商贸公司其他权益工具投资公允价值上升：100 000×(20—15)＝500 000(元)。

具体账务处理如下：

借：其他权益工具投资——公允价值变动　　500 000
　贷：其他综合收益　　500 000

3. 投资性房地产的转换差额

自用房地产或存货转换为采用公允价值模式计量的投资性房地产时，转换日的公允价值小于原账面价值的，其差额计入当期损益；转换日的公允价值大于原账面价值的，其差额作为其他综合收益，计入所有者权益。

第五节 留存收益

一、留存收益概述

留存收益是指企业从历年实现的利润中提取或形成的留存于企业的内部积累，包括盈余公积和未分配利润。盈余公积属于已拨定留存收益，盈余公积经批准可用于弥补亏损、转增资本、发放现金股利或利润等；未分配利润属于未拨定留存收益，企业对未分配利润的使用有较大的自主权。留存收益的构成如图10-3所示。

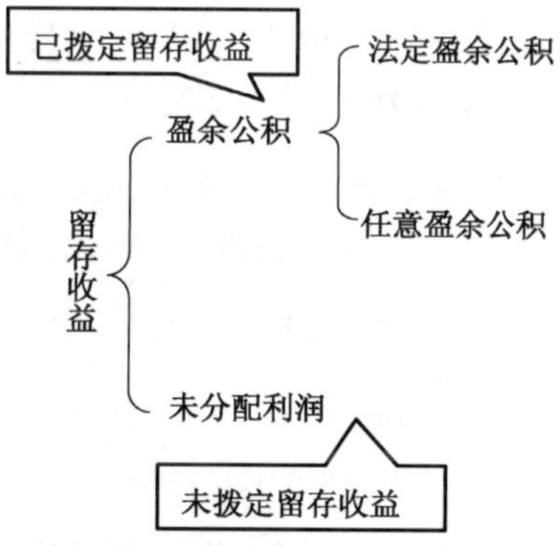

图10-3 留存收益的构成

1. 盈余公积

盈余公积是指企业按照有关规定从净利润中提取的积累资金。公司制企业的盈余公积包括法定盈余公积和任意盈余公积。

(1) 法定盈余公积是企业按规定的比例从净利润中提

取的盈余公积。按照《公司法》有关规定，公司制企业应当按照净利润（减弥补以前年度亏损，下同）的10%提取法定盈余公积。非公司制企业法定盈余公积的提取比例可超过净利润的10%。法定盈余公积累计额已达注册资本的50%时可以不再提取。值得注意的是，在计算提取法定盈余公积的基数时，不应包括企业年初未分配利润。

（2）任意盈余公积是企业按股东会或股东大会决议提取的盈余公积。非公司制企业经类似权力机构批准，也可提取任意盈余公积。法定盈余公积和任意盈余公积的区别在于其各自计提的依据不同，前者以国家的法律、法规为依据，后者由企业的权力机构自行决定。

2. 未分配利润

未分配利润是经过弥补亏损、提取法定盈余公积、提取任意盈余公积和向投资者分配利润等利润分配之后剩余的利润，它是企业留待以后年度进行分配的历年结存的利润。

二、盈余公积的账务处理

如上所述，盈余公积来源于企业当年实现的净利润。盈余公积属于已拨定留存收益，其主要用途是弥补亏损、转增资本、发放现金股利或利润。

1. 盈余公积的增加

（1）提取法定盈余公积。企业计提法定盈余公积时，按税后利润10%的比例计算法定盈余公积，借记“利润分配——提取法定盈余公积”账户，贷记“盈余公积——法定盈余公积”账户。

（2）提取任意盈余公积。企业经股东会或者股东大会决议，从税后利润中提取任意盈余公积金时，借记“利润分配——提取任意盈余公积”账户，贷记“盈余公积——任意盈余公积”账户。

2. 盈余公积的用途

（1）弥补亏损。企业以提取的盈余公积弥补亏损，应当由公司董事会提议，并经股东大会批准。企业用盈余公积弥补亏损时，借记“盈余公积”账户，贷记“利润分配——盈余公积补亏”账户。

（2）转增资本。企业将盈余公积转增资本，必须经股东大会决议批准。在实际将盈余公积转增资本时，要按股东原有持股比例结转。企业用提取的盈余公积转增资本时，应当按照批准的转增资本的数额借记“盈余公积”账户，贷记“实收资本”或“股本”账户。

（3）发放现金股利或利润。企业经股东大会或类似机构决议，用盈余公积分配现金股利或利润时，应当借记“盈余公积”账户，贷记“应付股利”账户。

【例10-14】 华夏商贸公司按税后利润200 000元的10%提取法定盈余公积。

借：利润分配——提取法定盈余公积　　20 000

　贷：盈余公积——法定盈余公积　　20 000

【例10-15】 华夏商贸公司上年发生亏损30 000元，以法定盈余公积弥补亏损。

借：盈余公积——法定盈余公积　　30 000

　贷：利润分配——盈余公积补亏　　30 000

【例10-16】 华夏商贸公司以法定盈余公积40 000元转作资本。

借：盈余公积——法定盈余公积　　40 000
　贷：实收资本　　40 000

三、未分配利润的账务处理

（一）利润的形成

1. 利润的构成

利润是指企业在一定会计期间各项收入抵偿各项支出后的经营成果。从狭义的收入、费用来看，利润包括收入减去费用后的净额、直接计入当期损益的利得和损失等。利润表中的利润包括营业利润、利润总额和净利润三个层次。

（1）营业利润是指企业一定期间的日常活动取得的利润，即：

$$\text{营业利润}=\text{营业收入}-\text{营业成本}-\text{税金及附加}-\text{销售费用}-\text{管理费用}-\text{财务费用}-\text{资产减值损失}-\text{信用减值损失}+\text{其他收益}+\text{投资收益}\left(-\text{投资损失}\right)+\text{公允价值变动收益}\left(-\text{公允价值变动损失}\right)+\text{资产处置收益}\left(-\text{资产处置损失}\right)$$

其中：营业收入是指企业经营业务所确认的收入总额，包括主营业务收入和其他业务收入；营业成本是指企业经营业务所发生的实际成本总额，包括主营业务成本和其他业务成本；税金及附加是指主营业务和其他业务应负担的消费税、城市维护建设税、资源税、土地增值税和教育费附加等；资产减值损失是指企业计提各项资产减值准备所形成的损失；公允价值变动收益（或损失）是指企业交易性金融资产等公允价值变动形成的应计入当期损益的利得（或损失）；投资收益（或损失）是指企业以各种方式对外投资所取得的收益（或发生的损失）；信用减值损失是指企业计提的各项金融工具减值准备所形成的预期信用损失；其他收益是计入其他收益的政府补助；资产处置收益（或损失）是企业出售划分为持有待售的非流动资产或处置组时确认的处置利得或损失，以及处置未划分为持有待售的固定资产、在建工程、生产性生物资产及无形资产而产生的处置利得或损失。

（2）利润总额是指企业一定期间的营业利润加上营业外收入减去营业外支出后的利润，又称为税前利润。

$$\text{利润总额}=\text{营业利润}+\text{营业外收入}-\text{营业外支出}$$

其中：营业外收入是指企业发生的与其日常活动无直接关系的各项利得；营业外支出是指企业发生的与其日常活动无直接关系的各项损失。

（3）净利润是指企业一定期间的利润总额减去所得税费用后的净额，又称为税后利润。

$$\text{净利润}=\text{利润总额}-\text{所得税费用}$$

其中：所得税费用是指企业确认的应从当期利润总额中扣除的所得税费用。

2. 营业外收支净额

（1）营业外收入。营业外收入是指企业发生的与其日常活动无直接关系的各项利得。营业外收入并不是企业经营资金耗费所产生的，企业不需要付出代价，实际上是经济利益的净流入，不可能也不需要与有关的费用进行配比。因此，会计核算应当严格区分营业外收入与营业收入的界限。营业外收入主要包括非流动资产毁损报废收益、债务重组利得、盘盈利得、与企业日常活动无关的政府补助、罚没利得、捐赠利得、确实无法支付而按规定程序经批准后转作营业外收入的应付款项等。

非流动资产毁损报废收益，指因自然灾害等发生毁损、已丧失使用功能而报废所发生的清理收益。

盘盈利得是指现金等的清查盘点中盘盈的部分在报经批准后计入营业外收入的金额（注意，对固定资产的盘盈不通过营业外收入核算）；政府补助是指企业从政府无偿取得的货币性资产和非货币性资产形成的利得，不包括政府作为所有者对企业的资本投入；罚没利得是指企业取得的各项罚款在弥补相关主体违反合同或协议造成的经济损失后的罚款净收益；捐赠利得是指企业接受捐赠产生的利得；确实无法支付的应付款项是指企业因债权人单位变更登记或撤销等而无法支付的应付款项等。

（2）营业外支出。营业外支出是指企业发生的与其日常活动无直接关系的各项损失，主要包括非常损失、盘亏损失、罚款支出、公益性捐赠支出、非流动资产毁损报废损失等。

其中：非流动资产毁损报废损失是指固定资产和无形资产等非流动资产因报废和毁损而形成的损失；盘亏损失是指企业对财产清查盘点中盘亏的资产，在查明原因后按确定的损失计入营业外支出的金额；罚款支出是指企业由于违反税收法规、经济合同等而支付的各种滞纳金和罚款；公益性捐赠支出是指企业对外进行公益性捐赠发生的支出；非常损失是指企业对于客观因素（如自然灾害等）造成的损失，在扣除保险公司赔偿后应计入营业外支出的净损失。

【例 10-17】 华夏商贸公司将固定资产报废清理的净损失 3 600 元转作营业外支出。

借：营业外支出	3 600	
贷：固定资产清理		3 600

【例 10-18】 华夏商贸公司用银行存款支付税款滞纳金 15 000 元。

借：营业外支出	15 000	
贷：银行存款		15 000

3. 所得税费用

企业的所得税费用包括当期所得税和递延所得税。其中，当期所得税是当期应交所得税，递延所得税包括递延所得税资产和递延所得税负债。企业在计算确定当期所得税以及递延所得税费用（或收益）的基础上，应将两者之和确认为利润表中的所得税费用。计算公式如下：

所得税费用＝当期所得税＋递延所得税费用（－递延所得税收益）

递延所得税费用＝递延所得税负债增加额＋递延所得税资产减少额

递延所得税收益＝递延所得税负债减少额＋递延所得税资产增加额

（1）当期所得税的计算。应交所得税是企业按照税法规定计算确定的针对当期发生的交易或事项应缴纳给税务部门的所得税金额，即当期所得税。企业当期所得税的计算公式如下：

应交所得税＝应纳税所得额×所得税税率

应纳税所得额是企业在税前会计利润的基础上调整确定的，其计算公式如下：

应纳税所得额＝税前会计利润＋纳税调整增加额－纳税调整减少额

其中：纳税调整增加额主要包括税法规定允许扣除项目中企业已计入当期费用但超过税法规定扣除标准的金额(如超过税法规定标准的工资支出、业务招待费支出)，以及企业已计入当期损失但税法规定不允许扣除项目的金额(如税收滞纳金、罚款、罚金)。

纳税调整减少额主要包括按税法规定允许弥补的亏损和准予免税的项目，如前5年内的未弥补亏损和国债利息收入等。

【例10-19】 华夏商贸公司2×22年度按企业会计准则计算的税前会计利润为240 000元，所得税税率为25%。当年按税法核定的全年计税工资为200 000元，华夏商贸公司全年实发工资为220 000元；经查，华夏商贸公司当年营业外支出中有40 000元为税款滞纳罚金。假定华夏商贸公司全年无其他纳税调整因素。

华夏商贸公司当期所得税的计算如下：

应纳税所得额＝240 000＋(220 000—200 000)＋40 000＝300 000(元)

当期应交所得税额＝300 000×25%＝75 000(元)

【例10-20】 华夏商贸公司2×22年全年利润总额为2 120 000元，其中包括本年收到的国库券利息收入20 000元，所得税税率为25%。假定华夏商贸公司本年无其他纳税调整因素。

华夏商贸公司当期所得税的计算如下：

应纳税所得额＝2 120 000—20 000＝2 100 000(元)

当期应交所得税额＝2 100 000×25%＝525 000(元)

(2) 所得税费用的会计处理。企业根据会计准则的规定计算确定的当期所得税和递延所得税之和，即为应从当期利润总额中扣除的所得税费用。

企业应设置"所得税费用"账户核算所得税费用的发生情况。该账户属于损益类账户，核算企业应从当期损益中扣除的所得税费用及结转情况。其借方登记根据当期所得税和递延所得税计算出的所得税费用，贷方登记期末转入"本年利润"账户的金额。期末结转后，该账户应无余额。

【例10-21】 华夏商贸公司当期应交所得税为75 000元。递延所得税负债年初数为20 000元，年末数为25 000元，递延所得税资产年初数为50 000元，年末数为40 000元。

华夏商贸公司所得税费用的计算如下：

递延所得税费用＝(25 000－20 000)－(40 000－50 000)＝15 000(元)

所得税费用＝当期所得税＋递延所得税费用＝75 000＋15 000＝90 000(元)

借：所得税费用	90 000	
贷：应交税费——应交所得税		75 000
递延所得税负债		5 000
递延所得税资产		10 000

4. 本年利润的形成

会计利润的结转方法有表结法和账结法两种。

企业应当设置“本年利润”账户，反映企业一定时期内财务成果的情况。该账户的贷方登记会计期末结转的各项收入，借方余额登记会计期末结转的各项费用。“本年利润”账户年内期末贷方余额为当期实现的净利润，借方余额为当期发生的净亏损。

年度终了，企业应将本年收入和支出相抵后结出的本年实现的净利润或净亏损，转入“利润分配——未分配利润”账户。结转完之后，“本年利润”账户年末无余额。

【例 10-22】 华夏商贸公司 2×22 年有关损益类账户的年末余额如表 10-1 所示。

表 10-1 有关损益类账户的年末余额 单位：元

账户名称	结账前余额	账户名称	结账前余额
主营业务收入	3 000 000(贷)	税金及附加	40 000(借)
其他业务收入	350 000(贷)	销售费用	250 000(借)
投资收益	300 000(贷)	管理费用	300 000(借)
营业外收入	25 000(贷)	财务费用	50 000(借)
主营业务成本	2 300 000(借)	营业外支出	100 000(借)
其他业务成本	20 000(借)		

要求：

(1) 结转损益类账户余额至“本年利润”账户。

① 结转各项收入、利得类账户：

借：主营业务收入 3 000 000
　　其他业务收入 350 000
　　投资收益 300 000
　　营业外收入 25 000
　　贷：本年利润 3 675 000

② 结转各项费用、损失类账户：

借：本年利润 3 060 000
　　贷：主营业务成本 2 300 000
　　　　其他业务成本 20 000
　　　　税金及附加 40 000
　　　　销售费用 250 000
　　　　管理费用 300 000
　　　　财务费用 50 000
　　　　营业外支出 100 000

(2) 计算所得税费用并结转至本年利润。

① 计算应交所得税：

利润总额＝3 675 000－3 060 000＝615 000(元)

应交所得税＝615 000×25％＝153 750(元)

借：所得税费用　　153 750

　　贷：应交税费——应交所得税　　153 750

② 结转所得税费用：

借：本年利润　　153 750

　　贷：所得税费用　　153 750

（3）计算本年净利润，年末结转“本年利润”账户。

$$\text{本年净利润}=615\ 000-153\ 750=461\ 250(\text{元})$$

借：本年利润　　461 250

　　贷：利润分配——未分配利润　　461 250

延伸阅读 10-1

关于表结法和账结法

会计利润的结转方法有表结法和账结法两种。

1. 表结法

表结法即用“利润表”结转期末损益类项目，计算并体现期末财务成果的方法。在表结法下，各损益类账户每月月末只需结计出本月发生额和月末累计余额，且余额不结转到“本年利润”账户，只有在年末时企业才将全年累计余额结转至“本年利润”账户。但企业每月月末要将损益类账户的本月发生额合计数填入利润表的本月数栏，同时将本月月末累计数填入利润表的本年累计数栏，通过利润表计算反映各期的利润（或亏损）。在表结法下，企业在年中无需将损益类账户余额结转入“本年利润”账户，从而减少了转账环节和工作量，同时并不影响利润表的编制及有关损益指标的利用。

2. 账结法

在账结法下，企业每月月末均需编制转账凭证，将在账上结计出的各损益类账户的余额结转至“本年利润”账户。结转后，“本年利润”账户的本月余额反映当月实现的利润或发生的亏损，“本年利润”账户的本年余额反映本年累计实现的利润或发生的亏损。企业使用账结法，在各月均可通过“本年利润”账户提供当月及本年累计的利润（或亏损）额，但增加了转账环节和工作量。

（二）利润的分配

1. 可供分配利润

利润分配是指企业根据国家有关规定、企业章程、投资者协议等，对企业当年可供分配的利润所进行的分配。在进行利润分配前，企业首先要计算可供分配利润。可供分配利润由以下几部分构成：

$$\begin{matrix}\text{可供分}\\\text{配利润}\end{matrix}=\begin{matrix}\text{当年实现}\\\text{的净利润}\end{matrix}+\begin{matrix}\text{年初未分}\\\text{配利润}\end{matrix}\left(\text{或}-\begin{matrix}\text{年初未弥}\\\text{补亏损}\end{matrix}\right)+\begin{matrix}\text{其他}\\\text{转入}\end{matrix}$$

2. 利润分配的顺序

可供分配的利润，按照下列顺序进行分配：

10-10 利润分配的核算

（1）提取法定公积金。公司制企业的法定公积金按照税后利润（减弥补以前年度亏损）的10%的比例提取，在计算提取法定盈余公积的基数时，不应包括企业年初未分配利润。公司法定公积金累计额达到公司注册资本的50%以上时，公司可以不再提取法定公积金。

（2）提取任意公积金。公司从税后利润中提取法定公积金后，经股东会或者股东大会决议，还可以从税后利润中提取任意公积金。非公司制企业经类似权力机构批准，也可提取任意盈余公积。

（3）向投资者分配利润或股利。对于公司弥补亏损和提取公积金后所余税后利润，有限责任公司股东按照实缴的出资比例分取红利，但是，全体股东约定不按照出资比例分取红利的除外；股份有限公司按照股东持有的股份比例分配，但股份有限公司章程规定不按持股比例分配的除外。

3. 利润分配的账务处理

企业应通过“利润分配”账户核算企业利润的分配（或亏损的弥补）和历年分配（或弥补）后的未分配利润（或未弥补亏损）。该账户应分“提取法定盈余公积”“提取任意盈余公积”“应付现金股利或利润”“盈余公积补亏”“未分配利润”等进行明细核算。

10-11 利润的形成分配与结转

企业分配利润时，借记“利润分配——提取法定盈余公积”等账户，贷记“盈余公积——法定盈余公积”等账户。年度终了，将“利润分配”账户所属的其他明细账户的余额转入“未分配利润”明细账户。

结转后，“未分配利润”明细账户的贷方余额，就是年末未分配利润；如出现借方余额，则表示年末未弥补亏损。结转后，“利润分配”账户除“未分配利润”明细账户外的其他明细账户应无余额。

【例 10-23】 承[例 10-22]，假定华夏商贸公司按当年净利润的 10%提取法定盈余公积，按当年净利润的 5%提取任意盈余公积，并决定向投资者分配利润 200 000 元。

（1）华夏商贸公司提取法定盈余公积、任意盈余公积、向投资者分配利润的会计分录。

借：利润分配——提取法定盈余公积	46 125.0	
——提取任意盈余公积	23 062.5	
——应付现金股利或利润	200 000.0	
贷：盈余公积——法定盈余公积		46 125.0
——任意盈余公积		23 062.5
应付股利		200 000.0

（2）华夏商贸公司向投资者支付分配的利润的会计分录。

借：应付股利	200 000	
贷：银行存款		200 000

10-12 扫一扫，练一练

（3）华夏商贸公司结转利润分配的其他明细账户的会计分录。

借：利润分配——未分配利润	269 187.5	
贷：利润分配——提取法定盈余公积		46 125.0
——提取任意盈余公积		23 062.5
——应付现金股利或利润		200 000.0

10-13 扫一扫，练一练答案

本章小结

10-14 扫一扫，看课件

本章主要学习所有者权益的含义、分类及特征；实收资本的含义及核算；资本公积的内容及核算；其他综合收益的内容及核算；利润形成与分配的核算。

本章重要概念

实收资本　资本公积　其他综合收益　盈余公积　未分配利润　利润分配

推荐阅读资料

[1] 财政部会计资格评估中心.初级会计实务[M].北京:经济科学出版社,2022.
[2] 中国注册会计师协会.会计[M].北京:中国财政经济出版社,2022.
[3] 李海波,蒋瑛.新编商业会计——商品流通企业会计[M].9版.上海:立信会计出版社,2017.
[4] 史玉光.新会计准则下商品流通企业会计实务[M].2版.北京:电子工业出版社,2022.

第十一章　费用与税金

内容简介

本章主要阐述商品流通企业流通费用和税金的核算。商品流通费用是商品流通企业费用支出的重要组成部分，根据发生与支付时间以及支付方式的不同，可以分为直接支付费用、转账摊销费用和预付待摊费用三种。另外，为了便于计算各大类商品的经营成果，考核和分析大类商品的经营情况，商品流通费用中的销售费用也可以按商品大类进行明细分类核算。商品流通企业缴纳的税金，有的是在商品销售环节缴纳的，有的是列入商品的进价成本的，有的是从实现的利润中缴纳，具体包括增值税、消费税、城市维护建设税、城镇土地使用税、房产税、车船税以及企业所得税等。

学习目的和要求

通过学习本章，学生应了解商品流通费用的确认和分类以及税金的种类；明确商品流通费用各项目的内容和明细账户的设置，以及主要税种的计算和核算方法；掌握商品流通费用的支付方式，各项期间费用和各种税金的计算和账务处理等方面的内容。

引例　医药商业企业如何实现降低费用增加效益

随着CPI、PPI等物价指数不断上升，费用增加、成本上涨，医药商业企业经营压力不断加大。在经营成本不断上涨的情况下，如何实现降费增效，是医药商业企业需要认真探讨和分析的重要问题。

在医药商业企业业务运营过程中，影响费用总水平的因素主要是物流成本、人工成本、销售费用及财务费用等。

(1) 物流成本：主要包括燃油、路桥、保险等配送费用，以及物流托运费用。

(2) 人工成本：主要包括人工工资、社保统筹、人员培训、绩效奖励等费用。

(3) 销售费用：主要包括年销返利、商业促销费用、临床营销费用等。

(4) 财务费用：主要包括财务融资费用、应收及预付资金占用，以及相关税费等。

那么通过哪些方法可以降低经营费用，提高经营效益呢？

医药商业企业由于毛利低、费用大，需要在降费和增效方面寻求更多办法。总体来说就是抓销售，提升毛利；抓费用，控制成本；抓效益，提高效率；抓开源，深化节流；抓科技，创新管理。

(1) 提高规模销量。在控制总体费用的前提下，通过扩大销量降低综合费用率。主要方式：一是抓网络；二是抓品种。

(2) 提升毛利水平。采取各种方式不断提升整体收入水平。主要方式：一是增加经营毛利；二是开拓多种收入来源。

(3) 控制配送费用。即通过加强配送管理，降低配送储运成本。主要方式：一是提高配送满载率；二是优化配送路径；三是控制在途运输费用。

(4) 实施贵廉药品价格搭配。即通过销售开票、市场促销环节提高单次销售金额来降低费用率。主要方式：一是在销售开票时，尽量要求客户对价格相对较高的品种进行一定的基础采购，做到价高、价低品种有机搭配；二是推动大品种药品和小品种药品销售搭配，在客户采购大品种时，加强对小品种的推销，增加销售开票的品种数。

(5) 运用现代化物流技术。即加快医药物流项目建设，引进现代医药物流技术，推动物流配送方式转型。主要方式：一是提升库容使用率；二是提高储运发货速度；三是增强分拣调度准确性。

资料来源：汪应军. 医药商业企业如何降低费用增加效益[EB/OL](2022-05-06)[2023-06-05], https://wenku.baidu.com/view/4bae5235ecf9aef8941ea76e58fafab069dc449d.html?_wkts_=1686017350765&bdQuery=，编者有改动。

第一节 费用概述

商品流通企业的费用又称商品流通费用，它是企业在商品流通过程中耗费的活劳动和物化劳动的货币表现。

商品流通费用是商品从生产领域向消费领域转移过程中的必要投入，在商品从生产领域转移到消费领域的整个流通过程中，必然会发生各种各样的人力、物力和财力的耗费。流通时间的必要，决定了这些人力、物力和财力的耗费是必要的。商品流通费用就是商品流通领域内的各种必要耗费的货币表现，该费用支出多少，是节约还是浪费，却直接影响企业的经营效益。

一、商品流通费用的确认

在商品流通企业中，凡是与组织商品流通有密切联系的人力、物力和财力的正常耗费都应确认为商品流通费用。商品流通费用，既是实现商品流通的必要耗费，也是社会财富的扣除和损失，它还是综合反映商品流通企业经济效果的重要指标。正确确认商品流通费，对于企业如实计量商品流通费，对比收支、计算盈亏，考核经济效果和促使企业有效的控制商品流通费，不断降低商品流通费，提高经济效益，具有十分重要的意义。

二、商品流通费用确认的原则

商品流通企业在组织商品流通过程中发生必要耗费的时间，称为费用的发生时间；而企业以现金或转账方式支付费用的时间，称为费用的支付时间。

11-1 视频：商品流通费用的确认及确认的原则

在实际工作中，费用的发生时间与支付时间可能是一致的：在费用发生时，企业也实际支付了费用。这两个时间也可能是不一致的，不一致的情况包括两种：一是费用的发生时间在前，支付时间在后；一是费用的发生时间在后，支付时间在前。在费用发生时间与支付时间不一致的情况下，企业就应按照权责发生制原则的要求做。如果费用已经发生，不管企业是否已经实际支付，都确认为费用；如果费用没有发生，即使已经实际支付，也不能确认为费用。这里的关键是如何确定费用发生的时间。

在判断费用何时发生时，企业要按照配比原则的要求，根据一定时期内收入与费用之间存在的因果关系,将为取得本期收入而发生的费用作为该费用发生时间,并在本期确认为费用。根据商品流通费用发生与支付时间以及支付方式的不同,它可以区分为以下三种情况。

1. 直接支付的费用

它是指本期发生、本期支付并在本期确认的各项商品流通费。比如:支付的当月工资、进货运杂费、仓储保管费等。

2. 转账摊销的费用

它是指不通过货币结算,而以转账摊销方式确认的本期发生的各项商品流通费。比如:固定资产的折旧费、无形资产的摊销、按规定计提的坏账准备、外币账户期末外币余额按期末市场汇价折合人民币金额与账面人民币余额之间的差额所形成的汇兑损益等。

3. 预付待摊的费用

它是指企业已经支出但应由本期和以后各期分别负担的费用。企业采用待摊的形式在以后各受益期内将其确认为费用,主要是指摊销期在 1 年以上的各项费用。比如:开办费、租入固定资产改良和大修理支出等。

三、商品流通费用的分类

商品流通企业在组织商品流通的过程中发生的必要耗费是多种多样的,其涉及面相当广泛,为了在会计上对商品流通费进行分类核算和监督,有效地控制费用开支,企业在客观上需要对商品流通费用按照一定的标准进行分类,它是确认和计量费用的一项重要内容。在此,本章主要介绍商品流通费用按经济性质和经济用途两个标准的分类(图 11-1)。

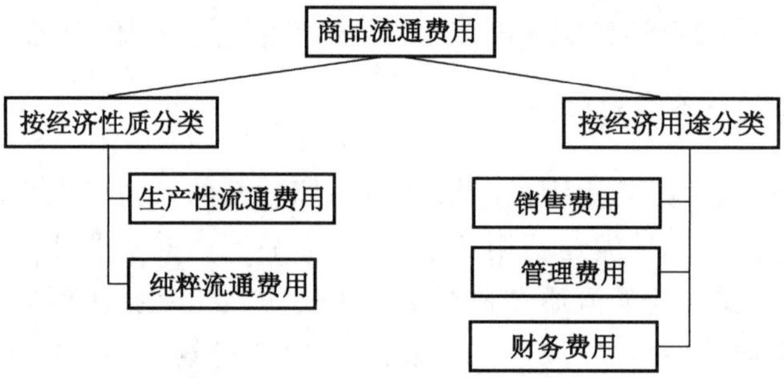

图 11-1　商品流通费用分类图

1. 按经济性质分类

商品流通费用按其在社会再生产过程中的经济性质,分为生产性流通费用和纯粹流通费用两类。

生产性流通费用又称追加费用,是与生产过程在流通领域内的继续进行有关的费用。例如,商品的运输费用。商品生产出来后,不可能全部就地消费。商品的生产地点和消费地点之间必然会有一定的距离。只有将商品从生产地点运送到消费地点,商品才能进入消费领域。所以,运输过程是生产过程在流通领域中的继续,运输费用是社会对于商品追加的必要费用。这些费用参与商品使用价值的生产,创造新的价值,理应算作生产性流通费用。商品的包装费、仓储保管费、装卸费、整理费等均属于生产性流通费用。

纯粹流通费用是货币转为商品和商品转为货币的转化所引起的费用。商品流通企业管理人员的工资、广告费、展览费、办公费、利息支出、汇兑损益等均属于纯粹流通费用。这些费用不参与商品使用价值的生产，不创造价值，它是由生产部门所创造的价值来补偿的，但同时它也是实现商品价值必不可少的费用。所以，纯粹流通费用也是完成商品流通所必需的费用。从理论上讲，生产性流通费用应计入商品的价值，是商品成本的组成部分；纯粹流通费用不能计入商品的价值，不构成商品成本。但根据现行财务制度、会计制度及有关规定，这两种完成商品流通所必需的费用均作为商品流通企业的商品流通费用核算。

2. 按经济用途分类

商品流通费用按其在商品流通过程中发挥的作用的不同，可以分为销售费用、管理费用和财务费用。

销售费用是指商品流通企业在整个经营环节所发生的各种费用。

管理费用是指商品流通企业行政管理部门为组织和管理商品经营活动而发生的各项费用。

财务费用是指商品流通企业为筹集资金而发生的各项费用。

按经济用途对商品流通费用加以分类，便于企业对其确认和计量，现行财务制度和会计制度均采用此分类方法对商品流通费加以分类，并对各类费用包括的内容做了明确规定，它们是企业进行费用确认和计量的重要依据。

本章将重点介绍商品流通费用按照经济用途的分类。

第二节 费用的核算

商品流通费用按照经济用途分类可以分为销售费用、管理费用和财务费用三种。

销售费用是指商业企业在购销环节中所发生的各项费用，包括进货运输费、装卸费、包装费、保险费、展览费、广告费、商品维修费以及为销售本企业商品而专门的销售机构内部职工的工资、福利费和业务费等。

管理费用是指企业为组织和管理企业经营活动所发生的管理费用，包括企业在筹办期间发生的开办费、董事会费（包括董事会成员津贴、会议费和差旅费等）、业务招待费、工会经费、诉讼费、技术转让费、管理部门折旧费、咨询费、排污费等。

财务费用是指企业为筹集业务经营所需资金而发生的费用，包括利息净支出、汇兑损失（减汇兑收益）以及金融机构的手续费等。

一、商品流通费用账户的设置

（一）“销售费用”账户的设置

商品流通企业发生的销售费用在“销售费用”账户中核算。该账户借方登记企业所发生的各项销售费用，贷方登记期末转入“本年利润”账户的销售费用，结转后该账户应无余额。

11-2 视频：销售费用账户

“销售费用”账户应按照费用项目设置明细账户，进行明细分类核算。销售费用可以按照以下主要项目设置明细账户。

（1）进货运杂费：主要核算企业为购进商品从供货单位到本企业入库前所支付的运费，以及与运输有关的各项杂费，包括调车费，放空费，车船清扫费，站台、码头、专用线租赁等费用。

(2) 装卸费:主要核算商品由起运站装上运输工具或由运输工具卸入到达站或码头、仓库以及在市内运输、装卸搬运发生的费用。

(3) 整理费:主要核算商品挑选、整理、分类、分等过程支付的费用。

(4) 包装费:主要核算包装用品费、包装物折损费与修补费、包装物租用费,以及不能计入包装物进价的包装物运杂费。

(5) 保险费:核算企业向保险公司投保所支付的保险费用。

(6) 展览费:核算企业为扩大商品购销业务所支付的展览会会务费以及展销品折价损失。

(7) 仓储保管费:主要核算商品在储存过程中支付的保管费用,包括倒库、晾晒、冷藏、保暖、委托保管,以及商品畜禽的饲料费用。

(8) 检验费:主要核算商品检验、化验所支付的费用。

(9) 广告费:核算为扩大商品购销业务支付的广告费和样品费。

(10) 商品损耗:核算商品在运输、保管、销售过程中发生的定额损耗以及经批准核销的超定额损耗。

(11) 进出口商品累计佣金:核算商品进口、出口时企业通过中间商进行交易时所付给的佣金,按一定时期内各笔交易累计金额计算的累计佣金。

(12) 经营人员工资及福利费:核算按规定支付给经营人员的工资和工资性质的各项补贴,以及按照规定标准提取的福利费、社会保险费、住房公积金等。

(13) 差旅费:主要核算因经营管理业务需要而发生的出差人员的住宿费、交通费以及伙食补贴等费用。

(14) 手续费:主要核算企业委托其他单位代销、代购、代储、代运等支付的手续费。

(二)"管理费用"账户的设置

11-3 视频:管理费用账户

商品流通企业应设置"管理费用"账户,主要核算企业为组织和管理经营活动所发生的费用,该账户借方登记企业所发生的各项管理费用,贷方登记期末转入"本年利润"账户的管理费用,期末结转后该账户应无余额。"管理费用"账户应按照费用项目设置明细账户,进行明细分类核算。管理费用可以按照以下主要项目设置明细账户:

(1) 管理人员工资及福利费:核算企业行政管理部门人员的工资和工资性质的各种补贴,以及按规定标准提取的福利费。

(2) 业务招待费:核算企业为业务经营的合理需要,按年营业收入的规定比例列支的费用。

(3) 技术开发费:核算企业研究开发新技术等而发生的各项费用。

(4) 董事会会费:核算企业最高权力机构及其成员为履行职能而发生的各项费用,包括差旅费、会议费等。

(5) 工会经费:核算按企业职工工资总额的一定比例计提的工会经费。

(6) 职工教育经费:核算企业为职工学习先进技术和提高文化水平而支付的费用,按职工工资总额一定的比例计提。

(7) 社会劳动保险费:核算离退休职工的离退休金、价格补贴、医药费、易地安家补助费、职工退职金、抚恤费、按规定支付给离休职工的各项经费,以及实行社会统筹办法的企业按规定提取的退休统筹基金。

(8) 租赁费：核算企业租赁办公用房、低值易耗品、集体宿舍、营业用房的租赁费支出。

(9) 咨询中介费：核算企业为取得科技、信息资料，支付给咨询部门的咨询费以及聘请中介机构查账验证、资产评估等发生的费用。

(10) 诉讼费：核算企业用法律手段解决经济纠纷向法院支付的费用。

(11) 技术转让费：核算企业购买专利技术所支付的费用。

(12) 低值易耗品摊销：核算企业按规定摊销的低值易耗品价值。

(13) 折旧费：核算企业按规定计提的固定资产折旧费。

(14) 修理费：核算企业固定资产和低值易耗品等财产的修理费用。

(15) 排污费：核算企业按照规定支付的环境保护费用。

(16) 其他费用：核算企业除上述各项明细账户以外的管理费用，包括水电费、邮电费、书报费、差旅费等。

延伸阅读 11-1

管理费用的其他规定

商品流通企业与固定资产有关的后续支出，包括固定资产发生的日常修理费、大修理费用、更新改造支出、房屋的装修费用等，不满足固定资产准则规定的固定资产确认条件的，可在“管理费用”账户核算。

管理费用不多的商品流通企业可不设置“管理费用”账户，相关的核算内容可并入“销售费用”账户核算。

(三) “财务费用”账户的设置

商品流通企业应设置“财务费用”账户，主要核算为筹集业务经营所需资金而发生的费用，该账户借方登记企业所发生的各项销售费用，贷方登记期末转入“本年利润”账户的销售费用，期末结转后该账户应无余额。“销售费用”账户应按照费用项目设置明细账户，进行明细分类核算。可以按照以下主要项目设置明细账户。

(1) 利息：核算支付的银行借款利息、商业汇票贴现利息，以及企业为筹集经营资金发行债券所支付的利息。为购建固定资产而筹集资金所发生的利息支出，在固定资产尚未完工交付使用或虽已投入使用但尚未办理竣工决算之前发生的，应计入有关固定资产价值内，不在本账户核算。在此之后发生的记入该账户。

企业存款利息收入，应冲减财务费用。

(2) 金融机构手续费：核算企业使用信用卡以及通过金融机构结算支付的手续费。

(3) 汇兑损益：核算企业因外币汇兑、汇率变动而产生的损失(或汇兑收益)。

二、商品流通费用的账务处理

在实际工作中，在费用发生时间与支付时间不一致的情况下，企业应按照权责发生制原则核算，费用发生后，不管是否已经实际支付，都确认为费用；如果费用没有发生，即使已经实际支付，也不能确认为费用。

(一) 直接支付的费用的账务处理

直接支付费用是指本期支付、应由本期负担的费用，如直接支付的本月工资、运杂费、保管费等。

直接支付费用的方式有两种：一种是当费用发生时，财会部门直接支付；另一种是相关人员以备用金的方式预先支付，再到财会部门报账。

1. 财会部门直接支付费用的核算

当费用发生时，开支部门持费用凭证直接向财会部门报账。财会部门收到费用单据，审核无误后便可据以付款。

在直接支付的费用中，工资占有较大的比重，核算比较复杂。企业支付给职工的工资总额包括各种工资、奖金、津贴和补贴等，但不包括发给职工的医药费、福利补助、退休费、创造发明奖、合理化建议和技术改造奖等。在每月发放工资前，财会部门应根据人事劳动工资部门转来的职工考勤、调动、工资级别调整通知单，各种津贴变动通知单和有关部门转来的代扣款通知单进行计算并编制"工资表"，计算出每一个职工的应发工资和实发工资数额。如果是实行日工资制度的企业，对缺勤职工工资按下列计算方法给予扣除：

日工资＝月标准工资÷30天(或平均每月实际工作日)

事假应扣工资＝事假日数×日工资

病假应扣工资＝日工资×病假天数×病假应扣工资的比例

应发工资＝标准工资＋附加工资＋各项补贴－扣除的病事假工资

实发工资＝应发工资－代扣款项

每月编制的工资表是工资核算的根据，财会部门据以向银行提取现金以发放工资并进行账务处理。工资表经过职工签收以后，就是支付工资的原始凭证。

直接支付的费用相关账务处理如图11-2所示。

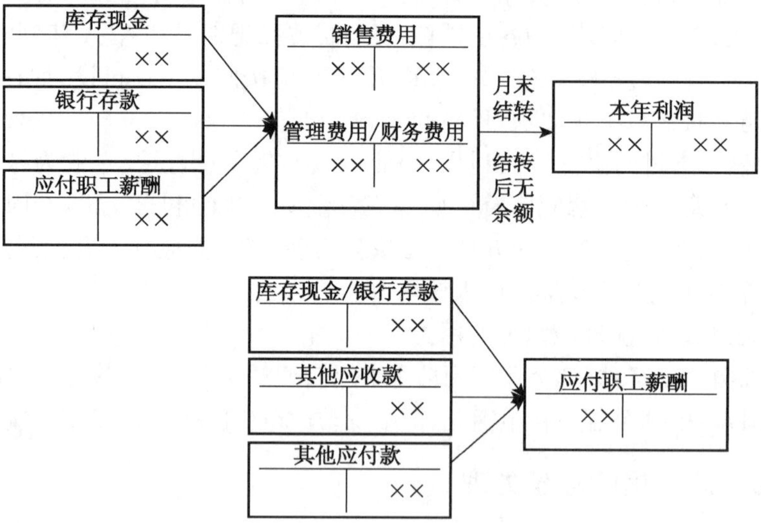

图11-2　直接支付费用相关账务处理示意图

【例11-1】　华夏公司为商品流通企业，2×22年12月，发生如下业务：

(1) 为宣传新产品发生广告费90 000元，开出转账支票支付。

借：销售费用——广告费	90 000	
贷：银行存款		90 000

(2) 本公司就一项产品的设计方案向有关专家进行咨询,以现金支付咨询费 30 000 元。

借:管理费用——咨询费　　30 000
　　贷:库存现金　　30 000

(3) 本公司 12 月份应付工资、医疗保险、基本养老保险、住房公积金、工会经费及职工教育经费的明细表见表 11-1。假定公司负担的医疗保险、基本养老保险、住房公积金、工会经费和职工教育经费分别按照工资总额的 10%、20%、10%、2%和 1.5%提取。

表 11-1　华夏公司工资表

2×22 年 12 月　　单位:元

薪酬 部门	工资总额	医疗保险(10%)	养老保险(20%)	住房公积金(10%)	工会经费(2%)	职工教育经费(1.5%)	合计
行政管理部门	30 000	3 000	6 000	3 000	600	450	43 050
销售部门	20 000	2 000	4 000	2 000	400	300	28 700
合　　计	50 000	5 000	10 000	5 000	1 000	750	71 750

华夏公司计提职工薪酬时:

借:管理费用　　43 050
　　销售费用　　28 700
　　贷:应付职工薪酬——管理人员工资　　30 000
　　　　　　　　　　——销售人员工资　　20 000
　　　　　　　　　　——社会保险费　　15 000
　　　　　　　　　　——住房公积金　　5 000
　　　　　　　　　　——工会经费　　1 000
　　　　　　　　　　——职工教育经费　　750

(4) 承[例 11-1],2×22 年 12 月,华夏公司实际发放工资时,应付工资总额为 50 000 元(其中,销售人员工资 20 000 元、管理人员工资 30 000 元),其中代扣代缴的个人所得税为 1 000 元,代扣代缴的应由职工个人负担的各种社会保险 6 000 元、住房公积金 5 000 元(假定个人负担医疗保险、基本养老保险、住房公积金分别按照工资总额的 2%、10%、10%代扣)。实际支付部分以银行存款转账支付。

华夏公司实际发放工资时:

借:应付职工薪酬——管理人员工资　　30 000
　　　　　　　　——销售人员工资　　20 000
　　贷:银行存款　　38 000
　　　　应交税费——应交个人所得税　　1 000
　　　　其他应付款——社会保险费　　6 000
　　　　　　　　　——住房公积金　　5 000

2. 通过备用金支付费用的账务处理

采用这种方法,一般是按费用项目由企业内部有关职能部门实行分口管理,预先提取一定数额的备用金,定期凭费用单据向财会部门报账,经审核无误后补足备用金。财会部门拨给有关部门备用金时，在“其他应收款——备用金”账户进行核算。通过备用金支付费用相关会计处理如图 11-3、图 11-4、图 11-5 所示。

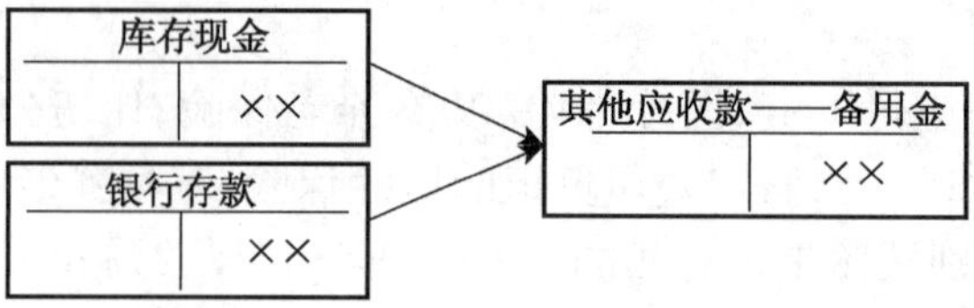

图 11－3　提取备用金相关会计处理示意图

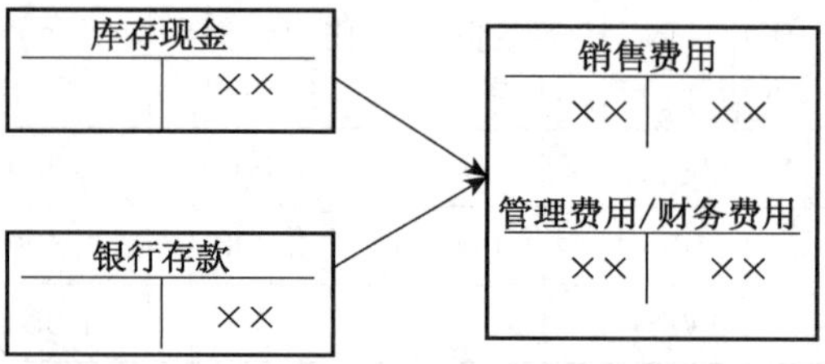

图 11－4　补足备用金相关会计处理示意图

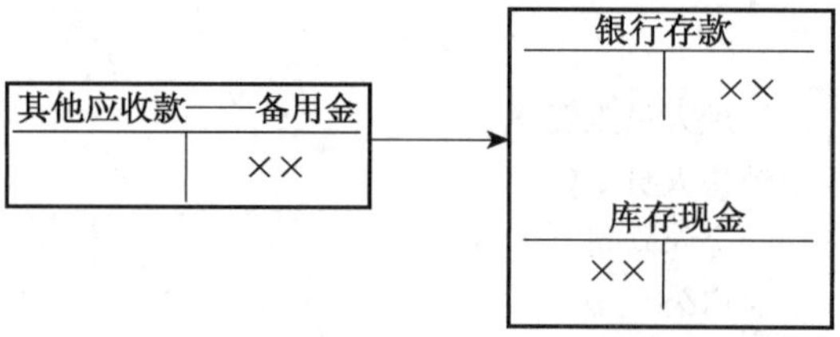

图 11－5　收回备用金相关会计处理示意图

11-4　视频：备用金支付费用

【例 11-2】　华夏公司为商品流通企业，该公司规定运费由储运部门负责管理，储运部门预先领取定额备用金，定期向财会部门报账，并按报销额补足金额。12 月份发生如下业务。

(1) 财会部门根据储运部门领款收据，付给该部门备用金 2 000 元，以支票给付。

借：其他应收款——备用金（储运部）　　2 000

　　贷：银行存款　　2 000

(2) 储运部门定期凭单据将所支付的运费向财会部门报账，本月报销 400 元，经审核无误，财务部门签发现金支票补足储运部备用金。

借：销售费用——运输费　　400

　　贷：银行存款　　400

(3) 年末，公司决定撤销储运部门定额备用金，该部门经办人员以现金支票交回备用金。

借：银行存款　　2 000

　　贷：其他应收款——备用金（储运部）　　2 000

（二）转账摊销的费用的账务处理

转账摊销的费用是指企业的各种财产物资的耗费，通过转账摊入当期应负担的费用，这类费用是按规定的标准进行摊销的，如包装物和低值易耗品的摊销、固定资产的折旧等。转账摊销费用的账务处理，在第六章已作介绍，故本章不再重复。

（三）预付待摊的费用的账务处理

预付待摊费用是指企业本期支付、应由以后各期负担的费用。采用这种方法，就是按照权责发生制的原则来划分费用的归属期，将应由1年以上各期负担的费用，先记入“长期待摊费用”账户，以后再分期摊销，这样可以均衡各期费用的负担，保持各期财务成果的稳定性。例如，企业支付的数额较大的修理费，如果全部列入当期的费用，会影响企业当期的费用水平和财务成果，因而必须采用分期摊销的方法。

预付待摊费用相关会计处理如图11-6所示。

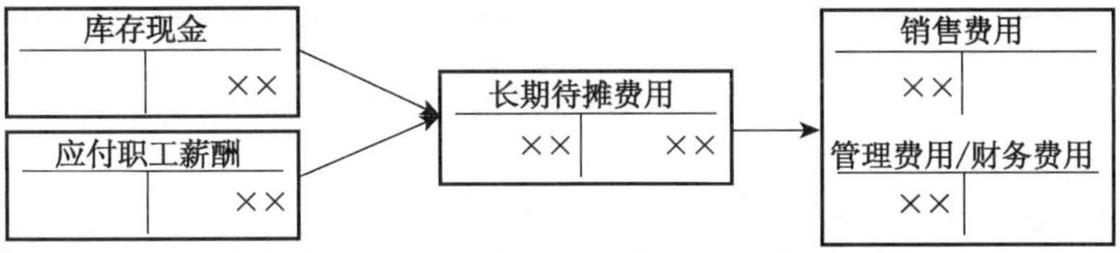

图11-6 预付待摊费用相关会计处理示意图

【例11-3】 华夏公司为商品流通企业，12月份经批准对营业用房进行大修理，共以转账支票支付费用24 000元，确定分24个月进行摊销。

（1）支付修理费。

借：长期待摊费用　　24 000
　　贷：银行存款　　24 000

（2）分摊当月的修理费。

借：管理费用——修理费　　1 000
　　贷：长期待摊费用　　1 000

（四）大类商品费用的账务处理

为了改善经营管理，加强经济核算，详细考核各大类商品的经营成果，凡具备条件的商业批发企业，一般实行大类商品核算。

商品流通企业的各项费用都列入期间费用，实行大类商品核算的商品流通企业，除“主营业务收入”“主营业务成本”和“库存商品”等账户要按商品大类进行明细分类核算外，期间费用中的“销售费用”也应按商品大类分户进行明细分类核算，以便计算各大类商品的经营成果，为考核和分析大类商品的经营情况提供完备的资料。

费用按大类商品进行核算，可根据具体情况，分别采取直接认定法和比例分摊法两种方法。

1. 直接认定法

直接认定法是指在费用发生以后，财会部门根据有关费用凭证，直接确定该项费用应该由哪类商品负担的方法。此类费用一般有运费、保管费、包装费、商品损耗等直接费用。在核算时，企业应按商品大类的分类口径，在费用明细账有关子目下，设置三级明细账进行核算；也可以在有关子目账页内设置专栏登记。费用按大类商品核算的费用明细账格式如表 11-2、表 11-3 所示。

表 11-2　销售费用明细分类账

公司名称：华夏公司

二级账户：××商品　　　　单位：元

年		凭证号	摘　要	借　方　金　额				
月	日			广告费	运费	包装费	……	合　计

表 11-3　销售费用明细分类账

公司名称：华夏公司

二级账户：包装费/运输费等　　　　单位：元

年		凭证号	摘　要	借　方　金　额				
月	日			类别	类别	类别	……	合　计

【例 11-4】　华夏公司 12 月份对批发零售的甲商品进行重新包装，发生包装费 2 000 元。该笔费用可直接认定为甲商品的包装费。

借：销售费用——运输费（甲商品）　　2 000

　贷：银行存款　　2 000

2. 比例分摊法

比例分摊法是指在费用发生以后，财会部门不能根据有关费用凭证直接认定应由哪类商品负担，而需要按照某种比例，通过计算确定各类商品应分摊的费用额的方法。这类费用一般有保险费、销售人员的工资及其他各项间接费用等。为了减少繁重的分摊计算手续，财会部门平时无需逐笔分摊计算，可在计算经营成果时，采用一定的方法进行一次性分摊。例如，用本期各商品大类销售收入（或销售成本）占全部商品销售收入（或销售成本）总额的比例乘以本期发生的不能直接认定的费用总额，即可算出各大类商品应分摊的费用。各大类商品能直接认定的各项费用，加上按比例摊入的费用，就是大类商品的费用总额。

比例分摊的计算步骤如下。

（1）先计算各大类商品的销售额占全部商品销售额的百分比。

$$\text{某大类商品销售额占全部商品销售额的百分比}=\text{某大类商品销售额}\div\text{商品销售总额}\times 100\%$$

(2) 再计算某类商品本期应摊的费用额。

$$\text{某大类商品本期应摊的费用}=\text{本期发生的共同费用总额}\times\text{某大类商品销售额占商品销售总额的百分比}$$

【例 11-5】 华夏公司 12 月份销售总额 100 万元,其中:甲类商品销售额 40 万元,乙类商品销售额 35 万元,丙类商品销售额 25 万元,全月共同性费用 8 万元,计算各大类商品应分摊的费用。

甲类商品销售比例=40÷100×100%=40%

乙类商品销售比例=35÷100×100%=35%

丙类商品销售比例=25÷100×100%=25%

甲类商品应摊的共同费用=8×40%=3.2(万元)

乙类商品应摊的共同费用=8×35%=2.8(万元)

丙类商品应摊的共同费用=8×25%=2(万元)

各大类商品直接计入的各项费用,加上分配计入的各项费用,就是各大类商品的费用总额。

第三节 税金概述

商品流通企业需要依照税法规定向国家缴纳税金,商品流通企业的税金有的是在商品销售环节缴纳的,有的是列入商品的进价成本的,也有的是用实现的利润缴纳的。

一、商品流通企业税金的种类

商品流通企业在日常经营过程中,经常会发生一些税费,如增值税、消费税、城市维护建设税、城镇土地使用税、房产税、车船税、资源税、印花税、所得税等。

企业在销售环节应纳的税金包括增值税、消费税、城市维护建设税和教育费附加等。

按照税法规定,企业应定期向税务部门缴纳相关税费,相关税费在尚未缴纳之前便形成了企业对税务部门的负债。

二、商品流通企业税金的具体内容

(一) 增值税

增值税是指对我国境内销售货物、进口货物,或提供加工、修理修配劳务、应税服务(具体包括交通运输服务、建筑服务、电信服务、邮政服务、金融服务、生活服务、现代服务等)以及销售无形资产、不动产的增值额征收的一种流转税。增值税的纳税人是在我国境内销售货物、进口货物,或提供加工、修理修配劳务、应税服务以及销售无形资产、不动产的单位和个人。

按照纳税人的经营规模及会计核算的健全程度,增值税纳税人分为一般纳税人和小规模纳税人。一般纳税人应纳增值税额,根据当期销项税额减去当期进项税额计算确定;小规模纳税人应纳增值税额按照销售额和规定的征收率计算确定。

1. 一般纳税人应交增值税的计算

根据税法规定，年应征增值税销售额在500万元以上的纳税人，均划定为增值税一般纳税人，不再划分企业类型。

一般纳税人的税率分为以下几类：基本税率13%，低税率9%、6%以及零税率。一般纳税人购入货物或接受劳务及服务支付的增值税(即进项税额)允许从销项税额中抵扣。

一般纳税人当期应纳税额＝当期销项税额－当期进项税额＋进项税额转出

1) 当期销项税额的计算

销项税额是纳税人销售货物或提供应税劳务及服务，按照销售额和税率计算并向购买方收取的增值税额，其计算方法如下：

销项税额＝销售额×适用税率

需要注意的是，由于增值税是价外税，公式中的销售额为不含税价款，若为含税价，应先还原为不含税销售额，其换算公式如下：

不含税销售额＝含税销售额÷(1＋税率)

2) 当期进项税额的核算

进项税额是指纳税人购进货物或者接受应税劳务及服务支付或者负担的增值税额。

(1) 进项税额允许抵扣的情况。根据我国增值税法规定，一般纳税人的进项税额准予从销项税额中抵扣的情况如下。

第一，从销货方取得的增值税专用发票上注明的增值税税额。需要注意的是，自2009年1月1日起，我国开始实行消费型增值税，企业当期外购的生产经营用固定资产(非不动产)的增值税进项税额，允许从当期的销项税额中抵扣。

第二，从海关取得的海关进口增值税专用缴款书上注明的增值税税额。

第三，购进农产品，准予从销项税额中抵扣产品买价和按9%的扣除率计算的进项税额。

(2) 进项税额不允许抵扣的情况。下列项目中的进项税额不得从销项税额中抵扣：

第一，将购进货物改变用途，如用于集体福利或个人消费等；

第二，购进的货物因管理不善而被盗、丢失、霉烂变质而发生的非常损失(不包括自然灾害造成的损失)。

2. 小规模纳税人增值税的计算

小规模纳税人应当按照不含税销售额和规定的增值税征收率计算缴纳增值税，销售货物或提供应税劳务及服务时只能开具普通发票，不能开具增值税专用发票。小规模纳税人不享有进项税额的抵扣权，其购进货物或接受应税劳务及服务支付的增值税直接计入有关货物或劳务及服务的成本。

小规模纳税人应纳增值税额采用简易办法计算，按照不含税销售额和征收率计算确定。小规模纳税人的增值税征收率一般为3%，其应纳增值税公式如下：

应纳税额＝不含税销售额×征收率

不含税销售额＝含税销售额÷(1＋3%)

延伸阅读 11-1

营业税改征增值税政策简介

2011 年，经国务院批准，财政部、国家税务总局联合下发营业税改增值税试点方案。从 2012 年 1 月 1 日起，我国在上海交通运输业和部分现代服务业开展营业税改征增值税试点。至此，货物劳务税收制度的改革拉开序幕。自 2012 年 8 月 1 日起至当年年底，国务院将扩大“营改增”试点至 10 省（直辖市、自治区），北京市 9 月启动。截至 2013 年 8 月 1 日，“营改增”范围已推广到全国。我国从 2014 年 1 月 1 日起，将铁路运输和邮政服务业纳入营业税改征增值税试点，至此，交通运输业已全部纳入营改增范围。自 2014 年 6 月 1 日起，我国将电信业纳入营业税改征增值税试点范围。

至 2016 年，已纳入“营改增”的行业的减税规模估计有 2 000 亿元，金融业、房地产和建筑业、生活服务业等行业减税规模或接近 4 000 亿元，2016 年“营改增”减税总规模接近 6 000 亿元。“营改增”会确保所有行业的税负只减不增。

自 2016 年 5 月 1 日起，我国全面实施“营改增”，将建筑业、房地产业、金融业、生活服务业纳入试点范围。建筑业和房地产业税率确定为 11%，金融业和生活服务业则确定为 6%。从此营业税退出了历史舞台，增值税制度将更加规范。这是自 1994 年分税制改革以来，财税体制的又一次深刻变革。

延伸阅读 11-2

表 11-4 “营改增”增值税税率表

征收范围	税率	具体内容
销售服务	6%	1. 电信服务：增值电信服务 2. 金融服务：贷款、直接收费、保险、金融商品转让服务 3. 现代服务：研发和技术、信息技术、文化创意、物流辅助、鉴证咨询、广播影视、商务辅助以及其他服务 4. 生活服务：文化体育、教育医疗、旅游娱乐、餐饮住宿、居民日常以及其他服务
	9%	1. 交通运输：陆路、水路、航空运输服务 2. 电信服务：基础电信服务 3. 邮政服务：普通、特殊以及其他邮政服务 4. 建筑服务：工程、安装、修缮、装饰以及其他服务 5. 现代服务：不动产融资、经营租赁服务
	13%	现代服务：有形动产融资、经营租赁
销售无形资产	6%	技术、商标、著作权、商誉、自然资源使用权以及其他
	9%	土地使用权
销售不动产	9%	建筑物、构筑物
其他	0%	1. 国际运输 2. 航天运输 3. 向境外单位提供完全在境外消费的服务：研发、合同能源管理、设计服务、广播影视节目制作和发行、软件服务、电路设计及测试、信息系统、业务流程管理、离岸服务外包、转让技术

2016年4月30日前签订的合同,符合财税[2013]106号附件4和财税[2015]118号规定的零税率或者免税政策条件的,在合同到期前可以继续享受零税率或者免税政策。

(二) 消费税

1. 消费税的征税范围

消费税是指在我国境内生产、委托加工和进口应税消费品的单位和个人按其流转额缴纳的一种税。

目前,我国实行具有选择性的特种消费税,主要包括以下五大类:

(1) 过度消费会对人类健康、社会秩序、生态环境等造成危害的特殊消费品,如烟类、酒、鞭炮与烟火、实木地板等。

(2) 奢侈品,即非生活必需品,如贵重首饰及珠宝玉石、高档化妆品、高档手表、游艇、高尔夫球及球具等。

(3) 高能耗消费品,如小汽车、摩托车等。

(4) 不可再生和替代的石油类消费品,如各种成品油。

2. 消费税的计税方法

消费税的应纳税额有三种计税方法:从价定率计征方法、从量定额计征方法、从价定率与从量定额相结合的复合计征法。

(1) 从价定率计征方法。采取从价定率计征的消费税,以不含增值税的销售额为税基,按照税法规定的税率计算。如果企业的销售收入包含增值税,应将其换算为不含增值税的销售额。其计算公式如下:

$$应纳税额=销售额\times比例税率$$

(2) 从量定额计征方法。采取从量定额计征的消费税,根据按税法确定的企业应税消费品的数量和单位应税消费品应缴纳的消费税计算确定。在我国,实行从量定额征收的消费品主要为黄酒、啤酒、柴油、汽油等。其计算公式如下:

$$应纳税额=销售数量\times定额税率$$

(3) 从价定率与从量定额相结合的复合计征法。目前在我国,仅有卷烟和白酒采用复合计税的方法。其计算公式如下:

$$应纳税额=应税销售数量\times定额税率+应税销售额\times比例税率$$

(4) 委托加工应税消费品计税价格的确定:

首先,按照受托方的同类消费品的销售价格计算缴纳消费税。同类消费品的销售价格是指受托方当月销售同类消费品的销售价格,如果当月同类消费品的销售价格高低不同,应按销售数量加权平均计算。但销售价格明显偏低,又无正当理由和无销售价格的消费品不得列入。如果当月无销售,应按同类消费品上月或最近月份的销售价格计算。

其次,无同类消费品销售价格的,按照组成计税价格计算缴纳消费税。其计算公式如下:

$$组成计税价格=(材料成本+加工费)\div(1-消费税税率)$$

其中:公式中的"材料成本"即委托方提供加工原材料的实际成本;"加工费"即受托方加工应税消费品向委托方收取的全部费用(不包括增值税,但包括受托方代垫部分辅助材料的金额）。

最后，在计税依据的基础上，计算应缴纳的消费税税额。其计算公式如下：

应缴纳消费税＝销售额×适用的消费税税率

或　　＝组成计税价格×适用的消费税税率

（三）其他税金

其他税金是指除上述税金以外还会发生的一些税金，如资源税、城市维护建设税、房产税、城镇土地使用税、车船税、教育费附加等。

1．资源税

资源税是对在我国境内开采矿产品或者生产盐的单位和个人征收的税。资源税按照应税产品的课税数量和规定的单位税额计算。开采或生产应税产品对外销售的，以销售数量为课税数量；开采或生产应税产品自用的，以自用数量为课税数量。

2．城市维护建设税、教育费附加

城市维护建设税是以增值税、消费税为计税依据征收的一种税，其纳税人为缴纳增值税、消费税的单位和个人，税率因纳税人所在地不同从1%～7%不等。教育费附加是国家为了发展教育事业而向企业征收的附加费用，企业按应交流转税的一定比例计算缴纳。计算公式如下：

应纳税额＝（应交增值税＋应交消费税）×适用税率

3．房产税

房产税是国家对在城市、县城、建制县和工矿区征收的由产权所有人缴纳的一种税。房产税依照房产原值一次减除10%～30%后的余额计算缴纳。没有房产原值作为依据的，由房产所在地税务机关参考同类房产核定；房产出租的，以房产租金收入为房产税的计税依据。

4．城镇土地使用税

城镇土地使用税是国家为了合理利用城镇土地，调节土地级差收入，提高土地使用效益，加强土地管理而开征的一种税，以纳税人实际占用的土地面积为计税依据，依照规定税额计算征收。

5．车船税

车船税由拥有并且使用车船的单位和个人缴纳。车船税按照适用税额计算缴纳。

第四节　税金的核算

11-5　你知道大型商场要交哪些税费吗？

一、商品流通税金账户的设置

企业应设置“应交税费”账户，总括反映各种税费的缴纳情况，包括增值税、消费税、所得税、资源税、土地增值税、城市维护建设税、房产税、车船税、教育费附加、矿产资源补偿税等。此外，企业代扣代缴的个人所得税，也在该账户中核算。

“应交税费”账户按照应交税费的种类进行明细核算。该账户贷方登记应缴纳的各种税费等，借方登记实际缴纳的税费；期末余额一般在贷方，反映企业尚未缴纳的税费，期末余额如在借方,则反映企业多交或尚未抵扣的税费。

需要注意的是:企业缴纳的印花税、耕地占用税等不需要提前预计应交的税金,因此,不通过“应交税费”账户核算,而是在实际发生时,直接用银行存款交付。

(一)应交增值税账户设置

1. 一般纳税人核算增值税的账户设置

企业为了核算应交增值税的发生、抵扣、缴纳、退税及转出等情况,应在“应交税费”账户下设置“应交增值税”“未交增值税”两个明细账户,并在“应交增值税”多栏式明细账内设置“进项税额”“销项税额”“出口退税”“已交税金”“进项税额转出”等专栏。

(1)“进项税额”专栏,核算的内容是企业购入货物、接受劳务及应税服务而支付的、准予从销项税额中抵扣的增值税额。对于企业购入货物或接受应税劳务支付的进项税额,用蓝色登记;退回所购货物应冲销的进项税额,用红字登记。

(2)“销项税额”专栏,记录企业销售货物、提供应税劳务及应税服务应收取的增值税额。企业销售货物、提供应税劳务及应税服务应收取销项税额,用蓝字登记;退回销售货物应冲销的销项税额,用红字登记。

(3)“已交税金”专栏,核算企业当月上缴本月增值税额。

(4)“进项税额转出”专栏,记录企业的购进货物、在产品、产成品等发生非正常损失以及其他原因而不应从销项税额中抵扣时,按规定转出的进项税额。

(5)“出口退税”专栏,记录企业出口适用零税率的货物,向海关办理报关出口手续后,凭出口报关单等有关凭证向税务机关申报办理出口退税而收到退回的税款。出口货物退回的增值税额,用蓝字登记;出口货物办理退税后发生退货或者退关而补交已退的税款,用红字登记。

(6)“转出未交增值税”专栏,核算企业月末转出应缴而未缴的增值税。月末企业“应交税费——应交增值税”明细账出现贷方余额时,根据余额借记该账户,贷记“应交税费——未交增值税”账户。

(7)“转出多交增值税”用来核算一般纳税人企业月末转出多缴的增值税。月末企业“应交税费——应交增值税”明细账出现借方余额时,根据当前预缴税款与余额比较,按照较小金额借记“应交税费——未交增值税”账户,贷记该账户。

2. 小规模纳税人核算增值税的账户设置

小规模纳税企业只需在“应交税费”账户下设置“应交增值税”明细账户,不需要在“应交增值税”明细账户中设置专栏,“应交税费——应交增值税”账户贷方登记应缴纳的增值税,借方登记已缴纳的增值税;期末贷方余额为尚未缴纳的增值税,借方余额为多缴纳的增值税。

(二)应交消费税账户设置

商品流通企业应在“应交税费”账户下设置“应交消费税”明细账户,核算应交消费税的发生、缴纳情况。该账户的贷方登记应缴纳的消费税,借方登记已缴纳的消费税。期末若为贷方余额则表示尚未缴纳的消费税,若为借方余额则表示为多缴纳的消费税。

(三)其他应交税费账户设置

其他应交税费是指除上述应交税费以外的应交税费,包括应交资源税、应交城市维护建设税、应交土地增值税、应交房产税、应交城镇土地使用税、应交车船税、应交教育费附加、应交所得税等。

企业应当在"应交税费"账户下设置相应的明细账户进行核算，贷方登记应缴纳的有关税费，借方登记已缴纳的相关税费，期末贷方余额表示尚未缴纳的相关税费。

二、商品流通税金的账务处理

（一）商品销售环节税金的账务处理

1. 商品流通企业在购销环节有关增值税的账务处理

（1）企业进货时，按专用发票注明的增值税额，编制会计分录如下：

借：在途物资等账户
　　应交税费——应交增值税（进项税额）
　　贷：银行存款等账户

购入货物发生的退货，编制相反会计分录。

（2）企业接受投资转入的商品，按照专用发票上注明的增值税额，编制会计分录如下：

借：库存商品
　　应交税费——应交增值税（进项税额）
　　贷：实收资本

（3）企业接受捐赠转入的商品、物资等，按照专用发票上注明的增值税额，编制会计分录如下：

借：库存商品等账户
　　应交税费——应交增值税（进项税额）
　　贷：营业外收入

（4）企业接受应税劳务，按照专用发票上注明的增值税额，编制会计分录如下：

借：其他业务成本
　　委托加工物资
　　销售费用
　　管理费用
　　应交税费——应交增值税（进项税额）
　　贷：银行存款
　　　　应付账款等账户

（5）企业销售商品或提供应税劳务，按照实现的销售收入和按规定收取的增值税额，编制会计分录如下：

借：应收账款
　　银行存款等账户
　　贷：应交税费——应交增值税（销项税额）
　　　　主营业务收入
　　　　其他业务收入等账户

发生销售退回，编制相反会计分录。

(6) 企业出口适用零税率的货物,不计算销售收入应交纳的增值税。企业向海关办理报关出口手续后,凭出口报关单等有关凭证,向税务机关申报办理该项出口货物的进项税额的退税。企业在收到出口货物退回的税款时,编制会计分录如下:

借:银行存款
　　贷:应交税费——应交增值税(出口退税)

企业出口货物办理退税后发生退货或者退关,补交已退回税款的,编制相反的会计分录。

(7) 企业将自产或委托加工的货物用于基建项目,应视同销售货物计算应交增值税,编制会计分录如下:

借:在建工程等账户
　　贷:应交税费——应交增值税(销项税额)
　　　　库存商品等账户

(8) 企业将自产、委托加工或购买的货物作为投资,提供给其他单位或个体经营者,应视同销售货物计算应交增值税,编制会计分录如下:

借:长期股权投资
　　贷:主营业务收入
　　　　应交税费——应交增值税(销项税额)

(9) 企业将自产、委托加工或购买的货物无偿赠送他人,应视同销售货物计算应交增值税,编制会计分录如下:

借:营业外支出
　　贷:应交税费——应交增值税(销项税额)
　　　　主营业务收入等账户

(10) 企业购进的商品、材料物资发生非正常损失,以及改变购进货物的用途等,其进项税额应相应转入有关账户,编制会计分录如下:

借:待处理财产损溢
　　应付职工薪酬等账户
　　贷:应交税费——应交增值税(进项税额转出)
　　　　库存商品等账户

属于转作待处理财产损失的部分,应与遭受非正常损失的购进货物的成本一并处理。

(11) 企业上缴当月增值税时,编制会计分录如下:

借:应交税费——应交增值税(已交税金)
　　贷:银行存款

收到退回多交的增值税,编制相反的会计分录。

【例 11-6】 华夏公司是商品流通企业并且为增值税一般纳税人。12 月份发生业务如下:

(1) 12 月 5 日,支付 11 月份增值税未交税款 3 000 元。

借：应交税费——未交增值税　　3 000
　　贷：银行存款　　3 000

(2) 12 月 6 日，华夏公司购入商品一批，买价 200 000 元，增值税额 26 000 元，均取得增值税专用发票，商品已入库，货款已用银行存款支付。

借：库存商品　　200 000
　　应交税费——应交增值税(进项税额)　　26 000
　　贷：银行存款　　226 000

(3) 12 月 10 日，由于仓管人员失职，毁损商品一批，实际成本为 40 000 元，购入时的增值税进项税额为 5 200 元。

借：待处理财产损溢——待处理流动资产损溢　　45 200
　　贷：库存商品　　40 000
　　　　应交税费——应交增值税(进项税额转出)　　5 200

(4) 12 月 11 日，公司销售产品 100 件，不含税单价 3 000 元/件，开出增值税专用发票，货已发往外地，款项尚未收到，该批商品的成本为 200 000 元。

借：应收账款　　339 000
　　贷：主营业务收入　　300 000
　　　　应交税费——应交增值税(销项税额)　　39 000

同时结转成本：

借：主营业务成本　　200 000
　　贷：库存商品　　200 000

(5) 12 月 18 日，公司基建人员领用商品一批用于营业部改扩建，成本 35 000 元，该产品不含税市价总额为 50 000 元。

借：在建工程　　39 550
　　贷：库存商品　　35 000
　　　　应交税费——应交增值税(销项税额)　　4 550

2. 商品销售税金及附加的账务处理

除增值税以外商品销售环节应纳的税金及教育费附加，都在“税金及附加”账户内核算，包括消费税、城市维护建设税、教育费附加、资源税、土地增值税、房产税、城镇土地使用税、车船税、印花税等。该账户属损益类账户，借方主要登记应缴纳的商品销售税金及附加，期末应将本账户余额结转至“本年利润”账户，结转后本账户应无余额。

商品销售环节缴纳的“教育费附加”是指国家为了发展我国的教育事业，提高人民文化素质而征收的一种费用。这项费用按照企业缴纳销售税金的一定比例计算，并与销售税金一起缴纳。教育费附加一般按实际缴纳的增值税、消费税的 3%计算缴纳。其核算步骤如下。

(1) 计算应交的商品销售税金及教育费附加时，编制会计分录如下：

借：税金及附加——××税
　　贷：应交税费——应交××税
　　　　　　　　——应交教育费附加

（2）缴纳税金时，编制会计分录如下：

借：应交税费——应交××税
　　　　　　——应交教育费附加
　贷：银行存款

（3）期末将余额结转“本年利润”账户时，编制会计分录如下：

借：本年利润
　贷：税金及附加——××税

【例 11-7】 华夏公司为商品流通企业，公司当月销售一批消费品，增值税专用发票注明价为 60 000 元，增值税额为 780 元，消费税税率为 10%，款项已收到并存入银行。

商品销售时：

借：银行存款	6 780	
贷：主营业务收入		60 000
应交税费——应交增值税（销项税额）		780

计算应交消费税：应纳消费税额＝60 000×10%＝6 000（元）。

借：税金及附加——消费税	6 000	
贷：应交税费——应交消费税		6 000

11-6　扫一扫看课件

本章小结

本章主要学习了商品流通费用和税金的有关内容。熟练地掌握商品流通费用的支付方式、各项期间费用和各种税金的计算和账务处理，可以为今后其他方面核算的学习奠定良好的基础。

本章重要概念

商品流通费用　直接支付费用　转账摊销费用　预付待摊费用　应交税费

推荐阅读资料

[1]《企业会计准则——基本准则》(2018).
[2] 李海波，蒋瑛. 新编商业企业——商品流通企业会计[M]. 9 版. 上海：立信会计出版社，2017.
[3] ATEP 项目组. 商业会计实务[M]. 北京：清华大学出版社，2013.

第十二章　进出口贸易业务的核算

内容简介

本章主要讲解了进出口贸易业务的种类及进口贸易的程序、自营进口商品的购进与销售的核算、代理进口业务的核算、自营出口销售业务的核算、代理出口销售业务的核算、出口商品退税的核算。

学习目的和要求

通过学习本章，学生应掌握自营进口商品的购进与销售的核算、代理进口业务的核算、自营出口销售业务的核算、代理出口销售业务的核算、出口商品退税的核算，了解进出口贸易业务的种类及进口贸易的程序。

引例　进出口贸易支付新门户

从事网上外贸，从注册 PayPal 开始，个人只需一个 PayPal 账户，不管您有没有网站，拥有 PayPal 账户就能接受全球 203 个国家和地区买家的付款。此外，PayPal 和合作伙伴为您提供网店搭建、海外推广、仓储物流和外贸资讯等一站式服务，您只需专注于业务。

第一节　进出口贸易业务概述

12-1　视频：进出口-国家与国家之间的贸易往来

进口贸易业务是指企业以外汇在国际市场上采购商品以满足国内生产和人民生活需要的业务。进口贸易业务与出口贸易业务两者是相辅相成，相互制约的。一个国家所生产的商品不可能完全满足本国的全部需求，因此各个国家只有通过进口贸易业务进行商品交换，才能满足国内生产和人民生活需要。同时，一个国家通过引进先进技术，进口先进的生产设备和国内紧缺的原材料及燃料，可以提升自身的科技水平、生产能力和国际竞争力；促进出口贸易业务的增长，扩大与世界各国的经济交往，以达到互通有无，共同发展的目的。

一、进口贸易业务的种类

进口贸易业务按其经营性质不同，可分为自营进口业务、代理进口业务和易货贸易业务三种。

1. 自营进口业务

自营进口业务是指企业自己经营进口贸易并自负进口盈亏的业务。

2. 代理进口业务

代理进口业务是指企业代理国内委托单位与外商签订进口贸易合同,并负责对外履行合同的业务。对该项业务,企业仅收取一定比例的手续费。

3. 易货贸易业务

易货贸易业务是指贸易双方将进口与出口结合起来进行商品交换并自负盈亏的业务。

二、进口贸易业务的程序

进口贸易的业务程序有进口贸易前的准备工作、签订进口贸易合同、履行进口贸易合同以及对内销售和结算四个业务程序。

1. 进口贸易前的准备工作

企业应根据国内市场需求情况和国际市场上商品的价格、供应商的资信情况等,以及企业的利润预算来确定进口贸易业务。对于国家规定必须申请许可证的进口商品,企业必须按规定申请领取许可证,然后与国内客户签订供货合同,明确进口商品的名称、规格、质量、价格、交货日期、结算方式等内容,做到以销定进。

2. 签订进口贸易合同

企业在与国内客户协商签订供货合同的同时,与国外出口商通过询盘、发盘、还盘与反还盘和接受四个环节进行磋商,在磋商成功的基础上与国外出口商签订进口贸易合同。

3. 履行进口贸易合同

企业履行进口贸易合同可分为以下五个环节:

(1) 开立信用证。企业根据进口贸易合同上规定的日期,向其所在地的外汇银行申请开立信用证,信用证的内容必须与进口贸易合同的条款相一致。

(2) 督促对方及时发货和办理必要的手续。企业开立信用证后,在合同规定的交货期前,应督促国外出口商及时备货,按时装船。以 FOB 价格成交的合同,应由企业负责办理租船定舱工作,并委托外轮运输公司办理,及时将船名、船期等通知出口商。以 FOB 价格或 CFR 价格成交的合同,企业还应办理货运保险。货运保险工作是指外贸企业在收到出口商的装船通知后,应立即将船名、开船日期、提单号数、商品名称、数量、装运港、目的港等通知保险公司,据以办理货运保险。

(3) 审核单据和付款赎单。企业收到银行转来的国外出口商的全套结算单据后,应对照信用证,核对单据的种类、份数和内容。只有在“单证相符,单单相符”的情况下,才能凭全套结算单据向开证行办理进口付款赎单手续,如发现单证不符,应及时通知开证行全部拒付或部分拒付。

(4) 海关报关和货物接运。进口商品到达港口后,企业应及时办理海关报关和货物接运工作,计算缴纳税款和港口费用。

(5) 商品检验和索赔。企业应及时请商品检验部门对进口商品进行检验,如发现商品数量、品种、质量、包装等与合同或信用证不符,应立即请商品检验部门出具商品检验证明书,以便据以在合同规定的索赔期限内,根据造成损失的原因和程度向出口商、运输公司或保险公司提出索赔。

4. 对内销售和结算

企业收到运输公司船舶到港通知及相关单据后，应根据合同向国内客户开出发票，办理结算。

延伸阅读 12-1

FOB、CIF、CFR代表的意思

FOB(Free on Board)又称离岸价，中文意思为装运港船上交货，由卖方指定具体装运港名。货物越过船舷后，卖方就有根据合同约定向对方索取货款的权利，也就是对于离岸价(FOB)来说，货物一离开码头，卖方的义务就完成了。

CIF(Cost of Insurance and Freight 三个单词第一个字母的大写)又称到岸价，对于到岸价来说，卖方必须把货物安全地送到对方指定的港口后，才能够享有索取货款的权利，中间费用由卖方负担。

CFR(Cost and Freight)，中文意思为成本加运费。当货物在指定装运港越过船舷时，卖方即完成交货，卖方支付将货物运至目的港所必需的海运费，交货后的灭失和损坏风险自交货时已转移至买方。

三、出口贸易业务的种类

出口贸易业务按其经营的性质不同，可分为自营出口业务、代理出口业务和加工补偿出口业务等。

1. 自营出口业务

自营出口业务是指企业自己经营出口贸易并自负出口贸易盈亏的业务。企业在取得出口销售收入、享受出口退税的同时，要承担出口商品的进价成本以及与出口贸易业务有关的一切国内外费用、佣金支出，并且还要对索赔、理赔、罚款等事项加以处理。

2. 代理出口业务

代理出口业务是指企业代理国内委托方办理对外洽谈、签约、托运、交单和结汇等全过程的出口贸易业务，或者仅代理对外销售、交单和结汇的出口贸易业务。代理企业仅收取一定比例的手续费。

3. 加工补偿出口业务

加工补偿出口业务也称“三来一补”业务，即来料加工、来件装配、来样生产和补偿贸易业务。“三来”业务是指外商提供一定的原材料、零部件、元器件，必要时提供某些设备，由我方按对方的要求进行加工或装配成产品交给对方销售，我方收取外汇加工费的业务。

四、进出口贸易业务涉及的单据

进出口业务中涉及许多单证，总的来说包括三大类：第一类为金融单证，指的是信用证、汇票、支票和本票；第二类为商业单证，主要有发票、装箱单、提单、保险单等；第三类是涉及政府管制的单证，如许可证、原产地证明、商检证书等。进口商审核单据时应注意以下问题。

(一) 发票的审核

商业发票是单据的中心和交易情况的总说明。进口人在审核商业发票时应注意以下要点：

(1) 发票的出票人应是信用证中规定的受益人(可转让信用证除外)，与汇票的出票人应为同一人。

（2）发票的抬头人应是信用证开证申请人。

（3）发票的开票日期不应迟于汇票的出票日期，亦不应迟于信用证的议付有效期。

（4）商品名称、数量、规格、单价、包装、价格条款、合同号码等货物描述必须与信用证的规定相符，单价乘以数量必须与发票总金额相符。如发票分别记载每档费用金额，则 FOB 价、运费、保险费三档金额相加必须与发票总金额相符。

（5）除非信用证另有规定，发票金额应与汇票金额一致，且不得超过信用证规定的金额。

（6）信用证所规定的信用证金额、单价及商品的数量单位（如磅、千克、码等），其前面如有“About”“Circa”或类似意义字样者，允许有不超过 10%的差额。

（7）除非信用证另有规定，在所支付款项不超过信用证金额的条件下，货物数量可以有5%的增减幅度。但如信用证规定的数量以包装单位或个数计数，此项增减幅度则不适用。

（8）信用证上若规定货物的单价并允许分批装运，分批装运数量和所支取货款应与信用证总数量和总金额为同一比例。

（9）唛头、号码（Case Number）、货名、装运日期、起运地等应与提单或其他单据相符。

（10）如信用证中未作特殊规定，发票上不得列入仓租、佣金、电报等额外费用，亦不得列入其他与货物无关的费用。

（11）发票上必须记载出票条款、合同号码及发票日期，份数必须与信用证要求相符，如是影印件或复写件，其中一份必须注明“正本”字样。

（12）如经过修改更正，应由出票人签章。

（二）提单的审核

提单是承运人或其代理人收到货物后，签发给托运人的一种单证。提单是承运人或其代理人签发的货物收据，是代表货物所有权的凭证，是运输契约或证明。除备运提单外，提单日期均为装货完毕日期，不能迟于信用证规定的装运期。提单签发地点按装运地填列。如果船期晚于规定装运期，发货人要求船方同意以担保函换取较早日期提单，这就是“倒签提单”；货未装上船发货人就要求船方出具已装船提单，这就是“预借提单”，这种做法系国际航运的陋习，一旦暴露，可能造成对方索赔以致拒收而导致巨大损失。

第二节 自营进口业务的核算

12-2 视频：自营进口商品成本的构成

一、自营进口商品成本的构成

自营进口商品的采购成本由国外进价、进口税金和国内运费三部分构成。

1. 国外进价

进口商品的进价一律以 CIF 价格为基础，如果与出口商以 FOB 价格或 CFR 价格成交的，那么商品离开对方口岸后，应由进口商负担的国外运费和保险费等均应作为商品的国外进价入账。企业收到实物、能够直接认定的进口商品佣金，应冲减商品的国外进价。对于难以按商品直接认定的佣金，则冲减“销售费用”。

2. 进口税金

进口税金是指进口商品在进口环节应缴纳的计入进口商品成本的各种税金。它包括海关征收的关税和消费税。关税包括从价计征和从量计征两种方式。商品进口环节征收的增值税是价外税，它不是进口商品采购成本的构成部分，应将其列入“应交税费”账户。各项税费的计算公式如下。

(1) 关税的计算方法。

① 从价税是以进出口货物的价格为标准计征的关税。这里的价格不是指成交价格，而是指进出口商品的完税价格。因此，按从价税计算关税，先要确定货物的完税价格。从价税额的计算公式如下：

$$\text{应纳税额}=\text{应税进出口货物数量}\times\text{单位完税价格}\times\text{适用税率}$$

② 从量关税的商品计算方法。从量关税是依据商品的数量、重量、容量、长度和面积等计量单位为标准计征的关税。它的特点是不因商品价格的涨落而改变，计算比较简单。从量关税的计算公式如下：

$$\text{应纳税额}=\text{应税进口货物数量}\times\text{关税单位税额}$$

③ 复合关税的计算方法。复合税亦称混合税。复合关税指对进口商品既征从量关税又征从价关税。一般以从量为主，加征从价税。混合税额的计算公式如下：

$$\text{应纳税额}=\text{应税进口货物数量}\times\text{关税单位税额}+\text{应税进口货物数量}\times\text{单位完税价格}\times\text{适用税率}$$

④ 滑准税的计算方法。滑准税是指税率随着进口商品价格的变动而呈反方向变动的一种税率形式，即价格越高，税率越低，税率为比例税率。因此，实行滑准税率时进口商品应纳关税税额的计算方法与从价税的计算方法相同。

(2) 进口环节消费税＝进口环节消费税组成计税价格×进口环节消费税税率

$$\text{进口环节消费税组成计税价格}=\frac{\text{关税完税价格}+\text{关税}+\text{特别关税}}{1-\text{进口环节消费税税率}}$$

(3) 进口环节增值税＝进口环节增值税组成计税价格×进口环节增值税税率

$$\text{进口环节增值税组成计税价格}=\text{关税完税价格}+\text{关税}+\text{进口环节消费税}$$

3. 国内运费

根据《企业会计准则》的要求，企业应将采购过程中发生的运输费、装卸费等费用按照合理的分配方法计入存货成本。

综上，自营进口商品的采购成本＝CIF＋税金(进口关税、进口消费税)－收到的进口佣金＋国内运费＝(FOB价＋国外运费、保费－收到的进口佣金＋税金)＋国内运费＝(CFR价＋保费－收到的进口佣金＋税金)＋国内运费。

二、自营进口商品购进的核算

企业采购国外商品主要采用信用证结算方式。当企业收到银行转来国外全套结算单据时，将其与信用证或合同条款核对，如果相符，通过银行向国外出口商承付款项，借记“在途物资”账户，贷记“银行存款”账户。当支付国外运费和保险费时，应借记“在途物资”账户，贷记“银行存款”账户。

进口商品运抵我国口岸，向海关申报进口关税、消费税和增值税时，根据进口关税和消费税的合计数(增值税是价外税，暂不作账务处理)，借记“在途物资”账户，贷记“应交税费”账户。外贸企业收到出口商付来佣金时，借记“银行存款”账户，贷记“在途物资”账户。对于难以按商品直接认定的佣金，借记“银行存款”账户，贷记“销售费用”账户。

当进口商品验收入库后，企业结转其采购成本时，借记“库存商品”账户，贷记“在途物资”账户。企业支付进口商品的关税、消费税和增值税时，应借记“应交税费”账户，贷记“银行存款”账户。

【例 12-1】 华夏进出口公司根据进口贸易合同从美国奥尔良公司进口卷烟一批，采用信用证结算。假设关税税率为 20%，消费税税率为 30%，海关完税凭证上注明增值税税率为 13%。

(1) 6 月 1 日，接到银行转来国外全套结算单据，开列卷烟 500 箱，每箱 96 美元(FOB 价格)，其中货款 48 000 美元，企业审核无误后，购汇予以支付。当日美元汇率卖出价为 6.30 元。编制会计分录如下：

借：在途物资——美国卷烟(US$48 000×6.3)	302 400	
贷：银行存款		302 400

(2) 6 月 2 日，购汇支付进口卷烟国外运费 1 891 美元，保险费 109 美元，当日美元汇率卖出价为 6.30 元。编制会计分录如下：

借：在途物资——美国卷烟[US$(1 891+109)×6.3]	12 600	
贷：银行存款		12 600

(3) 6 月 19 日，卷烟运达我国口岸，向海关申报卷烟应纳进口关税额 63 000 元，应纳消费税额 162 000 元，应纳增值税额 70 200 元。编制会计分录如下：

借：在途物资——美国卷烟	225 000	
贷：应交税费——应交进口关税		63 000
——应交消费税		162 000

解析：关税完税价格=(48 000+1 891+109)×6.3=315 000(元)

关税=315 000×20%=63 000(元)

消费税组成计税价格=(315 000+63 000)÷(1—30%)=540 000(元)

消费税=540 000×30%=162 000(元)

增值税组成计税价格=315 000+63 000+162 000=540 000(元)

增值税=540 000×13%=70 200(元)

(4) 6 月 20 日，美国奥尔良公司付来佣金 1 500 美元，当日美元汇率买入价为 6.26 元，收到银行转来结汇单。编制会计分录如下：

借：银行存款	9 390	
贷：在途物资——美国卷烟		9 390

(5) 6 月 21 日，500 箱进口卷烟验收入库，结转其采购成本。编制会计分录如下：

借：库存商品——库存进口商品　　530 610

　贷：在途物资——美国卷烟(302 400+12 600+225 000−9 390)　　530 610

(6) 6 月 26 日，以银行存款支付进口卷烟的进口关税额、消费税额和增值税额。编制分录如下：

借：应交税费——应交进口关税　　63 000

　　　　　——应交消费税　　162 000

　　　　　——应交增值税(进项税额)　　70 200

　贷：银行存款　　295 200

延伸阅读 12-2

信　用　证

信用证(Letter of Credit，L/C)是开证银行根据申请人的申请向受益人开出的、由开证银行凭规定单据履行到期付款义务的保证性文件。

信用证是目前国际贸易中最主要、最常用的支付方式。

三、自营进口商品销售的核算

(一) 自营进口商品销售的确认

企业自营进口商品，应以开出进口结算凭证、向国内客户办理货款结算的时间作为商品销售收入的确认时间，进口商品的结算时间有单到结算、货到结算和出库结算三种。具体采取哪一种结算时间，由企业与国内客户协商确定。

1. 单到结算

单到结算是指不论进口商品是否到达我国港口，只要收到银行转来国外全套结算单据，经审核符合合同规定，企业即向国内客户办理货款结算，以确认销售收入的实现。

2. 货到结算

货到结算是指企业收到运输公司进口商品已到达我国港口的通知后，即向国内客户办理货款结算，以确认销售收入的实现。

3. 出库结算

出库结算是指进口商品到货后，企业先验收入库，等出库销售时，根据销售发票办理结算，以确认销售收入的实现。

(二) 自营进口商品销售的业务核算

1. 采取单到结算的核算

企业自营进口商品采取单到结算方式的，在银行转来国外全套结算单据时，就可以向国内客户办理货款结算，进口商品采购的核算与销售的核算几乎同时进行。然而，进口商品采购成本的归集有一个过程，只有在商品采购成本归集完毕后企业才能结转商品销售成本。由于商品没有入库就已经销售了，因此企业可以将归集的商品采购成本直接从“在途物资”账户转入“自营进口销售成本”账户。

【例 12-2】 华夏进出口公司根据合同从日本大阪公司进口照相机 250 只，采用信用证结算。采取单到结算方式销售给静安公司。假设关税税率为 20%，海关完税凭证上注明增值税税率为 13%。

(1) 7月5日，接到银行转来国外全套结算单据，列明照相机250只，每只200美元(CIF价格)，计货款50 000美元，佣金1 000美元，经审核无误，扣除佣金后，购汇支付货款，当日美元卖出价6.30元。编制会计分录如下：

借：在途物资——日本照相机[US$(50 000－1 000)×6.3]　　308 700
　贷：银行存款　　308 700

(2) 7月6日，接到业务部门转来增值税专用发票，列明照相机250只，每只2 400元，货款600 000元，增值税税额78 000元。收到静安公司为支付款项签发并承兑的商业汇票。编制会计分录如下：

借：应收票据　　678 000
　贷：自营进口销售收入　　600 000
　　应交税费——应交增值税(销项税额)　　78 000

(3) 7月15日，照相机运抵我国口岸，向海关申报应纳进口关税额63 000元，应纳增值税税额49 140元。编制会计分录如下：

借：在途物资——日本照相机　　63 000
　贷：应交税费——应交进口关税　　63 000

解析：关税完税价格＝50 000×6.3＝315 000(元)
关税＝315 000×20%＝63 000(元)
增值税组成计税价格＝315 000＋63 000＝378 000(元)
增值税＝378 000×13%＝49 140(元)

(4) 7月20日，照相机采购完毕，结转其销售成本。编制会计分录如下：

借：自营进口销售成本　　371 700
　贷：在途物资——日本照相机(308 700＋63 000)　　371 700

(5) 7月25日，支付进口日本照相机的进口关税和增值税。编制会计分录如下：

借：应交税费——应交进口关税　　63 000
　　　　——应交增值税(进项税额)　　49 140
　贷：银行存款　　112 140

2. 自营进口商品销售采取货到结算的核算

企业自营进口商品采取货到结算方式，在进口商品运达我国港口时，进口商品采购成本的归集已经完成。因此企业与国内客户办理货款结算时，在反映自营进口商品销售收入的同时，也可以结转其销售成本。具体核算方法与自营进口商品销售采取单到结算的核算方法相同，不再重述。

3. 自营进口商品销售采取出库结算的核算

企业自营进口商品销售采取出库结算方式，在进口商品验收入库以后，企业已将其记入“库存商品”账户，具体核算方法在本节自营进口商品购进部分已作了阐述，这里不再重复。

已入库的进口商品销售给国内客户再出库时，企业根据应收的款项借记“应收账款”或“应收票据”账户，根据销售金额贷记“自营进口销售收入”账户。根据应收的增值税税额贷记“应交税费”账户;同时根据其采购成本结转销售成本,借记“自营进口销售成本”账户,贷记“库存商品”账户。

第三节 代理进口业务的核算

一、代理进口业务概述

(一) 代理进口业务应遵循的原则

企业经营代理业务,应遵循不垫付进口商品资金、不负担进口商品的国内外直接费用,也不承担进口业务盈亏,只根据进口商品金额 CIF 价格按规定的代理手续费率向委托单位收取代理手续费的原则。

根据这一原则,委托单位必须预付采购进口商品的资金,外贸企业只有在向委托单位收妥款项后,才能与进口商签订进口合同;委托单位必须负担因代理业务所发生的国内外费用和进口商品所发生的各项税收,并承担进口业务的盈亏。

(二) 代理进口业务的确认时间及内容

1. 代理进口业务的确认时间

企业代理进口业务,应在开出进口结算单、向国内委托单位办理货款结算的时间确认销售收入的实现。

由于外贸企业经营代理进口业务前已与委托单位签订了代理进口合同或协议,就代理进口商品的名称、价款条件、运输方式、费用负担、风险责任、手续费率等有关内容作出详细的规定,以明确双方的权利和责任。因此,当银行转来国外全套结算单据,企业经审核确定与合同无误后支付进口商品的货款的同时,就可以向国内委托单位办理货款结算,那么代理进口商品的销售也就已经实现。

2. 代理进口业务的内容

由于企业在代理进口时不垫付资金,不负担盈亏。委托单位在收到代理单位办理货款结算申请的同时,作进口商品的购进处理。与代理商结算进口商品的内容包括:

(1) 国外货款,即按照进口合同成交的进口商品货款。

(2) 国外运保费,即对按照 FOB 价格成交的进口商品按合同规定支付的国外运保费。

(3) 进口税金,即进口商品应支付的进口关税、消费税和增值税。

(4) 银行财务费用,即银行在办理进口商品国际结算时收取的费用。

(5) 外运劳务费,即外运公司办理商品国外运输手续的代办手续费。

(6) 代理商手续费,即企业办理进口业务收取的手续费。一般比例为 CIF 价格(成本加保险费和运费)的 3%~5%。

在代理进口业务中,一律由代理方负责对外付汇和办理有关进口核销手续,进口货款由委托方及时向代理方支付。

二、代理进口业务的会计处理

企业代理进口业务通常要求委托单位预付货款,在收到委托单位的预付货款时,借记“银行存款”账户,贷记“预收账款”账户。收到银行转来国外全套结算单据时,将其与信用证或合同条款核对无误后，通过银行向国外出口商承付款项时，借记“预收账款”账户，贷记“银行存款”账户。同时，企业业务部门根据代理进口商品金额 CIF 价格的一定比例开具收取代理手续费的发票，财会部门根据业务部门转来的发票(记账联)确认代理进口业务销售收入的实现，据以借记“预收账款”账户，贷记“其他业务收入”账户。

【例 12-3】 华夏进出口公司受理武宁公司代理进口法国香水业务，以 FOB 价格成交。假设关税税率为 20%，消费税税率为 30%，海关完税凭证上注明增值税税率为 13%。

(1) 8 月 1 日，收到武宁公司预付代理进口法国香水款 1 366 100 元。编制会计分录如下：

借：银行存款	1 366 100	
贷：预收账款		1 366 100

(2) 8 月 12 日，购汇支付法国塞纳公司香水的国外运费 1 424 美元，保险费 176 美元，当日美元汇率卖出价为 6.30 元。编制会计分录如下：

借：预收账款	10 080	
贷：银行存款［US\$(1 424＋176)×6.30］		10 080

(3) 8 月 15 日，收到银行转来法国巴黎塞纳公司全套结算单据，开列香水 200 箱，每箱 400 美元(FOB 价格)，计货款 80 000 美元，佣金 1 600 美元。企业在审核无误并扣除佣金后支付货款，当日美元汇率卖出价为 6.30 元。编制会计分录如下：

借：预收账款	493 920	
贷：银行存款［US\$(80 000－1 600)×6.30］		493 920

(4) 8 月 15 日，同时，按代理进口香水货款 CIF 价格的 2.5%向武宁公司收取代理手续费 2 000 美元，当日美元汇率中间价为 6.26 元。编制会计分录如下：

借：预收账款	14 147.6	
贷：其他业务收入(US\$80 000×2.5%×6.26)		12 520
应交税费——应交增值税(销项税额)		1 627.6

(5) 8 月 25 日，法国香水运达我国口岸，向海关申报应纳进口关税 102 816 元、消费税 264 384 元、增值税 114 566.4 元。编制会计分录如下：

借：预收账款	481 766.4	
贷：应交税费——应交进口关税		102 816
——应交消费税		264 384
——应交增值税(进项税额)		114 566.4

解析：关税完税价格＝(US\$80 000＋US\$1 424＋US\$176)×6.3＝514 080(元)

关税＝514 080×20%＝102 816(元)

消费税组成计税价格＝(514 080＋102 816)÷(1—30%)＝881 280(元)

消费税＝881 280×30%＝264 384(元)

增值税组成计税价格＝514 080＋102 816＋264 384＝881 280(元)

增值税＝881 280×13%＝114 566.4(元)

(6) 8 月 31 日，支付代理进口香水的进口关税、消费税和增值税。编制会计分录如下：

借：应交税费——应交进口关税 102 816.0
——应交消费税 264 384.0
——应交增值税(进项税额) 114 566.4
贷：银行存款 481 766.4

“其他业务收入”账户是损益类账户，用来核算企业除自营业务收入以外的代理业务收入、出租资产业务收入等。企业发生代理业务手续费收入、出租资产业务收入时，记入该账户贷方；月末结转“本年利润”账户时，记入该账户借方。

第四节 自营出口销售业务的核算

一、自营出口销售业务概述

自营出口销售业务是指企业自己经营出口销售并自负出口销售盈亏的业务。它是企业销售收入的主要来源。

(一) 自营出口销售的业务程序

自营出口销售的业务程序有出口贸易前的准备工作、出口贸易的磋商、签订出口贸易合同和履行出口贸易合同四个业务程序。

1. 出口贸易前的准备工作

企业为了使出口贸易得以顺利进行，应进行调查研究，充分了解国外市场的情况，包括了解进口商所在国的自然条件、进出口贸易的规模、外贸政策、贸易管制状况、关税措施、贸易惯例、运输条件等；了解进口商或消费者对我国出口商品在品质、规格、包装等方面的反馈和意见，研究国外市场的供求关系和市场价格的变化情况；了解进口商的资信情况、经营范围和经营能力等。

2. 出口贸易的磋商

企业在确定出口贸易对象后应进行磋商。一笔交易的磋商过程通常分为询盘、发盘、还盘与反还盘、接受四个环节。

(1) 询盘。询盘又称询价，是指交易的一方因要购买或出售某种商品，而向另一方发出探询买卖该种商品有关交易条件的一种表示，其内容通常包括商品的品种、规格、性能、价格条件、交货日期和付款条件等。

(2) 发盘。发盘又称报价，是指发盘人向受盘人提出一定的交易条件，并愿意按照这些条件成交订约的表示。

(3) 还盘与反还盘。还盘又称还价，是指受盘人对发盘内容提出不同意见，或要求修改某些条件的表示；反还盘是指发盘人对还盘人再提出新的意见。一笔交易往往要经过多次的还盘和反还盘的过程才能成立。

(4) 接受。接受是指受盘人在发盘的有效期内无条件地同意发盘中所提出的交易条件，愿意订立贸易合同的一种表示。

3. 签订出口贸易合同

企业与进口商在磋商成功的基础上签订贸易合同。贸易合同是指贸易双方通过磋商，根据某一项具体业务确定各方权利和义务，并取得意见一致的书面协议。贸易合同通常由出口商填制，双方经核对无误并签字后，各执正本一份，据以执行。

4. 履行出口贸易合同

企业履行出口贸易合同可分为以下五个环节。

(1) 组织出口货源。企业应根据贸易合同或信用证的规定准备好出口商品。出口商品的品种、质量、数量、包装及交货期等都必须与合同相符，以免遭受买方的拒收或索赔。需要由商检局检验的商品，企业则应申请检验，以取得由商检局填发的商检证书。

(2) 催证、审证及通知派船或租船。企业如未按时收到信用证，应及时催证，并对收到的信用证进行审查，如发现存在问题，应及时通知对方修改。审查或修改无误后，根据合同规定通知对方派船接运或租船托运。

(3) 办理托运手续。企业接到进口商派船通知后，应持全套出口单据办理托运手续，并向海关申报出口。海关放行后，出口商品才能装船出运。

(4) 交单收汇。企业办妥出口商品装运手续，取得正本提单或运单后，应当立即将全套出口单证交银行审单收汇，同时应向进口商发出装船通知。

(5) 索赔与理赔。如进口商未按合同规定履约给企业造成经济损失，企业应向进口商提出索赔；反之，如进口商验收商品，发现有违反合同规定而提出索赔的，应根据其提供的合法证明，按照合同的条款，认真处理。如属供货单位责任的，企业应与供货单位联系，予以解决；如不属供货单位责任范围，或不符合合同规定的索赔条件，应据理拒绝理赔。

(二) 商品销售收入的确认原则

企业与客户之间的合同同时满足下列条件的，企业应当在客户取得相关商品控制权时确认收入：

(1) 合同各方已批准该合同并承诺将履行各自义务；

(2) 该合同明确了合同各方与所转让的商品相关的权利和义务；

(3) 该合同有明确的与所转让的商品相关的支付条款；

(4) 该合同具有商业实质，即履行该合同将改变企业未来现金流量的风险、时间分布或金额；

(5) 企业因向客户转让商品而有权取得的对价很可能收回。

在进行上述判断时，需要注意以下三点：

一是，合同约定的权利和义务是否具有法律约束力，这需要企业根据所处的法律环境和实务操作进行判断，包括合同订立的方式和流程、具有法律约束力的权利和义务的时间等。对于合同各方均有权单方面终止完全未执行的合同，且无需对合同其他方作出补偿的，企业应当视该合同不存在。其中，完全未执行的合同，是指企业尚未向客户转让任何合同中承诺的商品，也尚未收取且尚未有权收取已承诺商品的任何对价的合同。

二是，合同具有商业实质，是指履行该合同将改变企业未来现金流量的风险、时间分布或金额。关于商业实质，应按照非货币性资产交换准则中有关商业实质的说明进行判断。

三是，企业在评估其因向客户转让商品而有权取得的对价是否很可能收回时，仅应考虑客户到期时支付对价的能力和意图(即客户的信用风险)。企业在进行判断时，应当考虑是否存在价格折让。存在价格折让的，应当在估计交易价格时进行考虑。企业预期很可能无法收回全部合同对价时，应当判断其原因是客户的信用风险还是企业向客户提供了价格折让。

实务中，企业可能存在一组类似的合同，企业在对该组合同中的每一份合同进行评估时，均认为其合同对价很可能收回，但是根据历史经验，企业预计可能无法收回该组合同的全部对价。在这种情况下，企业应当认为这些合同满足"因向客户转让商品而有权取得的对价很可能收回"这一条件，并以此为基础估计交易价格。与此同时，企业应当考虑这些合同下确认的合同资产或应收款项是否存在减值。

(三) 自营出口销售收入的计价

自营出口贸易有船上交货价格(FOB)，成本加运费、保险费价格(CIF)和成本加运费价格(CFR)等多种价格条件。为了规范核算口径，外贸企业不论以什么价格条件成交，均以船上交货价格(FOB)扣除佣金后计价，如以 CIF 价格或 CFR 价格成交的，还应扣除运费和保险费或运费进行计价。

二、自营出口销售的会计处理

12-3 视频：自营出口商品的会计处理

(一) 商品托运及出口销售收入的核算

企业出口销售业务通常采用信用证结算，业务部门根据贸易合同和信用证的规定，开具一式数联的出库单，由储运部门据以向运输单位办理托运，然后将出库单(记账联和转账联)转给财会部门，财会部门根据出库单(记账联)借记"发出商品"账户，贷记"库存商品"账户。

业务部门待出口商品装船后，取得全套货运单据，持出口发票正本向银行交单办理收汇手续并取得银行回单。财会部门取得业务部门转来的发票副本及银行回单时，据以借记"应收外汇账款"账户，贷记"自营出口销售收入"账户。财会部门将储运部门转来的出库单(转账联)所列商品的品名、规格、数量与发票副本核对相符后，据以结转商品销售成本，借记"自营出口销售成本"账户，贷记"发出商品"账户。收到货款时，再借记"银行存款"账户，贷记"应收外汇账款"账户。

【例 12-4】 华夏进出口公司根据出口贸易合同，销售给美国加州酒业公司黄酒 200 吨，采用信用证结算。

(1) 3 月 1 日，收到储运部门转来出库单(记账联)，列明出库黄酒 200 吨，每吨 2 000 元，予以转账。编制会计分录如下：

借：发出商品——黄酒	400 000	
贷：库存商品——库存出口商品		400 000

(2) 3 月 5 日，收到业务部门转来销售黄酒的发票副本和银行回单，发票列明黄酒 200 吨，每吨 400 美元(CIF 价格)，共计货款 80 000 美元，当日美元汇率的中间价为 6.28 元。编制会计分录如下：

借：应收外汇账款——美国加州酒业公司(US$80 000×6.28)	502 400	
贷：自营出口销售收入		502 400

(3) 3 月 5 日，根据出库单(转账联)结转出口黄酒销售成本。编制会计分录如下：

借：自营出口销售成本	400 000	
贷：发出商品——黄酒		400 000

(4) 3 月 15 日,收到银行收汇通知,80 000 美元已收汇。银行扣除 100 美元手续费后将其余部分已存入外汇存款账户,当日美元汇率的中间价为 6.27 元。编制会计分录如下:

借:银行存款——外币存款(US$79 900×6.27)	500 973	
财务费用——手续费(US$100×6.27)	627	
——汇兑损益	800	
贷:应收外汇账款(US$80 000×6.28)		502 400

延伸阅读 12-3

"应收外汇账款""自营出口销售收入"和"自营出口销售成本"账户

"应收外汇账款"是资产类账户,用来核算企业因出口销售商品、向国外提供劳务等应向外商收取的外汇账款。发生时,记入借方;收回时,记入贷方;余额在借方,表示尚未收回外汇账款的数额。该账户是"应收账款"的明细账户,企业可以根据核算的需要,将该账户升级为一级账户。

"自营出口销售收入"是损益类账户,用来核算企业自营出口的销售收入。企业取得自营出口销售收入时,记入贷方;发生自营出口销售国外运费、保险费、佣金、销货退回、出口理赔以及期末将余额转入"本年利润"账户时,记入借方。该账户期末余额转入"本年利润"账户。该账户是"主营业务收入"的明细账户,企业可以根据核算的需要,将该账户升级为一级账户。

"自营出口销售成本"是损益类账户,用来核算企业自营出口的销售成本。企业结转自营出口销售成本以及支付的增值税中不予退税的部分转入时,记入借方;转入应退消费税、冲减销货退回成本以及期末转入"本年利润"账户时,记入贷方。该账户是"主营业务成本"的明细账户,企业可以根据核算的需要,将该账户升级为一级账户。

(二) 支付国内费用的核算

企业在商品出口贸易过程中发生的商品自所在地发运至边境、口岸的各项运杂费、装船费等费用,均应列入"销售费用"或"进货费用"账户。

【例 12-5】 3 月 4 日,华夏进出口公司签发转账支票支付绍兴运输公司将黄酒运送上海港的运杂费 6 000 元,并通过信汇支付上海港黄酒的装船费 1 500 元。编制会计分录如下:

借:销售费用——运杂费	6 000	
——装卸费	1 500	
贷:银行存款		7 500

(三) 支付国外费用的核算

国外费用主要有运费、保险费和国外佣金三项。

1. 支付国外运费和保险费的核算

企业出口贸易有多种不同的价格条件,不同的价格条件所负担的费用是不同的。若以 FOB 价成交,企业就不用承担国外运费和保险费;若以 CFR 价成交,企业只承担国外运费;若以 CIF 成交,企业将承担国外运费和保险费。

国外运费是指国际贸易价格条件所规定的、应由出口商支付并负担的、从装运港到目的港的运输费用。企业收到运输单位送来的运费凭证,应核对出口发票号码、计费重量、运输等级、运费金额等内容,审核无误后,据以支付运费。

保险费是指企业为转移商品在运输途中的风险从而在遭受损失时能得到必要的补偿，向保险公司投保并负担支付的费用。保险费的计算公式如下：

保险费＝出口商品的 CIF 价格×110%×保险费率

由于自营出口商品销售收入是按 FOB 价格扣除佣金后计价的，外贸企业负担的国外运费和保险费应冲减“自营出口销售收入”账户。

【例 12-6】 华夏进出口公司出口销售给美国加州酒业公司黄酒 200 吨，发生国外运费和保险费。

（1）3 月 2 日，收到外轮运输公司发票一张，金额 2 500 美元，系 200 吨黄酒的运费，当即从外币账户汇付对方，当日美元汇率的中间价为 6.28 元。编制会计分录如下：

借：自营出口销售收入——运费　　15 700
　　贷：银行存款——外币存款（US$2 500×6.28）　　15 700

（2）3 月 3 日，按黄酒销售发票金额 80 000 美元的 110%向保险公司投保，保费率为 2‰，签发转账支票从外币账户支付，当日美元汇率的中间价为 6.25 元。编制会计分录如下：

借：自营出口销售收入——保险费　　1 100
　　贷：银行存款——外币存款（US$80 000×110%×2‰×6.25）　　1 100

2. 支付国外佣金的核算

佣金是指企业根据价格条件或合同规定应支付给中间商的推销报酬。佣金有明佣、暗佣和累计佣金三种支付方式。

（1）明佣。明佣又称发票内佣金，它是指在贸易价格条件中规定的佣金。在明佣支付方式下，出口商在销售发票上不但列明销售金额，而且还列明佣金率、佣金，以及扣除佣金后的销售净额。企业在向银行办理交单收汇时，应根据发票中列明的销售净额收取货款，不再另行支付佣金，并根据银行回单和销售发票中的销售净额借记“应收外汇账款”账户，根据佣金金额借记“自营出口销售收入”账户，根据销售金额贷记“主营出口销售收入”账户。

（2）暗佣。暗佣又称发票外佣金，是指在贸易价格条件中未作规定，但在贸易合同中规定的佣金。在暗佣支付方式下，出口商在销售发票上只列明销售金额。企业在向银行办理交单收汇时，应根据发票中列明的销售金额收取货款，根据银行回单和销售发票借记“应收外汇账款”账户，贷记“自营出口销售收入”账户。同时根据贸易合同中列明的佣金金额，借记“自营出口销售收入”账户，贷记“应付外汇账款”账户。收到货款汇付佣金时，借记“应付外汇账款”账户，贷记“银行存款”账户。

延伸阅读 12-4

“应付外汇账款”账户

“应付外汇账款”是负债类账户，用来核算企业因出口商品、向国外接受劳务等应向外商支付的外汇账款。发生时，记入贷方；支付时，记入借方；期末余额在贷方，表示尚未支付外汇账款的数额。该账户是“应付账款”的明细账户，企业可以根据核算的需要，将该账户升级为一级账户。

【例 12-7】 华夏进出口公司向美国加州酒业公司出口 200 吨黄酒，共计货款 80 000 美元，采取暗佣支付方式，佣金率为3%。

(1) 3月5日，根据出口黄酒3%的佣金率，将应付客户暗佣入账，当日美元汇率的中间价为6.28元。编制会计分录如下：

借：自营出口销售收入——佣金　　15 072
　贷：应付外汇账款(US$80 000×3%×6.28)　　15 072

(2) 3月16日，货款已于15日收到，将黄酒佣金汇付美国加州酒业公司，当日美元汇率的中间价为6.27元。编制会计分录如下：

借：应付外汇账款(US$80 000×3%×6.28)　　15 072
　贷：银行存款——外币存款(US$80 000×3%×6.27)　　15 048
　　财务费用——汇兑损益　　24

此外，暗佣也可以在商品出口后出口商向银行议付信用证时，由银行按规定的佣金率，将佣金在结汇款中扣除。出口商按销售净额借记“银行存款”账户，按扣除的佣金金额借记“应付外汇账款”账户，按销售金额贷记“应收外汇账款”账户。

(3) 累计佣金。累计佣金是指出口商与国外包销商、代理商订立协议，规定在一定时期内按累计销售金额及相应的佣金率定期计付的佣金。佣金率通常是累进计算的，在到期汇付时入账。累计佣金倘若能直接认定到具体出口商品，其核算方法与其他佣金一样，应冲减“自营出口销售收入”账户；倘若不易认定到具体出口商品的，则应列入“销售费用”账户。

(四) 预估国外费用的核算

企业出口贸易业务的销售收入确认时间与支付国外运费、保险费和佣金的时间往往不一致。在会计期末，为了正确核算会计期间的销售收入和利润，应遵循配比原则，对于已作自营出口的销售收入入账而尚未支付的国外费用应预估入账，借记“自营出口销售收入”账户，贷记“应付外汇账款”账户。下期期初实际支付时，再借记“应付外汇账款”账户，贷记“银行存款”账户。如果实际支付金额与预估金额有差异，差额列入“自营出口销售收入”账户。

【例12-8】 华夏进出口公司日前销售给美国路易斯公司红枣一批，已入账。

(1) 12月31日，预估红枣国外运费1 800美元，保险费125美元，当日美元汇率的中间价为6.28元。编制会计分录如下：

借：自营出口销售收入——运费　　11 304
　　　　　　　　——保险费　　785
　贷：应付外汇账款(US$1 925×6.28)　　12 089

(2) 次年1月3日，签发转账支票支付运输公司国外运费1 825美元，支付保险公司保险费125美元，当日美元汇率的中间价为6.28元。编制会计分录如下：

借：应付外汇账款(US$1 925×6.28)　　12 089
　自营出口销售收入——运费　　157
　贷：银行存款——外币存款(US$1 950×6.28)　　12 246

第五节 代理出口销售业务的核算

一、代理出口销售业务概述

代理出口销售业务是指企业代替国内委托单位办理对外销售、托运、交单和结汇等全过程的出口销售业务，或者仅代替办理对外销售、交单和结汇的出口销售业务。如果只代替办理部分出口销售业务，而未代替办理交单、结汇业务的，只能称为代办出口销售业务。

（一）代理出口销售业务应遵循的原则

企业经营代理出口销售业务应遵循不垫付商品资金，不负担国内外直接费用，不承担出口销售业务的盈亏，只按照出口销售发票金额及规定的代理手续费率，向委托单位收取外汇手续费的原则。根据这一原则，委托单位必须提供出口货源，负担一切国内外直接费用，并承担出口销售业务的盈亏。

代理出口销售业务发生的国内外直接费用均应由委托单位负担。关于费用的结算，受托的企业可以垫付，然后向委托单位收取；委托单位也可以预付，以后再进行清算。企业经营代理出口销售业务前，应与委托单位签订代理出口合同或协议，根据经营商品、代理范围、商品交接、保管运输、费用负担、货款结算方式、手续费率、外汇划拨、索赔处理等有关业务内容，作出详细的规定，以明确各方的权利和责任。代理出口商品使用的凭证均应加盖“代理业务”戳记，以便于识别。

（二）代理出口销售业务中外汇货款结算的方法

企业代理出口销售业务中外汇货款结算的方法有异地收（结）汇法和全额收（结）汇法两种。

1. 异地收（结）汇法

异地收（结）汇法是指受托企业在商品出口销售后向银行办理交单收汇时，办妥必要的手续，由银行在收到外汇货款时，向代理出口销售业务的受托企业和委托单位分割收（结）汇的方法。采取该方法时，银行在收到外汇时，如含有佣金的，在扣除应付佣金后，将企业代垫的国内外直接费用和应收取的代理手续费向受托企业办理收（结）汇，同时将外汇余额直接划拨委托单位。

2. 全额收（结）汇法

全额收（结）汇法是指银行在收到外汇时，全额向受托企业办理收（结）汇的方法。采取该方法时，受托企业在收汇后，扣除垫付的国内外直接费用和应收取的代理手续费后，将外汇余额通过银行转付委托单位。

二、代理出口销售业务的会计处理

（一）代理出口商品收发的核算

企业根据合同规定收到委托单位发来代理出口商品时，应根据储运部门转来的代理业务入库单上所列的金额，借记“受托代销商品”账户，贷记“受托代销商品款”账户。代理商品出库后，应根据储运部门转来的代理业务出库单上所列的金额，借记“发出商品——受托代销商品”账户，贷记“受托代销商品”账户。

【例 12-9】 华夏进出口公司受常熟服装厂委托代理出口服装业务，男西服已运到。

（1）9月2日，收到储运部门转来代理业务入库单，列明入库男西服800套，每套350元。编制会计分录如下：

借：受托代销商品——男西服　　280 000
　　贷：受托代销商品款——常熟服装厂　　280 000

（2）9月5日，收到储运部门转来的代理业务出库单，列明出库男西服800套，每套350元。编制会计分录如下：

借：发出商品——受托代销商品　　280 000
　　贷：受托代销商品——男西服　　280 000

（二）代理出口商品销售收入的核算

外贸企业代理出口商品交单办理收汇手续，取得银行回单时就意味着销售已经确认，然而这是委托单位的销售收入，因此通过“应付账款”账户核算。根据代理出口商品的销售金额，借记“应收外汇账款”账户，贷记“应付账款”账户；同时结转代理出口商品的销售成本，根据代理出口商品的出库金额，借记“受托代销商品款”账户，贷记“发出商品”账户。

【例12-10】 华夏服装进出口公司受常熟服装厂委托，根据代理出口合同销售给美国波斯顿公司男西服。

（1）9月6日，收到业务部转来的代理销售男西服的发票副本和银行回单，发票开列男西服800套，每套62.50美元(CIF价格)，共计货款50 000美元，佣金1 000美元，当日美元汇率的中间价为6.28元。编制会计分录如下：

借：应收外汇账款(US$49 000×6.28)　　307 720
　　贷：应付账款——常熟服装厂　　307 720

（2）9月6日，同时根据代理业务出库单(转账联)结转代理出口男西服销售成本。编制会计分录如下：

借：受托代销商品款——常熟服装厂　　280 000
　　贷：发出商品——受托代销商品　　280 000

（三）垫付国内外直接费用的核算

外贸企业在垫付国内外直接费用时，应借记“应付账款”账户，贷记“银行存款”账户。

【例12-11】 华夏服装进出口公司代理销售男西服发生国内外直接费用。

（1）9月7日，签发转账支票2张，分别支付A运输公司将西服运送至上海港的运杂费956元，支付上海港西服的装船费700元。编制会计分录如下：

借：应付账款——常熟服装厂　　1 656
　　贷：银行存款　　1 656

（2）9月8日，签发转账支票2张，分别支付外轮运输公司的运费800美元，保险公司的保险费150美元，当日美元汇率的中间价为6.28元。编制会计分录如下：

借：应付账款——常熟服装厂　　5 966
　　贷：银行存款——外币存款(US$950×6.28)　　5 966

(四) 代理出口销售收汇的核算

企业代理出口销售收汇时，如采取异地收(结)汇法，收到银行转来的垫付代理出口商品的国内外直接费用和代理手续费时，根据收到的金额，借记“银行存款”账户，贷记“应收外汇账款”账户。同时，根据业务部门转来按代理出口销售收入金额的一定比例收取代理手续费发票的金额，借记“应付账款”账户，贷记“其他业务收入”账户。此外，还应根据银行划拨款委托单位的金额，借记“应付账款”账户，贷记“应收外汇账款”账户。

【例 12-12】 华夏服装进出口公司代理销售男西服采取异地结汇法，代理业务的手续费率为 2%，发生收汇业务。

(1) 9 月 20 日，收到银行转来分割收结汇的收账通知，金额为 2 150 美元，其中代理业务代垫国内运费 956 元，装船费 700 元；代垫国外运费 800 美元，保险费 150 美元；代理手续费 1 000 美元，款项全部存入外币存款户。当日美元汇率的中间价为 6.28 元。编制会计分录如下：

借：银行存款——外币存款(US$2 150×6.28)　　13 502
　　贷：应收外汇账款(US$2 150×6.28)　　13 502

(2) 9 月 20 日，同时根据代理业务收取代理手续费 1 000 美元，编制会计分录如下：

借：应付账款——常熟服装厂　　6 280
　　贷：其他业务收入(US$1 000×6.28)　　6 280

(3) 9 月 20 日，同时根据银行转来分割结汇通知，划拨常熟服装厂收汇余额 47 850 美元。编制会计分录如下：

借：应付账款——常熟服装厂　　300 498
　　贷：应收外汇账款(US$47 850×6.28)　　300 498

代理出口销售业务的企业如采取全额收(结)汇法，收到银行转来的收汇通知收取全部款项时，借记“银行存款——外币存款”账户，贷记“应收外汇账款”账户。然后由业务部门按代理出口销售收入的一定比例开具收取代理手续费的发票，其中一联记账联送交财会部门扣款。财会部门根据代理出口销售收入金额减去垫付的国内外费用后的差额借记“应付账款”账户，根据业务部门转来的代理手续费发票记账联贷记“其他业务收入”账户，将两者之间的差额汇付委托单位，根据汇款回单，贷记“银行存款”账户。

延伸阅读 12-5

“受托代销商品”和“受托代销商品款”账户

“受托代销商品”是资产类账户，用来核算企业接受其他单位委托代理出口的商品和代销的商品。企业收到其他单位发来的代理出口商品或代销商品时，记入借方；代理出口商品发运后或代销商品销售后，结转其成本时，记入贷方；余额在借方，表示委托代理出口商品和代销商品的结存额。

“受托代销商品款”是负债类账户，用来核算企业接受代理出口商品和代销商品的货款。企业收到代理出口商品或代销商品时，记入贷方；销售代理出口商品或代销商品时，记入借方；余额在贷方，表示尚未销售的代理出口商品和代销商品的数额。

第六节 出口商品退税的核算

12-4 视频：什么是出口退税

一、出口商品退税的政策

我国同其他国家一样，对出口商品实行退税的政策，以增强商品在国际市场上的竞争力。企业凭销售发票副本、出口报关单等有关凭证，向企业所在地的税务机关申报办理出口退税手续。退税款项主要是购进出口商品时所支付的增值税进项税额。此外，国家还对烟、酒及酒精、化妆品、护肤护发品、汽油、柴油等15个税目在生产环节征收消费税的商品，退还消费税。

出口退税是指国家将对出口商品已征收的国内税部分或全部退还给出口商的一种措施，出口产品退（免）税，简称出口退税，其基本含义是指对出口产品退还其在国内生产和流通环节实际缴纳的增值税和消费税。

二、出口商品退税的会计处理

企业在申报增值税退税后，根据应退的增值税额借记"应收出口退税"账户，根据出口商品购进时支付的增值税额贷记"应交税费"账户；两者的差额，也就是国家不予退税的金额，应列入"自营出口销售成本"账户的借方。在申报消费税退税时，借记"应收出口退税"账户，贷记"自营出口销售成本"账户。在收到增值税和消费税退税款时，再借记"银行存款"账户，贷记"应收出口退税"账户。

延伸阅读 12-6

"应收出口退税"账户

"应收出口退税"是"其他应收款"的明细账户，企业可以根据核算的需要，将该账户升级为一级账户。

1. 全额退税

全额退税是指退还企业购进商品时的全部进项税额。

【例 12-13】 华夏进出口公司出口商品一批，按FOB价格成交，合同规定销售收入为100 000美元，该商品购进时进价金额为500 000元，当日美元汇率为1美元＝6.4元人民币。

（1）业务部门开出商品出库凭证，连同出口"发票"等通过储运部门向外运公司办妥托收手续，并向银行办理交单，货物已发出。

借：应收账款（US＄100 000×6.4）　　640 000
　　贷：主营业务收入　　640 000

（2）结转出口商品销售成本

借：自营出口销售成本　　500 000
　　贷：库存商品——库存出口商品　　500 000

（3）该商品购进时增值税税率为13%，已付增值税税额65 000元，增值税向税务机关申报出口的退税率为13%。编制会计分录如下：

借：应收出口退税 65 000
　　贷：应交税费——应交增值税(出口退税) 65 000

(4) 收到出口退税款

借：银行存款 65 000
　　贷：应收出口退税 65 000

(5) 收到银行转来的出口商品的销售结汇单，货款 100 000 美元已按当日汇率 1 美元＝6.4 元人民币结汇，收妥入账。

借：银行存款 640 000
　　贷：应收账款 640 000

解析：出口商品收取的外汇应按国家规定结汇售给银行。

相关思考 12-1

华夏进出口公司国内购进该批商品时的账务处理是怎样的？

相关思考解析 12-1：

借：库存商品 500 000
　　应交税费——应交增值税(进项税额) 6 500
　　贷：银行存款(应付账户) 565 000

2. 部分退税

部分退税是指退还企业购进商品时所支付的部分进项税额。

【例 12-14】 华夏进出口公司出口商品一批，按 FOB 价格成交，合同规定销售收入为 20 000 美元，进价金额为 100 000 元，增值税税率为 13%，假设退税率为 13%，当日美元汇率为 1 美元＝6.4 元人民币。

(1) 业务部门开出商品出库凭证，连同出口"发票"等通过储运部门向外运公司办妥托收手续，并向银行办理交单，货物已发出。

借：应收账款(US$20 000×6.4) 128 000
　　贷：主营业务收入 128 000

(2) 结转出口商品销售成本：

借：自营出口销售成本 100 000
　　贷：库存商品——库存出口商品 100 000

(3) 申办出口退税：

借：应收出口退税 13 000
　　贷：应交税费——应交增值税(出口退税) 13 000

(4) 收到出口退税款：

借：银行存款 13 000
　　贷：应收出口退税 13 000

相关思考 12-2

退税率不同，对出口商和企业利润有何影响？

相关思考解析 12-2：

(1) 征税率与退税率一致，且均下降 3 个或 1 个百分点的情形：在这种情形下虽然在税率下降前后增值税都是征多少退多少，实行彻底退税，但征税率的下降相应减少了企业的资金占用，对出口企业的影响相对较好。

(2) 征税率下降而退税率不下降的情形：这种情形提高了征退税比率，对出口企业是有利的。

(3) 征税率与退税率的下降对出口货物的购销价格可能会带来一定的影响，特别是出口企业自身议价能力较弱的货物，出口企业要早做相应的准备，采取相应的对策；对长贸合同，需主动与外商协商，以取得其理解和支持。

温馨提示：国家降税的目的是减轻制造业的生存压力，提升企业盈利和产业活力。依靠退税吃饭、利润较薄的外贸企业，需要及时测算成本和利润，根据变化调整报价，同时提高对上游的议价能力。

12-5 扫一扫看课件

本章小结

本章主要讲解了进出口贸易业务的种类及进口贸易的程序、自营进口商品的购进与销售的核算、代理进口业务的核算、自营出口销售业务的核算、代理出口销售业务的核算、出口商品退税的核算。

本章重要概念

进口贸易业务　自营进口业务　代理进口业务　自营出口业务　代理出口业务　询盘　代理销售业务

推荐阅读资料

[1]《企业会计准则——基本准则》(2018).
[2] 李海波，蒋瑛. 新编商业会计——商品流通企业会计[M]. 9 版. 上海：立信会计出版社，2017.
[3] 张晋红. 商品流通企业会计[M]. 北京：北京工业大学出版社，2006.
[4] 史玉光. 商品流通企业会计实务[M]. 2 版. 北京：电子工业出版社，2022.

第十三章　财务会计报告

内容简介

本章是关于财务会计报告的介绍。财务报表是企业财务状况、经营成果和现金流量的结构性表述。企业编制财务报表的目标是向财务报表使用者提供与企业财务状况、经营成果和现金流量等有关的会计信息，反映企业管理层受托责任履行情况，有助于财务报表使用者作出经济决策。一套完整的财务报表包括资产负债表、利润表、现金流量表、所有者权益（或股东权益）变动表和附注。本章重点内容为资产负债表、利润表的编制。

学习目的和要求

通过本章的学习，学生应掌握资产负债表、利润表的编制方法；熟悉会计报表附注揭示的内容及会计报表编制的一般要求；了解现金流量表的编制方法及财务报告的意义和种类。

引例　美国安然公司破产案

2001年10月，美国500强企业中排名第七的商业巨擘安然公司突然宣告破产。这个被喻为商业界"9·11"的安然事件像一枚瞬间引爆的炸弹，震惊美国各界。究竟是什么原因使这个成功经营了70年的最具创新精神的美国能源公司在一瞬间土崩瓦解？安然公司的破产为什么在美国社会产生如此大的震动？为什么世界五大会计师事务所之一的"安达信"在安然破产后也迅速瓦解？美国政府在安然事件后迅速出台的《萨班斯-奥克斯利法案》又意味着什么？安然的破产是一起无法避免的事件，还是各界多方参与的阴谋？作为投资者的我们，在安然事件之后还能否相信市场所谓的"诚信"？如果你想了解安然事件真正的始末，那让我们走进安然破产案中，一起寻找这件特大商业案背后的真相。

安然公司前身是成立于1930年、拥有跨美国和加拿大的天然气输送网络的InterNorth公司，1985年InterNorth公司以24亿美元收购了实力超过自己的HNG公司，并改名为安然公司。公司的总部设在布什家族的老巢——得克萨斯州的休斯敦。一直以来，安然身上都笼罩着一层层的金色光环，作为世界最大的能源交易商，公司营运业务覆盖全球40个国家和地区，公司掌控着美国20%的电能和天然气交易，业务包括能源批发与零售、宽带、能源运输以及金融交易。2000年，在《财富》杂志美国500强评选中位列第七，连续6年被该杂志评为美国最具创新精神的公司。安然股票是所有的证券评级机构都强力推荐的绩优股，股价呈上升之势，成为众多投资者的追捧对象，并且由于其和小布什政府密切的关系，公司的发展更加平步青云。

2001年10月16日，安然公司公布的该年第三季度的财务报告引起投资者、媒体和管理层的广泛关注。因为在2001年第一季度净营收成长4倍，连续21个月实现盈余增长的安然公司突然宣布第三季度亏损达到6.18亿美元。正是这份报告揭开了安然事件的序幕。2001年11月22日，一家华尔街网站发表文章，进一步披露安然与另外两个关联企业之间复杂的交易。安然通过这两个基金举债34亿美元，但是这些债务从未在安然季报和年报中披露。也就是在这一天，美国证券交易委员会盯上了安然，要求安然公司主动提交某些交易的细节内容，并于10月31日开始对安然公司进行正式调查。至此，安然事件终于爆发。

2001年11月8日，在政府监管部门、媒体和市场的强大压力下，安然向美国证监会递交文件，承认存在财务舞弊。从1997年到2001年，共虚报利润5.86亿美元，并且未将巨额债务入账。财务舞弊事件暴露后，安然公司遭到了媒体的猛烈抨击，其股票遭到投资者的抛售。2001年11月30日，安然股价跌至0.26美元，市值由峰值时的800亿美元跌至2亿美元。2002年12月2日，安然公司正式向破产法院申请破产保护，破产清单所列资产达498亿美元，成为当时美国历史上最大的破产企业。2002年1月15日，纽约证券交易所正式宣布将安然公司股票从道琼斯工业平均指数成分股中除名，并停止安然股票的相关交易。安然公司的破产欺诈事件在美国朝野引起极大的震动，案件涉及一大批政府要员和国会议员，还将使教师、消防员和部分政府雇员的退休基金损失10亿美元以上。而更可怕的是，安然事件从根本上动摇了美国投资者的信念。华尔街股市一再下跌，不断创造股市新低，投资者在美国股市的投资资产缩水了2.5万亿美元，相当于美国当年GDP的1/4。美国股市的下滑也影响了全球股市，欧洲各大股市及东京、中国香港、新加坡、澳大利亚等股市也大幅下跌，美元持续贬值，债市也动荡不安，黄金价格则一路上扬。安然事件还引起一系列企业倒闭的连锁反应，IBM、思科、施乐等大企业也传出存在财务违规行为，同时美国企业还引发了一系列破产风暴，美国第二大零售商凯马特公司、美国环球电讯公司、美国第六大有线电视公司相继宣布申请破产保护，而美国第二大长途电话公司——世界通讯公司更是以破产清单上1 070多亿美元的资产超越安然，创造了美国最新的破产案纪录。这一系列的破产案使美国金融市场进一步遭到打击，就是这么一个被所有商学院的MBA课程当作经典教学案例的商业巨擘在短短3个月间就土崩瓦解。

资料来源：https://wenku.baidu.com/view/d1ced8a38762caaedd33d469?fr=sogou。

第一节　财务会计报告概述

一、财务会计报告的意义

财务会计报告是反映企业某一特定日期财务状况和一定期间经营成果、现金流量等会计信息的文件，包括财务报表和其他应当在财务会计报告中披露的相关信息和资料。

财务报表是对企业财务状况、经营成果和现金流量的结构性表述。财务报表包括资产负债表、利润表、现金流量表、所有者权益变动表和附注。

企业编制财务报表的目标是向财务报表使用者提供与企业财务状况、经营成果和现金流量等有关的会计信息，反映企业管理层受托责任的履行情况，有助于财务报表使用者作出经济决策。

财务报表使用者通常包括投资者、债权人、政府及其有关部门和社会公众等。

资产负债表、利润表和现金流量表分别从不同角度反映企业的财务状况、经营成果和现金流量。资产负债表反映企业在某一特定日期所拥有的资产、需偿还的债务以及股东（投资者）拥有的净资产情况；利润表反映企业在一定会计期间的经营成果，即利润或亏损的情况，表明企业运用所拥有的资产的获利能力；现金流量表反映企业在一定会计期间现金和现金等价物流入和流出的情况。

所有者权益变动表反映构成所有者权益的各组成部分当期的增减变动情况。企业的净利润及其分配情况是所有者权益变动的组成部分，相关信息已经在所有者权益变动表及其附注中反映，企业不需要再单独编制利润分配表。

附注是财务报表不可或缺的组成部分，是对在资产负债表、利润表、现金流量表和所有者权益变动表等报表中列示项目的文字描述或明细资料，以及对未能在这些报表中列示的项目的说明等。

二、财务报表的分类

财务报表可以按照不同的标准进行分类。

（一）按财务报表编报期间不同的分类

按财务报表编报期间的不同，财务报表可以分为中期财务报表和年度财务报表。中期财务报表是以短于一个完整会计年度的报告期间为基础编制的财务报表，包括月报、季报和半年报等。中期财务报表至少应当包括资产负债表、利润表、现金流量表和附注，其中，中期资产负债表、利润表和现金流量表应当是完整报表，其格式和内容应当与年度财务报表相一致。与年度财务报表相比，中期财务报表中的附注披露可适当简略。

（二）按财务报表编报主体不同的分类

按财务报表编报主体的不同，财务报表可以分为个别财务报表和合并财务报表。个别财务报表是由企业在自身会计核算基础上对账簿记录进行加工而编制的财务报表，它主要用于反映企业自身的财务状况、经营成果和现金流量情况。合并财务报表是以母公司和子公司组成的企业集团为会计主体，根据母公司和所属子公司的财务报表，由母公司编制的综合反映企业集团财务状况、经营成果及现金流量的财务报表。

三、财务报告列报的基本要求

（一）财务报表列报的基本要求

1. 列报基础

（1）企业应以持续经营为基础，根据实际发生的交易或事项，按照《企业会计准则——基本准则》规定进行确认、计量，在此基础上编制财务报表。

（2）企业正式决定或被迫在当期或将在下一个会计期间进行清算或停止营业的，应采用其他基础编报财务报表，并在附注中声明未以持续经营为基础列报的原因。

2. 重要性判断

（1）判断项目性质的重要性应考虑该项目是否属于企业日常活动，是否显著影响企业的财务状况、经营成果和现金流量等因素。

（2）判断项目金额大小的重要性应当通过单项金额占资产总额、负债总额、所有者权益总额、营业收入总额、营业成本总额、净利润、综合收益总额等直接相关项目金额的比重或所属报表单列项目金额的比重加以确定。

（3）性质或功能不同的项目应在财务报表中单独列报，具有重要性项目除外；性质或功能类似的项目，其所属类别具有重要性的，应在财务报表中单独列报。重要性指财务报表某项目省略或错报影响使用者据以作出经济决策。判断该项目是否具重要性，应根据企业所处环境、项目性质金额两面加以判断。

3. 财务报表项目金额间的相互抵销

财务报表资产项目和负债项目的金额、收入项目和费用项目的金额不得相互抵销,但企业会计准则另有规定的除外。资产或负责项目按扣除减值准备净额列示,不属于抵销;一组类似交易形成的利得和损失以净额列示的,不属于抵销。

4. 比较信息的列报

当期财务报表列报至少应提供所列报项目的上一个可比会计期间的比较数据及与理解当期财务报表相关说明。在财务报表项目列报确需变更的情况下,企业应当至少对可比期间的数据按照当期的列报要求进行调整,并在附注中披露调整的原因和性质,以及调整的各项目金额。

5. 财务报表表首的列报要求

企业应在财务报表表首列报:编报企业名称、资产负债表或财务报表涵盖会计期间、货币名称和单位。

(二) 财务报表编制的质量要求

为了充分发挥财务报表的作用,我国财务报表的种类、格式、内容和编制方法都由财政部统一制定,企业严格地按照统一规定填制和上报才能保证财务报表口径一致,便于各有关部门利用财务报表,了解、考核和管理企业的经济活动。为确保财务报表质量,编制财务报表必须符合以下要求。

1. 数字真实

根据客观性原则,企业财务报表所填列的数字必须真实可靠,能准确地反映企业的财务状况和经营成果。不得以估计数字填列财务报表,更不得弄虚作假、篡改伪造数字。为了确保财务报表的数字真实准确,企业应做到如下几点:

(1) 报告期内所有的经济业务必须全部登记入账,企业应根据核对无误的账簿记录编制财务报表,不得用估计数字编制财务报表,不得弄虚作假,不得篡改数字。

(2) 在编制财务报表之前,企业应认真核对账簿记录,做到账证相符、账账相符,如发现有不符之处,应先查明原因,加以更正,再据以编制财务报表。

(3) 企业应定期进行财产清查,对各项财产物资、货币资金和往来款项进行盘点、核实,在账实相符的基础上编制财务报表。

(4) 在编制财务报表时,企业要核对财务报表之间的数字,对有勾稽关系的数字应认真核对;本期财务报表与上期财务报表之间的数字应相对衔接一致、本年度财务报表与上年度财务报表之间相关指标的数字应衔接一致。

2. 内容完整

财务报表中各项指标和数据是相互联系、相互补充的,必须按规定填列齐全、完整。不论主表、附表或补充资料,都不能漏填、漏报。各财务报表之间凡有对应关系的项目的数据应该相互一致,做到表表相符。

3. 计算正确

企业对财务报表上的各项指标都必须按《企业会计准则》规定的口径填列,不得任意删减或增加,凡需经计算填列的指标,应按规定的公式计算填列。

4. 编报及时

企业应按规定的时间编报财务报表,及时逐级汇总,以便报表的使用者及时、有效地利用财务报表资料。为此,企业应科学地组织好会计的日常核算工作,选择适合本企业具体情况的会计核算组织程序,认真做好记账、算账、对账和按期结账工作。

第二节 资产负债表

一、资产负债表概述

(一) 资产负债表的概念及作用

资产负债表是指反映企业在某一特定日期的财务状况的报表。资产负债表主要反映资产、负债和所有者权益三方面的内容,它是一张揭示企业在一定时点上财务状况的静态报表。

资产负债表能够提供资产、负债和所有者权益的全貌。资产负债表可以提供某一日期企业资产的总额,表明企业拥有或控制的经济资源及其分布情况,是分析企业生产经营能力的重要资料;资产负债表可以反映企业某一日期的负债总额以及结构,表明企业未来需用多少资产或劳务清偿债务;资产负债表可以反映企业所有者权益的情况,表明投资者在企业资产中所占的份额;资产负债还能够提供财务分析的基本资料,投资者通过资产负债表可以计算流动比率、速动比率,以了解企业的短期偿债能力等。

延伸阅读 13-1

资产负债表可以生成的经济指标

本表所反映的期初、期末数据,通过计算可以生成反映企业财务状况的重要指标,这些指标对于了解掌握企业的发展状况具有重要意义,有助于报表使用者作出相关决策。比如,利用流动资产合计和流动负债合计可以计算生成流动比率,利用速动资产与流动负债合计可以计算生成速动比率,利用资产总额和负债总额可以计算生成资产负债率,利用负债总额与所有者权益总额可以计算出产权比率等,以反映企业短期和长期偿债能力。又如,资产负债表的期末、期初数据变动可以反映企业财务状况的变动趋势,利用期初、期末固定资产总额可以计算分析企业固定资产投资的扩张程度;利用期初、期末所有者权益总额可以计算分析资本保值增值率等。

(二) 资产负债表的结构

资产负债表的结构通常有报告式和账户式两种。

13-1 视频:资产负债表的结构

1. 报告式资产负债表

报告式资产负债表将资产负债表的项目自上而下排列,按顺序列示资产、负债、所有者权益数额,使用的是"资产-负债=所有者权益"的会计平衡公式。

报告式资产负债表的优点在于便于编制比较资产负债表,即在一张报表中,除了列出本期的财务状况外,还可增设几个栏目,分别列示过去几期的财务状况。其缺点是资产和权益间的恒等关系并不一目了然。

2. 账户式资产负债表

账户式资产负债表将表内项目分左、右两方,左方为资产项目,大体按资产的流动性大小排列,流动性大的资产如"货币资金""交易性金融资产"等排在前面,流动性小的资产如"长期股权投资""固定资产"等排在后面。右方为负债和所有者权益项目,一般按要求清偿时间的先后顺序排列："短期借款""应付票据""应付账款"等需要在1年以内或者长于1年的一个正常营业周期内偿还的流动负债排在前面，"长期借款"等在1年以上才需偿还的非流动负债排在中间。在企业清算之前不需要偿还的所有者权益项目排在后面。账户式资产负债表使用的是"资产＝负债＋所有者权益"的会计平衡公式。

3. 我国现行资产负债表格式

根据我国《企业会计准则》的规定，企业的资产负债表格式一般采用账户式，通常包括表头、表身和表尾。表头主要包括资产负债表的名称、编制单位和金额单位；表身包括各项资产、负债和所有者权益各项目的年初和期末数，是资产负债表的主要部分；表尾主要包括附注资料等。

资产负债表的基本格式和内容见表13-1。

表13-1　资产负债表　　会企01表

编制单位：　　年　月　日　　单位：元

资　产	期末数	年初数	负债和所有者权益	期末数	年初数
流动资产：			流动负债：		
货币资金			短期借款		
交易性金融资产			交易性金融负债		
衍生金融资产			衍生金融负债		
应收票据			应付票据		
应收账款			应付账款		
预付款项			预收款项		
其他应收款			合同负债		
存货			应付职工薪酬		
合同资产			应交税费		
持有待售资产			其他应付款		
一年内到期的非流动资产			持有待售负债		
其他流动资产			一年内到期的非流动负债		
流动资产合计			其他流动负债		
非流动资产：			流动负债合计		
债权投资			非流动负债：		
其他债权投资			长期借款		
长期应收款			应付债券		
长期股权投资			其中：优先股		
其他权益工具投资			永续债		
其他非流动金融资产			长期应付款		
投资性房地产			预计负债		

（续表）

资　产	期末数	年初数	负债和所有者权益	期末数	年初数
固定资产			递延收益		
在建工程			递延所得税负债		
生产性生物资产			其他非流动负债		
油气资产			非流动负债合计		
无形资产			负债合计		
开发支出			所有者权益(或股东权益)		
商誉			实收资本(或股本)		
长期待摊费用			其他权益工具		
递延所得税资产			其中:优先股		
其他非流动资产			永续债		
非流动资产合计			资本公积		
			减:库存股		
			其他综合收益		
			盈余公积		
			未分配利润		
			所有者权益(或股东权益)合计		
资产总计			负债及所有者权益(或股东权益)总计		

账户式资产负债表的优缺点与报告式资产负债表正好相反:资产和权益间的恒等关系一目了然,但要编制比较资产负债表则要加些旁注,做起来可能比较困难。

延伸阅读 13-2

资产负债表日后事项对流动负债与非流动负债划分的影响

1. 资产负债表日起 1 年内到期的负债

对于在资产负债表日起 1 年内到期的负债,企业预计能够自主地将清偿义务展期至资产负债表日后 1 年以上的,应当归类为非流动负债;不能自主地将清偿义务展期的,即使在资产负债表日后、财务报告批准报出日前签订了重新安排清偿计划协议,从资产负债表日来看,此项负债仍应当归类为流动负债。

2. 违约长期债务

企业在资产负债表日或之前违反了长期借款协议,导致贷款人可随时要求清偿的负债,应当归类为流动负债。这是因为,在这种情况下,债务清偿的主动权并不在企业,企业只能被动地无条件归还贷款,而且该事实在资产负债表日即已存在,所以该负债应当作为流动负债列报。但是,如果贷款人在资产负债表日或之前同意提供在资产负债表日后 1 年以上的宽限期,企业能够在此期限内改正违约行为,且贷款人不能要求随时清偿时,在资产负债表日的此项负债并不符合流动负债的判断标准,应当归类为非流动负债。

13-2 视频:资产负债表的编制

二、资产负债表的编制方法

资产负债表中的数据主要来自会计账簿记录，有的可以根据相关账户的期末余额填列，有的应按有关账户合并分析或调整后填列，现分别说明如下。

（一）资产负债表“年初余额”栏的填列方法

资产负债表各项目均需填列“年初余额”和“期末余额”两栏。本表的“年初余额”栏通常根据上年年末有关项目的期末余额填列，且与上年年末资产负债表“期末余额”栏一致。

企业在首次执行新准则时，应当按照《企业会计准则第 38 号——首次执行企业会计准则》对首次执行新准则当年的“年初余额”栏及相关项目进行调整；以后期间，如果企业发生了会计政策变更、前期差错更正，应当对“年初余额”栏中的有关项目进行相应调整。此外，如果企业上年度资产负债表规定的项目名称和内容与本年度不一致，应当对上年年末资产负债表相关项目的名称和数字按照本年度的规定进行调整，填入“年初余额”栏。

（二）资产负债表“期末余额”栏的填列方法

“期末余额”栏主要有以下几种填列方法：本表“期末余额”栏内各项数字，一般应根据资产、负债和所有者权益类科目的期末余额填列。

1. 根据总账科目余额填列

例如，“工程物资”“递延所得税资产”“短期借款”“应交税费”“应付职工薪酬”“递延所得税负债”“实收资本”“资本公积”“其他权益工具”“其他综合收益”等项目，应根据有关总账科目的余额直接填列；有些项目则需根据几个总账科目的期末余额计算填列，如“货币资金”项目，需根据“库存现金”“银行存款”“其他货币资金”三个总账科目的期末余额的合计数填列。

13-3 扫一扫练一练

2. 根据有关明细科目的余额计算填列

例如，“应付账款”项目，需要根据“应付账款”和“预付账款”账户所属的相关明细账户的期末贷方余额计算填列；“应收账款”项目，需要根据“应收账款”和“预收账款”账户所属的相关明细账户的期末借方余额计算填列。

13-4 扫一扫练一练答案

【例 13-1】 华夏批发企业 2×22 年 12 月 31 日结账后有关科目所属明细科目借贷方余额如表 13-2 所示。

表 13-2　科目余额　　单位：元

科目名称	明细科目借方余额合计	明细科目贷方合计
应收账款	1 600 000	100 000
预付账款	800 000	60 000
应付账款	400 000	1 800 000
预收账款	600 000	1 400 000

该公司 2×22 年 12 月 31 日资产负债表中相关项目的金额为：

① “应收账款”项目金额为：1 600 000＋600 000＝2 200 000（元）

② “预付款项”项目金额为：800 000＋400 000＝1 200 000（元）

③ “应付账款”项目金额为：60 000＋1 800 000＝1 860 000（元）

④ “预收款项”项目金额为：1 400 000＋100 000＝1 500 000（元）

本例中，“应收账款”项目，应当根据“应收账款”账户所属明细账户借方余额 1 600 000 元和“预收账款”账户所属明细账户借方余额 600 000 元加总，作为资产负债表中“应收账款”的项目金额，即 2 200 000 元。

“预付款项”项目，应当根据“预付账款”账户所属明细账户借方余额 800 000 元和“应付账款”账户所属明细账户借方余额 400 000 元加总，作为资产负债表中“预付款项”的项目金额，即 1 200 000 元。

“应付账款”项目，应当根据“应付账款”账户所属明细账户贷方余额 1 800 000 元和“预付账款”账户所属明细账户贷方余额 60 000 元加总，作为资产负债表中“应付账款”的项目金额，即 1 860 000 元。

“预收款项”项目，应当根据“预收账款”账户所属明细账户贷方余额 1 400 000 元和“应收账款”账户所属明细账户贷方余额 100 000 元加总，作为资产负债表中“预收款项”的项目金额，即 1 500 000 元。

相关思考 13-1

资产负债表中“应收账款”应如何填列？

某企业年末“应收账款”账户的借方余额为 650 万元，其中，“应收账款”明细账的借方余额为 850 万元，贷方余额为 200 万元，年末计提坏账准备后的“坏账准备”账户的贷方余额为 65 万元。假定年末坏账准备均与应收账款相关，该企业年末资产负债表中“应收账款”项目的金额为（　　）万元。

A. 585　　B. 600　　C. 785　　D. 800

相关思考解析 13-1：

该企业年末资产负债表中“应收账款”项目的金额＝850－65＝785（万元）

3. 根据总账科目和明细科目的余额分析计算填列

例如，“长期应收款”项目，应当根据“长期应收款”账户总账余额，减去“未实现融资收益”总账账户余额，再减去所属明细账户中将于一年内到期的部分填列；“长期借款”项目，应当根据“长期借款”总账账户余额扣除“长期借款”账户所属明细账户中将在资产负债表日起 1 年内到期、且企业不能自主地将清偿义务展期的长期借款后的金额计算填列；“应付债券”项目，应当根据“应付债券”总账账户余额扣除“应付债券”账户所属明细账户中将于一年内到期的部分填列；“长期应付款”项目，应当根据“长期应付款”总账账户余额，减去“未确认融资费用”总账账户余额，再减去所属相关明细账户中将于一年内到期的部分填列；“其他流动资产”“其他非流动负债”项目，应根据有关总账账户及有关科目的明细账户期末余额分析填列；“其他非流动负债”项目，应根据有关账户的期末余额减去将于一年内（含一年）到期偿还数后的金额填列。

13-5 扫一扫练一练

4. 根据有关科目余额减去其备抵科目余额后的净额填列

例如，资产负债表中的“应收账款”“持有待售资产”“长期股权投资”“商誉”等项目，应当根据“应收账款”“持有待售资产”“长期股权投资”“商誉”等账户的期末余额减去“坏账准备”“持有待售资产减值准备”“长期股权投资减值准备”“商誉减值准备”等账户余额后的净额填列。“固定资产”项目，应当根据“固定资产”账户的期末余额减去“累计折旧”“固定资产减值准备”备抵账户余额后的净额，以及“固定资产清理”账户的期末余额填列。“无形资产”项

13-6 扫一扫练一练答案

目,应当根据“无形资产”账户的期末余额,减去“累计摊销”“无形资产减值准备”备抵账户余额后的净额填列。

【例 13-2】 华夏批发企业 2×22 年 12 月 31 日结账后的“固定资产”科目余额为 1 000 000 元,“累计折旧”科目余额为 90 000 元,“固定资产减值准备”账户余额为 200 000 元。

该企业 2×22 年 12 月 31 日资产负债表中的“固定资产”项目金额为:

$$1\ 000\ 000-90\ 000-200\ 000=710\ 000(\text{元})$$

本例中,企业应当以“固定资产”总账科目余额减去“累计折旧”和“固定资产减值准备”两个备抵类总账科目余额后的净额,作为资产负债表中“固定资产”的项目金额。

5. 综合运用上述填列方法分析填列

13-7 扫一扫练一练

13-8 扫一扫练一练答案

例如,资产负债表中的“存货”项目,应当根据“原材料”“委托加工物资”“周转材料”“材料采购”“在途物资”“发出商品”“材料成本差异”等总账账户期末余额的分析汇总数,再减去“存货跌价准备”账户余额后的金额填列。“其他应收款”项目,应根据“其他应收款”“应收利息”“应收股利”账户的期末余额,减去“坏账准备”账户中有关坏账准备期末余额后的金额填列。“其他应付款”项目,应根据“其他应付款”“应付利息”“应付股利”账户的期末余额合计数填列。

三、资产负债表编制举例

【例 13-3】 华夏批发企业 2×22 年 12 月 31 日的资产负债表(年初余额略)及 2×22 年 12 月 31 日的科目余额表分别见表 13-3 和表 13-4。假设华夏批发企业 2×22 年度除计提固定资产减值准备导致固定资产账面价值与其计税基础存在可抵扣暂时性差异外,其他资产和负债项目的账面价值均等于其计税基础。假设华夏批发企业未来很可能获得足够的应纳税所得额用来抵扣可抵扣暂时性差异,适用的所得税税率为 25%。

表 13-3 资 产 负 债 表

会企 01 表

编制单位:华夏批发企业　　　　2×22 年 12 月 31 日　　　　单位:元

资　产	期末余额	年初余额	负债和股东权益	期末余额	年初余额
流动资产:			流动负债:		
货币资金	16 000		短期借款	60 000	
交易性金融资产	14 000		交易性金融负债		
衍生金融资产			衍生金融负债		
应收票据			应付票据		
应收账款	28 000		应付账款	15 300	
预付款项	10 000		预收款项	6 000	
其他应收款	8 000		合同负债		
存货	57 000		应付职工薪酬	34 700	
合同资产			应交税费	60 000	
持有待售资产			其他应付款	32 000	

（续表）

资　产	期末余额	年初余额	负债和股东权益	期末余额	年初余额
一年内到期的非流动资产			持有待售负债		
其他流动资产			一年内到期的非流动负债		
流动资产合计	133 000		其他流动负债		
非流动资产：			流动负债合计	208 000	
债权投资			非流动负债：		
其他债权投资			长期借款	64 000	
长期应收款			应付债券		
长期股权投资	227 000		其中：优先股		
其他权益工具投资			永续债		
其他非流动金融资产			长期应付款		
投资性房地产			预计负债		
固定资产	640 000		递延收益		
在建工程			递延所得税负债		
生产性生物资产			其他非流动负债		
油气资产			非流动负债合计	64 000	
无形资产	81 536		负债合计	272 000	
开发支出			所有者权益（或股东权益）		
商誉			实收资本（或股本）	280 000	
长期待摊费用	4 000		其他权益工具		
递延所得税资产			其中：优先股		
其他非流动资产			永续债		
非流动资产合计	952 536		资本公积		
			减：库存股		
			其他综合收益		
			盈余公积	74 029	
			未分配利润	459 507	
			所有者权益（或股东权益）合计	813 536	
资产总计	1 085 536		负债及所有者权益（或股东权益）总计	1 085 536	

值得注意的是，发行优先股等其他权益工具的企业，如果发行的其他权益工具分类为权益工具，应在资产负债表“实收资本”和“资本公积”项目之间增设“其他权益工具”项目，并在

“其他权益工具”项目下增设“优先股”和“永续债”两个项目，分别反映企业发行的分类为权益工具的优先股和永续债的账面价值。如果发行的其他权益工具分类为债务工具的，则在“应付债券”项目下增设“优先股”和“永续债”两个项目，分别反映企业发行的分类为金融负债的优先股和永续债的账面价值。如属流动负债，则应当比照上述原则在流动负债类相关项目列报。

表 13-4 科目余额表　　单位：元

总　账	明细账户	借方余额	贷方余额	总　账	明细账户	借方余额	贷方余额
库存现金		1 000		短期借款			60 000
银行存款		15 000		应付账款			10 000
交易性金融资产		14 000			F 企业		7 000
应收账款		23 000			H 企业	5 000	
	A 企业	10 000			L 企业		8 000
	B 企业		2 000	预收账款			1 000
	C 企业	15 000			M 企业		4 000
预付账款		4 700			N 企业	3 000	
	D 企业	5 000		其他应付款			9 000
	E 企业		300	应付职工薪酬			34 700
其他应收款		8 000		应交税费			60 000
原材料		27 000		应付股利			20 000
生产成本		8 000		应付利息			3 000
库存商品		22 000		长期借款			64 000
长期股权投资		227 000		实收资本			280 000
无形资产		30 000		盈余公积			74 029
固定资产		700 000		利润分配			459 507
累计折旧			60 000				
无形资产		81 536					
长期待摊费用		4 000					

第三节　利　润　表

一、利润表的意义

利润表是指反映企业在一定会计期间经营成果的财务报表。利润表可以反映企业在一定会计期间的收入、费用及净利润（或亏损）的数额、构成情况，帮助财务报表使用者全面了解企业的经营成果，分析企业的获利能力及盈利增长趋势，从而为其作出经济决策提供依据。

二、利润表内容和结构

(一) 利润表的内容

利润表至少应反映营业收入取得、营业成本的耗费、税金及附加、管理费用、销售费用、财务费用、投资收益、公允价值变动损益、资产减值损失、营业外收支、非流动资产处置损失、所得税费用和净利润。

13-9 视频:利润表的结构

(二) 利润表的结构

目前比较普遍的利润表的结构有多步式和单步式两种,无论采用何种方式,其编制的依据是等式“收入－费用＝利润”。

1. 单步式利润表

单步式利润表将当期所有的收入列在一起,然后将所有的费用列在一起,两者相减得出净损益。单步式利润表格式见表 13-5。

表 13-5　利　润　表

2×24 年度　　　　单位:元

项　　目	本期金额	上期金额
一、收入		
营业收入		
投资收益		
营业外收入		
收入合计		
二、费用		
营业成本		
税金及附加		
销售费用		
管理费用		
财务费用		
资产减值损失		
营业外支出		
所得税费用		
费用合计		
三、净利润		

单步式利润表编制方式简单,收入支出归类清楚,但缺点是收入、费用的性质不加区分,硬性归为一类,不利于报表分析。

2. 多步式利润表

多步式利润表将不同性质的收入和费用进行对比,从而可以得出一些中间性的利润数据,便于使用者理解企业经营成果的不同来源。企业可以分如下三个步骤编制利润表。

第一步,计算营业利润。

$$\text{营业利润}=\text{营业收入}-\text{营业成本}-\text{税金及附加}-\text{销售费用}-\text{管理费用}-\text{研发费用}-\text{财务费用}-\text{资产减值损失}-\text{信用减值损失}+\text{其他收益投资收益}\left(-\text{投资损失}\right)$$

$$+\begin{matrix}净敞口\\套期收益\end{matrix}+\begin{matrix}公允价值\\变动收益\end{matrix}\left(-\begin{matrix}公允价值\\变动损失\end{matrix}\right)+\begin{matrix}资产处\\置收益\end{matrix}\left(\begin{matrix}减去资产\\处置损失\end{matrix}\right)$$

其中,营业收入是指企业经营业务所确定的收入总额,包括主营业务收入和其他业务收入。

营业成本是指企业经营业务所发生的实际成本总额,包括主营业务成本和其他业务成本。税金及附加是指主营业务和其他业务应负担的消费税、城市维护建设税、资源税、土地增值税和教育费附加等。

第二步,计算利润总额。

利润总额＝营业利润＋营业外收入－营业外支出

第三步,计算净利润(或亏损)。

净利润＝利润总额－所得税费用

第四步,以净利润(或净亏损)为基础,计算出每股收益。

第五步,以净利润(或净亏损)和其他综合收益为基础,计算出综合收益总额。

对于普通股或潜在普通股已公开交易的企业,以及正处于公开发行普通股或潜在普通股过程中的企业,还应当在利润表中列示每股收益信息。

我国企业的利润表采用多步式格式,如表13-6所示。

表13-6 利 润 表

会企02表

编制单位: 年 月 单位:元

项 目	本期金额	上期金额
一、营业收入		
减:营业成本		
税金及附加		
销售费用		
管理费用		
研发费用		
财务费用		
其中:利息费用		
利息收入		
资产减值损失		
信用减值损失		
加:其他收益		
投资收益(损失以"－"号填列)		
其中:对联营企业和合营企业的投资收益		
净敞口套期收益		

（续表）

项　　目	本期金额	上期金额
公允价值变动收益（损失以“－”号填列）		
资产处置收益（损失以“－”号填列）		
二、营业利润（亏损以“－”号填列）		
加：营业外收入		
减：营业外支出		
三、利润总额（亏损总额以“－”号填列）		
减：所得税费用		
四、净利润（净亏损以“－”号填列）		
（一）持续经营净利润（净亏损以“－”号填列）		
（二）终止经营净利润（净亏损以“－”号填列）		
五、其他综合收益的税后净额		
（一）不能重分类进损益的其他综合收益		
1. 重新计量设定受益计划变动额		
2. 权益法下不能转损益的其他综合收益		
3. 其他权益工具投资公允价值变动		
4. 企业自身信用风险公允价值变动		
……		
（二）将重分类进损益的其他综合收益		
1. 权益法下可转损益的其他综合收益		
2. 其他债权投资公允价值变动		
3. 金融资产重分类计入其他综合收益的金额		
4. 现金流量套期储备		
5. 外币财务报表折算差额		
……		
六、综合收益总额		
七、每股收益：		
（一）基本每股收益		
（二）稀释每股收益		

三、利润表的编制

（一）利润表各项目的列报说明

（1）“营业收入”项目，反映企业经营主要业务和其他业务所确认的收入总额。本项目应根据“主营业务收入”和“其他业务收入”账户的发生额分析填列。

(2)“营业成本”项目,反映企业经营主要业务和其他业务所发生的成本总额。本项目应根据“主营业务成本”和“其他业务成本”账户的发生额分析填列。

(3)“税金及附加”项目,反映企业经营业务应负担的消费税、城市维护建设税、资源税、土地增值税和教育费附加等。本项目应根据“税金及附加”账户的发生额分析填列。

(4)“销售费用”项目,反映企业在销售商品过程中发生的包装费、广告费等费用和为销售本企业商品而专设的销售机构的职工薪酬、业务费等经营费用。本项目应根据“销售费用”账户的发生额分析填列。

(5)“管理费用”项目,反映企业为组织和管理生产经营发生的管理费用。本项目应根据“管理费用”的发生额分析填列。

(6)“研发费用”项目,反映企业进行研究与开发过程中发生的费用化支出。该项目应根据“管理费用”账户下的“研发费用”明细账户的发生额分析填列。

(7)“财务费用”项目,反映企业筹集生产经营所需资金等而发生的筹资费用。本项目应根据“财务费用”账户的发生额分析填列。其中,“利息费用”项目,反映企业为筹集生产经营所需资金等而发生的应予费用化的利息支出。该项目应根据“财务费用”账户的相关明细账户的发生额分析填列。“利息收入”项目,反映企业确认的利息收入。该项目应根据“财务费用”账户的相关明细账户的发生额分析填列。

(8)“资产减值损失”项目,反映企业各项资产发生的减值损失。本项目应根据“资产减值损失”账户的发生额分析填列。

(9)“信用减值损失”项目,反映企业应收款项发生的减值损失。本项目应根据“信用减值损失”账户的发生额分析填列。

(10)“其他收益”项目,反映计入其他收益的政府补助等。该项目应根据“其他收益”账户的发生额分析填列。

(11)“投资收益”项目,反映企业以各种方式对外投资所取得的收益。本项目应根据“投资收益”账户的发生额分析填列。如为投资损失,本项目以“—”号填列。

(12)“净敞口套期收益”项目,反映净敞口套期下被套期项目累计公允价值变动转入当期损益的金额或现金流量套期储备转入当期损益的金额。该项目应根据“净敞口套期损益”账户的发生额分析值列,如为套算损失,以“—”号填列。

(13)“公允价值变动收益”项目,反映企业应当计入当期损益的资产或负债公允价值变动收益。本项目应根据“公允价值变动损益”账户的发生额分析填列,如为净损失,本项目以“—”号填列。

(14)“资产处置收益”项目、反映企业出售划分为持有待售的非流动资产(金融工具、长期股权投资和投资性房地产除外)或处置组(子公司和业务除终)时确认的处置利得或损失,以及处置未划分为持有待售的固定资产、在建工程、生产性生物资产及无形资产而产生的处置利得或损失,债务重组中因处置非流动资产(金融工具,长期股权投资和投资性房地产除外)产生的利得或损失和非货币性资产交换中换出非流动资产(金融工具、长期股权投资和投资性房地产除外)产生的利得或损失也包括在本项目内。该项目应根据“资产处置损益”账户的发生额分析填列,如为处置损失,以“—”号填列。

(15)“营业利润”项目,反映企业实现的营业利润。如为亏损,本项目以“—”号填列。

(16)“营业外收入”项目，反映企业发生的除营业利润以外的收益，主要包括债务重组利得、与企业日常活动无关的政府补助、盘盈利得、捐赠利得(企业接受股东或股东的子公司直接或间接的捐赠，经济实质属于股东对企业的资本性投入的除外)等。该项目应根据“营业外收入”账户的发生额分析填列。

(17)“营业外支出”项目，反映企业发生的除营业利润以外的支出，主要包括债务重组损失、公益性捐赠支出、非常损失、盘亏损失、非流动资产毁损报废损失等。该项目应根据“营业外支出”账户的发生额分析填列。

(18)“利润总额”项目，反映企业实现的利润。如为亏损，本项目以“－”号填列。

(19)“所得税费用”项目，反映企业应从当期利润总额中扣除的所得税费用。本项目应根据“所得税费用”账户的发生额分析填列。

(20)“净利润”项目，反映企业实现的净利润。如为亏损，本项目以“－”号填列。其中，“(一)持续经营净利润”和“(二)终止经营净利润”项目，分别反映净利润中与持续经营相关的净利润和与终止经营相关的净利润；如为净亏损，以“－”号填列。该两个项目应按照《企业会计准则第 42 号——持有待售的非流动资产、处置组和终止经营》的相关规定分别列报。

(21)“其他综合收益的税后净额”项目，反映企业根据企业会计准则规定未在损益中确认的各项利得和损失扣除所得税影响后的净额。

(22)“综合收益总额”项目，反映企业净利润与其他综合收益(税后净额)的合计金额。

(23)“基本每股收益”项目和“稀释每股收益”项目，反映普通股或潜在普通股已公开交易的企业，以及正处于公开发行普通股或潜在普通股过程中的企业的每股收益信息，是投资价值的重要指标，是投资决策最直观最重要的参考依据，这两项指标应当按照《企业会计准则第 34 号——每股收益》的规定计算填列。

相关思考 13-2

利润表中“营业收入”应如何填列？

某企业 2×22 年“主营业务收入”科目贷方发生额是 2 000 万元，借方发生额为退货 50 万元，发生现金折扣 50 万元，“其他业务收入”科目贷方发生额 100 万元，“其他业务成本”科目借方发生额为 80 万元，那么企业利润表中“营业收入”项目填列的金额为(　　)万元。

A. 2 000　　B. 2 050　　C. 2 100　　D. 2 070

相关思考解析 13-2：

该企业利润表中“营业收入”的金额＝2 000－50－50＋100＝2 000(万元)

(二)“上期金额”栏的列报方法

利润表各项目均需填列“本期金额”和“上期金额”两栏。其中，“上期金额”栏内各项数字，应根据上年同期利润表的“本期金额”栏内所列数字填列。如果上年该期利润表规定的各个项目的名称和内容同本期不相一致，应对上年该期利润表各项目的名称和数字按本期的规定进行调整，填入利润表“上期金额”栏内。

(三)“本期金额”栏的列报方法

“本期金额”栏内各期数字，除“基本每股收益”和“稀释每股收益”项目外，应当按照相关科目的发生额分析填列。

【例 13-4】 华夏批发企业 2×22 年度有关利润表科目本年累计发生额如表 13-7 所示。

表 13-7　2×22 年度利润表科目本年累计发生额　　单位:元

科目名称	借方发生额	贷方发生额
主营业务收入		8 650 000
其他业务收入		185 000
主营业务成本	4 850 000	
其他业务成本	50 000	
税金及附加	26 000	
销售费用	756　000	
管理费用	435 000	
财务费用	21 600	
资产减值损失	30 900	
投资收益		380 000
营业外收入		50 000
营业外支出	19 700	
所得税费用	695 435	

根据表 13-7 所述资料,编制华夏批发企业 2×22 年度利润表,见表 13-8。

表 13-8　利　润　表　　会企 02 表

编制单位:华夏批发企业　　2×22 年度　　单位:元

项　　目	本期金额	上期金额
一、营业收入	8 835 000	(略)
减:营业成本	4 900 000	
税金及附加	26 000	
销售费用	756 000	
管理费用	435 000	
研发费用	0	
财务费用	21 600	
其中:利息费用	0	
利息收入	0	
资产减值损失	30 900	
信用减值损失	0	
加:其他收益	0	
投资收益(损失以“－”号填列)	380 000	

（续表）

项　　　目	本期金额	上期金额
其中：对联营企业和合营企业的投资收益	0	
净敞口套期收益	0	
公允价值变动收益（损失以“－”号填列）	0	
资产处置收益（损失以“－”号填列）	0	
二、营业利润（亏损以“－”号填列）	3 045 500	
加：营业外收入	50 000	
减：营业外支出	19 700	
三、利润总额（亏损总额以“－”号填列）	3 075 800	
减：所得税费用	695 435	
四、净利润（净亏损以“－”号填列）	2 380 365	
（一）持续经营净利润（净亏损以“－”号填列）		
（二）终止经营净利润（净亏损以“－”号填列）		
五、其他综合收益的税后净额	（略）	
（一）不能重分类进损益的其他综合收益		
1. 重新计量设定受益计划变动额		
2. 权益法下不能转损益的其他综合收益		
3. 其他权益工具投资公允价值变动		
4. 企业自身信用风险公允价值变动		
……		
（二）将重分类进损益的其他综合收益		
1. 权益法下可转损益的其他综合收益		
2. 其他债权投资公允价值变动		
3. 金融资产重分类计入其他综合收益的金额		
4. 现金流量套期储备		
5. 外币财务报表折算差额		
……		
六、综合收益总额	（略）	
七、每股收益：	（略）	
（一）基本每股收益		
（二）稀释每股收益		

第四节 现金流量表

13-10 视频:现金流量表的概念

一、现金流量表的定义及内容

现金流量表是反映企业在一定会计期间现金和现金等价物流入和流出的报表。企业编制现金流量表的主要目的是为财务报表使用者提供企业一定会计期间内现金和现金等价物流入和流出的信息,以便于财务报表使用者了解和评价企业获取现金和现金等价物的能力,并据以预测企业未来现金流量。

现金流量是指企业现金和现金等价物的流入和流出。根据企业业务活动的性质和现金流量的来源,现金流量表准则将企业一定期间产生的现金流量分为三类:经营活动现金流量、投资活动现金流量和筹资活动现金流量。

(一) 经营活动产生的现金流量

经营活动是指企业投资活动和筹资活动以外的所有交易或事项。各类企业由于行业特点不同,对经营活动的认定存在一定差异。对于工商企业而言,经营活动主要包括销售商品、提供劳务、购买商品、接受劳务、支付税费等。

通常情况下,经营活动产生的现金流入项目主要有:销售商品、提供劳务收到的现金;收到的税费返还;收到的其他与经营活动有关的现金。经营活动产生的现金流出项目主要有:购买商品、接受劳务支付的现金;支付给职工以及为职工支付的现金;支付的各项税费;支付的其他与经营活动有关的现金。

(二) 投资活动产生的现金流量

投资活动是指企业长期资产的购建和不包括在现金等价物范围内的投资及其处置活动。这里所讲的投资活动,既包括实物资产投资,也包括金融资产投资。这里所以将"包括在现金等价物范围内的投资"排除在外,是因为已经将包括在现金等价物范围内的投资视同现金。

通常情况下,投资活动产生的现金流入项目主要有:收回投资所收到的现金;取得投资收益所收到的现金;处置固定资产、无形资产和其他长期资产所收回的现金净额;收到的其他与投资活动有关的现金。投资活动产生的现金流出项目主要有:购建固定资产、无形资产和其他长期资产所支付的现金;投资所支付的现金;支付的其他与投资活动有关的现金。

(三) 筹资活动产生的现金流量

筹资活动是指导致企业资本及债务规模和构成发生变化的活动。这里所说的债务,指对外举债,包括向银行借款、发行债券以及偿还债务等。通常情况下,应付账款、应付票据等属于经营活动,不属于筹资活动。

通常情况下,投资活动产生的现金流入项目主要有:吸收投资所收到的现金;取得借款所收到的现金;收到的其他与筹资活动有关的现金。筹资活动产生的现金流出项目主要有:偿还债务所支付的现金;分配股利、利润或偿付利息所支付的现金;支付的其他与筹资活动有关的现金。

二、现金流量表的编制基础

现金流量表以现金及现金等价物为基础编制，划分为经营活动、投资活动和筹资活动，按照收付实现制原则编制，将权责发生制下的盈利信息调整为收付实现制下的现金流量信息。

1. 现金

现金是指企业库存现金以及可以随时用于支付的存款。不能随时用于支付的存款不属于现金。现金主要包括以下几种。

(1) 库存现金。库存现金是指企业持有可随时用于支付的现款，与“库存现金”账户的核算内容一致。

(2) 银行存款。银行存款是指企业存入金融机构、可以随时用于支取的存款，与“银行存款”账户核算内容基本一致，但不包括不能随时用于支付的存款。例如，不能随时支取的定期存款等不应作为现金；提前通知金融机构便可支取的定期存款则应包括在现金范围内。

(3) 其他货币资金。其他货币资金是指存放在金融机构的外埠存款、银行汇票存款、银行本票存款、信用卡存款、信用证保证金存款和存出投资款等，与“其他货币资金”账户核算内容一致。

2. 现金等价物

现金等价物是指企业持有的期限短、流动性强、易于转换为已知金额的现金、价值变动风险很小的投资。其中，“期限短”一般是指从购买日起 3 个月内到期。例如可在证券市场上流通的 3 个月内到期的短期债券等。

现金等价物虽然不是现金，但其支付能力与现金的差别不大，可视为现金。例如，企业为保证支付能力，手持必要的现金，为了不使现金闲置，可以购买短期债券，在需要现金时，随时可以变现。

现金等价物的定义本身包含了判断一项投资是否属于现金等价物的四个条件，即：①期限短；②流动性强；③易于转换为已知金额的现金；④价值变动风险很小。其中，期限短、流动性强，强调了变现能力，而易于转换为已知金额的现金、价值变动风险很小，则强调了支付能力的大小。现金等价物通常包括 3 个月内到期的短期债券投资。权益性投资变现的金额通常不确定，因而不属于现金等价物。

3. 现金及现金等价物范围的确定和变更

不同企业现金及现金等价物的范围可能不同。企业应当根据经营特点等具体情况，确定现金及现金等价物的范围。商业银行与一般工商企业的现金及现金等价物的范围可能不同，例如，某商业银行的现金及现金等价物包括库存现金、存放中央银行可随时支取的备付金、存放同业款项、拆放同业款项、同业间买入返售证券、短期国债投资等。

根据现金流量表准则及其指南的规定，企业应当根据具体情况，确定现金及现金等价物的范围，一经确定不得随意变更。如果发生变更，应当按照会计政策变更处理。

三、现金流量表的结构

我国企业现金流量表采用报告式结构，分类反映经营活动产生的现金流量、投资活动产生的现金流量和筹资活动产生的现金流量，最后汇总反映企业某一期间现金及现金等价物的净增加额。企业现金流量表的格式如表 13-9 所示。

表 13-9 现金流量表

会企 03 表

编制单位：　　　　年　　月　　　　单位:元

项　　目	本期金额	上期金额
一、经营活动产生的现金流量：		
销售商品、提供劳务收到的现金		
收到的税费返还		
收到其他与经营活动有关的现金		
经营活动现金流入小计		
购买商品、接受劳务支付的现金		
支付给职工以及为职工支付的现金		
支付的各项税费		
支付其他与经营活动有关的现金		
经营活动现金流出小计		
经营活动产生的现金流量净额		
二、投资活动产生的现金流量：		
收回投资收到的现金		
取得投资收益收到的现金		
处置固定资产、无形资产和其他长期资产收回的现金净额		
处置子公司及其他营业单位收到的现金净额		
收到其他与投资活动有关的现金		
投资活动现金流入小计		
购建固定资产、无形资产和其他长期资产支付的现金		
投资支付的现金		
取得子公司及其他营业单位支付的现金净额		
支付其他与投资活动有关的现金		
投资活动现金流出小计		
投资活动产生的现金流量净额		
三、筹资活动产生的现金流量：		
吸收投资收到的现金		
取得借款收到的现金		
收到其他与筹资活动有关的现金		
筹资活动现金流入小计		
偿还债务支付的现金		
分配股利、利润或偿付利息支付的现金		
支付其他与筹资活动有关的现金		
筹资活动现金流出小计		

（续表）

项目	本期金额	上期金额
筹资活动产生的现金流量净额		
四、汇率变动对现金及现金等价物的影响		
五、现金及现金等价物净增加额		
加：期初现金及现金等价物余额		
六、期末现金及现金等价物余额		

延伸阅读 13-3

资产负债表、利润表同现金流量表之间的“勾稽关系”

资产负债表同现金流量表之间的关系主要是资产负债表的货币资金、银行存款及其他货币资金等项目的期末数减去期初数，应该等于现金流量表中的期末现金及现金等价物净增加额。资产负债表是一个时点报表，现金流量表是一个时期报表。

至于利润表与现金流量表之间的关系，要通过很多的运算才可以说明，比较复杂。这两张报表，有它们的相同之处，也有它们的不同之处。所谓相同之处就是，它们都是时期报表，即反映一段时期内的一些活动情况：一个反映一段时期内的利润情况，一个是反映一段时期内的现金流量情况；所谓不同之处就是，编制的基础不同，一个是基于收付实现制编制，一个是基于权责发生制编制。

第五节 所有者权益变动表

一、所有者权益变动表概述

所有者权益变动表是指反映构成所有者权益各组成部分当期增减变动情况的报表。所有者权益变动表，既可以为财务报表使用者提供所有者权益总量增减变动的信息，也能为其提供所有者权益增减变动的结构性信息，特别是能够让财务报表使用者理解所有者权益增减变动的根源。

二、所有者权益变动表的结构

在所有者权益变动表上，企业至少应当单独列示反映下列信息的项目：

(1) 综合收益总额；

(2) 会计政策变更和差错更正的累积影响数；

(3) 所有者投入资本和向所有者分配的利润；

(4) 提取的盈余公积；

(5) 实收资本、其他权益工具、资本公积、其他综合收益、专项储备、盈余公积、未分配利润的期初和期末余额及其调节情况。

所有者权益变动表以矩阵的形式列示：一方面，列示导致所有者权益变动的交易或事项，即所有者权益变动的来源，对一定时期所有者权益的变动情况进行全面反映；另一方面，按照所有者权益各组成部分（即实收资本、其他权益工具、资本公积、库存股、其他综合收益、盈余公积、未分配利润）列示交易或事项对所有者权益各部分的影响。所有者权益变动表的格式如表 13-10 所示。

表 13-10 所有者权益变动表

会企 04 表

编制单位： 年度 单位：元

项目	本年金额											上年金额										
	实收资本（或股本）	其他权益工具			资本公积	减：库存股	其他综合收益	专项储备	盈余公积	未分配利润	所有者权益合计	实收资本（或股本）	其他权益工具			资本公积	减：库存股	其他综合收益	专项储备	盈余公积	未分配利润	所有者权益合计
		优先股	永续债	其他									优先股	永续债	其他							
一、上年年末余额																						
加：会计政策变更																						
前期差错更正																						
其他																						
二、本年年初余额																						
三、本年增减变动金额（减少以“－”号填列）																						
（一）综合收益总额																						
（二）所有者投入和减少资本																						
1. 所有者投入的普通股																						
2. 其他权益工具持有者投入资本																						
3. 股份支付计入所有者权益的金额																						

（续表）

项　目	本年金额												上年金额											
	实收资本（或股本）	其他权益工具			资本公积	减：库存股	其他综合收益	专项储备	盈余公积	未分配利润	所有者权益合计	实收资本（或股本）	其他权益工具			资本公积	减：库存股	其他综合收益	专项储备	盈余公积	未分配利润	所有者权益合计
		优先股	永续债	其他									优先股	永续债	其他							
4. 其他																								
（三）利润分配																								
1. 提取盈余公积																								
2. 对所有者(或股东)的分配																								
3. 其他																								
(四)所有者权益内部结转																								
1. 资本公积转增资本（或股本）																								
2. 盈余公积转增资本（或股本）																								
3. 盈余公积弥补亏损																								
4. 设定受益计划变动额结转留存收益																								
6. 其他																								
四、本年年末余额																								

第六节 财务报表附注

一、财务报表附注概述

(一) 提供财务报表附注的原因

附注是对资产负债表、利润表、现金流量表和所有者权益变动表等报表中列示项目的文字描述或明细资料,以及对未能在这些报表中列示项目的说明等。附注是财务报表的重要组成部分。

企业编制财务报表附注的作用:首先,它拓展了企业财务信息的内容,打破了三张主要报表内容必须符合会计要素的定义且必须同时满足相关性和可靠性的限制;其次,它突破了揭示项目必须用货币加以计量的局限性;再次,它充分满足了"企业财务报告是为其使用者提供有助于经济决策的信息"的要求,增进了会计信息的可理解性;最后,它还能提高会计信息的可比性。比如,通过揭示会计政策的变更原因及事后的影响,可以使不同行业或同一行业不同企业的会计信息的差异更具可比性,从而便于进行对比分析。

(二) 财务报表附注的基本要求

(1) 附注披露的信息应是定量、定性信息的结合,从而能从量和质两个角度对企业经济事项完整地进行反映,也才能满足信息使用者的决策需求。

(2) 附注应当按照一定的结构进行系统合理的排列和分类,有顺序地披露信息。由于附注的内容繁多,它更应按逻辑顺序排列,分类披露,条理清晰,具有一定的组织结构,以便于使用者理解和掌握,以更好地实现财务报表的可比性。

(3) 附注相关信息应当与资产负债表、利润表、现金流量表和所有者权益变动表等报表中列示的项目相互参照,以有助于使用者联系相关联的信息,并由此从整体上更好地理解财务报表。

(三) 财务报表附注的形式

财务报表附注的形式灵活多样,常见的有以下四种。

1. 括弧说明

括弧说明常用于为财务报表主体内提供补充信息,因为它把补充信息直接纳入财务报表主体,所以比起其他形式来,显得更直观,不易被人忽视,缺点是它包含内容过短。

2. 尾注说明

这是附注的主要形式,一般适用于说明内容较多的项目。

3. 脚注说明

脚注说明是指在报表下端进行的说明。例如,说明已贴现的商业承兑汇票和已包括在使用权资产原价内的租入的资产原价等;备抵与附加账户,在财务报表中单独列示,能够为财务报表使用者提供更多有意义的信息。

4. 补充说明

有些无法列入财务报表主体中的详细数据、分析资料,可用单独的补充报表进行说明,如可利用补充报表的形式来揭示关联方的关系和交易等内容。

二、财务报表附注的内容

（一）企业的基本情况

（1）企业注册地、组织形式和总部地址。

（2）企业的业务性质和主要经营活动。

（3）母公司以及集团最终母公司的名称。

（4）财务报表的批准报出者和财务报告批准报出日。

（5）营业期限有限的企业，还应当披露有关营业期限的信息。

（二）财务报表的编制基础

企业应当以持续经营为基础编制财务报表，若采用其他基础编制财务报表，应在附注中声明财务报表未以持续经营为基础列报，并披露未以持续经营为基础的原因和财务报表的编制基础。

（三）遵循企业会计准则的声明

企业应当声明编制的财务报表符合企业会计准则的要求，真实、完整地反映了企业的财务状况、经营成果和现金流量等有关信息。

（四）重要会计政策和会计估计

企业应当披露采用的重要会计政策和会计估计，不重要的会计政策和会计估计可以不披露。在披露重要的会计政策和会计估计时，应当披露重要会计政策的确定依据和财务报表项目的计量基础，以及会计估计中采用的关键假设和不确定因素。

1. 重要会计政策的说明

由于企业经济业务的复杂性和多样化，某些经济业务可以有多种会计处理方法，也即存在不止一种可供选择的会计政策。例如，存货的计价可以有先进先出法、加权平均法、个别计价法等；固定资产的折旧，可以有平均年限法、工作量法、双倍余额递减法、年数总额法等。企业在发生某项经济业务时，必须从允许的会计处理方法中选择适合本企业特点的会计政策，企业选择不同的会计处理方法，可能极大地影响企业的财务状况和经营成果，进而编制出不同的财务报表。为了有助于报表使用者理解，有必要对这些会计政策加以说明。

需要特别指出的是，说明会计政策时还需要披露下列两项内容。

（1）财务报表项目的计量基础。会计计量属性包括历史成本、重置成本、可变现净值、现值和公允价值，这直接显著影响报表使用者的分析，这项披露要求便于使用者了解企业财务报表中的项目是以何种计量基础予以计量的，如存货是按成本还是可变现净值计量等。

（2）会计政策的确定依据，主要是指企业在运用会计政策过程中所作的对报表中确认的项目金额最具影响的判断。例如，企业如何判断持有的金融资产是持有至到期的投资而不是交易性投资。又如，对于拥有的持股不足50%的关联企业，企业为何判断企业拥有控制权因此将其纳入合并范围。投资性房地产的判断标准是什么等等，这些判断对在报表中确认的项目金额具有重要影响。因此，这项披露要求有助于使用者理解企业选择和运用会计政策的背景，增加财务报表的可理解性。

2. 重要会计估计的说明

财务报表列报准则强调了对会计估计不确定因素的披露要求，企业应当披露会计估计中所采用的关键假设和不确定因素的确定依据，这些关键假设和不确定因素在下一会计期间内很可能导致对资产、负债账面价值进行重大调整。

在确定报表中确认的资产和负债的账面金额过程中，企业有时需要对不确定的未来事项在资产负债表日对这些资产和负债的影响加以估计。例如，固定资产可收回金额的计算需要根据其公允价值减去处置费用后的净额与预计未来现金流量的现值两者之间的较高者确定；在计算资产预计未来现金流量的现值时需要对未来现金流量进行预测，并选择适当的折现率，应当在附注中披露未来现金流量预测所采用的假设及其依据、所选择的折现率为什么是合理的等等。又如，正在进行中的诉讼预计负债最佳估计数的确定依据等。这些假设的变动对这些资产和负债项目金额的确定影响很大，有可能会在下一个会计年度内作出重大调整。因此，强调这一披露要求，有助于提高财务报表的可理解性。

（五）会计政策和会计估计变更以及差错更正的说明

企业应当按照《企业会计准则——会计政策、会计估计和差错更正》及其应用指南的规定，披露会计政策和会计估计变更以及差错更正的有关情况。其具体内容如下：会计政策变更的性质、内容和原因；当期和各个列报前期财务报表中受影响的项目名称和调整金额；无法进行追溯调整的，说明该事实和原因以及开始应用变更后的会计政策的时点、具体应用情况；会计估计变更的内容和原因；会计估计变更对当期和未来期间的影响数；会计估计变更的影响数不能确定的，披露这一事实和原因；前期差错的性质；各个列报前期财务报表中受影响的项目名称和更正金额；无法进行追溯重述的，说明该事实和原因以及对前期差错开始进行更正的时点、具体更正情况。

（六）报表重要项目的说明

企业应当按照资产负债表、利润表、现金流量表和所有者权益变动表及其项目列示的顺序，采用文字和数字描述相结合的方式对报表的重要项目进行披露说明。报表重要项目的明细金额的合计，应当与报表项目金额相衔接。在披露顺序上，一般应当按照资产负债表、利润表、现金流量表、所有者权益变动表的顺序及其项目列示的顺序。

（七）其他综合收益各项目

企业应当在附注中详细披露其他综合收益各项目及其所得税影响，以及原计入其他综合收益、当期转入损益的金额等信息。其他综合收益各项目，应在附注中按以下格式和内容披露见表13-11。

表13-11　其他综合收益各项目

项　　目	本期金额	上期金额
1. 其他债权投资和其他权益工具投资产生的利得（损失）金额		
减：其他债权投资和其他权益工具投资产生的所得税影响		
前期计入其他综合收益当期转入损益的净额		
小　　计		
2. 按照权益法核算的在被投资单位其他综合收益中所享有的份额		
减：按照权益法核算的在被投资单位其他综合收益中所享有的份额产生的所得税影响		
前期计入其他综合收益当期转入损益的净额		

（续表）

项　　目	本期金额	上期金额
小　　计		
3. 现金流量套期工具产生的利得(或损失)金额		
减:现金流量套期工具产生的所得税影响		
前期计入其他综合收益当期转入损益的净额		
转为被套期项目初始确认金额的调整额		
小　　计		
4. 外币财务报表折算差额		
减:处置境外经营当期转入损益的净额		
小　　计		
5. 其他		
减:由其他计入其他综合收益产生的所得税影响		
前期其他计入其他综合收益当期转入损益的净额		
小　　计		
合　　计		

（八）其他需要说明的重要事项

1. 或有事项

1）对预计负债的披露

（1）预计负债的种类、形成原因以及经济利益流出不确定性的说明。

（2）各类预计负债的期初、期末余额和本期变动情况。

（3）与预计负债有关的预期补偿金额和本期已确认的预期补偿金额。

2）对或有负债的披露

（1）或有负债的种类及其形成原因,包括已贴现商业承兑汇票、未决诉讼、未决仲裁、对外提供担保等形成的或有负债。

（2）经济利益流出不确定性的说明。

（3）或有负债预计产生财务影响,以及获得补偿的可能性;无法预计的,应当说明原因。

3）对或有资产的披露

企业通常不应当披露或有资产,但或有资产很可能会给企业带来经济利益的,应当披露其形成原因、预计产生的财务影响等。

2. 资产负债表日后事项

对资产负债表日后事项,企业应当披露每项重要的资产负债表日后非调整事项的性质、内容,以及对财务状况和经营成果的影响。无法作出估计的,应当说明原因。

3. 关联方关系及其交易

（1）本企业母公司有关信息披露：

母公司不是最终控制方的,说明最终控制方名称。

母公司和最终控制方均不对外提供财务报表的，说明母公司之上与其最相近的对外提供财务报表的母公司名称。

母公司对本企业的持股比例和表决权比例。

(2) 本企业的子公司有关信息的披露。

(3) 本企业的合营企业有关信息的披露。

本企业与关联方发生交易的，分别说明该关联方关系的性质、交易类型及交易要素。交易要素至少应当包括：交易的金额；未结算项目的金额、条款和条件，以及有关提供或取得担保的信息；未结算应收项目的坏账准备金额；定价政策。

本章小结

本章主要讲述了财务会计报告的概念及其作用，财务报表的分类，财务报表列报的基本要求。资产负债表的含义、作用，一般企业资产负债表的列报格式和列报方法，资产负债表编制方法并举例。利润表的含义、作用，一般企业利润表的列报格式和列报方法，利润表编制方法并举例。现金流量表的含义和格式。报表附注概念及内容。

本章重要概念

资产负债表　利润表　现金流量表　现金等价物　会计报表附注

13-11 对外提供企业财务会计报告的要求

推荐阅读资料

[1]《企业会计准则——基本准则》(2018).
[2] 李海波，蒋瑛. 新编商业会计——商品流通企业会计[M]. 9版. 上海：立信会计出版社，2017.
[3] 张晋红. 商品流通企业会计[M]. 北京：北京工业大学大学出版社，2006.
[4] 史玉光. 商品流通企业会计实务[M]. 2版. 北京：电子工业出版社，2022.

13-12 扫一扫看课件